KB160396

환태평양 연구

새로운 패러다임의 모색

Transpacific Studies

by Janet Hoskins

Copyright © 2014 University of Hawai'i Press

Korean translation rights © 2021 Korean Studies Information Co.Ltd.

Korean translation rights arranged with University of Hawai'i Press through EYA(Eric Yang Agency).

이 책은 2020년 대한민국 교육부와 한국연구재단의 지원을 받아 발간되었음.

(NRF-2020S1A5C2A02093112)

환태평양 연구

새로운 패러다임의 모색

초판인쇄 2022년 2월 28일
초판발행 2022년 2월 28일

지은이 자넷 호스킨스, 비엣 탄 응우옌
옮긴이 박상현, 정해조, 노용석, 예동근, 서지현, 김동수, 정법모, 현민, 정호윤, 정세윤
펴낸이 채종준
기획 · 편집 양동훈
디자인 풍숙원, 김연자
마케팅 문선영

펴낸곳 한국학술정보(주)
주 소 경기도 파주시 회동길 230(문발동)
전 화 031-908-3181(대표)
팩 스 031-908-3189
홈페이지 http://ebook.kstudy.com
E-mail 출판사업부 publish@kstudy.com
출판신고 2003년 9월 25일 제406-2003-000012호

ISBN   979-11-6801-297-4 93330

환태평양 연구

새로운 패러다임의 모색

자넷 호스킨스, 비엣 탄 응우옌 편집

**박상현, 정해조, 노용석, 예동근, 서지현,
김동수, 정법모, 현민, 정호윤, 정세원** 옮김

이담북스

이 책은 2014년 하와이대학 출판사에서 출판된 *Transpacific Studies*를 번역한 것이다. 이 책의 저자들은 태평양을 횡단하는 사람, 사물, 생각의 흐름들에 주목해서 환태평양Transpacific 지역을 새롭게 출현 중인 하나의 거대지역Mega-Region으로 인식할 것을 촉구한다. 특히 다수의 연구들이 인류학과 문화연구의 전통 속에서 사람들의 이동, 즉 이주의 경험에 초점을 맞추고 있다. 또 저자들은 미국을 중심으로 태평양을 횡단하는 흐름들을 파악하는 '서구중심주의'를 경계하면서 태평양 주변의 특정한 지역을 특권화하기보다는 상이한 역사와 문화를 갖는 복수의 중심들 사이의 상호작용이라는 관점을 표방하고 있다.

몇몇 저자들이 지적하는 것처럼 거대지역Mega-Region으로서 환태평양에 대한 새로운 관심은 21세기의 특수한 역사적 조건을 반영한다. 중국을 중심으로 하는 동아시아 수출경제의 급속한 성장을 배경으로 오바마 행정부는 21세기를 '미국의 태평양 세기'라고 선언하면서 미국이 오래전부터 태평양 국가였다는 사실을 상기시킨 바 있다. 태평양을 횡단하는 인적·물적 교류의 오랜 역사에도 불구하고 현재 '태평양 시대'를 추동하는 힘은 역시 상품과 자본, 즉 무역과 금융에 있다. 특히 환태평양 동반자협정(TPP)으로 대표되는 초지역적 자유무역·투자협정은 그러한 경제적 통합의 구체적 형태로 이해될 수 있다. 그러나 경제적 통합이 '초제국적' 평화를 의미하는 것은 아니다. 미국과 중국으로 대표되는 민족국가들 사이의 경제적·이념적 경쟁뿐만 아니라 동아시아 국가들의 '민족적' 발전전략도 무시할 수 없기 때문이다. 규모와 속도 면에서 폭발적인 양상을 보이는 환태평양 이주도 이 같은 정치적·경제적 요소들로부터 결코 자유롭지 않다.

이 책의 저자들은 대부분 미국 내에서 활동하고 있는 비판적 지역연구자들로서 '환태평양'의 부상에 따른 미국 내 지역연구의 변화하는 지형에 자신의 지적 근거를 두고 있다. 특히 이들은 기존의 미국학 연구에 비판적인 태도를 취하면서 미국계 아시아 집단에 대한 연구와 동아시아 지역연구의 결합을 모색하고 있다. 저자들은 주로 인도의 경험에 근거를 둔 탈식민주의 담론과는 거리를 두면서도 20세기 태평양 주변 지역의 식민주의와 냉전의 부정적 효과에 대해서는 민감한 태도를 보이고 있다. 특히 제2차 세계대전 이후 탈식민국가들을 휩쓴 민족주의와 결합되어 종종 열전Hot War의 양상을 띠었던 동아시아 냉전Cold War의 역사적 특수성이 주목을 받는다.

이 같은 작업은 다양한 지역들을 포함하고 있는 하나의 거대지역Mega-Region으로서 환태평양에 대한 학술적 관심을 자극하는 데 기여할 것이다. 특히 이들의 작업을 통해 한·중·일로 대표되는 동북아시아뿐만 아니라 인도네시아, 베트남, 필리핀 등 동남아시아 사람들이 태평양의 가로지르는 상호작용의 역사를 어떤 방식으로 체험했는가를 이해할 수 있다. 이는 '동아시아'에 대한 우리의 인식 지평을 확장시킬 수 있을 것이라 기대해 본다.

이 책에 실린 논문들은 '지역'을 연구하는 새로운 접근법을 모색하는 데에도 중요한 참조점이 될 수 있을 것이다. 예컨대 대다수 논문은 특정한 지역과 그 지역 출신의 이주자 집단에 대한 연구를 결합하고 있다. 이들에 따르면, '디아스포라'의 거주자들은 '본국'과의 지속적인 연계 속에서 생활하고 있다. 그들의 생활세계는 '고국'과 '디아스포라'뿐만 아니라 빈번한 태평양 횡단에 의해서도 영향을 받고 있다. 미국과 중국을 오가며 생활하는 사람들의 이동성과 경계의 유동성은 그 단적인 사례다. 이러한 유동적 흐름 속에서 특정한 지역·국가와 사람들의 관계를 이해하기 위한 새로운 접근법이 요청된다.

반면 이 책에는 태평양을 가로지르는 미국인들에 대한 구체적인 연구는 존재하지 않는다. 태평양과 연계된 라틴아메리카와 오세아니아 국가들의 역사적 경험에 대한 분석도 소략하다. 또 이 책의 저자들은 주로 사람들의 흐름에 초점을 맞추기 때문에 그 밖의 영역, 특히 경제적 흐름에 대한 분석은 거의 존재하지 않는다. 미국과 중국의 '전략적 경쟁'으로 대표되는 정치적·경제적 경쟁·대립에 대한 인식은 부족하며, 암묵적으로 탈냉전 이후 자본이나 시장에 의한 경제적 통합의 단일한 논리를 전제하는 경향도 있다. 이 같은 한계는 환태평양이라는 '거대지역'에 주목하는 또 다른 연구들에 의해 보완되어야 할 것이다.

부경대학교 대학원 글로벌지역학과 참여 교수들이 각자의 전공지역과 관심을 살려서 번역을 담당했다. 서론과 결론은 박상현이 번역을 담당했고, 1장은 정해조, 2장은 노용석, 3장은 예동근, 4장은 서지현, 5장은 김동수, 6장은 정법모, 7장은 현민, 8장은 정호윤, 9장은 정세원이 번역을 담당했다.

주요 번역 용어는 가능한 한 통일성을 기했다. 대표적으로 정체성identity과 충성의 원천인 (정치)공동체로서 nation은 '민족'으로, ethnic group은 '종족집단'으로 번역했다. 반면 제도들의 복합체로서 state는 '국가'로 번역했다. 그리고 이런 번역과 일관성을 기하기 위해 transnational은 '초민족적'으로 번역했다. transpacific은 태평양을 횡단한다는 의미가 강하지만 관행을 고려해서 '환태평양'으로 번역하였다.

번역본을 엮는 데 도움을 준 글로벌지역학과 박사과정의 박하영 학생에게 감사를 표한다. 그리고 번역본의 편집과 감수를 담당하고 출판과 관련된 잡다한 업무에 애를 쓴 글로벌지역학 연구소 문기홍 박사의 노고에 깊은 감사를 드린다. 마지막으로 서론과 결론에 등장하는 영시英詩를 세심하게 번역하여 주신 영어영문학부의 송호림 교수님께 특별한 감사의 말씀을 전하고 싶다.

번역자들을 대신하여
박상현

환태평양 연계의 중요성을 논의하는 책에 대한 구상은 2007년 편집자인 들 간의 논의에서 시작되었다. 우리는 미국과 태평양 반대편에 있는 베트남 공동체에 대한 공통의 관심에 기반하여 동남아시아학, 아시아·아메리카학, 미국학을 연결하는 방법을 모색했다. 우리는 아시아와 태평양의 관점에 따라 영향을 받는 디아스포라 연계와 초민족적 과정에 대한 새로운 연구를 포함하여, 이동 중인 사람들에 대한 보다 역동적인 접근 방식을 발전시키고자 했다. 이 역동적인 접근법을 명명하기 위해 우리는 '환태평양'transpacific 이라는 용어를 고안하였는데, 이는 환태평양 공간을 다루고 있는 두 권의 책에 대한 후앙윤태의 문학 비평에서 영감을 받은 것이다. 그 두 권의 책은 『환태평양의 재배치: 20세기 미국 문학에서의 민족지학, 번역 그리고 텍스트 간 이동』(*Transpacific Displacement: Ethnography, Translation and Intertextual Travel in 20th Century American Literature*)(2002)과 『환태평양적 상상력: 역사, 문학, 대항-시학』(*Transpacific Imaginations: History, Literature, Counterpoetics*)(2008)이다. 우리는 또한 폴 길로이Paul Gilroy의 『검은 대서양: 현대성과 이중의식』(*The Black Atlantic: Modernity and Double Conciousness*)

(1993) 그리고 제이 로랜드 마토리J. Lorand Matory의 『검은 대서양의 종교』 (*Black Atlantic Religion*)(2005)과 같이 '검은 대서양'에 초점을 맞춘 일련의 인상적인 새로운 연구로부터 영향을 받았다.

2010년 4월 2일에서 3일 양일 간 국제학 센터Center for International Stud-ies의 주최로 '환태평양 연구: 모국, 디아스포라 그리고 사람들의 이동'이라는 주제로 국제학술대회를 서던캘리포니아 대학교the University of Southern California(USC)에서 개최하였다. 이 학술대회는 미국, 아시아, 유럽 학자들이 한자리에 모여 환태평양 이동 현상을 규명함으로써 기존의 지역연구와 미국학 모델들이 가진 한계를 뛰어넘는 새로운 연구 패러다임을 개발하고자 했다. 우리의 의도는 지난 세기에 걸쳐 고정된 공간과 국가에서 사람, 자원, 물질의 이동으로 초점을 옮기는 것이었다. 이러한 이동들에 초점을 맞추어, 우리는 이민자뿐만 아니라 이중 국적자, '유연한' 시민, 난민, 망명자 등 태평양을 건너는 사람들의 혼합된 정체성을 강조했는데, 이들 모두는 사회, 경제 자본의 형태뿐만 아니라 사상, 언어, 문화적 표현의 과도기적 이동을 수반한다.

우리의 목적을 위해 환태평양과 관련된 우리의 분야를 재편성하는 것과 같이 초점을 옮기는 과정도 포함되었다. 사진이나 창문처럼, 틀frame은 현실의 부분 집합 주위에 테두리를 두르고, (틀에 포함되지 않은 대상을 제외하며) 특정한 방법으로 그것을 보고 이해할 수 있게 한다. 환태평양 틀은 배제exclusion가 필요하다는 사실을 이해하면서도, 우리는 그러한 틀이 '태평양 세기'에 어떻게 새로운 연결이 형성되었는지, 그리고 현대 통신과 교통의 형태가 이 거대한 수역을 가로질러 어떠한 방식으로 시간과 공간을 압축해 왔는지를 보여준다고 믿는다. 이번 학술대회에서 발표된 17편의 논문 중 선별된 논문과 아울러, 학술대회 이후 본 프로젝트에 참여한 프란시스코 베니테즈J. Francisco Benitez, 웨이캉 린Weiqang Lin, 낸시 루트케하우스Nancy Lutkehaus와 같은 저자의 새로운 논문이 더해져 이 책은 완성되었다. '환태평양'이라는 용어가 본 학술대회 이후 보다 학술적인 연구에 등장하고 있는데 이는 다른 학자들에게 이 용어의 확장성과 잠재력을 어느 정도 인정받고 있다는 신호이기도 하다. 따라서 이 책을 '환태평양 연구'라는 신생 학문 분야로 분류하는 것은 적절해 보인다.

이 책 자체는 수많은 개인과 기관의 지지가 없었다면 불가능했을 것이다. USC의 국제학 센터는 우리의 연구와 출판을 지원하기 위해 지속적으로 재정 지원을 했다. 특히 이 센터의 패트릭 제임스Patrick James, 인디라 페르사드 Indira Persad, 에린 바버Erin Barber에게 감사드린다. USC의 줌버그학제간연구기금Zumberge Interdisciplinary Research Fund은 우리 학술대회를 후원하고, 새로운 환태평양연구센터Center for Transpacific Studies를 공동 설립할 수 있도록 해주었다. 헨리루스재단Henry R. Luce Foundation은 3년이라는 기간 동안 세미나, 연구 기금, 대학원생들을 위한 연구비 지원 등을 통해 본 구상을 발전시켜 나갈 수 있도록 충분한 보조금을 지원해 주었다. 헬레나 콜렌다Helena Kolenda 는 보조금 신청과 집행 과정을 안내해 주며 도움을 주었다. 티엔흐엉 닌Tien-Huong Ninh과 제니퍼 시바라Jennifer Sibara는 학술대회를 조직하고 이후 이 책을 준비하는 데 있어 큰 도움을 주었다. 환태평양연구센터의 사오리 카타다Saori Katada와 캐롤 와이즈Carol Wise는 환태평양 연구의 범위를 국제관계와 정치학의 분야까지 포괄할 수 있도록 확장함에 있어 귀중한 공동연구자의 역할을 해주었다. 본서의 서론을 위해 비엣 탄 응우옌Viet Thanh Nguyen은 히토쓰바시 대학Hitosubashi University, 나고야 대학Nagoya University, 그리고 칭화 대학Tsinghua University의 청중을 대상으로 서론의 상이한 판본을 발표했다. 그는 자신을 초대한 동료, 유모 이노우에Mayomo Inoue, 히로미 오치Hiromi Ochi, 아키토시 나가하타Akitoshi Nagahata, 왕 닝Wang Ning, 위안 슈Yuan Shu와 자신의 발표를 들어준 청중에게 감사를 표했다. 마지막으로, 데보라 그레이엄 스미스Debora Grahame-Smith는 주의 깊게 원고를 편집해 주었으며 하와이 대학교 출판부the University of Hawai'i Press와 특히 마사코 이케다Masasko Ikeda 후원 편집자는 마지막 단계에서 이 책이 형태를 갖추는 데 도움을 주었다.

목차

환태평양 연구, 출현 중인 학술적 장에 관한 비판적 전망

비엣 탄 응우옌과 자넷 호스킨스

환태평양 권력과 지식

작고한 시인 아가 샤히드 알리Agha Shahid Ali는 자신의 시집 『노스탤지스트의 미국지도』(*A Nostalgist's Map of America*)에서 풍경과 상상의 동시적 지리학이라고 부를 수 있는 방식으로 자신의 여행에 대해 글을 쓰고 있다.

> 오하이오 80번 도로에서
> 캘커타로 가는
> 출구를 만났을 때
> 시를 쓰고픈 유혹 때문에
> 나는 그 출구를 지나쳤지
> 그래서 나는 말을 할 수 있을지도
> 인도는 언제나 미국의 고속도로

바깥에 있음을

(Ali 1991, 「덧없음을 찾아서」(*In Search of Evanescence*, 41쪽)

인도는 미국에 존재하며, 그 신화의 땅 미국은 잠시 동안 인도라고 상상되었다. 캘커타는 현실의 인도 지도에서 특정한 점으로 표시되지만 오하이오로 가는 길 어디에선가에서 찾을 수 있는 상상된 인도의 특정한 점으로 표시되기도 한다. 시인은 현실의 인도가 거기서 기다리고 있을 가능성에 대한 감각을 유지하면서도 그런 상상된 인도가 어떻게 생겼는지를 보기 위해 출구를 통과하지는 않았지만, 우리는 인도가 미국의 경관 내에 이름을 올리고 있기 때문에 인도가 존재한다고 말할 수도 있다. 마찬가지로 누군가는 인도를 돌아다니며 골목과 거리 그리고 길 밖에서 현실적이고 환상적인 또는 상상된 미국의 일부를 발견하고 있다고 생각할 수 있을 것이다. 거기서 미국은 미국 시민에게는 현실의 미국이 아닐 수 있지만 인도 거주자에게는 특정한 물질성을 갖는다. 알리의 시는 '아메리카'와 '아시아'라는 다양성을 갖는 두 가지 실체들 사이의 관계에서 충분히 공통된 경험을 드러내 준다. 아메리카와 아시아의 문화적·경제적·정치적 의미는 모두 특수한 나라와 지역에 부착되는 동시에 그것들을 초월해 있으며 그곳의 거주자와 추방자, 그리고 다른 곳의 친구와 적의 정신 속에서 가상적 구성물, 담론, 환상으로 존재한다. 이 책은 '아메리카'와 '아시아' 사이의, 그리고 문제가 되는 그 바다를 가로지르는, 사람, 문화, 자본, 생각의 흐름을 조명할 수 있는 '환태평양 연구'transpacific studies의 모형을 탐구하는데, 이 모형의 명칭은 바로 그 바다에 기반을 둔다. 많은 사람들이 지적한 것처럼, '태평양'은 '아메리카'나 '아시아'만큼이나 비유이자 상징이며 또 그만큼 다양하고 논쟁적이다. 이 책은 아메리카, 아시아, 태평양 세 가지 비유를 상호적인 삼각관계 속에서 탐구하고 그것들을 동시적으로 생각할 수 있는 학문 분야를 제안하기 위한 노력이다.

우리는 16세기 유럽인의 탐험이 시작된 이래로 유럽과 아메리카의 사람들과 관련을 맺어온 하나의 구성물로서 태평양이라는 관념에서 시작한다. 유럽인과 이후 아메리카인이 정복, 상업, 개종, 그리고 협력의 관계를 통해 접촉하게 되는 아시아와 태평양 사람들에게 태평양은 훨씬 더 이전부터 중요했다.[1] 유럽적 · 미국적 · 아시아적 상상 속에서 태평양이라는 관념은 그들의 전략적 접촉지대를 명명하기 위해 창조된 태평양 연안Pacific Basin, 환태평양 지역Pacific Rim, 그리고 아시아 태평양 등의 관점에서 볼 때 경제적 팽창과 지배의 환상들과 분리될 수 없다. 그것들 모두는 각자의 방식으로 제한되었으며, 또 그것들 모두는 자본주의적 발전의 함의를 담고 있다.[2] '환태평양'transpacific은 이러한 접촉지대를 명명하려는 가장 최근의 노력이다. 단어 자체가 새로운 것은 아니지만, 그것은 최근에 그것을 이론화하려는 지적 노력을 통해, 그리고 태평양에 접해 있거나 그 내에 위치한 12개 국가들의 환태평양동반자협정Trans-Pacific Partnership(TPP)을 통해 그것을 활용하려는 국가와 기업의 노력을 통해 중요성을 얻었다. 호주, 브루나이, 캐나다, 칠레, 일본, 멕시코, 말레이시아, 뉴질랜드, 페루, 싱가포르, 베트남, 그리고 미

---

1 태평양의 간략한 역사는 Matsuda(2012)를 참고하시오. 그것은 섬의 거주민들뿐만 아니라 아시아 · 유럽 · 아메리카 민족들에 의해 수행된 탐험, 제국주의, 식민주의의 다양한 시대를 포함한다. 그는 태평양의 역사를 이해하는 데 유용한 초지방주의translocalism의 모형을 제공한다.

2 태평양을 둘러싼 담론에 관한 요약은 Dirlik(1998)을 참고하시오.

국 등 12개 국가들은 환태평양동반자협정을 제안한 바 있다.[3] 아시아태평양 경제협력체(APEC)가 아시아 태평양을(갈등이나 식민화가 아닌) 경제협력의 공간으로 명명한 것처럼 환태평양동반자협정은 바다가 어떻게 아시아, 태평양, 북미의 이익의 공간일 뿐만 아니라 라틴 아메리카의 이익의 공간도 되는가를 보여준다. 국가, 정부, 인민의 건강을 위해 자유시장과 초민족적 기업이 필요하다는 것에 대한 환태평양동반자협정의 합의의 이면에는 정치적·군사적·전략적 동맹에 대한 암묵적 합의가 존재한다. 합의는 또한 환태평양동반자협정이 태평양 지역에서 전략적 우호 관계를 구축함으로써 중국의 영향력을 봉쇄하려는 미국의 노력의 일부라는 관점도 포함하고 있을 수 있다. 태평양에 관한 아리프 딜릭Arif Dirlik의 독창적 저작(Dirlik, 1998)에 기고한 사람들은 1998년에 일본을 미국에 대한 동시대와 미래의 경쟁자로 간주했지만, 그 이후로 중국이 놀라운 상승세를 보였고 그 결과 환태평양 경쟁과 투쟁의 의미는 급속하게 변화했다.

환태평양동반자협정이 출현하고 국가들이 그런 것을 환태평양적인 것으로 인정했다는 사실이 환태평양을 이론화하는 작업을 긴급한 과제로 만들고 있다. 우리는 세 가지 이유로 환태평양동반자협정과 다른 방식으로 태평양을 해석한다. 첫째, 환태평양은 환태평양동반자협정 이전으로 거슬러 올라가는 환태평양 흐름의 기존 역사와 유형을 나타낸다. 둘째, 환태평양은 환태평양동반자협정의 경제적·정치적 전망에 대해 내재적으로 비판적이

---

3 최근에 제안된 환태평양동반자협정Trans-Pacific Partnership의 세부 사항은 Lim et al.(2012)을 참고하시오.

며 종종 대립적인 접근방식을 보여준다. 셋째, 환태평양은 더 잘 알려진 환대서양trasnatlantic 모형을 준거로 한다. 환태평양동반자협정과 환태평양연구의 차이는 많은 학술연구가 지적해 온 태평양에 대한 상상에서의 근본적인 차이를 상기시킨다. 한편에는 유럽·미국·아시아 세력에 의해 발전된 탐험·착취·확장의 공간으로서 태평양이라는 전망이 존재한다. 다른 한편에는 접촉지대로서 태평양이라는 또 다른 전망이 존재한다. 접촉지대로서 태평양의 역사는 정복, 식민주의, 갈등뿐만 아니라 초지방주의translocalism, 대립적 지방주의(Wilson, 2000), 그리고 대립적 지역주의(Dirlik, 1998) 등의 대안적 서사에 의해서도 정의된다. 이 같은 대안적 서사들로부터 미국, 중국, 일본 그리고 여타 지역적 권력의 헤게모니에 대한 대항-헤게모니를 형성할 수 있는 예속화·소수화·주변화된 사람들 사이의 협력, 동맹, 우애의 가능성이 출현한다.

상이한 전망들의 이 같은 기본적 분기는 태평양을 향한 유럽적·미국적 팽창에 의해 작동된 근본 모순에서 유래하며 우리가 환태평양이라는 교직 아래 수집한 대다수 이론과 관념에 영향을 미치고 있다. 이러한 이론과 관념은 다음과 같은 문제들을 다룬다. 디아스포라, 초민족주의, 초지방주의, 그리고 코스모폴리타니즘의 모형들하에서의 사람들의 이동; 난민, 이민자, 망명자, 여행자, 피입양자, 전쟁 신부, 인신매매 피해자, 막노동자, 관리자, 학생 같은 범주들의 중요성; 자본주의와 노동, 계급 간의 갈등, 착취와 부 및 불평등의 창조 등의 개념적 가치; 인구형성, 노동자의 역할, 민족과 자본의 가상 등에서 젠더와 섹슈얼리티의 중요성; 제국주의, 군사주의, 식민주의의 유산과 인종적·민족적 차이의 지속적 중요성; 그리고 마지막으로 아시아, 아메리카, 그리고 태평양을 검토하는 지식인, 학자, 대학 그리고 연구 분야의 역할.

　본질적으로 환태평양에 대한 이들 상쟁하는 전망은 1세기 이상 지속된 문제들의 이런저런 측면들에 주목할 것을 요구한다. 경제발전과 제국의 환상의 무대로서 태평양인가? 아니면 그런 발전과 환상에 대한 비판적 개입과 평가의 장소로서 태평양인가? 아래에서 우리는 태평양을 둘러싼 몇 가지 핵심 쟁점과 문제의 개요를 제시하고 환태평양 연구가 어떤 모습을 띨 것인가에 관한 몇 가지 관념을 제공한다. 적어도 이번에는 태평양 양측과 태평양 내부의 학자들 사이에서 다른 종류의 환태평양 협력으로서 환태평양 연구가 성장하기를 희망한다. 미국 학계의 잠재적 제국주의에 대한 불안에 시달리는 미국 학자들은 환태평양 관계와 학술연구 분야에 대한 그러한 관계의 영향을 어떻게 연구할 것인가에 관한 질문들에 더 많이 몰두하고 있는 것처럼 보인다. 그러나 우리는 아시아 태평양 제도諸島의 학자들이 환태평양과 그에 대한 그들의 관계를 이론화해야 하는 똑같이 긴급한 필요성이 있다고 믿는다. 이와 유사한 사례로서 왕후이는 '아시아를 상상하는 정치'라는 맥락에서 아시아 지식인은 유럽이 아시아에 개입하면서 동시에 아시아를 구성한 역사를 고려하지 않고서는 아시아를 (재)상상할 수 없다고 주장한다. 아시아에 대한 유럽의 개입과 구성은 오늘의 아시아 민족국가와 지적 구성체를 생산한 아시아 민족주의, 국제주의, 혁명 등을 형성시켰다. 마찬가지로, 유럽적 · 미국적 개입과 지적 전통이 아시아의 사고방식과 대응에 영향을 미쳤다는 점을 감안할 때 그것들이 아시아의 민족주의, 국제주의, 혁명 등을 어떤 방식으로 형성시켰는지, 또 아시아적 사고방식과 대응에 영향을 미친 유럽과 미국의 개입에 의해 형성되는 방식을 파악하려고 고심하지 않은 채 태평양 또는 환태평양 관계를 검토하는 것도 실수일 것이다.

이는 아시아에서 진행되는 태평양 및 아시아 연구가 미국에 기반을 둔 연구의 제국적 문제로부터 자유롭다는 생각은 향수를 불러일으키는 낡은 관점에 불과하기 때문이다. 중국과 일본은 유럽과 미국의 개입 이전에 아시아와 태평양에 제국의 역사를 가진 민족이며 현재 그들은 아시아와 태평양에 대해 명백히 제국주의적이지는 않을지라도 헤게모니적인 이해 관심을 가지고 있다. 그리고 한국, 대만, 싱가포르는 아시아와 태평양의 더 약한 경제와 국가를 착취하는 확정된 이해 관심과 실적을 가진 지역적 권력이다. 그들 모두에게 학술권력은 미국에서 학술권력이 작동하는 방식과 유사하게 국가권력, 경제권력, 정치권력, 군사력 등의 함수다. 아시아와 세계에서 아시아 대학이 부상함에 따라 권력과 지식이 어떻게 관련되어 있는가에 대한 질문은 미국과 유럽의 학계와 마찬가지로 아시아 학계에게도 중요하다. 환태평양 연구는 태평양에 적용된 것으로서 권력과 지식 사이의 이러한 관계를 특히 중시한다. 미국과 아시아 사이의 통로이자 지역으로서 태평양은 그것이 어떻게 상상되고 경험되는가라는 관점에서 볼 때 미국인, 아시아인, 태평양 제도인諸島人 등이 자신과 서로를 어떻게 알고 있는가라는 문제에서 중심적인 위치를 차지한다.

환태평양 세계와 역사

아시아에 대한 연구는 '오리엔탈리즘'의 학술전통을 통해 출현했다. 유럽 학자들은 그들이 중동과 극동이라고 불렀던 것을 향해 '동쪽'으로 눈을 돌렸다. 이 두 지역은 모두 북미 대륙의 '서쪽'이었지만 그럼에도 불구하고 오리엔탈리즘의 시각이 아시아에 대한 개념에 영향을 준 것은 사실이다.[4] 1978년 에드워드 사이드의 유명한 비평 이전에 '오리엔탈리즘'은 종종 아시아의 문학전통을 찬양하는 학문적 전문 분야를 지칭했다. 사이드(Said, 1978)는 유럽 학자들이 중동을 표상한 것이 아니라 그것을 구성했다고, 즉 식민지 지배와 연루되는 방식으로 중동을 여성적·후진적·전제적·불변적인 것으로 구성했다고 주장했다. 이후에 티머시 미첼(Mitchell, 1988), 가우리 비스와나탄(Viswanathan, 1998a, 1998b), 아시스 난디(Nandy, 2010) 등과 같은 학자들은 오리엔탈리즘이 하나의 역사적 과정이라는 것을 보여주었다. 그러한 역사적 과정은 상이한 아시아 민족들에서 상이한 형태를 취할 뿐만 아니라 식민자와 더불어 피식민자도 연루시키는 내밀한 관계와도 관련되었다. 난디는 사이드에서 한 걸음 더 나아가서 오리엔탈리즘적인 관념들이 유럽의 지배에 대한 저항의 원천이 될 수 있었다고 주장한다. 더 초기의 오리엔탈리스트들이 종종 그들 자신의 사회를 비판하기 위해 아시아 문화에 대한 긍정적 묘사를 활용했던 것처럼, 그들은 동양이 부정적인 전형들stereotypes을 취할 수 있지만 그것들을 긍정적 속성으로 전환할 수 있다고 생각했다.

그러나 아시아가 아메리카와 연결되는 새로운 방식에 초점을 맞추기 위

---

4 아담 스미스, 헤겔, 레닌을 포함한 유럽의 사상가들이 '역사의 출발점'에서부터 '후진적 유럽'과 대조되는 '진보적 아시아'에 이르기까지 아시아를 어떻게 상상했는지에 대한 자세한 내용은 Wang(2011)을 참고하시오.

해서 우리는 오리엔탈리즘의 전통 이전에 '아시아' 자체가 어떻게 구성되었는지 이해하는 것부터 시작할 필요가 있다. 마틴 루이스와 캐런 위건(Lewis and Wigen, 1997)이 보여준 것처럼 '아시아'라는 용어는 고전 고대에 등장했다. 당시 그리스인들은 그들의 동쪽에 위치한 모든 땅을 지칭하기 위해 아시아라는 용어를 사용했는데, 대조적으로 유럽은 북쪽과 서쪽을 지칭했고 아프리카는 남쪽을 지칭했다. '대륙의 신화'는 처음에는 지중해라는 수역 주위에 배열된 삼각형의 땅덩어리로 구성되었다. 지중해는 무역 네트워크를 통해 그 주변 지역 모두를 하나로 결합시켰다. 신세계가 '발견'된 이후 미국이 추가되어서 빅토리아 시대 사람들은 '세계의 네 부분들'에 대해, 그리고 다음에는 7대륙(유럽, 아시아, 아프리카, 북미, 남미, 오세아니아, 남극 대륙 등. 그런데 이 중 앞의 세 대륙은 실은 하나의 같은 땅의 일부였다)에 대해 말할 수 있었다. 실제로 유럽의 관점은 지역을 종교와 문화의 대리인으로 취급하여 중국과 인도와 같은 거대 단위들을 '아亞대륙'으로 강등시켰다. 태평양은 지중해보다 훨씬 더 큰 수역이었기 때문에, 수세기 동안 주로 그것은 교류의 장벽, 즉 횡단에 수개월이 걸리는 광활한 공간으로 여겨졌다. 오직 소수의 대담한 탐험가만이 아메리카 대륙에서 아시아로 항해를 시도했을 뿐이며, 아시아와 아메리카의 대다수 사람에게 그것은 문자 그대로 '지도 밖에' 있었다.[5] 수세기 동안 우리가 현재 '아시아'라고 부르는 지역을 연결시키는 해상무역 네트워크는 인도양과 남중국해에 집중되었다. '아

5　1930년대에 태평양 주변에 대한 새로운 지도가 어떻게 그려졌는지에 대한 논의는 이 책에 실린 루트케하우스Lutkehaus의 논문을 참고하시오.

시아 문명'은 이들 네트워크를 통해 상호작용하면서 불교, 유교, 도교가 수천 마일에 걸쳐 전파되는 것을 가능케 하고 상대적으로 일관된 문화 흐름의 형세와 새로운 신념 및 관행의 상호적 적응을 낳았다.

탈식민화 과정에서 유럽의 제국적 지배에 대한 반발로 '범아시아주의'Pan-Asianism 담론이 등장했다. 자결을 위한 민족주의적 투쟁은 '서양'의 전도된 거울상으로서 '동양'이라는 관념을 창조한 서양의 오리엔탈리즘 위에서 구축되었다. 오리엔탈리즘은 신비주의적 영성을 관료적 합리주의와 대립시키고 아시아의 가족적 가치를 유럽의 타락과 대립시켰으며, 그 밖에 여타 추상적이고 본질화된 통념들이 이분법적 대조로 경직화되었다. 일본 민족주의자들은 또한 '아시아인이 주도하는 아시아'라는 시각을 개발했는데, 그것은 부분적으로 그들 자신의 제국적 설계를 위장하는 데 기여했다. 20세기에 새로운 이데올로기적 이분법이 아시아를 분할하는 가운데 제2차 세계대전은 아시아에 대한 미국과 일본의 시각이 충돌하는 전시 작전의 주요 무대로서 '태평양 아시아'라는 관념을 탄생시켰다. 태평양 아시아에 대한 이러한 생각은 냉전 시대로 확장되었다. 1967년부터 동남아시아국가연합(ASEAN)은 최초의 가시적인 지역적 조직이 되었고 1989년에는 정치적 독립보다 경제적 상호 의존을 강조하는 아시아태평양경제협력체(APEC)로 이어졌다. 지역적 성장을 조정하고 경제적 역동성을 강화하기 위한 시도로서 아시아태평양경제협력체는 지역주의를 재정의하였고, 그 결과 "주로 태평양의 관점에서 정의된 노력으로 출발한 것이 아시아적 요소가 더 두드러진 요소로 성장하는 노력으로 전환되었다"(Acharya, 2010: 1010).

태평양에서 아시아로의 이러한 변화는 1990년대 일본, 한국, 홍콩, 타이

완, 싱가포르 등 동아시아 경제의 극적인 성장과 함께 자명한 것이 되었다. 그들의 부상은 다가오는 태평양 세기를 이끌 수 있는 예외적으로 보이는 '아시아적 가치'에 대한 관념의 토대를 마련했다. '아시아적 가치'의 주창자들은 유교의 윤리적·신학적 차원에서 도출된 가시적 공통성을 바탕으로 세속적인 아시아 사회조차 규율, 검약, 교육과 권위에 대한 존중이라는 핵심 원칙에 깊이 침윤되어 있다고 주장했다. 금세기에 아시아적 가치의 주창자들은 '부상하는 아시아'라는 관념을 중국과 인도의 팽창하는 성장에 연결시켰다. '상승하는 아시아'를 옹호하는 사람들은 영적·도덕적 관점에서 서구로부터 아시아의 해방에 대해 말하는 대신에 주로 상업적 팽창과 세계화가 지배적인 언어를 사용한다. 그러나 이 책의 몇몇 장(Xiang, Lin 및 Yeoh)에서 드러나는 것처럼 이 같은 '상승하는 아시아'는 태평양 반대편에 있는 미국과 여타 나라를 점점 더 많이 모방하고 있으며 그들과 상호작용하고 있다. 왕후이(Wang Hui, 2011: 1장)가 주장한 것처럼, 상승하는 아시아 민족국가의 일부 옹호자들이 문화라는 통념을 본질화하는 방향으로 전환한 것은 아시아 사회의 혼종성을 모호하게 만들고 아시아가 서양으로부터 물려받은 민족국가의 담론을 문제적인 방식으로 확증한다.

부활하는 아시아에 대한 최근의 논쟁은 또한 '아시아'라는 관념이 상당 부분 하나의 출현 중인 현실이라는 사실을 보여준다. 그런 출현 중인 현실은 영토적으로 태평양의 아시아 쪽에 국한되지 않으며 미국의 공적 생활에서도 부활하는 중이다(Andaya 2010과 Duara 2010 참고). 프라센지트 두아라(Duara, 2010)는 '지역'과 '지역주의'가 인식되는 방식은 특정 시기의 '공간적 생산'의 지배적 양식을 따르는 경향이 있다고 주장한다. 20세기는 민족과 민족문화의 관념이 지배적인 시기였지만 21세기에 우리는 또 다른 연결, 연계, 초민족적 과정을 강조하는 시기로 이동하고 있을 수도 있다. 우리는 환태평양을 그러한 '상호작용의 공간들' 중 하나로 간주한다. 그것은 그 자체로 하나의 '지역'이 아니라 (그리고 아시아적 상호작용이라는 새로운 통념과 경쟁하지 않으면서) 대양을 가로지르는 문화와 자본의 흐름으로 정의된다. 페르낭 브로델(Braudel, 1996) 같은 학자가 16세기의 '지중해 세계'에 대해 말할 수 있었던 것처럼, 21세기의 학자들은 상이한 수역들을 가로지르는 문화와 자본의 흐름을 정의하면서 무역의 네트워크를 중심으로 21세기에 출현한 '환태평양 세계'에 대해 말할 것이다.

태평양과 관련된 가장 명시적인 주장은 딜릭Dirlik의 『태평양 연안이란 무엇인가?』(*What Is in a Rim?*)(1998)에서 발견된다. 이 책은 그 뒤를 잇는 일종의 속편이라고 할 수 있다. 딜릭Dirlik 자신이 주도한 그의 저서에 참여한 사람들은 자본흐름의 공간으로서 태평양을 논의하기 위한 당시의 지배적 용어들, 즉 '아시아 태평양'이나 '태평양 연안'(Dirlik, 1998; Dirlik 1994, 1998; Cumings, 1998)에 대해 비판적인 태도를 취한다. 크리스 코너리(Connery, 1994)가 지적했던 것처럼, '태평양 연안'이라는 통념은 낙관적인 미래 협력 지대를 예상하는 지리적 용어가 되었고 태평양 연안 담론은 급속한 경제성장에 초점을 맞추고 그러한 초민족적 팽창에서 배제되거나 그로 인해 부정적 영향을 받은 사람들에게는 거의 관심을 기울이지 않은 자아도취적 지역 이데올로기가 되었다. 딜릭은 '태평양 연안'의 계보를 유럽과 미국의 식민적 영향으로 추적하고 태평양이라는 관념이 '그 출발점인 것처럼 보이는 것을 구성하려는 담론'이라고 주장한다(Dirlik, 1998: 4). 이 담론은 그것이 묘사할 뿐이라고 주장하는 물리적 공간의 윤곽을 사실상 규정한다.

태평양 연안 담론은 '호랑이들'(풍요로 향해 가는 신흥공업국들)이 행한 '기적'을 찬양하고 더 적절하게 (여전히 빈곤의 굴레에서 농촌경제의 진창을 무겁게 걷고 있는) '물소들'로 묘사될 수 있는 다른 나라들을 무시했다. 태평양 연안이라는 개념은 이러한 아시아의 성공 사례를 조명함으로써 그 개념의 옹호자들이 한국과 인도차이나에서 30년 동안 전개된 미국의 전쟁에 대한 기억을 지우는 데 일조했다. 그곳들에서 미국은 표면적으로는 공산주의를 봉쇄할 뿐만 아니라 동아시아와 동남아시아의 다른 곳, 특히 일본과 남한에서 자본주의의 발전을 진전시키기 위해 전쟁을 수행했다. 게다가 인도차이나에서 미국의 전쟁은 일본, 한국, 태국, 필리핀 등의 지원을 받았다. 그 국가들은 미국의 전쟁 노력을 위해 기지, 군인, 계약자, 물자 등을 제공했다. 이것의 지역적·세계적 의의는 또한 북베트남이 중국, 소련, 북한의 지원을 받는 방식에 의해, 그리고 라오스와 캄보디아가 결국 분쟁으로 끌려가는 방식에 의해 입증되었다. 인도차이나에서 미국의 전쟁은 또한 베트남, 라오스, 캄보디아 사람들에게 폭력과 퇴거의 유산을 남겼다. 그들 중 다수가 태평양을 건너 다른 나라로 피신했다. 환태평양이라는 틀을 통해 우리는 미국의 전쟁이 몇몇 국가들이 연루되는 군사적 또는 정치적 사건일 뿐만 아니라 실제로는 태평양 연안의 미래 아시아 권력들이 핵심적 역할을 차지하는 경제적 기획이라는 더 큰 전략의 일부였다는 것을 알 수 있다.

강대국과 그렇게 강력하지 않은 나라들에 대한 세계적 가상과 기획들 속에서 태평양의 중심적인 위치는 미국사의 재구상reenvisioning을 촉진하고 있다. 미국인을 영국과 여타 유럽 국가들에 연결하는 대서양 기원의 지배적인 이야기들에도 불구하고, 아시아는 미국 문화에 매우 깊은 영향을 미쳤다(Cumings, 2009). 미국과 태평양 세기에 대한 이 같은 수사학은 미국과 아시아 권력의 경제적 잠재력을 암묵적으로 상찬하는 동시에 문화적 잠재력은 부차화하며 태평양 제도는 거의 존재하지 않는 것으로 간주된다. 미국, 유럽, 아시아에 의해 추동되는 경제적 세계화는 이미 산업화된 나라들의 경제적 우월성을 강화하고 이미 가난한 나라들의 경쟁력을 억누르기 위해 고안된 것으로서 군사주의에 의해 보완된다. 압도적이지만 잠재적으로 자기-파괴적인 군사예산을 보유하고 있는 미국은 미국 지배의 세계 자본주의의 군사적 집행자인 반면, 대담해진 중국과 약화되는 미국의 결과로서 아시아적 군사주의가 부상하고 있다.[6] 따라서 미국의 힘이 생산한 '미국의 세기'가 '태평양의 세기'에 자리를 내준다고 하더라도, 양자는 모두 특정 시대에 세계화의 지배적 힘을 표시하는 상표명이기도 하다. 결국 '환태평양'은 필연적으로 지역, 국가, 인종, 계급, 성별 등의 노선을 따르는 경제성장, 발전, 착취, 그리고 위계구조의 함의를 갖는다.

비록 환태평양이 여러 국가들 사이에서 조약, 조직, 공식 동맹 등으로 성문화되는 방식을 통해 실제로 실현된 권력과 지배의 복잡한 네트워크로 간주될 수 있지만, 반대, 저항, 대항-헤게모니적 사고의 잠재된 가능성도 발견되는데, 그런 가능성은 다양한 사람들과 지방들에 분산되어 있다. 우리는 태평양 내에서뿐만 아니라 태평양을 가로질러서 상이한 지방들에 걸쳐 반대적 사고를 구축하려는 노력을 살펴볼 수 있다. 다른 학자들은 소위 '검은 대

---

6 세계화 시대의 제국세력으로서 미국에 대한 비판은 Johnson(2004)을 참고하시오.

서양'Black Atlantic에 대한 연구의 유산 속에서 작업하면서 대서양과 태평양을 연결시킬 뿐만 아니라 흑색 · 황색 · 갈색 사람들을 연결시키는 데 기여한 '아프리카-아시아 교차로'를 발굴해 왔다. 예를 들어, 호찌민은 양차 대전 사이에 프랑스에서 아프리카인과 베트남인의 동맹을 형성하면서 반식민지적 노력을 구축하려고 했다. 뒤부와W. E. B. DuBois와 리차드 라이트Richard Wright는 중국과 인도에서 영감을 찾았다. 아프리카인과 남아시아인은 인종이나 민족정체성이 아니라 해방에 대한 지향에서 공통성을 발견했다. 제2차 세계대전 중에 일부 아프리카계 미국인은 반제국주의에 대한 일본의 수사에서 영감을 얻었다. 아프리카-아시아의 혁명적 연대는 또한 1955년 반둥 회의에서 식민주의와 제국주의에 반대하는 3세계 동맹의 선언과 국내적 투쟁을 국제적 투쟁과 연결시키려는 노력으로 표현되었다. 이 모든 것들은 소수화되고 식민지화된 연대 당사자들이 수행한 환태평양 저항이라는 개념에 영향을 받았다.[7] 환태평양이라는 관점은 미국과 유럽의 형성에서 태평양과 아시아가 수행한 역할에 대한 신빙성을 높임으로써 환대서양 지향에 대한 일종의 대위법 또는 균형자로 기능한다.

아시아의 경우 왕후이(Wang Hui, 2011: 41)는 그러한 잠재적 가능성을 탈식민화와 민족해방의 역사에 위치시킨다. 그러한 역사의 기억은 자본주의적 권력을 장악하고 있는 아시아 민족국가들의 '탈정치화된' 시대에도 남아 있다. 또 다른 잠재적 가능성은 에페리 하우오파(Hau'ofa, 1995)가 '바

7　Edwards(2003), Mullen(2004), Prashad(2002), Von Eschen(1997) 등의 작업은 이 모든 사례에 근거하고 있다.

다의 나라'와 '우리 섬들의 바다'라고 부른 것 속에 존재한다. 그런 용어들은 섬과 바다에서 생활하는 사람의 관점에서 유럽인이 태평양이라고 부르는 것을 재상상하는 방법과 관련된다. 그는 바다에 있는 섬들과 그곳 사람들이 중요하지 않았다는 식민사상에 도전하면서 "바다의 나라의 세계는 작지 않다"고 썼다. "그것은 거대하며 매일 점점 커지고 있다"(Hau'ofa, 1995, 89). 하우나니-캐이 트래스크Haunani-Kay Trask 같은 원주민 활동가의 작업에서 드러나는 것처럼, 태평양 사람들의 목소리와 관점은 주권과 원주민 권리를 위한 캠페인과 핵실험·환경파괴·여행의 제국주의적 본성 등에 대한 비판의 배경이 된다. 하와이와 다른 지역에서의 관광은 더 이상 서양 지배적 현상이 아니며 국제적·지역적으로 강력한 아시아 국가에서 아시아 자본의 부상의 표현으로서 환태평양에서 아시아 코스모폴리타니즘을 위한 수단으로 점점 더 많이 활용되고 있다는 사실이 지적되어야 한다. 따라서 아시아에 대한 왕후이의 작업과 같은 비판은 해방과 탈식민지에 대한 아시아적 기억이 어떻게 몇몇 동시대 아시아 사람들이 더 약한 타자들을 식민화하려는 노력을 은폐할 수 있는가를 이해하기 위해 태평양에 대한 인식을 통합해야 한다.

태평양의 사람들은 그들에게 부과된 '군사화된 흐름들'에 반대하는 기억과 역사를 갖고 있지만, 반식민전쟁과 아시아 내부 전쟁의 환태평양 유산은 아시아와 그 디아스포라 전역에서 혹독하고 강력한 형태로 남아 있다(Shigematsu and Camacho, 2010 참고). 유럽과 미국의 환태평양적 욕망은 직접적으로 수많은 아시아 국가에 대한 식민지 권위의 부과나 주권 침해로 이어졌는데, 일본과 중국에 대한 침략, 필리핀의 미국 식민지화, 인도차이나의 프랑스 식민지화, 그리고 세계 각지에서 군사기지를 통해 미국이 확장한 현재의 '초민족적 주둔군 국가'(Bello, 2010: 311) 등이 모두 여기에 포함된다. 아시아 민족들도 처음에는 이웃으로 그리고 점차 더 멀리 떨어진 태평양 연안으로 다른 민족을 지배하고, 간섭하며, 영향을 미치려는 충동에서 자유롭지 못했다. 20세기의 사례로는 한국과 만주에 대한 일본의 식민화, 필리핀과 수많은 태평양 섬에 대한 일본의 점령, 미국 베트남 전쟁에 대한 남한의 군사적 참여, 1978년 베트남의 캄보디아 침공 그리고 1979년 중국의 베트남 침공 등을 들 수 있다. 이러한 사건들은 아시아 민족들이 비록 외세에 의한 희생자였음에도 불구하고 자신들이 태평양의 일부 또는 전체를 통제하려고 할 때 권력을 장악할 능력과 의사가 있다는 것을 보여준다. 지난 수십 년 동안 아시아 국가들은 무역과 투자를 통해 영향력을 확대하기 위해 노력해 왔다. 일본, 대만, 한국의 기업들이 멕시코에 공장을 열고 라틴 아메리카와의 경제관계를 발전시키고 있고, 중국은 아프리카에서 광산·시추·무역을 확대하려고 노력하고 있으며 아시아의 모든 주요 국가들은 동아시아와 동남아시아에서 더 약한 아시아 국가들에 대한 영향력을 다투고 있다.

따라서 환태평양은 지리, 경제, 정치적 영향권을 둘러싼 심층적인 현재적·역사적 갈등에 의해 정의된다. 그러한 갈등으로 인해 특정한 국가가 도덕적 우월성을 주장하거나 아무런 문제없이 환태평양 담론에서 자신이 중심에 있다고 주장하기는 어렵다. 또한, 그러한 갈등은 아시아 국가들 사이에서, 태평양을 가로질러, 그리고 아시아와 아메리카 사이에서 거대하고 지속적인 사람의 이동을 낳고 있는데, 우리는 디아스포라와 초민족주의의 개념을 통해 그것을 검토할 수 있다.

태평양을 횡단하는 이산과 (재)생산

디아스포라와 초민족주의는 민족적 경계를 가로질러 이산된 인구를 다루지만, 종종 민족적 또는 종족적 기원으로 정의되기도 한다. 그 결과 디아스포라적·초민족적 인구는 문제적인 민족주의적 또는 인종적 통념을 재확증할 수 있고, 포스트-민족적 개방성이 아니라 민족주의적 열정의 원천이 될 수도 있다(Palumbo-Liu, 2007 참고). 그럼에도 불구하고 입양된 가정, 종족적 고향, 지리적으로 이산된 동족coethnics 등에서의 관계를 탐구하기 위해서는 디아스포라적·초민족적 틀이 필수적이다. 이들 관계는 종종 상실에서 유래하거나 상실로 귀결되는 것으로 가상된다. 아가 샤히드 알리(Ali, 1994: 44)는 "지도가 없는/ 그 나라의 이산된 생존자들을 붙어 다니는/ 여러 집단의 슬픔들"에 대해 언급한 바 있다. '지도가 없는' 이 나라는 이민자·난민·망명자가 그들의 마음과 영혼 속에 품고 다니는 고국과 이산의 가상적 범주이지만, 그것이 언제나 가까스로 대양을 횡단해 냈던 유령들로서 모든 환태평양 이주자들 중 가장 덧없는 사람들이 이식한 상실과 슬픔의 풍경이기만 한 것은 아니다.[8] 이들 아시아 디아스포라는 또한 지리적 이산을 초월하는 공동체라는 통념과 융합되었다. 그런 통념은 아마도 시민권의 부담, 제한, 책임 등이 없는 '소속'이라는 유토피아적 감각을 제공할 수 있었을 것이다. 아시아 디아스포라에 대해서는 디스토피아와 유토피아라는 두 가지 감각이 모두 가능한데, 그런 감각들은 디아스포라들이 배치되는 상이한 방식

---

8 그러한 유령들에 대한 특히 영향력 있는 설명은 Cho(2008)를 참고하시오.

의 양쪽 극단을 보여준다.

현재적 의미에서 디아스포라라는 통념은 일부는 자발적으로 그리고 다수는 자신의 의지에 반해서 이주한 사람들의 관점에서 고국과 수용국의 변화하는 관계를 검토한다. 학술문헌은 종종 쫓겨난 사람들의 이러한 이동을 '토착문화'에 대립되는 것으로 정의한다. 그러나 서로 대립되면서도 상호적으로 보완적인 이 두 가지 개념은 신세계의 정착 식민지, 식민화 과정, 그리고 '토착민'이 가장 빈번하게 가장 많이 쫓겨나게 되는 세계화하는 경제 등에 의해 근본적으로 수정되었다. 더욱이 라첼 파레나스와 로크 시우(Parreñas and Siu, 2007)가 주장했던 것처럼, 디아스포라는 단순히 두 나라 사이의 양자적 현상이 아니다. 종족적으로 정의된 디아스포라는 여러 나라에 흩어져 있는 반면 특정한 나라는 여러 디아스포라를 수용하고 있다. 따라서 디아스포라 지향의 연구는 디아스포라들이 단일 문화주의라는 종족적·민족주의적 통념을 재긍정하게 되는 방식뿐만 아니라 쫓겨난 또는 이산된 다른 사람들과의 동맹의 결절점으로 기능할 수도 있는 방식도 살펴볼 필요가 있다.

다른 한편 초민족주의는 사람들의 이동뿐만 아니라 시민권의 관념, 기술, 다국적 거버넌스, 정치적 조직화 양식, 주권에 대한 다양한 개념, 시장의 충동 등도 포괄한다. 이 모든 것들은 서로 결합해서 동시대의 세계를 형성한다. 우리는 자본의 이동 또는 그것에 기여하거나 그것의 지원을 받는 엘리트 인구집단의 이동과 관련되는 '다수적' 초민족주의에 대해 말할 수 있지만, 프랑소와즈 리오네와 슈메이 신(Lionnet and Shih, 2005)은 국경을 넘어 이동하는 소수적 인민으로 구성되는 '소수적' 초민족주의 현상에 주목한다. 그들은 특정한 사회에서 다수와 소수의 수직적 관계에 초점을 맞추기보다는 민족적 경계를 가로지르는 소수 인구 내부의 수평적 관계 그리고 민족적 경계 내부 소수 집단들 사이의 수평적 관계를 강조한다. 파레니스와 시우의 디아스포라 모형과 마찬가지로 소수적 초민족주의는 권한이 없고 주변화 · 소수화된 사람들 사이의 관계들의 정치적 가능성을 긍정한다.

　많은 사람들이 디아스포라적 · 초민족적 이산을 쫓겨난 사람들에 의해 야기된 부담으로 볼 수도 있지만, 우리는 또한 그것들을 강자와 약자 모두가 활용할 수 있는 '공간적 자원'으로 간주한다. 이러한 공간적 자원은 오늘의 세계에서 사람과 상품의 이동을 조직하기 위한 국제적 네트워크(비즈니스 네트워크, 종교적 회합, 특정 언어의 독자 및 미디어 소비자 커뮤니티 등)를 창조한다. 아시아인과 태평양 제도인은 다른 나라의 시민이 되기 위해 바다를 횡단했던 반면, 서양의 시민은 일과 공부를 위해 아시아로 건너갔다. 아시아 강대국들은 태평양 제도와 서양에서 경제적 영향력을 획득했지만 많은 아시아인이 다른 아시아 나라에서 일하거나 정착하기 위해 떠났고 미국이나 유럽 국가가 중심적인 결절점으로 기능하지 않는 디아스포라 네트워크를 발전시켰다. 이들 아시아 국가의 일부는 영향력과 수익을 위해 미국 및 유럽과 경쟁하면서 이동 가능한 소수의 인구를 관리하기 위해 다양한 전략을 채택한다. 환태평양이라는 틀에서는 아시아 국가들이 권력문제에 어떻게 연루되어 있는지, 그리고 그들의 부상이 서양과의 경쟁 · 갈등 · 협상의 복잡한 역사와 어떻게 연결되어 있는지를 고려하지 않은 채 단순히 성장하는 아시아 국가들을 묘사하는 것으로 넘어가는 것이 방지된다. 우리는 아시아 국가들 사이에서 그리고 태평양을 가로질러서 개인적 정체성과 특정한 동기를 가지는 여행, 순례, 귀환, 그리고 재이주 등을 검토함으로써 하나의 민족이 다른 민족과 맺는 일련의 새롭고 복잡한 관계들을 직시할 수 있으며, 민족과 시민권의 유산보다 훨씬 더 강력할 수 있는 유산에 기반을 둔 일련의 새로운 관계들도 직시할 수 있을 것이다.

그러나 디아스포라를 형성하는 환태평양 연계는 단순히 주체적 동일화의 문제가 아니다. 그들은 디아스포라 구성체를 생산·유지·영속화시키는 특정한 사회적·물질적 조건 속에서 출현한다. 환태평양은 종족적 고향, 현재 거주지로 채택된 고향, 그리고 '종족전경'ethnoscaptes, 즉 지리적으로 분산된 동족의 연합(Appadurai, 1996 참고) 등의 관계를 탐구하는 틀을 제공한다. 이런 의미에서 환태평양의 개념은 21세기 현대생활의 한 측면일 뿐만 아니라 하나의 지적·정치적 기획이다. 21세기를 '태평양의 세기' 또는 '아시아의 세기'라고 부르는 것은 권력의 이동뿐만 아니라 전술의 변화를 나타내는데, 그러한 변화는 하나의 단일한 지리적 중심을 상대적으로 덜 강조하는 동시에 연계의 복잡한 네트워크를 더 강조하는 경향이 있다. 이러한 디아스포라의 연계성은 무차별적으로 '세계적'이기보다는 문화적으로 종별적이며, 역사적으로 특수한 조건들에서 출현한 복수의 분절된 연계성들로 구성된다. 많은 아시아 국가들이 현재 투자를 촉진하고 교육받은 기술적 조언자를 영입하는 것 등을 위해 디아스포라의 연계성을 생성·유지하는 데 많은 노력을 기울이고 있다. 그들은 아마도 이스라엘을 최선의 모형으로 삼을 사례(민족국가로서 고국을 재창조하려는 디아스포라적 꿈의 실현)를 따르고 있다. 그런 사례는 비록 유럽에서보다는 덜 일반적이지만 이제는 아시아 전역에서 일반적인 양상을 보인다. 그러나 대규모 이주, 난민의 추방, 국경의 재도입 등으로 인해 디아스포라가 출현함에 따라, 그들은 지난 세기에 더 분명했던 지리학을 해체하면서 주권과 자율성이라는 통념들을 불안정하게 만들었다. 아르준 아파두라이(Appadurai, 1996: 38)의 말을 빌리면, "국가와 민족은 서로 맹렬하게 싸우고 있으며, 그들을 연결하는 하이픈은 이제 결합의 상징이라기보다는 분리의 지표다."

디아스포라들 내에서는 결국에는 다시 방문할 수 있는 불완전한 기원과 화해하는 것보다 지리적으로 떨어져 있는 상상된 고향에 대한 열정적 충성심과 애착을 느끼는 것이 종종은 훨씬 더 쉬운 일이 된다. 디아스포라의 강력한 정서적 인력이라는 관념은 공유되고 상상된 역사와 경험에 대한 디아스포라의 호소력에 있다. 그런 역사와 경험은 경축할 만한 긍정적 성격을 띨 수도 있고, 그렇지 않으면 전쟁, 강제이주, 노동 · 육체 · 성의 착취 등의 공유되는 고통으로 구성될 수도 있다. 이러한 공통된 경험은 그들을 받아들인 민족의 시간과 공간 외부에 자신의 깊은 뿌리와 운명을 갖는 '인민의 생성'이라는 감각을 창조한다. 디아스포라 집단은 자신들을 고통, 망명, 차별에 의해 쫓겨난 '종족적 소수자'로 간주하는 대신 민족-국가 경계 내부로 소속이 제한될 수 없는 '초민족적 주체'로 간주하는 것을 선호할 수 있다. 폴 길로이(Gilroy, 2000)의 포스트-인종적 관점에서 디아스포라적 잠재력은 두 개의 대립하는 '진영', 즉 민족국가뿐만 아니라 엄격한 이데올로기적 · 경제적 · 정치적 세력들 '사이의' 디아스포라적 장소에서 출현한다. '사이에서' 이들 디아스포라 사람들과 그들의 초민족적 친족은 자신들이 민족적 · 공동체적 · 종족적으로 더 많이 긴박되어 있는 자신의 또래들보다 정체성에서 더 큰 신축성을 갖고 있다고 생각한다. 따라서 환태평양 개념은 트라우마, 잊히지 않는 기억, 주변화 등과 관련될 뿐만 아니라 권한부여, 향상,

확장 등과도 관련된다.

그러나 환태평양 공동체, 문화, 순환 등의 경축할 만한 잠재력은 위에서 설명된 갈등과 식민지화의 역사, 그리고 환태평양 인구의 통합의 취약성과 대조될 필요가 있다. 소수 문화와 정체성은 인데르팔 그레월(Grewal, 2005: 16)이 '권한부여의 생활양식'이라고 부르는 것이 될 수 있다. 이러한 생활 방식은 주변화와 박해에 대항하는 정치적 투쟁의 역사에 기반을 둔다. 그러한 투쟁은 '아시아계 미국인' 또는 '페미니스트' 같은 필수적 정체성들의 형성을 낳았는데, 그런 정체성은 결국에는 신자유주의적·민족주의적 담론에 참여하게 되었다. 미국의 자유주의 페미니즘은 여성의 권리를 긍정하면서도 우연히 또는 고의적으로 그것을 사용하여 다른 나라에 대한 제1세계 국가의 권력을 강화할 수 있다. 이것의 고전적 공식은 '갈색 남성으로부터 갈색 여성을 구하는 백인 남성'이라는 식민주의에 대한 가야트리 스피박Gayatri Spivak의 묘사에서 발견되는데, 이 경우에는 세계적으로 억압당하는 여성의 구원자로서 백인 여성(그리고 그녀들과 동맹을 형성하는 디아스포라의 유색 여성)을 포함하는 형태로 변형된다(Shih, 2005 참고). 서양에서 다문화주의, 다양성, 관용 등과 그것의 모든 민족적 변종들이 불평등을 해소하기보다는 그다지 관용적이지 않은 것으로 추측되는 더 어두운 나라와 문화에 대한 서양의 우월성이라는 관념을 진전시키기 위해 인종적·성적 소수자의 통합을 촉진하면서 서양에서 신자유주의적 주체로서 환태평양 소수자들의 기능은 또한 분명해졌다. 콰메 앤서니 아피아(Appiah, 2006: 144)는 코스모폴리타니즘에 대한 자신의 유명한 논문에서 상이한 문화를 가로지르는 이방인들과 공감을 형성하는 대화의 필요성을 주장하면서도, "코스모폴리탄 관용에는 한계가 있다. … 우리는 대화를 멈추지 않을 것이다. 관용은 관용할 수 없는 것이라는 개념을 필요로 한다"라고 다소 어둡게 지적한다.

아피아의 모형에서는 코스모폴리탄 사회가 비非코스모폴리탄 사회에 어떻게 반응할 것인지는 진술되지 않은 채 남아 있는데, 이는 아마도 신자유주의가 작동하는 방식의 하나의 징후일 수 있다. 타인을 치켜세우기 위해 제공되는 환영의 손은 만약 그 손이 거절되면 쉽게 움켜쥔 주먹으로 바뀔 수 있다. 소수 인종은 서구 사회에서 '이방인'으로 기능하며 그들에 대한 수용은 서양 코스모폴리타니즘의 유효성을 증명하지만, 그들은 문자 그대로 길들여질/국내화될domesticated 위험이 있다. 서양의 소수 인종은 평등과 포용이라는 국내적 쟁점에만 초점을 맞추거나 동서 또는 남북 사이의 문화적 대사 및 번역가로서의 그들의 지위를 축하함으로써 서구적 주체로서 그들의 특권적 지위와 서양이 지배하는 나라들 사이의 연계를 모호하게 만들 수 있다. 그리하여 그들은 길로이(Gilroy, 2006: 60)가 '갑옷 입은 코스모폴리타니즘'이라고 부른 것, 즉 다문화적이고 신자유주의적인 현재에 대한 백인의 의무라는 전통적 관념의 재작동에 동참한다. 물론 세계적·지역적 권력을 갈망하는 아시아 국가들도 거기에 동참하고 있다. 코스모폴리타니즘과 신자유주의에 대한 대부분의 논의는 그 주체로서 서양 다수자에 초점을 맞추지만 소수자와 비서양 다수자도 이 같은 담론 속에 위치시킬 필요가 있다. 특히 중국, 일본, 대만, 싱가포르 같은 국가들과 그들의 디아스포라는 모두 아시아 코스모폴리타니즘과 신자유주의에 대해 정치적으로 복잡한 그들 자신의 판본을 배양하고 있다.

한국은 어떻게 가난한 나라가 자기 자신을 갑옷 입은 코스모폴리타니즘,

신자유주의적 영향력, 디아스포라 권력 등을 포괄하는 특성을 가진 '아(亞)제국주의'로 전환시켰는지를 보여주는 하나의 사례를 제공한다.[9] 이 같은 변형은 서울의 전쟁기념관에 묘사되어 있다. 그 박물관은 한국이 미국과 국제연합의 도움을 받았던 한국전쟁 이후의 고통스러운 투쟁 속에서 탄생했다는 것을 역사적 서사로 보여준다. 그런 서사는 강한 한국이 이제는 역으로 인도주의적 작전을 통해 다른 나라들의 자유를 지키는 데 일조한다는 묘사에서 절정에 이른다. 이것은 전쟁에 대한 완곡어법인데, 이 경우 한국군이 미국의 가장 강력한 (그리고 많은 보고서에 따르면 가장 잔인한) 동맹군으로 참여한 베트남전쟁과 충돌한다.[10] 베트남에서 한국이 제공한 소위 인도주

---

9 아(亞)제국이라는 통념은 Chen(2010)에서 비롯되었으며 Lee(2009)에서 정교화되고 있다.

10 헬리콥터 조종사 한 명의 기록에 주목하라. "한국인들은 자신들의 백호부대를 파견했다. 그들은 박격포, 기관base plates, 절단된 VC 헤드VC head를 가지고 돌아왔다. 한국인들은 또한 우리의 전투선이 그들의 일부 병력을 죽였다고 불평했다. 우리는 한국인들에 비해 일군의 아마추어로 왔을 뿐이었다"(Mason, 1982: 198). 미국인 이상으로 거친 한국 군인이라는 미국인의 인식은 드문 일이 아니다. 베트남인의 인식은 그러한 거침을 다르게 해석했다. 회고록 작가 레 리 해스립(Hayslip, 1990: 138)은 다음과 같이 썼다. "[미국인들보다] 더 위험한 것은 당시 미군 지구를 순찰하는 한국인이었다. 한때 우리 마을의 한 어린이가 그들의 캠프에 들어가서 자신의 몸에 연결된 베트콩 폭탄을 터뜨렸기 때문에 한국인들은 아이들 자신(그들이 단순히 작은 베트콩으로 간주했던)에 대해 끔찍한 보복을 가했다. 사건 이후 일부 한국군 병사들은 다른 사람에게 보여주는 일종의 시범사례로 학교에 가서 몇몇 소년들을 납치해 우물에 던지고 이후에 수류탄을 던져 넣었다. 마을 사람들에게 이들 한국인은 [프랑스인을 도운] 모로코인 같았다. 그들은 그들이 지원한 백인 군인들보다 더 거칠고 비열했다. 그들은 제2차 세계대전의 일본인처럼 양심이 없고 무자비한 살인기계로서의 의무를 다했다. 그들이 우리나라를 그들의 끔찍한 사업에 몰두할 수 있는 완벽한 장소라고 생각했던 것은 놀라운 일이 아니다." 권현익(2006: 29)이 지적한 것처럼, 이러한 한국군의 행태는 놀라운 일이 아니다. 그들의 캠페인 슬로건은 "깨끗이 죽이고, 깨끗이 태우며 깨끗이 파괴하라", "당신이 보는 모든 것은 베트콩이다", "어린이도 간첩이다", "죽는 것보다는 실수하는 것이 낫다" 등을 포함했다.

의적 원조는 사실상 백인의 책임을 황인의 책임으로 재작동시키는 것이다. 왜냐하면 한국은 미국의 신식민주의에 참여함으로써 엄청난 혜택을 얻었기 때문이다. 일부 역사가들은 한국군에 대한 미국의 보상과 한국 기업과의 미국의 계약이 한국의 경제발전을 촉발했음을 인정한다(Woo, 1991 참고).

이러한 발전은 결국 미국에 대한 한국의 투자로 환태평양 파급효과를 심화시켰다. 거기서 한국 자본은 로스앤젤레스의 코리아타운을 종족적 게토에서 자본주의적 인클레이브로 상승시켰다. 우리는 이러한 변화를 단순히 축하할 수만은 없는데, 왜냐하면 로스앤젤레스에서 우리는 '아프리카-아시아 교차성'의 억압적 측면의 더 인상적인 사례 중 하나를 볼 수 있기 때문이다. 흑인 게토가 지속되고 있는 인종적으로 분단된 도시에서 한국인에 국한되지 않는 환태평양 아시아 인구는 그들의 경제적 성공과 코스모폴리탄 스타일에 부착된 적극적 이미지뿐만 아니라 흑인이 아니라는 소극적'미덕'으로부터도 혜택을 얻는다. 따라서 환태평양에 대한 연구는 디아스포라 인구가 고립된 상태로 검토될 수 없으며 소속과 탈퇴, 동맹과 착취, 협력과 갈등의 네트워크들 내에 위치한 여타 디아스포라 및 국내 소수자들과의 관계 속에서 검토되어야 하는 이유를 충분히 의식하고 있어야 한다.

마지막으로, 우리는 태평양 내부와 주변에서 경쟁하는 나라와 사람들에 대한 상상 내에서 에로틱, 낭만, 이종규범 등이 모두 어떤 역할을 하는지 고려할 수 있다. 네페르티 타디아르Neferti Tadiar가 말한 것처럼, 욕망과 자본주의는 분리될 수 없으며, 환태평양 민족들의 관계와 정체성은 이윤추구가 낭만적·성애적·성적·젠더적 방식을 통해 상상되는 '리비디널 경제'로 간주될 수 있다. 따라서 세계화는 저임금 공장에서 일하고, 가사노동을 수행하며, 성적 욕구를 충족시켜 주는 여성화된 노동에 의존한다. 이처럼 여성화된 노동은 빈번하게 아시아, 태평양 또는 아시아계 디아스포라 인구에서 충원된다(Parreñas, 2001과 Gerefi, 1998 참고). 미국의 세기에는 세계, 특히 여성화된 아시아를 지배한 것이 남성적 존재로서 미국이었던 반면 아시아 세기에 종종 더 약한 아시아와 태평양 나라들을 희생시키면서 남성적 지위를 영유하려고 하는 것은 더 강한 아시아 국가들이다. 아시아 문화와 국가는 노동에 대한 이 같은 비유적·문화적·경제적 착취에 다양한 방식으로 참여했다. 그들은 한편에서 여성화된 노동력의 활용과 수출에 공모하면서도 다른 한편에서 특정한 나라의 순수한 민족적 정수의 표상으로서 여성이라는 통념을 선전했다. 바로 이 때문에 사카이 나오키와 유현주는 '환태평양 가상'이 태평양에서 권력을 향한 제국적 투쟁에 대한 '환태평양적 공모'를 승인한다고 주장한다. 그들은 어떻게 미국과 일본이 제2차 세계대전 이후 태평양에서 지배적 위치를 거래했으며 어떻게 일본과 미국이 심층적으로 젠더화된 담론을 통해 미국의 헤게모니 패권의 보조자이자 수혜자로서 일본의 전후 역할을 정당화하는 데 일조했는가를 지적했다. 동시에 일본은 여타 아시아 나라들과의 관계에서 지배의 의지를 실행했는데, 사카이와 유현미는 한국인 위안부에 대한 일본의 처우에서 그것을 상징적으로 보여주었다.[11]

---

11 그녀들의 초점은 미국, 일본, 그리고 상승하는 한국의 삼각 권력공유 배치들에 국한된 반면, 황(Huang, 2002)이 처음 고안하고 메이어와 쿤네만(Mayer and Kunneman, 2009)이 언급한 '환태평양 상상력'은 중국을 다룬다. 이 모든 작업은 환태평양이 특정한 적대적 또는 협력적 국가들의 이원적 관계를 넘어서 확장될 가능성을 제시하고 '환태평양 공모'에 대한 사카이와 유(Sakai and Yoo, 2012)의 통찰력을 풍부하게 한다. '환태평양 공모'는 확실히 일본과 미국의 관계보다 더 광범위한 것이다.

학계에서부터 군대, 문학, 영화, 언론에 이르는 다양한 담론에서 식민자와 피식민자의 관계는 동양과 서양 모두에 의해 남성적인 서구 또는 북구와 여성적인 동구 또는 남구 사이의 비유적이고 문자적인 이성애적 강간으로 묘사되었다. 이 관계는 강간이 아니라면 빈번하게 이성애적 로맨스 또는 동성애적 로맨스로 그려졌다. 강간은 파괴적이고 착취적인 반면 로맨스는 진보적이고 생산적이다. 양자는 모두 괴기스러울 수도 아름다울 수도 있는 이종족혼합의 결과를 낳을 수 있다. 그런 결과는 왜 상이한 문화들이 만나지 말아야 하는지 또는 왜 그들이 더 평화롭고 풍요로운 미래를 위해 만나야 하는지에 대한 상징의 역할을 한다. 착취 또는 생산의 일부로서 경제적 부라는 통념은 항상 강간이나 로맨스와 얽혀 있으며, 경제와 성애는 서로를 자극하기 때문에 퀴어 연구는 환태평양 생산성과 재생산성이라는 이성애적 가설을 파괴하는 역할을 할 수 있다. 정치담론은 아동, 재생산, 이성애 가족의 필연성과 물신화를 전제로 한 미래주의적 지향에 기반을 두고 있다는 리 에델만Lee Edelman의 주장은 태평양에 대한 경제 담론에 일정한 반향을 담고 있다. 이러한 담론은 미요시 마사오가 자유무역과 자본주의를 위한 '국경 없는 세계'라고 부른 것이 필연적으로 미래세대에게 물려줄 부와 풍요로 이어질 것이라는 생각에 근거하고 있다. 여기서 미래세대는 자본주의의 수혜자인 동시에 자본주의의 정당화로 기능한다.

재생산을 거부하는 것과 자본주의적 생산을 거부하는 것은 모두 환태평양의 자본주의 세계에서 기이한 행동이다. 퀴어 연구와 디아스포라 연구를 결합한 작업은 디아스포라와 초민족적 인구가 자본주의적 진보와 상향이동의 관점에서뿐만 아니라 민족문화의 이성애적 재생산의 관점에서 자신들을 어떻게 이해하고 있는가를 분명하게 만든다. 따라서 퀴어 디아스포라는 자본과 민족의 낭만적이고 이성애적인 은유들 그리고 동양과 서양의 결혼, 2세대의 필연성, 새로운 땅의 기름진 토양 등과 같은 은유를 디아스포라에 손쉽게 전이시키는 것을 막는다. 그리고 퀴어성queerness은 또한 우리가 인구 이동성을 이해하는 방식을 재구성한다. 나얀 샤Nayan Shah가 주장한 것처럼, 학자들은 빈번하게 국경을 가로지르는 초민족적 이동을 자극하는 요인이 본성상 경제적이거나 정치적인 것이라고 생각한다. 그렇다면 성적·성애적 또는 여타 사회적 요인이 고려되면 어떤 일이 벌어질 수 있는가? 샤는 아마도 남성들이 단순히 경제적 제약만을 벗어나기 위해서가 아니라 사회적·성적 제약에서 벗어나기 위해서 이동했을 수도 있다고 주장한다. 그는 남성 이주자들의 내밀한 세계와 그들이 다른 남성들과 형성한 '이방인 친밀성'에 초점을 맞추고 있지만, 그러한 퀴어 관점은 여성으로도 확장될 수 있다. 하나의 분석수단으로서 퀴어 디아스포라는 사람들이 '집'을 떠난다는 생각을 허물어뜨린다. 가야트리 고피나스Gayatri Gopinath가 지적한 것처럼 그들은 자신이 어디를 집으로 남겨 둘지 고려하지 않을 수 있기 때문이다. 퀴어 관점의 통찰을 포함하는 환태평양 분석틀은 '환태평양 동반자협정'이라는 자본주의적 전망과 환상뿐만 아니라 분과학문의 고향을 위해 그 내에 '정착'하려는 학계 내부의 충동들에 힘을 실어주는 경제주의적·재생산주의적·민족주의적·문화주의적 가정들의 많은 부분을 불안정하게 만든다.

환태평양 연구를 향하여

환태평양 역사와 흐름의 도전은 이들 주제를 연구하기 위한 기존 모델이 재고 · 재구성될 필요가 있다는 것을 의미한다. 이는 서양과 그들의 대학뿐만 아니라 아시아와 그들의 학술 복합체에도 해당되는데, 특히 아시아의 학술 복합체는 점차 강력해지면서 경쟁력을 획득하고 있다. 서양에서 환태평양은 존 로우(Row, 2012: 87)가 '학술적 국가장치'라고 부른 것의 일부로서 대체로 지역연구를 통해 연구되었고 점차 아시아계 미국인 연구와 미국학 같은 관련 분야에서 더 많이 연구되었다. 아시아를 연구하는 아시아 내부의 아시아 연구자들은 당연하게도 서양의 지역연구 전통과 지역연구의 혼란들을 둘러싼 그들의 논쟁에 대해 의심을 품고 있을 뿐만 아니라 미국에 기반을 둔 아시아계 미국인 연구와 미국학의 민족주의적 가정에 대해서도 의심을 품고 있다. 그러나 미국에 기반을 둔 학자들이 토론해 온 학술 영역에 관한 질문과 방법론적 문제들은 또한 아시아에 기반을 둔 학자들에게도 유의미하다. 왜냐하면 미국 학자들이 활동하고 있는 학술산업복합체는 많은 아시아 학자를 양성했고 아시아 국가에 의해서도 채택되고 있기 때문이다. 이러한 이유로 아시아, 태평양, 환태평양 등에 대한 자신의 연구를 차별화하려는 아시아와 태평양 학자들의 노력이나 태평양 연구를 위한 도발적 요청 또는 서양을 연구하려는 아시아의 노력 등은 미국에 기반을 둔 연구 분야를 형성하고 미국적 맹목지점을 생산한 일부 쟁점들로부터 완전히 자유롭지 않다. 다자적 관계들에 기초해서 복수의 나라들에서 펼쳐지고 있는 환태평양 연구는 지배적인 미국 기반 연구 분야와 이에 도전하며 출현 중인 아시아 · 태평양 기반 연구 분야에 대한 재검토를 가능케 한다.

　오리엔탈리즘의 유산과 빈번하게 타협적인 탈식민지 지식인의 입장에 대한 비판은 환태평양 연구의 역할과 아시아, 태평양, 유럽 또는 미국을 연구하는 분야—그들이 기반을 두고 있는 곳이 어디건—에 대한 환태평양 연구의 영향을 고려할 수 있는 기회를 제공한다. 아시아를 연구하는 아시아 내부의 학자들은 미국과 유럽이 보편적 이론의 중심, 즉 학자들이 아시아라는 '분야'로 모험을 떠나게 되는 고향이 아니라 사고의 대상지역으로 간주되어야 한다고 주장했다(Harootunian, 2002와 C. Lowe, 2007 참고). 따라서 디페쉬 차크라바티(Chakrabarty, 2000)가 제안한 것처럼 유럽이 지방화되어야 할 뿐만 아니라 미국도 마찬가지로 지방화되어야 한다. 세리아 로우(Lowe, 2007)는 "동남아시아에서 학술이론의 여정은 미국 비판이론의 지방적 성격을 암시한다"고 말한다. "미국에 기반을 둔 학자들이 세계의 난제들에 대한 가장 중요한 지식이나 모든 해법을 가지고 있지 않은 것처럼 행동하는 것은 어떤 모습을 띨 것인가?"(C. Lowe, 2007: 133, 121). 미국 지역연구에 대한 격하는 아시아 연구에 대한 모든 포스트-오리엔탈리즘적 접근에 필수적이지만, 만약 미국 대학이 미국 권력의 역사적 연관 속에 자리매김되어야 한다면 아시아 대학도 아시아 권력의 역사적 연관 속에 자리매김될 필요가 있다. 더 큰 틀에서 왕후이(Wang Hui, 2011)는 아시아 내부에서부터 새로운 '아시아'를 상상하려는 지적 · 정치적 노력은 우선 '아시아'를 구성했던 '유럽'에 대한 비판을 통해서만 실행될 수 있다고 주장한다. 그런 노력은 필연적으로 아시아 민족국가들이 그들의 학술기구를 형성한 방식과 연계되어 있다.

　왕후이(Wang Hui, 2011)는 아시아에 관한 유럽인의 사상의 중요성에 관심을 두고 있지만, 우리는 아시아에 관한 미국적 사고방식이 아시아의 지식인들에게 여전히 중요하다고 주장한다. 왜냐하면 미국의 세계적 지배력은 계속되고 있으며 많은 아시아 국가 내에서 미국의 영향력도 지속되고 있기 때문이다. 우리는 미국의 사례를 살펴보면서 미국이 아시아를 어떻게 검토하고 구성했는가라는 문제가 아시아 연구 내에 국한될 수 없으며 미국의 미국학과 아시아계 미국인 연구에도 영향을 미쳤다는 사실을 발견한다. 이들 두 분야는 모두 아시아의 아시아인과 아시아에서의 미국적 영향에 대한 학술적 연구에 일정한 관련이 있다. 미국에 기반을 둔 지역연구와 미국학은 20세기 중반에 미국의 세계화에 기여하기 시작했다. 미국의 지역연구는 제2차 세계대전 직후에 시작되었는데, 그 시기에 미국의 정책수행 능력을 개선하기 위해 세계 지역에 대한 미국의 지식을 증가시키는 데 연방기금이 할당되었다. 국내에서 미국학은 미국 예외주의라는 통념을 증진시켰다. 냉전정치는 이들 분야의 장학금과 프로그램 구축의 대부분을 추동했다. 국가안보 문제와의 연결은 자금 확보에 도움이 되었고, 이후 그 자금은 더 부유한 아시아 나라들(일본, 한국, 대만)과 미국 내 디아스포라 공동체들의 정부와 재단에 의해 보완되었다. 21세기 초에 이르러 지역연구는 위기의 시기에 접어들었다. 일부는 전통적인 지역적 경계가 더 이상 세계적인 현상을 포괄할 수 없는 것처럼 보인다고 주장한 반면, 다른 사람들은 내부자와 외부자의 지식을 연계·비교할 때 최선의 결과를 낳을 수 있는 역동적이고 생산적이며 혼종적인 모형으로서 지역연구를 방어했다.[12]

12　지역연구에 대한 비판은 Miyoshi(1993)와 Harootunian(2002)을 참조하고 지역연구에 대한 방어는 Szanton(2004)을 참고하시오.

1990년대가 되어서야 미국 내에서 미국학이 태평양에서 제국적 지배력 행사로서 미국의 지배라는 쟁점에 주목하기 시작했다. 9/11 이후 초민족적 전환은 극적으로 가속화되었다. 이러한 초민족적 전환은 냉전의 종식과 함께 본격적으로 시작된 미국 내 미국학의 다문화적 전환 이후에 발생한 것이었다. 다문화적 계기에서 미국학은 미국 국경 내에서 인종, 성별, 계급, 성 등에 대한 질문에 점차 초점을 맞추었고 내부적 차이들을 강조했지만, 일반적으로 해외 또는 외국에서 미국의 역할은 간과했다. 한 가지 예외는 다른 나라로부터의 이민에 대한 관심과 디아스포라와 초민족주의 같은 개념의 점진적 증가였다. 아시아계 미국인 연구는 언제나 이민에 주목했고 1960-70년대와 마찬가지로 아시아인이 어떻게 미국에 도착했는지, 그리고 어떻게 그들이 자신을 아시아계 미국인으로 변형시켰는지에 관심을 기울였다. 아시아계 미국인 연구는 1960년대 아시아계 미국인 운동에서 태어난 지적 구성체였다. 당시 아시아계 미국인 운동은 베트남전 반대운동에 힘입어 반인종주의와 반제국주의를 내세웠고 인종적·계급적으로 억압된 인구의 급진적 해방을 추구했다. 아시아계 미국인 운동은 지역연구와 미국학을 낳은 정치질서에 대항하는 하나의 반작용이었다. 그리고 아시아계 미국인 연구는 미국학 내부에 포함되는 것을 추구했지만 지역연구, 특히 아시아 연구와 긴밀한 관계를 유지해 왔다. 이는 아시아계 미국인 연구가 방향을 전환해서 태평양을 횡단하는 것을 주저하고 있다는 사실을 반영한다.[13]

---

13 환태평양에 대한 관심이 아시아계 미국인 연구를 어떻게 재구성하는가에 관한 또 다른 관점은 Lowe(2012)를 참조하고, 국제적 맥락에서 아시아계 미국인 연구의 한계에 대한 자세한 설명은 Nguyen(2012)을 참고하시오.

아시아계 미국인 연구가 미국을 목적지로 하는 이주에 역사적 초점을 맞추어 왔다는 사실은 아시아계 미국인 연구가 일반적으로 아시아 또는 발원국의 중요성을 고려하는 것을 일반적으로 꺼려했다는 것을 의미한다. 20세기 말에 아시아계 미국인 연구는 주로 미국 국경 내부의 문제에 초점을 맞추었다. 그러나 이주에 대한 그들의 관심은 그들이 많은 인구들에게 이주의 조건을 창조했던 아시아에서의 전쟁들에서 해외 미국의 역할을 적어도 의식하고는 있었음을 의미했다. 환태평양 역사는 이미 아시아계 미국인 인구의 구성에서 하나의 구조화 요소였지만, 아시아계 미국인 연구는 맥신 홍 킹스턴Maxine Hong Kingston의 말을 빌리자면 '미국을 주창해야 한다'는 그들의 정언명령 때문에 이들 인구의 환태평양적 특성을 무시했다. 미국을 주창하는 것은 아시아계 미국인을 항구적인 외국인으로 보는 미국의 경향에 대한 직접적인 반작용이었다. 이러한 국내적 초점은 아시아계 미국인 연구가 민족적 경계의 중요성을 유지하고 미국학을 위한 범주적 정의로서 '미국'에 도전하지 않음으로써 미국학과 조화를 이루었다는 것을 의미했다. 아시아계 미국인 연구에 근본적인 미국의 불평등에 대한 비판은 결국 심지어 미국학의 가장 예외주의적인 판본과도 공모가 가능했다. 왜냐하면 미국 예외주의에서 미국의 민주주의 기획을 완성하는 것의 중요성은 여전히 긍정되고 있었기 때문이다.

그러나 아시아계 미국인 인구와 아시아계 미국인 연구의 형성 이면에는 환태평양 접근을 촉진하고 실제로 그런 접근을 필연적인 것으로 만드는 전쟁의 유산과 자본이동이 숨겨져 있었다. 미국이 이라크와 아프가니스탄에서 전쟁을 벌이는 시점에 아시아계 미국인 연구는 점차 해외에 관심을 돌렸다. 이러한 관심의 일부는 아시아인 이민을 자극하고 아시아계 미국인의 자기-형성의 초기 추진력을 제공한 아시아에서의 미국의 전쟁에 집중되었다. 관심의 일부는 수용국만큼이나 송출국과도 관련된 이민 경험의 환태평양적 검토로 나아갔다. 무엇보다 아시아계 미국인 문화의 젠더화 · 성애화된 차원이나 아시아와 아시아계 미국인 사이의 대중문화적 연결 같은 아시아계 미국인 경험의 요소들을 이해하기 위한 디아스포라적 · 초민족적 맥락에 관심이 기울어졌다.

이러한 변화에도 불구하고, 아시아계 미국인 연구는 미국학과 그것의 초민족적 전환을 사로잡고 있는 문제, 즉 미국적 또는 유럽 중심적 관점에 대한 의존이라는 문제에 여전히 얽혀 있다. 따라서 아시아계 미국인 연구와 미국학이 디아스포라적 · 초민족적 · 국제적 연구를 강조했음에도 불구하고, 그리고 심지어 그들이 미국 제국주의를 부각시켰을 때조차, 두 분야는 모두 유럽과 미국의 이론에 의존하는 경향이 있었고 아시아 또는 다른 지역과의 연관 속에서 미국에 집중했다. 게다가 이들 연구는 또한 빈번하게 영어나 유럽 언어에 의존했는데, 이는 그들의 연구대상을 왜곡시킬 수 있다. 따라서 미국에서 미국학과 아시아계 미국인 연구는 종종 영어로 쓰고 말하는 사람들에 대한 연구를 의미했는데, 그런 사람들의 관점은 자신을 다른 언어로 표현하는 이민자, 난민, 망명자, 지식인등의 관점과는 다를 수 있다. 일부 비평가들은 영어와 미국 또는 유럽의 이론 및 전망에 대한 이 같은 의존의 결과로 미국의 정치적 · 경제적 · 문화적 지배력을 비판한다는 명목으로 미국과 아시아계 미국인의 지적 지배력이 재확증될 수 있다고 주장했다. 이러한 모순은 미국과 아시아계 미국인 연구에서 도달한 질문과 결론이 그런 지적 또는 언어적 틀에서 특정 주제나 질문을 배치시키는 가정에 의해 처음부터 편향되거나 왜곡되었을 수 있음을 의미했다. 따라서 환태평양 접근방식이 없다면 심지어 냉전 이후에도 반제국주의 미국학이 지적 제국주의나 일차적 탐구대상으로서 미국에 대한 집착을 강변할 수 있다. 아시아계 미국인 연구는 또한 환태평양 접근이 없다면 가시화될 수 없는 상태로 남을 미국 민족주의에 은밀하게 포위되는 문제적 상황에 처할 수 있다.

따라서 미국 또는 유럽 기반 관점의 한계에 대한 아시아와 태평양의 비판과 아시아와 태평양에 기원을 두는 관점의 필요성은 그것의 실행자뿐만 아니라 다른 곳의 독자들 모두에게 시급한 과제다. 이러한 비판은 미국 또는 유럽 기반 관점에 대한 건강한 회의주의를 표현한다. 환태평양 연구 자체가 그런 회의주의에서 출현했을 수 있다. 이러한 비판은 탐구의 대상으로서, 그리고 그런 대상에 적합한 이론과 관념의 원천으로서 아시아에 우선권을 부여한다. 이는 지식생산의 경쟁과 통제에 관한 더 포괄적인 정치적 기획, 민족국가의 일부인 대학 내에서 그런 지식의 위치, 그리고 그 민족국가와 식민주의·자본주의의 역사의 결합 등으로부터 분리될 수 없다. 그러한 비판 중 하나는 애리얼 헤리앤토(Heryanto, 2007)의 영향력 있는 논문 「동남아시아 연구에 동남아시아가 있을 수 있는가?」에서 발견된다. 그의 논문은 동남아시아를 넘어서는 더 넓은 함의를 갖고 있으며 복합적인 대답을 유도하는 도발적인 질문을 제기한다. 동남아시아 학자들은 미국과 유럽 학계의 지배로 인해 동남아시아 연구에 영향을 미치지 못했다. 서양의 대학, 프로그램, 담론은 단순히 동남아시아의 대학, 프로그램, 담론을 뒤덮었고 서양의 담론은 세계적인 학술적 대화에서 자신을 정당화하는 담론이 되었다. 헤리앤토는 동남아시아인이 동남아시아인을 연구할 수 있다고 주장한다. 그에 따르면, 그러한 변화는 원주민 학자들이 자기 지역 사람들을 일차적으로 주체가 아니라 대상으로 활용했던 지식구성체를 영유하면서 서양 학자들에게 되받아쳐 말하게 함으로써 지역연구와 아시아 연구를 뒤흔들 수 있다.

한편으로 헤리앤토의 주장은 아시아 연구에 아시아인이 존재할 수 있는가라는 쟁점으로 광범위하게 확장될 수 있으며, 다른 한편으로 그의 주장은 또한 유럽인과 미국인뿐만 아니라 동아시아인에 대해서도 여전히 종속적인 동남아시아인의 위치를 강조하는 데 사용될 수 있다. 어떤 시나리오에서든 권력과 지식의 불균등하고 변화하는 동역학이 분명하다. 아시아를 연구하는 아시아 출신의 저명한 아시아 학자의 부상은 적어도 부분적으로는 그들의 출신지인 아시아 국가, 즉 중국과 일본의 부상, 그리고 역설적이게도 세계의 다른 나라들을 연구할 자격과 인정을 얻기 위해 서양으로 학생들을 보낼 수 있는 그 나라들의 능력에 달려 있다. 경제적·정치적 권력은 학문적 정당성을 주장하고 학문적 정당성의 조건에 이의를 제기할 수 있는 능력으로 이어진다. 그러나 학문적 능력과 지식을 놓고 경쟁하는 것은 단순히 아시아인들을 하나의 동질적인 인구인 것처럼 취급하면서 이제 아시아인이 아시아인을 연구하는 것이 가능해졌다고 말하는 문제가 아니다. 따라서 헤리앤토가 동남아시아에 초점을 맞춘다는 것이 핵심이다. 왜냐하면 그것은 중국과 일본의 부상과 함께 (동)아시아 연구가 필수적이게 되었지만 동남아시아 연구와 학자는 상대적으로 눈에 띄지 않는다는 것으로 보여주기 때문이다. 동남아시아인은 더 발전된 '학술적 국가기구'[14]를 가진 서양과 동아시아 나라들에 대항해서 권력과 지식의 영역에서 자기 결정을 위해 투쟁해야 한다. 서양적 기원이나 영향을 받은 권력-지식의 이론적 도구의 활용은 아시아 학계 내에서 불평등을 강화한다. 왜냐하면 그런 지적 언어에 대한 접근은 여전히 무게중심이 동아시아 국가들과 그들의 대학 및 학자에게 기울어져 있기 때문이다.

첸쾅싱Chen Kuan-Hsing은 아시아 내에서 그리고 아시아와 서양의 관계 속에서 불균등한 지형을 인식하면서 자신이 '방법으로서 아시아'라고 부른 것을 통해 아시아를 다시 상상하자고 주장한다. 그것을 통해 아시아인은 아시아적 시각에서, 그리고 아시아인과 아시아 나라 사이의 관계를 보여주는 아시아적 맥락 내에서 아시아와 아시아인을 연구한다. 첸은 '방법으로서 아시아'가 일종의 탈식민화 운동으로서 어떻게 서양 식민주의가 아시아에서 종결되지 않은 채 세계 자본주의의 신식민주의로 계승되었는가를 보여준다고 주장한다. 그와 같은 세계 자본주의 내에서 서양 국가, 특히 미국이 지배력을 행사하고 있지만, 아시아의 강국과 엘리트는 열광적으로 거기에 참여하고 있다. 미국 지배의 결과 중 하나는 아시아 국가, 특히 지적·정치적·군사적 계급이 미국의 영향을 깊게 받은 한국, 일본, 대만 등의 '미국화'다. '방법으로서 아시아'는 '아亞제국'으로서 이들 강력한 아시아 국가들의 존재를 인정한다. 그들은 동남아시아와 태평양의 더 약한 국가들에 대한 지역적 영

---

14 예를 들어 아시아를 다시 상상하자는 왕(Wang, 2012)의 주장은 일반적으로 아시아가 무엇보다 중국과 일본을 통해 정의된다고 가정하고, 사카이와 유(Sakai and Yoo, 2012)의 환태평양 모형은 그 두 국가에 한국을 추가한다.

향력을 둘러싸고 서로 의식적으로 경쟁하고 있다. '방법으로서의 아시아'는 서양에 신세를 지지 않는 '아시아'의 가능성을 개방하면서 왕후이가 제시한 '아시아를 상상하는 정치'에 대한 하나의 대안을 제공한다. 서양으로부터 벗어난 '아시아'의 의미를 씨름하고 덜 특권적이고 덜 번역된 목소리를 위한 공간을 창조하려는 아시아 연구 학자들에게 '방법으로서 아시아'는 영감을 주고 영향력 있는 것으로 드러났다.[15]

　'방법으로서 아시아'는 아시아계 미국인 연구에 생기를 불어넣을 것으로 기대되는 급진적인 비판적 방법의 아시아판 대응물이다. 양자의 뒤얽힌 기원의 계보학을 감안할 때 이는 놀라운 일이 아니다. '방법으로서 아시아'는 유럽 계몽주의의 민족국가 관념과 마르크스주의로부터 부분적으로 영향을 받은 아시아 민족주의와 혁명의 역사에 기원을 둔다. 미국에서 교육을 받은 문화연구 학자인 첸은 적어도 부분적으로 그러한 유럽적 전통 속에 위치해 있다. 오늘날 미국에서 실현된 그와 같은 유럽적 전통은 미국 소수 인종의 국내적 반역에 의해 틀 지워진 것이다. 동일한 국내적 반역의 역사와 자유 및 권리에 대한 유럽적 관념이 20세기 중반에 아시아 혁명의 고무적인 사례들과 함께 아시아계 미국인 운동과 아시아계 미국인 연구를 형성했다. 그러나 그들이 공유하는 지적·정치적 역사에도 불구하고, 아시아계 미국인 연구는 아시아를 다루는 것을 상대적으로 꺼리고 있으며 '방법으로서 아시아'는 아시아계 미국인이나 심지어 아시아 디아스포라에 대해서도 침묵

15　첸이 주도한 아시아 내부 문화연구Inter-Asia Cultural Studies 프로젝트를 포함하여 그의 작업의 영향을 우리에게 상기시켜 준 왕칭밍Chihming Wang에게 감사를 표한다.

하고 있다. 이런 점들을 감안할 때, '방법으로서 아시아'와 아시아계 미국인 연구가 환태평양 접근방식을 통해 화해 또는 협력할 수 있는지는 열린 문제다. 게다가 아시아계 미국인 연구와 '방법으로서 아시아'는 몇 가지 문제들을 공유하고 있다. 아시아계 미국인 연구를 방법으로 실행하는 것처럼 '방법으로서 아시아'를 실행하려면 기업이자 기관인 서구 또는 서구화된 대학 내에서, 그리고 그것을 통해 운영되어야 한다. 이 같은 대학에서 지식은 권력에 비판적일 수 있지만 역으로 권력에 의해 형성될 수도 있다. 게다가 아시아계 미국인 연구가 동아시아 사람들에 대한 이론적 연구에 상당 부분을 기반을 두고 있기 때문에 동아시아인의 우위도 '방법으로서 아시아'에 영향을 미칠 수 있다. 동아시아의 '아▦제국'에 비판적인 것조차 역으로 동아시아인을 아시아와 태평양의 주요 행위자로 중심에 위치시킬 수 있다. 지식생산의 문제도 마찬가지다. 마지막으로 '방법으로서 아시아'는 아시아계 미국인 연구에서 지배적이었던 '미국을 되찾자'는 요구의 거울상일 수 있다. 이 경우 '아시아를 되찾자'는 것, 즉 유럽에 의해 창조된 '아시아'라는 관념을 영유하는 것이 일종의 정언명령이 된다. '미국을 되찾자'는 요구가 아시아계 미국인 연구로 하여금 아시아계 미국인을 형성한 국제적·초민족적 차원을 무시하게 만들었던 것처럼, '방법으로서 아시아'도 미국과 서양의 이질성을 무시한다. 이렇게 함으로써 '방법으로서 아시아'는 정치적·지적 대립의 급진운동을 낳았던 미국 또는 여타 서양 나라 내부의 차이들을 무시하며, 부주의하게 서양 소수자 반대파를 서양 내에서뿐만 아니라 나머지 나라들에 대해서도 종속적인 지위로 떨어뜨린다.

　'방법으로서 아시아'와 아시아계 미국인 연구를 우선시하는 것은 모두

'소수파' 또는 '반대파' 학계와 분야의 성장을 허용하는 민족국가와 그들의 대학, 그리고 권력-지식의 담론을 계속해서 긍정할 위험이 있다. 두 가지 접근방식 모두에서 태평양이 어떻게 무시되어 왔는가를 살펴보면 이런 사실이 자명하게 드러난다. 미국 내에서 태평양 섬 주민들은 때때로 아시아계 미국인 연구에 포함되거나 아니면 그것과 결합되었다. 아시아계 미국인과의 역사적 연관성이 부족했음에도 불구하고, 그리고 태평양 섬 주민에 대한 연구가 아시아계 미국인을 필연적으로 동맹세력으로 파악하기보다는 오히려 하와이 정착식민주의의 일부로 파악하려고 했음에도 불구하고, 이 같은 일들이 벌어졌다. 한편 '방법으로서 아시아'에서는 태평양과 태평양 섬 주민이 보이지 않는데, 왜냐하면 그것은 아시아 국가들에만 초점을 맞추기 때문이다. 그런데 태평양 섬 주민의 관점에서 볼 때 그 국가들은 태평양 전쟁, 관광, 개발, 지배 등에 관여한 나라들이다. 환태평양 접근법은 아시아계 미국인 연구와 '방법으로서 아시아'를 상호 관련 속에 그리고 태평양 연구와의 관련 속에 위치시킨다. 이러한 접근법은 또한 지역연구로서 미국학과 지역연구 그 자체를 지방화한다. 지역연구는 더 이상 해외의 특정한 대상에 대한 보편적(서구적) 접근법으로 간주되지 않으며 대신 공통의 연구대상들을 공유하는 일련의 지역 기반 학술 분야들로 취급되어야 한다.

그러나 아마도 가장 중요한 것은 환태평양 연구가 제도적·학문적 권력과 지식생산의 일부이자 그것에 대한 비판이라는 사실일 것이다. '환태평양'의 이 같은 제도적 배태성은 그 용어가 환태평양동반자협정에서 등장하는 방식에서 그리고 그것이 아시아와 서양 국가 모두에서 출현 중인 세계화된 이해관계의 지역적 표현으로서 태평양에 대해 의미하는 모든 것에서 분명하게 드러난다. 환태평양 연구는 환태평양동반자협정의 기초가 되는 자본의 논리에 포획되지 말라는 법이 없다. 대학 내에서의 환태평양 연구는 쉽게 학술상품이 될 수 있다. 또한 그것은 하나의 행정적 단위로 결정적으로 정체되어 환태평양동반자협정의 관료주의적 수단으로 전락할 수 있고 새로운 정치적·경제적 세력의 발전과 시간의 흐름에 압도당할 수도 있다. 따라서 이 책은 '환태평양 연구'의 제도화를 요구하기보다는 사람, 문화, 상품 그리고 관념의 환태평양 순환을 역사화·맥락화하고 조명하는 데 사용될 수 있는 분석수단으로서 환태평양 연구를 발전시키기를 요구한다. 환태평양 연구에서 시급한 것은 특정한 제도 속에서 도구화될 수 있는 능력이 아니라 계몽주의 사상과 반식민주의 민족주의 및 소수자 권한부여의 저항운동에서 생성된 대안적이고 비판적인 지적 흐름을 활성화하는 데 도움이 될 수 있는 일련의 이론과 방법으로서의 잠재력이다. 이러한 이유로 우리는 그것을 특정한 하위 분과나 학과가 아니라 비판적인 조망점이자 전망으로 사용하고 있다는 것을 알리기 위해 소문자의 '환태평양 연구'transpacific studies 를 유지하기로 결정했다.

환태평양 이론, 방법 및 사례

환태평양 연구의 이론과 방법에는 어떤 것이 있는가? 위에서 암시한 것처럼, 환태평양 연구는 지역연구, 미국학, 아시아계 미국인 연구의 분기점에 존재하며 미국뿐만 아니라 다른 곳에서도 실행되고 있다. 지역연구와 미국학은 전통적으로 지역, 국가, 사람 등에 의해 정의되며 종종 이러한 지리적·종족적 경계를 지적 탐구를 제한하는 매개변수로 사용한다. 민족이나 특정 장소의 관념은 지역연구와 미국학의 자기-규정에서 확실히 가장 중요하지만, 이동하는 인구, 관념, 학자라는 틀에서 보면 민족적 경계 내부로 고정되는 지역연구와 미국학의 경향은 낡은 것처럼 보인다. 지역연구에서 현지에 대한 이 같은 관심은 심층적 지식, 분과적 초점, 언어습득 등에 대한 강조와 함께 진행되었다. 대조적으로 미국학은 자신을 지역연구라기보다는 문화연구의 한 유형으로 간주하고 있다는 것을 보여주기 위해 학제적 성격을 강조한다. 아시아계 미국인 연구도 학제적 관계를 강조하고 전통적으로 미국이 기본적 분석틀이며 아시아계 미국인이 자신의 연구대상이라고 가정하면서 비판적 방법을 우선시함으로써 자신을 정당화했다. 환태평양 연구는 이 세 가지 접근 모두에 근거를 두면서도 특수한 장소나 사람의 경계에 초점을 맞추기보다는 지역 내에서 그리고 민족들 사이에서 사람, 문화, 자본, 관념 등의 이동을 강조한다.

환태평양 연구는 태평양의 양측이 고려되어야 할 뿐만 아니라 그들 사이에 있는 대양의 인구, 주체성, 역사 등도 고려되어야 한다는 전제에서 출발해서 미국 권력의 중요성을 인정하면서도 아시아와 태평양을 특히 중시해야 할 필요성을 강조한다. 그렇게 함으로써 환태평양 연구는 비판적 방법이 결국에는 서양의 전문가들의 지배적 주체성을 재확증하게 되는 서양의 또다른 제국화의 지적 제스처가 되는 것을 피할 수 있기를 희망한다. 그러한 편향된 환태평양 연구의 실천의 잠재성은 확실히 존재하지만 편향이 내재적인 것은 아니다. 환태평양 연구는 상이한 역사, 위치, 민족의 관점에서 말하는 연구자들을 의식적으로 통합해야 한다. 디아스포라적·초민족적·국제적·세계적 지향을 가진 어떤 접근도 대화와 논쟁, 그리고 모순적인 물질적 역사의 가능성에 근거해서 구축되어야 한다. 따라서 환태평양 연구는 아시아와 태평양의 이론, 관점, 그리고 탐구대상을 우선시해야 할 시급한 과제를 갖고 있다. 그러한 우선순위는 지식의 생산에 대한 경쟁과 통제, 민족국가의 일부인 대학 내에서 그러한 지식의 위치, 그리고 식민주의와 자본주의에 의한 그 국가들의 포획 등에 관한 더 광범위한 정치적 기획과 분리될 수 없다.

　오늘날의 과제는 관점의 측면에서 양극적이라기보다는 다중심적인 것으로 보이는 세계에 대한 더 복잡·미묘한 지식을 창출할 기관을 고안하는 것이다. 복잡성에 대한 필요성은 세계 각지의 학자들이 이민자, 난민, 유학생 등으로 서양의 대학에 온 방식을 반영하고 있다. 이들 중 다수는 현재 서양과 아시아에서 최첨단 지역연구를 형성하고 있다. 따라서 이제 세계 지역연구는 그들의 출신지역의 문화적 차이와 경험을 진지하게 생각하는 학자들의 세계적 참여에 의해 서구 내부에서 국내화 되었다. 동시에 많은 서구 학자들이 다른 나라들에서의 여행과 학습으로 인해 부분적으로 출신 국가를 벗어나게 되었다. 그들은 다른 나라가 고향이 되었다고 진지하게 느끼고 있다. 서양과 그 밖의 지역 출신의 세계적 지식인들은 세계 지역들의 문화와 국가 사이를 이동하고 있지만 그들의 명성은 특정한 언어, 문화, 역사에 대한 그들의 지식에 기초를 두고 있다. 이처럼 이동하는 인구, 생각, 학자라는 틀에서 볼 때, 민족적 경계 내에 여전히 고정되어 있는 지역연구와 미국학의 현재적 경향은 시대에 뒤떨어진 것처럼 보인다. 아시아와 태평양 디아스포라에 관한 연구는 지역연구가 주어진 민족의 경계 외부로 이동하는 인구로서 사람들을 조사하도록 장려하고 미국학이 어디에 기반을 두든지 대서양만큼이나 태평양으로도 향하도록 장려한다.

환태평양 연구는 특정 분야의 이름과 그것의 계보에 의해 특정한 민족이나 인민과 연계되어 있지 않기 때문에 이동이 문화를 정의하고 형성하는 방식—이는 마찬가지로 중요한 의미를 갖는다—, 그리고 그 역의 방식에 주목한다. 환태평양 연구는 장소와 민족을 횡단하는 사람, 사물, 생각, 제도의 이동을 통해 사회생활이 어떻게 표현되는가를 검토하는 '이동성' 관점 또는 패러다임을 기반으로 한다(Urry, 2005 및 Hannan et al., 2006 참고). 우리는 세계화를 과거에 사로잡힌 문화들의 운명을 결정짓는 전능한 힘으로 간주하거나 소수의 코스모폴리탄 세계여행자globe-trotter의 '엘리트 유목주의'를 축복하기보다는 환태평양 연구를 활용해서 그런 운동들이 어떻게 상징적·물질적으로 생산되는지에 대해 질문한다. 사람, 생각, 자본의 순환은 흐름들의 지도를 제작할 뿐만 아니라 그런 흐름을 가능케 하거나 저지시키는 기반시설의 지도도 제작한다. 세계화의 시대를 개방성, 유동성, 초민족적 흐름의 시대로 찬양하는 것이 바로 그 시대가 새로운 규제, 제약, 착취 등을 특징으로 한다는 사실에 대한 맹목으로 귀결되어서는 안 된다. 사회적 규모에서 더 낮은 수준에 위치한 그런 특징들은 사람들을 코스모폴리탄 세계여행자보다는 희생자와 추방자로 만드는 특정한 세계적 힘에 대한 '마찰'과 저항을 제공한다(Tsing, 2002 참고). 난민, 가사노동 이주자, 고한苦汗작업장 노동자 등은 이러한 세계적 흐름의 일부를 걷어차고 저항하는 것을 선호할 수 있다(Mrazek, 2010 참고).

이처럼 이동성이 낮은 이 같은 사람들이 존재하고 그들이 벗어날 수 없거나 또는 어쩔 수 없이 벗어나야 하는 민족들이 존재한다는 사실은 환태평양 연구가 민족의 사망 또는 쇠퇴를 조숙하게 찬양하고 태평양을 횡단하는 흐름이라는 관념을 물신화한다는 비판으로 이어질 수 있다. 확실히 민족은 죽지 않았고 심지어 실제로는 쇠퇴하지도 않았다. 민족은 제한적이고 억압적일지라도 많은 사람들에게 사활적이고 필수적이다. 그러나 환태평양 연구의 핵심구성 요소가 분명히 민족들에 관한 것이 아닐지라도 민족과 민족주의는 여전히 환태평양 연구의 중심에 남아 있다. 환태평양 연구에서는 민족들의 지속적인 존재 및 현실 관련성과 민족적 경계를 가로지르면서 민족국가의 통제와 투쟁하는 운동 사이의 협상이 전개된다. 환태평양 연구는 그러한 운동의 시작점과 종착점이 고려되어야 한다고 제안하는데, 특히 그런 시작점과 종착점은 종종 분리된 연구 분야에서 발견된다. 그러나 아메리카와 아시아가 환태평양의 두 끝을 구성하고 있지만, 태평양과 다양한 구성 국가들을 횡단하는 이들 운동의 중요성을 감안할 때 이 모형은 결코 이분법적이지 않다.

　이런 식으로 이동을 강조하는 것은 분명히 환태평양 연구가 코스모폴리타니즘과 여행할 수 있는 사람들—그들이 서양 엘리트이든 아시아 엘리트이든—을 물신화한다는 또 다른 혐의로 귀결될 수 있다. 여행을 강요받은 사람들에게는 어떤 일이 벌어지는가? 후자의 경우 환태평양 연구는 여가나 자본주의적 활동의 의미를 따르는 여행뿐만 아니라 여행 일반에 초점을 맞춘다. 넓은 의미의 여행은 다양한 수준의 강제된 이주(예를 들면, 노예, 계약노동자indentured laborers, 초청 근로자 프로그램, 경제적 난민, 입양인, 우편주문 신부 등)가 포함한다. 여기에서 '코스모폴리타니즘'은 제트기를 타는 엘리트

소비자와 자본가뿐만 아니라 다양한 여행양식들에 대한 묘사가 된다. 생존을 위해 둘 이상의 언어를 구사해야 하는 이주 노동자는 많은 제1세계 시민들과는 다른 유형과 종종은 더 높은 수준의 국제적 지식을 가지고 있다. 코스모폴리타니즘을 역사적·문화적으로 다양한 것으로 개조하는 것은 유럽인이 오기 훨씬 전에 태평양을 탐험한 섬 주민들이나 20세기 이전에 동남아시아, 필리핀, 멕시코, 쿠바 그리고 여타 장소들로 가는 길을 발견한 중국인과 인도인처럼 여행이 화려하거나 축복받지는 않았던 사람들에 대한 새로운 가시성을 제공한다. 환태평양 연구는 민족, 지역, 언어, 종족성, 종교 등의 관점에서뿐만 아니라 계급과 직업의 관점에서도 다양한 인구에게 태평양을 횡단하는 것이 어떤 의미와 중요성을 가졌는가를 강조한다.

하지만 이 경우에도 여행할 수 없는 사람들은 어떠한가? 이동할 수 없는 인구는 디아스포라, 초민족주의, 혼종성, 차이 등에 집착하는 연구 형태에서 가장 무시된 인구일 것이다. 농민과 도시빈민은 이런 형태의 연구에서 자신들에게 부착된 어떤 종류의 로맨스도 거의 갖고 있지 않다. 그러나 '진정으로 정복되지 않은 사람은 이주자가 아니라 떠난 뒤에도 남은 자'(Kumar, 2002: 225)일 가능성도 있다. 그럼에도 불구하고 뒤에 남은 사람들에게도 환태평양 이동과 문화·관념·자본의 순환은 여전히 중요하다. 한 가지 예를 들자면, 송금은 너무 가난하여 떠나기 힘든 사람들이 떠난 사람들로부터 혜택을 받는 방법 중 하나다. 영화와 음악은 텔레비전과 DVD 플레이어를 통해서만 세계를 보는 거주자들이 있는 지역으로 다른 나라의 대중문화가 유통되는 또 다른 방법이다. 미국학은 송금에 큰 관심을 갖고 있지 않았는데, 왜냐하면 그것들은 미국을 떠나서 다른 곳으로 갔기 때문이다. 또 미국학은 미국의 문화형태, 특히 미국 내 소수 인구에 의해 창조된 문화형태에 대해 그다지 관심이 없었다. 마찬가지로 역으로 아시아 지역연구는 고향으로 송금을 보내거나 자신의 출신지에서 유통될 뮤직비디오, 영화, 버라이어티쇼 같은 고광택의 대중문화 가공품을 만드는 디아스포라 인구를 무시했다. 환태평양 연구는 이러한 문화, 사람, 자본, 관념의 송출과 유입을 모두 포괄하는데, 그것들은 민족적 경계를 무시하며 예측할 수 없는 방식으로 이동하기도 한다.[16] 예를 들어 송금과 문화 상품은 서양과 아시아 사이에서 이분법적으로 이동하는 것이 아니라 아시아 나라들 사이에서도 이동한다.

아마도 가장 중요한 것은 최근에 제안된 환태평양동반자협정처럼 환태평양적인 자본, 정치, 권력의 고도로 기동적인 구조가 자신들의 장소에서 가난하고 권한이 없는 사람들을 해결하는 데 도움이 된다는 것이다. 이동성과 고정성의 긴장은 분석과 방법 모두에서 환태평양 연구의 핵심이다. 환태평양 연구에 따르면, 특히 거대한 규모로 거대한 세력을 형성하며 세계적 거리를 가로질러 자발적으로 이동할 수 있는 능력을 가진 사람들―탐험가, 정복자, 기업가, 자본가, 강력한 나라의 육군과 해군―은 자발적으로 움직일 수 없는 사람들에 대해 엄청난 권력을 행사한다. 이런 종류의 권력은 또한 권력자들이 상품과 자본을 이동시키고, 노동력으로서 다른 사람들을 이동시키며, 관념들을 이동시킨다. 환태평양 연구는 제국주의 · 식민주의 · 자본주의에 결정적이었던 이러한 종류의 권한을 부여받고 부여하는 이동에 대한 연구일

---

16   르비트(Levitt, 2007: 6)는 환태평양 흐름은 '뒤에 남은 사람들'에게 소득의 원천이자 유통하는 문화적 영감과 열망의 원천으로서 매우 중요한 의미를 가졌다고 강력하게 주장했다.

뿐만 아니라, 한곳에 고정되거나 이동하도록 강제된 사람들을 때때로 활기차게 만들어온 대항-충동의 표현이기도 하다.

이러한 대항-충동은 가난한 사람들, 억압된 사람들, 그리고 권한이 없는 사람들 사이에서 연합, 동맹, 상상력을 구축하려는 욕구로 실현된다. 이를 통해 그들은 환태평양 역사가 자신들을 형성시킨 과정을 이해하고, 환태평양 세력에 대항하는 그들 자신의 기관을 확립하며, 자기 자신을 환태평양 공동체의 일부로 간주할 수 있게 된다. 특히 환태평양 연구는 학술적 · 지적 구성체도 권력구조에 의해 특정한 장소에 고정된다는 사실을 강조한다. 엄격한 영역과 학문의 경계는 학계를 안정시키고 잘 구분된 연구 분야를 만드는 데 도움이 되지만, 학술적 연구가 이동성이 매우 높은 자본, 정치, 권력의 구조를 완전히 이해하는 것을 가로막기도 한다. 이러한 구조는 환태평양을 상상하고 활용했을 뿐만 아니라 서양의 대학과 아시아의 서구화된 대학에서 학술적 지식생산을 구획화하기도 했다. 환태평양 연구는 장소에 국한되고 고정되라는 이러한 압력의 일부에 저항하면서 이름이 붙여진 바다와 동일한 유동성을 달성할 수 있는 학문에 대한 희망적인 지적 제스처다.

이 책의 각 장은 다수의 상이한 방법을 채택하고, 미디어와 문화(베니테즈와 시어스Benitez and Sears, 리피트Lippit, 루트케하우스Lutkehaus 등), 인종적 분할과 내전의 역사(권헌익, 애스피리투Espiritu 등), 송금(타이Thai), 다국적 기업(장Xiang), 이주(린Lin과 여Yeoh, 후앙Huang 등), 제국주의(로우Rowe) 등을 통해 태평양을 가로질러 사람들이 연계되는 다양한 방식을 탐구한다. 첫 번째 세 편의 인류학 논문은 환태평양 방법에 대한 아시아의 중요성을 인정하면서 아시아의 관점에서 환태평양 접근방식을 제시한다. 웨이쾅 린

Weiqiang Lin과 브랜다 여Brenda S. A. Yeoh의 「환태평양 연구: 아시아의 관점」(Transpacific Studies: The View from Asia)은 미국 중심의 접근방식과 동서이분법 모형(이는 필연적으로 후자에게 특권을 부여한다)에 저항하는 환태평양 연구를 위한 예민하고 미묘한 논증을 제공한다. 그들은 이주에 대한 오늘날의 이론화에서 아시아가 진정한 무게를 잃는 경우가 많다고 주장하는데, 이는 놀라운 일이 아니다. 현재의 모형들에 관한 한 아시아의 몫은 어떤 자율성이나 매력도 갖지 못한 채 초민족적 과정에서 어떤 중심성도 가정할 수 없는 영구적인 2차적 이주 공간이 되어야 한다. 그들은 아시아, 아시아의 주체성, 그리고 여타 태평양 행위자와 그들의 관계 등이 다루어지는 방식에 대한 더 급진적인 개입을 제안한다. 그들은 아시아에서 유래할 뿐만 아니라 아시아로 복귀하기도 하는 '종족적' 흐름을 강조함으로써 '미국인 디아스포라'를 포괄하도록 환태평양 연구의 경험적 범위를 확장하는 것이 이주자—수용 사회와 이주자—송출 국가라는 이분법적 관념을 물상화하려는 경향을 완화시킬 수 있다고 주장한다. 아시아 이민자들과 여타 (특히 '백인') 순회자들의 사이의 차이보다는 양자가 공유하는 유사성에 대해서도 더 많은 것들이 언급될 수 있을 것이다. 마지막으로 환태평양 연계는 더 거대한 세계적 · 초지역적 흐름의 맥락 속에 위치할 필요가 있다. 아시아가 역사적으로 다른 지역 및 경제와 결합해 온 여러 가지 방식은 환태평양 연계가 세계의 많은 초민족적 질서 중 하나에 불과하다는 사실을 보여준다.

이러한 초민족적 질서, 그리고 아시아와 미국의 관계는 권현익의 「환태평양 냉전」(The Transpacific Cold War)에서 해명되는 사건으로부터 지울 수 없는 영향을 받았다. 그는 환대서양과 환태평양의 역사적 지평 사이에서 세계적 냉전의 근본적으로 상이한 양상을 평가한다. 유럽의 냉전은 대체로 경제적 경쟁과 군사적 동맹의 비폭력적인 '가상적 전쟁'이었던 반면, 아시아-태평양에서 경험된 탈식민주의적 냉전은 가상적 전쟁과는 거리가 멀었고 대신 맹렬한 내전과 여타 예외적 형태의 정치적 폭력을 수반했다. 그는 환태평양 냉전의 역사가 아시아뿐만 아니라 유럽의 제국적 권력을 포함하는 아시아-태평양 지역의 특수한 식민의 역사라는 맥락에서, 그리고 20세기에 이 지역을 관통했던 혁명적인 반식민주의 · 탈식민주의 투쟁과 관련되어 이해되어야 한다고 주장한다. 이 논문은 오늘의 냉전사 연구와 탈식민주의 역사 · 문화연구의 중심 가정 중 일부를 검토하면서 세계적 냉전에 대한 해석에서 만연한 환대서양 중심성에 반대하고 왜 현재의 탈식민주의 연구가 자신의 묘사적 · 분석적 윤곽으로부터 냉전사를 분리시키고 있는가라는 문제를 제기한다. 권현익은 세계적 양극 갈등의 두 주요 장소인 남부 베트남과 남한에서 이주의 역사와 현재의 사회발전으로부터 도출되는 설명에 부분적으로 근거해서 이런 질문들을 탐구한다.

그 지역의 현재적 갈등은 중국의 부상과 관련이 깊은데, 장바오_Biao Xiang의 「태평양 역설: 환태평양 상호작용에서 중국의 국가」는 우리의 관심을 거기로 돌린다. '태평양 역설'은 태평양이 어떻게 구조적으로 통합되는 동시에 근본적으로 분열되어 있는지를 이해하기 위한 장_Xiang의 모형이다. 장은 중국이 생존하기 위해서는 미국과 *경쟁해야만 하며* 그렇게 하기 위해서는 자본주의를 발전시키고 군사력을 증강함으로써 미국처럼 *되어야 한다*는 것이 중국의 여론이라고 주장한다. 세계적 자본주의도 마찬가지다. 중국의 경제와 사회생활은 생존과 번영을 위해 세계에 통합되어야 하지만, 현실의 지정학은 중국이 무엇을 하든 간에 미국이 불가피하게 필연적으로 중국에 적대적일 수밖에 없는 양상을 보이고 있다. 중국과 미국의 긴장은 양국의 차이가 아니라 유사성에서 비롯된다. 그들은 지나치게 멀리 떨어져 있는 것이 아니라 지나치게 긴밀하게 연계되어 있다. 장은 또한 중국 국가가 작동하는 방식을 이해하기 위해 '신국가주의'neostatism 모형을 제시한다. 신국가주의는 태평양 역설 이전에 등장한 것이 아니라 그것의 일부로 등장했으며 환태평양 교류가 심화된 결과다. 신국가주의는 국가를 사회가 조직되어야 하는 의문의 여지가 없는 기본적 틀로 간주하며, 따라서 국가는 세계를 이해하는 데 중심적인 참조점의 역할을 한다.

다음 논문은 문화가 어떻게 환태평양 순환에 의해 형성되고 그 자체로 그러한 순환의 구성 요소가 되는가에 대한 광범위한 질문으로 이동한다. 「미겔 코바루비아스와 태평양 전시: 금문교 국제박람회와 환태평양 사상, 1939-1940」(Miguel Covarrubias and the Pageant of the Pacific: The Golden Gate International Exposition and the Idea of the Transpacific, 1939-1940)에서 낸시 루트케하우스Nancy C. Lutkehaus는 '태평양 전시'가 1939년 샌프란시스코 박람회를 위해 멕시코 미술가 미겔 코바루비아스가 그린 일련의 작품을 통해 어떻게 인식되고 구성되었는지 검토한다. 그는 그림지도들을 통해 태평양 양측의 사회들의 연계성을 시각적으로 표상하는 방법을 개발해서, 발리와 같은 섬들에 대한 자신의 오래된 매혹을 평화적 무역과 협력으로 결합된 많은 섬과 대륙의 유토피아적 그림으로 정교화했다. 미국의 영향을 많이 받은 민족의 어두운 피부색 '원주민'으로서 그는 '태평양 연안의 사람과 땅에 대한 공감적 이해'와 자연적 공감을 보유하고 있다고 믿어졌다. 코바루비아스의 지도는 태평양을 중앙에 두고 양옆에 아시아와 아메리카 국가를 위치시킨 최초의 지도였고, 그 결과로 유럽, 아프리카, 중동은 지도에서 잘려나갔다. 이러한 혁신은 그가 이미 유럽을 '자살적 전쟁'으로 이끄는 것이 임박할 것으로 보았던 '방향전환'과 연결되었다. 그러한 전쟁은 결국 태평양 지역을 세계적 지도력 내에서 더 두드러진 역할로 이끌 것이다. 1941년 말 일본의 진주만 폭격으로 그의 예언적 전망이 실현되기 시작했다.

존 카를로스 로우John Carlos Rowe의 「환태평양 연구와 미국 제국주의 문화」는 아메리카에 대한 비교연구를 강조하면서 새로운 미국학 내에서 환태평양 연구가 수행해야 할 분과적 역할에 중점을 둔다. 이러한 맥락에서 그는 태평양의 다양한 공동체들이 남북 아메리카의 이러한 결정적 접촉 지대 내부의 미국의 제국주의와 신제국주의에 관한 현행의 연구에서 어디에 속하는가를 해명한다. 그는 과거에 식민화되었던 국가들이 문화적·경제적·정치적 주권을 달성하려는 노력을 태평양 지역과의 관련 속에 위치시킨다. 이때 태평양 지역은 하나의 지리적 지역일 뿐만 아니라 일련의 상업적·군사적·문화적 통로, 특히 미국의 통로들을 위한 장소로 이해된다. 그는 차머스 존슨Chalmers Johnson이 미국의 '군사기지 제국'이라고 부른 것을 마리아나 제도(괌, 사이판, 티니안 등), 미국령 사모아, 그리고 미군의 더 포괄적인 식민적 의도에 봉사하는 태평양과 아시아의 미군기지 등에 대한 종별적 연구를 포괄하는 방향으로 확장할 필요가 있다고 주장한다. 미군 주둔은 또한 치명적인 환경적 영향을 미쳤지만, 그런 쟁점은 환태평양 연구에서 간과되었다. 그는 비키니 산호섬 핵 오염과 웨이크섬Wake Island의 군사시설 건설 같은 일부 악명 높은 사례를 토착인구가 제기한 환경적 우려의 사례로 논의한다. 특히 그들 토착집단은 미국의 경제적 · 정치적 · 군사적 영향권으로부터의 독립과 자신들의 주권성을 달성하기 위해 조직화되었다.

프랑시스코 베니테즈J. Francisco Benitez와 라우리 시어스Laurie J. Sears는 또한 미국 제국주의와 학문적 · 문화적 구성체에 대한 그것의 영향에 대해 질문한다. 「지역연구와 아시아계 미국인 연구에 대한 열정적 애착: 환태평양의 주체성과 디아스포라」에서 그들은 다양한 형태의 사회적 불평등의 교차성과 이러한 형태들이 지역 및 종족 연구에서 어떻게 문제화되었는지를 조사하면서 '비판적 우울'의 방법론을 통해 인종적 주체성을 탐구한다. 종족연구와 지역연구는 모두 유사한 '수수께끼의 기표', 즉 미국의 제국적 욕망이 남긴 흔적의 영향을 받는다. 두 학문 분야 모두 미국의 민족 및 제국 형성과 문제적이고 복잡한 관계를 맺었다. 그들은 다음과 같은 질문을 던진다. 이러한 도전에 직면하여 미국의 지역연구는 어떻게 변화하고 있는가? 제국으로서 미국에 대한 (억압된) 인식으로의 복귀는 미국 예외주의에 대한 종족연구의 오래되었지만 종종 망각된 것에 대한 비판에 어떤 영향을 미쳤는가? 이러한 변화에 학제적 · 학문적 방법론은 어떻게 적응하고 있는가? 디아스포라적 · 코스모폴리탄 여행경로가 점점 더 많은 주제를 이동시키고 각 분야로부터의 통찰이 서로를 불안정하게 만들면서 지역연구와 종족연구의 대화가 개방되고 있다. 디아스포라 공동체와 서사가 어떻게 '고향'이라는 통념을 불안정하게 만들고 '고향 없음' 또는 '복수의 고향'을 일상생활의 조건으로 만드는가를 이해하기 위해 그들은 필리핀계 미국인 작가 제시카 하게돈Jessica Hagedorn과 인도네시아 작가 아유 우타미Ayu Utami의 소설들에 초점을 맞춘다. 그 소설 속의 인물들은 아시아적이고 미국적인 제국적 구성체들 사이에서 그리고 그 내부에서 왔다 갔다 여행한다.

아키라 리피트Akira Lippit의 「번역 중인 가상적 언어, 상상된 민족영화」 (Imaginary Languages in Translation, Imagined National Cinemas)는 민족주의, 영화, 언어의 관계를 살펴보기 위해 아시아 내부에서, 그리고 그다음으로 아시아와 서구 사이에서 환태평양 문화순환을 조사한다. 한편으로 20세기 말과 21세기 초에 중국, 일본, 한국에서 강력한 민족영화가 등장하거나 부활했다. 다른 한편으로 이러한 부활은 아시아와 아시아 영화의 외형이 더 이상 민족의 전례를 따라서 형성되지 않을 뿐만 아니라 민족의 유령들로부터 완전히 분리되어 형성되지도 않는다는 것을 보여준다. 그는 민족영화가 그들이 지지하고 결정하는 민족주의의 형태에 항상 은밀하게 연루되어 있다고 주장한다. 그 영화들은 그들이 공연하는 민족을 반영하고, 영화에 의해 야기된 반영들은 민족의 외양을 낳는다. 민족들은 여러 계기들에서 나타날 뿐만 아니라 그 자체로 외양이자 이미지가 된다. 베네딕트 앤더슨이 지적한 것처럼 민족은 환영幻影, 환상적 발명품, 또는 상상된 공동체다. 즉, 민족은 이미지를 형성하고 이미지에 의해 형성된다고 말할 수 있다. 상상된 가상적 민족영화는 리피트Lippit가 가상적 영화와 가상민족주의라고 부른 것으로 귀결된다. 이러한 개념들 덕택으로 그는 영화적 형태를 통해 언어와 민족주의의 관계를 탐색할 수 있었다. 영화적 형태에서 민족적 언어는 언제나 가상적 언어였다. 이것들이 어떤 종류의 언어인지, 민족적 정체성을 지속시키는 이런 언어들이 침투받거나, 혼종화되거나, 오염되거나, 또는 번역될 때 어떤 일이 벌어질 것인가가 오늘의 동아시아 영화와 관련해서 그가 탐구하는 질문이다.

그다음 일련의 논문들은 자발적으로 또는 비자발적으로 태평양을 횡단해서 이동하는 환태평양 인구를 살펴본다. 「군사화된 피난소: 미국을 향한 베트남인의 탈출에 대한 비판적 재독해」(Militarized Refuge: A Critical Rereading of Vietnam Flight to the United States)에서 옌 레 에스피리투Yến Lê Espiritu는 베트남 전쟁이 종결될 때 베트남 난민을 '구조'하는 미국의 역할을 검토한다. 그녀는 미국 난민정착 노력의 군사적 성격을 노출시킴으로써 '역사상 최대 규모의 인도주의적 공수작전'이라고 불려왔던 것의 '구조와 해방'의 이야기에 도전한다. 미국의 철수 노력은 1975년에 베트남에서 발생한 긴급 상황에 대한 갑작스러운 대응이 아니라, 1898년으로 거슬러 올라가는 군사화된 역사와 순환의 일부였다. 에스피리투Espiritu는 아시아 태평양 지역으로의 미국의 식민적·군사적 팽창의 전통에 의해 야기된 환태평양 재배치 과정에 대한 담론적·물질적 지도를 제작할 수 있는 비판적 렌즈로써 군용항공기를 통해 가장 많이 이동한 난민경로를 추적한다. 그 경로는 베트남에서 필리핀과 괌을 거쳐 캘리포니아에 이르는데, 그 모든 곳에서 난민들은 미군 기지를 통해 배송되었다. 그녀는 서로 관련된 두 가지 주장을 제시한다. 첫 번째는 군사 식민주의에 관한 것인데, 그는 필리핀과 괌을 미국 구조 프로젝트의 '이상적' 수용센터로 만든 것은 미국에 대한 지역의 (신)식민지적 종속이라고 주장한다. 두 번째는 군사화된 피난소에 관한 것이다. 그는 '난민'refugees과 '피난소'refuge라는 개념의 상호 구성적 성격을 강조하고 어떻게 두 개념이 모두 미국 군사주의에서 출현해서 역으로 그것을 강화시키는가를 보여준다.

이민자의 순환은 적어도 자본의 순환만큼이나 다양하다. 홍캄타이Hung Cam Thai는 「베트남 디아스포라의 특별한 돈」(Special Money in the Vietnamese Diaspora)에서 베트남과 디아스포라 인구 사이의 재정적 흔적을 추적한다. 그는 디아스포라의 여러 지역에 거주하는 저임금 베트남 이민자들의 송금과 재방문 사이의 관계에 초점을 맞추고 있다. 송금은 현재의 베트남 사회, 특히 사이공에서 하나의 제도적 차원이 되었다. 사이공에서 소비와 송금은 국내 최고 수준에 이른다. 송금은 고국에서 가족 구성원의 일상생활을 개선하는 데 결정적 역할을 한다. 그의 논문은 국제적 경계를 가로질러서 돈을 보내고 받는 사람들 사이의 화폐적 상호작용을 둘러싼 문화적·도덕적 의미를 다룬다. 돈은 본성상 사회적이며 문화적으로 종별적이고 권력관계에 배태되어 젠더, 계급, 세대 등의 차이와 상호작용한다. 예를 들어 상속이나 결혼을 통해 받은 돈은 '특별한 돈', 즉 그것의 사용에 있어 사회적·문화적 의미를 가진 돈의 범주에 속한다. 그는 베트남의 맥락에서 송금이 특정한 목적이 지정되어 있고 송금인과 수취인에게 상이한 의미를 갖는 특별한 돈이라고 제안한다. 따라서 이러한 특별한 돈이 그 목적의 경계를 넘어서 사용될 때, 해외 베트남 사람들은 종종 베트남으로 돌아와서야 그들의 돈이 어떻게 사용되었는지 알게 되고, 초민족적인 가족적 연계에서 빈번하게 긴장이 발생한다.

마지막으로 결론에서 우리는 환태평양 연구의 아이디어를 개척하고 자서전적으로 그리고 작가로서 국경을 넘은 학자를 찾아간다. 「태평양을 횡단하여 살아가며」(Living Transpacifically)에서 후앙윤태Yunte Huang는 회고록과 비평을 혼합하여 중국에서 성장한 자신의 수년간을 회상한다. 이 경험은 환태평양 흐름의 경향들, 즉 라디오 신호 같은 무형의 문화 간 교류나 해적판 외국서적의 피에 젖은 페이지 같은 현실적 문화 간 교류에 의해 심대한 영향을 받았다. 그의 서사는 천안문 광장과 그 이후의 미국 이주로 이어진다. 그는 미국에서 환태평양에 관한 두 권의 책을 썼다. 그가 명명한 환태평양이라는 연구 분야는 하나의 바다에 걸쳐 있는 연계와 연결에 대한 새로운 관점을 제공하며, 상이한 지리적 위치와 상이한 학문 분야에 처해 있는 학자들 사이의 지식생산에서의 불평등을 인식하고 해결하려 한다.

이 책은 세계에서 가장 큰 바다의 변화하는 조류에 대해 학자들을 각성시키기 위해 환태평양 연구라는 이 새로운 분야의 모수母數, parameter들 중 일부를 정의하려고 한다. 태평양은 이제 광범위하게 분산된 인구들을 통일시키고 가상과 물리적 세계 양자 모두에서 새로운 연계를 형성하고 있다. 편집자들은 이러한 기획을 수행하면서 이 책이 그 포괄범위라는 측면에서 충분치 않다는 사실을 깨달았다. 캐나다, 뉴질랜드, 호주 등은 모두 각자 태평양을 횡단하는 연결성을 갖고 있지만, 이 책에는 모두 빠져 있다. 이블린 후데하트Evelyn Hu-DeHart, 胡其瑜가 '스페인 태평양'이라고 부른 것의 수세기에 걸친 역사를 지닌 라틴 아메리카는 여기에서 어렴풋이 등장할 뿐이다. 태평양 섬들의 복잡성은 여기서 제시된 포괄범위에 충분히 반영되지 않았고, 태평양 섬 주민들의 목소리는 표상되지 않았다. 20세기 이전에 태평양과 그것에 관여했던 권력 및 사람의 역사는 20세기와 21세기에 초점을 맞춘 편집의 배경에 위치할 뿐이다. 사실 한 권의 책을 편집하는 것은 그 책이 어떻게 의심의 여지 없이 훨씬 더 많은 것을 포함하기보다는 오히려 배제하는가를 겸허하게 상기시켜 준다. 동시에 우리가 얼마나 더 많은 것들을 해명할 수 있고 또 해명할 필요가 있는지를 알면 알수록 우리는 환태평양 연구에서 지속적인 연구 작업이 필수적이라고 확신하게 된다.

참고 문헌

Acharya, Amitav. 2010. "Asia Is Not One." *Journal of Asian Studies* 66(4): 1001–1013.

Ali, Agha Shahid. 1991. *A Nostalgist's Map of America*. New York: W. W. Norton.

Andaya, Barbara. 2010. "Asia Redux: Response to Prasenjit Duara." *Journal of Asian Studies* 66(4): 1015–1020.

Appadurai, Arjun. 1996. *Modernity at Large: Cultural Dimensions of Globalization*. Minneapolis: University of Minnesota Press.

Appiah, Kwame Anthony. 2006. *Cosmopolitanism: Ethics in a World of Strangers*. New York: W. W. Norton.

Bello, Walden. 2010. "From American Lake to a People's Pacific in the Twenty-First Century." In *Militarized Currents: Toward a Decolonized Future in Asia and the Pacific*, ed. Setsu Shigematsu and Keith Camacho, 309–321. Minneapolis: University of Minnesota Press.

Braudel, Fernand. 1996. *The Mediterranean and the Mediterranean World in the Age of Philip II*. Vols. I and II. Berkeley: University of California Press.

Chakrabarty, Dipesh. 2000. *Provincializing Europe: Post-Colonial Thought and Historical Difference*. Princeton, NJ: Prince ton University Press.

Chen, Kuan-hsing. 2010. *Asia as Method: Toward Deimperialization*. Durham, NC: Duke University Press.

Cho, Grace. 2008. *Haunting the Korean Diaspora: Shame, Secrecy, and the Forgotten War*. Minneapolis: University of Minnesota Press.

Chow, Rey. 2002. *The Protestant Ethnic and the Spirit of Capitalism*. New York: Columbia University Press.

Connery, Christopher. 1994. "Pacific Rim Discourse: The United States Global Imaginary in the Late Cold War Years." *Boundary* 221(1): 30–56.

Cumings, Bruce. 1998. "Rim speak or, The Discourse of the 'Pacific Rim.'" In *What Is in a Rim? Critical Perspectives on the Pacific Region Idea*, ed. Arif Dirlik, 53–72.

_____. 2009. *Dominion from Sea to Sea: Pacific Ascendancy and American Power*. New Haven, CT: Yale University Press.

Dirlik, Arif. 1994. "The Postcolonial Aura: Third World Criticism in the Age of Global Capitalism." *Critical Inquiry* 20: 328–356.

_____. 1998. "Introduction: Pacific Contradictions." In *What Is in a Rim? Critical Perspectives on the Pacific Region Idea*, ed. Arif Dirlik, 3-13.

Dirlik, Arif, ed. 1998. What Is in a Rim? Critical Perspectives on the Pacific Region Idea. Lanham, MD: Rowman and Littlefield.

Duara, Prasenjit. 2010. "Asia Redux: Conceptualizing a Region for Our Times." *Journal of Asian Studies* 66(4): 963-983.

Edelman, Lee. 2004. *No Future: Queer Theory and the Death Drive*. Durham, NC: Duke University Press.

Edwards, Brent Hayes. 2003. *The Practice of Diaspora: Literature, Translation, and the Rise of Black Internationalism*. Cambridge, MA: Harvard University Press.

Gerefi, Gary. 1998. "Global Sourcing and Regional Divisions of Labor in the Pacific Rim." In *What Is in a Rim? Critical Perspectives on the Pacific Region Idea*, ed. Arif Dirlik, 143-161. Lanham, MD: Rowman and Littlefield.

Gilroy, Paul. 1993. *The Black Atlantic: Modernity and Double Consciousness*. Cambridge, MA: Harvard University Press.

_____. 2000. *Against Race: Imagining Political Culture Beyond the Color Line*. Cambridge, MA: Harvard University Press.

_____. 2006. *Postcolonial Melancholia*. New York: Columbia University Press.

Gopinath, Gayatri. 2005. *Impossible Desires: Queer Diasporas and South Asian Public Cultures*. Durham, NC: Duke University Press.

Grewal, Inderpal. 2005. *Transnational America: Feminisms, Diasporas, Neoliberalisms*. Durham, NC: Duke University Press.

Hannan, K., M. Sheller, and J. Urry. 2006. "Mobilities, Immobilities and Moorings." *Mobilities* 1: 1-22.

Harootunian, Harry. 2002. "Postcoloniality's Unconscious/Area Studies' Desire." In *Learning Places: The After lives of Area Studies*, ed. Masao Miyoshi and Harry Harootunian. Durham, NC: Duke University Press.

Hau'ofa, Epeli. 1995. "Our Sea of Islands." In *Asia/Pacific as Space of Cultural Production*, ed. Rob Wilson and Arif Dirlik, 86-98. Durham, NC: Duke University Press.

Hayslip, Le Ly, with James Wurts. 1990. *When Heaven and Earth Changed Places*. New York: Plume.

Heryanto, Ariel. 2007. "Can There Be Southeast Asians in Southeast Asian Studies?" In *Southeast Asian Subjects*, ed. Laurie Sears, 75–108. Seattle: University of Washington Press.

Huang, Yunte. 2002. *Transpacific Displacement: Ethnography, Translation, and Intertextual Travel in Twentieth-Century American Literature*. Berkeley: University of California Press.

Hu-DeHart, Evelyn. 2007. "Latin America in Asian-Pacific Perspective." In *Asian Diasporas: New Formations, New Conceptions*, ed. Rhacel Salazar Parreñas and Lok C. D. Siu, 29–62. Stanford, CA: Stanford University Press.

Huntington, Samuel. 2007. *The Clash of Civilizations and the Remaking of World Order*. New York: Simon and Schuster.

Johnson, Chalmers. 2004. *The Sorrows of Empire: Militarism, Secrecy, and the End of the American Republic*. New York: Metropolitan Books.

Kumar, Amitava. 2002. *Bombay London New York*. New York: Routledge.

Kwon, Heonik. 2006. *After the Massacre: Commemoration and Consolation in Ha My and My Lai*. Berkeley: University of California Press.

Lee, Jin-Kyung. 2009. "Surrogate Military, Subimperialism, and Masculinity: South Korea in the Vietnam War, 1965–1973." *Positions: East Asia Cultures Critique* 17(3): 655–682.

Levitt, Peggy. 2007. *God Needs No Passport: Immigrants and the Changing American Religious Landscape*. New York: New Press.

Levitt, Peggy, and Sanjeev Khagram, eds. 2007. *The Transnational Studies Reader: Intersections and Innovations*. New York: Routledge.

Lewis, Martine, and Karen Wigen. 1997. *The Myth of Continents: A Critique of Metageography*. Berkeley: University of California Press.

Lim, C. L., Deborah K. Elms, and Patrick Low, eds. 2012. *The Trans-Pacific Partnership: A Quest for a Twenty-First-Century Trade Agreement*. New York: Cambridge University Press.

Lionnet, Françoise, and Shu-mei Shih. 2005. "Thinking through the Minor, Transnationally." In *Minor Transnationalism*, ed. Françoise Lionnet and Shu-mei Shih, 1–23. Durham, NC: Duke University Press.

Lowe, Celia. 2007. "Recognizing Scholarly Subjects: Collaboration, Area Studies, and the Politics of Nature." In *Knowing Southeast Asian Subjects*, ed. Laurie J. Sears, 109–135. Seattle: University of Washington Press in association with NUS Press Singapore.

Lowe, Lisa. 2012. "The Trans-Pacific Migrant and Area Studies." In *The Trans-Pacific Imagination:*

Rethinking Boundary, Culture and Society, ed. Naoki Sakai and Hyon Joo Yoo, 61-74. River Edge, NJ: World Scientific Publishing.

Mason, Robert. 1982. *Chickenhawk*. New York: Viking Press.

Matsuda, Matt. 2012. *Pacific Worlds: A History of Seas, Peoples, and Cultures*. New York: Cambridge University Press.

Mayer, Ruth, and Vanessa Künnemann, eds. 2009. *Trans-Pacific Interactions: The United States and China, 1880-1950*. New York: Palgrave Macmillan.

Mitchell, Timothy. 1988. *Colonising Egypt*. Berkeley: University of California Press.

Miyoshi, Masao. 1993. "A Borderless World: From Colonialism to Transnationalism and the Decline of the Nation-State." *Critical Inquiry* 19: 726-751.

Mrazek, Rudolf. 2010. "Floating. No Gears Shifting." In *Journal of Asian Studies* 66(4): 1021-1025.

Mullen, Bill. 2004. *Afro-Orientalism*. Minneapolis: University of Minnesota Press.

Nandy, Ashis. 2010. *Bonfire of Creeds: The Essential Ashis Nandy*. Oxford: Oxford University Press.

_____. 2005. *Exiled at Home*. New Delhi: Oxford University Press India.

Nguyen, Viet Thanh. 2012. "Refugee Memories and Asian American Critique." *Positions: Asia Critique* 20(3): 911-942.

Palumbo-Liu, David. 2007. "Asian Diasporas, and Yet..." In *Asian Diasporas: New Formations, New Conceptions*, ed. Rhacel Salazar Parreñas and Lok C. D. Siu, 279-284. Stanford, CA: Stanford University Press.

Parreñas, Rhacel Salazar. 2001. *Servants of Empire: Women, Migration, and Domestic Work*. Stanford, CA: Stanford University Press.

Parreñas, Rhacel Salazar, and Lok C. D. Siu, eds. 2007. *Asian Diasporas: New Formations, New Conceptions*. Stanford, CA: Stanford University Press.

Prashad, Vijay. 2002. *Everybody Was Kung Fu Fighting: Afro-Asian Connections and the Myth of Cultural Purity*. Boston: Beacon Press.

Rowe, John C. 2012. *The Cultural Politics of the New American Studies*. Cambridge, UK: Open Humanities Press.

Said, Edward. 1978. *Orientalism*. New York: Random House.

Sakai, Naoki, and Hyon Joo Yoo. 2012. "Introduction: The Trans-Pacific Imagination— Rethinking Boundary, Culture and Society." In *The Trans-Pacific Imagination: Rethinking Bound-*

ary, Culture and Society, ed. Naoki Sakai and Hyon Joo Yoo, 1–44. River Edge, NJ: World Scientific Publishing.

Shah, Nayan. 2012. *Stranger Intimacy: Contesting Race, Sexuality and the Law in the North American West*. Berkeley: University of California Press.

Shigematsu, Setsu, and Keith Camacho. 2010. "Militarized Currents, Decolonizing Futures." In *Militarized Currents: Toward a Decolonized Future in Asia and the Pacific*, ed. by Setsu Shigematsu and Keith Camacho, xv–xiviii. Minneapolis: University of Minnesota Press.

Shih, Shu-mei. 2005. "Toward an Ethics of Transnational Encounters: Or, 'When' Does A 'Chinese' Woman Become a 'Feminist'?" In *Minor Transnationalism*, ed. Françoise Lionnet and Shu-mei Shih, 73–108. Durham, NC: Duke University Press, 2005.

Spivak, Gayatri Chakravorty. 1994. "Can the Subaltern Speak?" In *Colonial Discourse and Post-Colonial Theory*, ed. Patrick Williams and Laura Chrisman, 66–111. New York: Columbia University Press.

Szanton, David L. 2004. "Introduction: The Origin, Nature, and Challenges of Area Studies in the United States." In *The Politics of Knowledge: Area Studies and the Disciplines*, ed. David L. Szanton, 1–33. Berkeley: University of California Press.

Tadiar, Neferti Xina M. 1998. "Sexual Economies in the Asia-Pacific Community." In *What Is in a Rim? Critical Perspectives on the Pacific Region Idea*, ed. Dirlik, 219–248.

Trask, Haunani-Kay. 1999. *From a Native Daughter: Colonialism and Sovereignty in Hawai'i*. Honolulu: University of Hawai'i Press.

Tsing, Anna. 2002. *Friction: An Ethnography of Global Connection*. Princeton, NJ: Princeton University Press.

Urry, J. 2005. "The Complexities of the Global." *Theory, Culture and Society* 22(5): 235–254.

Viswanathan, Gauri. 1998a. *Masks of Conquest: Literary Study and British Rule in India*. New Delhi: Oxford University Press India.

_____. 1998b. *Outside the Fold: Conversion, Modernity and Belief*. Princeton, NJ: Prince ton University Press.

Von Eschen, Penny. 1997. *Race against Empire: Black Americans and Anticolonialism, 1937-1957*. Ithaca, NY: Cornell University Press.

Wang Hui. 2011. *The Politics of Imagining Asia*. ed. Theodore Huters. Cambridge, MA: Harvard University Press.

Wilson, Rob. 2000. *Reimagining the American Pacific: From South Pacific to Bamboo Ridge and Beyond.* Durham, NC: Duke University Press.

Woo, Jung-En. 1991. *Race to the Swift: State and Finance in Korean Industrialization.* New York: Columbia University Press.

1부

환태평양
이론

01

환태평양 연구:
아시아의 관점

웨이캉 린과 브랜다 여Weiquiang Lin and Brenda S. A. Yeah

　지난 반세기 동안의 다른 많은 관념들과 마찬가지로 초민족주의도 하나의 개념적 혁신이다. 그런 혁신의 시발점은 여러 가지 방식으로 미국이라고 추적할 수 있다. 우리는 그런 관념이 미국 학계의 창작물로 등장한 방식(이와 관련된 개척적인 연구로 Basch et al., 1994, Glich Schiller et al., 1995 등을 참고)뿐만 아니라 그 용어가 세계화와 이주에 관하여 매우 특수한 미국 중심주의 이해와 가정 및 세계관을 어떻게 자극하는가를 말하고자 한다.[1] 이것이 도발적인 책임 추궁이라는 사실을 부정할 수는 없다. 그러나 우리의 의도가 이주민 적응의 차별적 형태(Portes et al., 1999)를 설명하는 연구

1　초민족주의transnationalism는 민족적 경계를 가로지르는 모든 종류의 경제적 · 정치적 · 문화적 · 사회적 조직의 형태들을 가리키는 데 사용되어 왔지만, 이 장에서는 사회적 형태학과 문화적 관행으로서 이주에 관련된 것에 국한하여 사용한다.

의 기여를 경시하려는 것은 아니며, 상이한 나라들을 가로질러 걸쳐 있는 현재의 사회적 네트워크에 대해 여타의 비미국계 학자들이 말한 것을 하찮은 것으로 만들려고 하는 것도 아니다. 오히려 우리는 '세계적' 생활양식으로서 초민족주의에 대한 해석들이 얇은 베일이 덮인 하위 텍스트, 즉 한편으로는 영토적 사고의 해체를 축하하면서도 다른 한편으로는 이 같은 자유주의적 국경초월 형태가 미국 같은 '이민자'사회의 민족적 통합에 부과할 '위협'을 경계하는 것처럼 보이는 하위 텍스트를 중심으로 어떻게 결합되는지를 밝히고자 한다. 우리는 초민족주의에 수반되는 기회, 도전, 대책을 묘사하려는 그런 열망이 하나의 특정한 우려 그리고 동일성에 대한 하나의 특수한 비대칭적 이해를 드러내고 있다고 주장한다. 그런 성격의 작업은 헤게모니적인 시점과 전망을 전제하면서 여러 가지를 보지 못하거나 생략할 뿐만 아니라 이주민과 그들의 출신지 및 이동성에 대한 지식을 '식민화'할 위험을 높인다.

새로운 '환태평양' 연구 패러다임을 정식화하고 미국이 지배하는 연안 경계선으로 일면이 둘러싸인 지역을 구성하는 것은 틀림없이 매우 유사한 위험과 함정에 빠질 수 있다. 아메리카 대륙의 서해안 지역을 아시아의 동해안과 접촉하도록 강제함으로써―따라서 환태평양에서 '환'trans을 구성함으로써― 이 프로젝트를 인위적이고 편향적인 대륙횡단 이야기에 대한 서사로 전환시키는 것은 어려운 일이 아니다. 그것이 미국의 우월성, 타고난 지도력, 오리엔탈리즘에 대한 미국 자신의 관념/이상理想에 물들어 있는 새로운 식민담론이 아니라면 말이다.

일찍이 윌슨(Wilson, 2000: 570)이 지적한 것처럼, (추가적) 영토 팽창에 기반을 둔 민족 정체성을 불러내려는 욕구는 "명백한 운명Manifest Destiny 시대 이래로, 즉 개척지 정착과 인디언 추방을 통해 대륙을 가로지르고 태평양의 '제한될 수 없는' 아시아 시장을 향해 서쪽으로 이동했던 시대 이래로, 오랫동안 미국 문화를 사로잡고 있었다." 따라서 태평양 연안이 미국의 신념, 의제, 그리고 지정학에 어떻게 봉사하는가를 깨닫지 못한 채 그것을 하나의 통합된 전체, 그리고 가능하면 미국의 확대된 영향권으로 간주하는 목적론적인 가상은 분명히 개척지–형성과 지리적 가상에 대한 미국의 이 같은 탐욕을 채워줄 위험이 있다. 이 때문에 환태평양 프로젝트의 결과는 초민족주의 연구에서 발견된 것과 매우 유사할 수 있는데, 어떤 장소와 흐름은 자연스럽고 정당한 것으로 간주되는 반면 또 다른 것들은 침투적이고 문제가 있는 것으로 간주되는 것이다.

그러나 이 같은 주의사항을 지적하는 것이 이 책에서 관심을 두는 것과 같은 보다 진보적인 환태평양 시각의 공식화를 가로막는 것은 아니다. 사실 그런 의제를 추구하는 것은 오늘날 환태평양 지역을 (다시) 놀랄 만한 —또는 위험한— '상승'(Wilkins, 2010)의 영역으로 부각시키려는 노력에 필수적으로 수반되어야 할 시의적절한 수정을 가능하게 한다. 이 책에 실린 우리의 글은 이러한 엘리트주의적 관점에 의문을 제기하고 그것을 불안정화하면서 가상적으로 추정된 지역과 그것의 관계적 동학을 평가하는 새롭고 대항 헤게모니적인 방법을 탐구하는 것이다. 우리는 특히 환태평양 연결성의 이주적 측면에 초점을 맞추면서 태평양을 둘러싼 흐름의 대안적 접합이 어떻게 가능하고 또 바람직한지를 보여주기 위해 초민족주의 연구로부터 교훈을 얻고 그것에 상응하는 평행선을 그리고자 한다. 특히 우리는 미국과 어느 정도는 캐나다, 호주, 뉴질랜드 등을 태평양에서 발생하는 모든 초민족적 여행의 최종적 목적지로 간주하는 것에 의문을 제기하면서 그들의 담론적 중심성에 도전하는 관점들에 신선한 자극을 주고자 한다. 이런 측면에서 우리는 '아시아의 아시아인 지리학자'라는 우리의 위치성의 장점을 활용하여 이러한 환태평양의 지리와 이동성에 관해 재고하고자 한다. 우리는 미국을 완전히 외면하지 않고, 환태평양 이주를 다양하고 다면적인 문제로 다시 생각할 수 있는 길을 찾아내기 위해 중간지점 접근방식middle-ground approach을 취한다. 우리는 초민족적 공간성, 이주자 주체성, 이동과정에서 환태평양 세계의 중심성 등 세 가지 구별되는 영역에서 최근의 문헌에 대해 몇 가지 비판적 검토를 수행하고 이들 각각이 더 생산적인 방식으로 재중심화·재개념될 수 있는 방법에 대해 몇 가지 제안을 제시하고자 한다.

환태평양 이주에서 '태평양'

오랜 역사에도 불구하고 태평양 지역의 초민족적 이동성은 최근 몇십 년 동안에 두각을 나타내고 있다. 아시아가 급속하게 미국 및 여타 환태평양 연안의 '전통적' 이민 수용 사회를 향한 주요 송출국이 되고 있다는 점증하는 인식이 이런 관심을 자극했다(Ip et al., 2006). 예를 들어 2011년 미국 인구조사국은 아시아인이 미국에서 외국 출생자의 약 29%를 차지한다고 보고했다. 이는 1960년 5.0%에서 극적으로 증가한 것이다. 아시아 출생 중 중국인이 19.3%로 가장 많았고, 인도(16.1%), 필리핀(15.7%), 베트남(10.9%), 한국(9.4%)이 그 뒤를 이었다. 여전히 라틴 아메리카 출신 이민자가 더 많은 비중을 차지하지만 미국의 외국 출생 인구 중 아시아인 인구는 유럽 출신 이주민보다 2배 이상 많다(Gryn and Gambino, 2012). 태평양 해안선에 가까울수록 이러한 추세는 더욱 두드러지는데, 2009년에 캘리포니아주와 워싱턴주의 아시아계 이민자는 각각 35.1% 및 39.0%로 전체 외국 출생 거주자의 1/3 이상을 차지한다(Greico and Trevelyan, 2010). 이 두 주에서 특히 동아시아 출신은 각각 11.4%, 14.5%이고, 동남아시아 출신은 각각 15.0%와 16.7%에 달했다. 이와 같은 상황이 더 북쪽에 위치한 캐나다에서도 나타난다. 레이(Ley, 1999: 3)가 밝힌 바와 같이 1990년대 후반까지 브리티시컬럼비아에 새로 온 이민자의 80%가 중국, 홍콩, 대만, 그리고 최근에는 인도와 필리핀이 주도하는 아시아 출신이다. 상대적으로 영국 출신 이주민의 비중은 2%라는 하찮은 수준으로 감소했다. 따라서 이러한 태평양 연안 사회의 경우 아시아 이민자들이 전례가 없는 속도로 국경을 '침투'하는 상황이 양측 간의 대화가 활성화되는 시대를 열어가는 전조로 보인다. 더 나아가 그것은 대서양에서 태평양 연안으로 세계의 무게중심이 이동했음을 나타내는 것으로 보인다.

1990년대 후반의 몇 년을 제외하고 1980년대 이후부터 이러한 관점이 널리 퍼졌고, 21세기는 빈번하게 '태평양의 세기'로 공표되고 있다(Linder, 1986). 사람들은 이 시대가 '무역, 기술, 통신 및 교육의 융합'을 특징으로 하는 시대이며, "아시아, 호주, 아메리카 대륙을 경제적 · 정치적 · 문화적 상호작용의 팽창 속에 함께 묶는 효과를 초래하여 그 어떤 하나의 힘만으로는 통제할 수 없는 상황이 되었다"고 말한다(McCord, 1991: 1). 여기에서도 '아시아'와 (따라서) '태평양 연안'의 부상은 이제 새로운 구조적 동학이자 전체 세계에 대한 도전일 뿐만 아니라 재편성된 기회들로 가득 찬 것으로 재해석되어 세계의 미래 발전궤적에 관한 모든 논의에서 영구적인 고정물이 될 것 같았다. 이러한 공식에 따라 대양을 가로지르는 이주는 예외 없이 단순히 수치적 측면에서뿐만 아니라 태평양 지역화와 통합이라는 바로 그 과정을 촉진한다는 측면에서도 점점 더 중요한 역할을 할 것으로 기대된다. 이제 숙련된 전문가와 비숙련 노동력이 함께 추동하고 있는 이러한 이동성은 동서양 사이의 무역, 정치 및 여타의 협력 분야에서 가속화되는 교류에 대한 반응이자 동시에 구현 수단으로 간주된다(Koehn and Yin, 2002). 그것이 예고하는 것은 단순히 지리적 이동의 문제가 아니라 새로운 관계와 지정학적 관리의 양식을 구축하는 것이다.

그러나 모든 사람들이 이러한 통합적 힘들의 변형적 권력과 구조적 일관성에 완전히 동의하는 것은 아니다. 일부 학자들은 '환태평양 지역'이 가장 먼저 발명된 개념이자 모형이며 쉽게 이해할 수 있고 당대의 지정학적 시대정신을 매우 상징적으로 나타내는 편리한 지리적 언어를 표현하기 때문에 관심의 대상이 될 뿐이라고 주장한다(Harris, 1989). 그들의 시각에서 볼 때, 세계적 발전의 복잡성을 국내총생산(GDP)의 상승이나 세계 특정 지역의 활발한 이주 교류 같은 몇 가지 피상적 지표로 환원시키는 것은 프로젝트를 지나치게 단순화하는 것이다. 그것은 지역 내의 엄청난 사회적 이질성과 모순을 불필요하게 호도할 뿐만 아니라, 애초에 특정한 초민족적 현실과 결과를 낳는 데 책임이 있는 관계와 권력 위계의 선들을 지워버린다(Palat, 1993; Findlay, 2001). 실제로 이러한 배치 내에서 '태평양'은 빈번하게 '구미 자본주의'에 대한 서사에 종속되며 그 결과로 태평양은 ─아시아 '배후지'의 상당한 부분을 포함하여- 변함없이 구미 자본주의에 대해 종속적인 역할을 수행한다(Dirlik, 1998). 태평양 연안을 동양과 서양이라는 두 개의 별개 영역으로 엄격하게 구분하는 공간용어의 사용을 승인하는 과정에서 특정한 분절성도 도입된다. 그러한 분절성은 "이항 분리 기계binary machine에 대립되지만, 국가기구에 따라 배치되고 세계질서에 대한 소묘로서 하나의 추상 기계에 의해 과잉 코드화된다"(Deleuze and Parnet, 2007: 131).

여기서는 아시아 태평양 지역의 담론적 역사적 구성과 관련된 다양한 비판에 대해 더 자세히 설명하지 않을 것이다(이 책의 2장 참고). 그러나 그 지역이 구성되고, 논의되고, 작동되는 방식은 전통적으로 비대칭적이고 제국주의적인 것이었으며, 그 주제의 진정한 동학과 복잡성을 완전히 파악하는 것이 일반적이지는 않았다고 할 수 있다. 이퍼제시(Eperjesi, 2005: 4)가 간결하게 표현한 것처럼, 환태평양 지역 또는 더 정확하게는 '*미국의*' 환태평양 지역 개념은 무엇보다도 '지역적인 또는 지역화하는 신화'인데, 이는 대개 인식론적 소유자의 우려와 배타적 관점을 담고 있다. 그 중요성은 미국 전략가와 계획가의 검증에 달려 있을 뿐만 아니라 미국의 정치경제 의제와 세계에 대한 거대전망에 부합하는 것이거나 아니면 위협할 가능성에서 가치를 갖는다(Berger and Borer, 1997). 우리는 메트로폴metropole의 지위에 특권을 부여하는 그러한 경향이 *태평양을 횡단하는* 이주에 관한 현재의 담론에도 유사하게 영향을 미친다고 주장한다. 사실상 그런 이주자들은 미국을 포함한 몇몇 서구 국가들에서 발견되는 더 팽창적인 '문제 공간'에 거주하는데, 이는 그 공간이 잠재적인 '수용' 국가들로서 그들을 유지하고 있다는 함의를 갖기 때문이다. 이러한 의미에서 공유되는 것으로 가정된 환태평양의 상호 동맹과 교류의 공간은 역설적으로 가상과 실행에 있어서도 일방적이고 헤게모니적이다. 그 과정에서 불가피하게 침묵하게 되는 것은 다른 장소와 위치에서 밝혀지기를 기다리고 있는 수많은 서발턴subaltern 관점들이다. 다음에서 우리는 초민족주의 연구의 프리즘을 통해 세 가지의 대항적 가능성counter-possibilities을 짚어보고자 한다. 이 문헌에 대한 주의 깊은 분석을 통해 우리는 보다 유동적이고 균형 잡혔으며 신중한 대안적인 환태평양 의제에 기여할 수 있기를 희망한다.

환태평양 공간성

명시적인 환태평양 의제와 직접 관련되어 있지는 않지만, 태평양을 가로지르는 국경을 넘는 여행, 특히 아시아인이 행하는 여행은 최근 수년 동안 학계에서 점점 더 많은 관심을 받고 있다. 부분적으로 이러한 가시성의 증가로 인해 아시아인의 이주는 이제 초민족주의 문헌에서 가장 철저하게 조사된 현상의 일부가 되었고 발생률과 현저성 모두에서 라틴 아메리카나 카리브해 이주에 관한 연구에 필적할 수준이 되었다(Rogers, 2004). 이런 일련의 작업은 그것이 축적한 연구 관심에 상응하여 그 고유한 분석적 접근이라는 측면에서도 추가적인 차별성을 갖는다. 그 연구들은 이주를 중립적인 통계적 현상으로 취급하는 것에 반대하면서 태평양 이동을 행위자로 채워진 지리적으로 종별적인 과정으로 재확립했다. 이 연구의 대부분은 아시아와 미국(종종 캐나다까지 확장하여)이 현재 특정한 초민족적 여행에 동기를 부여하는 상호 강화적 양자관계를 구성하는 방법에 대한 몇 가지 신중한 고찰의 결과였다. 이보다 정도가 덜한 것이지만 호주와 뉴질랜드도 연쇄이주 또는 자원제약으로 인해 북미행 이주를 꺼리거나 할 수 없었던 아시아 이민자를 흡수하는 데 점점 더 중요한 보조적 역할을 수행하는 것으로 알려져 있다. 이후에 살펴볼 것처럼, 이러한 틀은 몇 가지 독특한 연구 관행과 경향으로 이어졌다. 특히 그것은 태평양 세계를 이해하는 특수한 방식, 그리고 그들이 서로 상호작용하고 대화하는 방식에 규칙을 부여했다.

아시아-태평양 지역의 초민족적 활동에 대한 초기 연구는 서구 세계에 거주하는 동아시아 이주민 공동체가 태평양 건너 '출신지'original 고향과 어떻게 관련되는지에 대한 호기심에서 시작되었다. 이와 관련하여 1980년대 후반 북미 도시의 차이나타운에 대한 관심이 재등장한 사례를 들 수 있다. 당시 학자들은 차이나타운을 '해외' 중국 문화의 화로일 뿐만 아니라 중국인 이민자들이 기업가적 확장을 조율할 수 있는 초민족적 기지로 간주했다(Li, 2009; Chinn, 1989). 예를 들어, 로스엔젤리스 교외 몬테레이 공원의 '중국화'Sinicization는 문화적 선호뿐만 아니라 아시아로부터 이 지방 기업으로 자본이 많이 유입된 결과라고 해석되어 왔으며, 이로 인해 주택 융자와 소유권 획득이 활성화되었다(Fong, 1994). 윙(Wong, 1998: 85)은 이러한 견해를 소수 종족의 한계라는 관점 너머로 확장하여, 최근 미국 서부해안으로 이주한 중국인 이민자들에 관하여 "많은 사람들이 고도로 교육받은 전문직 종사자이자 세계적 무대에서 활동하는 부유한 사업가라는 점에서 이전의 정착민과 크게 다르다"고 더 정교하게 주장했다. 그는 이러한 자유분방한 여행자들이 "지구촌에서 기회를 찾아서 세계 여러 곳에서 여행하고, 살고, 일하기"(Wong, 1998: 87)를 시도하면서 빈번하게 장거리 통근이 필요해진 생활을 하게 되었다고 가정한다. 이러한 맥락에서 그들은 확장된 아비투스를 필요로 하는 것으로 보이며, 그중 미국은 그들이 거주하고 활동할 수 있는 일부일 뿐이다. 환태평양 이동성은 이러한 확장 목표를 달성하고 한 장소에 고정되는 것에 고유한 단점을 극복하는 수단으로 사용된다.

옹(Ong, 1999)의 신축적 시민권flexible citizenship 이론은 동아시아 이민자들 사이의 초민족적 경향을 실용주의와 적응성의 '문화적 논리'에 기인한 것이라고 간주함으로써 이러한 견해를 사실적인 것으로 뒷받침해 준다. 그녀의 연구는 광범위한 중산층 이익을 포함하도록 시야를 넓히면서 중국 관리자, 기술관료 및 전문가가 사회적 이동성을 향상시키고 여러 공간에 걸쳐 자본축적 프로젝트를 촉진하기 위해 사용하는 다양한 시민권에 기반을 둔 전략의 개요를 보여준다(Mitchell, 1995 참고). 태평양 양안에서 선호에 따라 복수의 나라의 이중적 시민이 되는 것은 그들이 민족적 시장들에 대한 더 큰 선택지를 획득하는 데 기여할 뿐만 아니라 그들이 '세계의 상이한 부분들에서 정치적·경제적 조건들의 이득을 누릴 수 있는' 권한도 부여한다(Ong, 1999: 113). 일부 학자들은 그러한 가교 건설 노력의 편의성에 주목하면서 초민족주의는 이민자들이 금전적 이익뿐만 아니라 비금전적 혜택을 누리는 방법으로 인식될 수 있다고 제안한다. 이러한 '신축적 시민'은 '양쪽 세계의 장점'을 취하면서, 서구에서는 '더 나은' 생활수준(Wong, 1997) 그리고/또는 (자녀를 위한) 교육기회(Ong, 1993)를 누릴 수 있는 선택지를 가능케 하는 동시에 고국에 돌아가서는 '아시아 붐'에 참여할 수 있는 능력을 유지하기 위해 둘 또는 그 이상의 시민권을 추구할 수 있다. 이러한 관점에서 볼 때, 태평양을 횡단하는 그들의 초민족적 프로젝트는 또한 과다한 거주권을 통해 입지적 신축성을 확보하려는 새로운 '세계적' 생활양식의 공간적 표현이다. 이러한 배치는 특히 '우수한' 사회 및 교육 시설을 이용하기 위해 캐나다와 미국의 도시로 이주하는 어머니와 아이, 그리고 태평양-아시아에서 비즈니스 기회를 활용하기 위해 환태평양을 오가면서 생계를 꾸리는 아버지로 구성된 홍콩과 대만의 '우주여행객'astronaut 가족의 사례에서 잘 나타난다(Yeoh et al., 2005).

　최근 학계의 연구는 이러한 초민족적 전략들이 공간 속에서뿐만 아니라 시간 속에서도 어떻게 접합되는가를 소묘하면서 이러한 동시성의 아이디어를 추가한다. 중국인의 초민족주의에 대한 연구는 이제 이중초점dual-focus으로 전환함으로써 그들이 장소들 사이에서 형성하는 관계들을 탐구할 뿐만 아니라 태평양 반대쪽의 두 세계 사이를 오가는 이점을 최대화하기 위해 그들이 적절한 시간 간격으로 그런 관계를 형성하는 방법에 관해서도 탐구한다. 가족 전체가 이러한 이주 프로젝트에 참여하는 경우 가족이 자녀의 '귀중한' 학력증명서를 획득하는 목표를 가지고, (학교에 다니는) 자녀들이 조기에 아시아를 벗어나 환태평양 영어권 국가를 향해 '방아쇠를 당기듯' 이주하는 경우가 빈번해졌다(Waters, 2006). 이러한 시초적 이주에 뒤이어 미래의 가능성, 예를 들면 '해외에서 교육받은' 아이들이 취업을 위해 아시아로 귀환하고 시민권 취득을 위해 서구에서 초민족적으로 '분할되었던' 가족이 결국에는 재결합할 가능성이 심사숙고될 수 있다. 레이와 코바야시(Ley and Kobayashi, 2005)는 이를 '초민족적 체류'의 연쇄라고 적절하게 표현하였다. 그것은 이주민 가족의 변화하는 동기에 부합하기 위해 더 많은 시간적 전방 이동을 수반하는 반복된 순환과 관련된다. 그것의 연속적인 성격을

더 명시적으로 파악한 코바야시와 프레스톤(Kobayashi and Preston, 2007)
은 동아시아 가족들 사이에서 취학과 은퇴 같은 주요한 생애과정의 전환이
종종 (재)이동성과 초민족주의의 자극이 된다고 지적한다. 나아가 이는 삶
의 우발적 상황이 가져오는 혼란을 완화한다. 요컨대, 아시아태평양 지역은
한 곳에 영구적으로 정착하기에는 너무 불균등하게 자원이 배분된 지역이
다. 그러나 그 지역은 올바른 법적 자격 요건만 갖추고 있으면 왕래하는 지
정된 경유지가 완비된 항해에 매우 적합한 지형이 될 수 있다.

유사한 환태평양적 형세가 동아시아적 맥락 밖에서도 관찰되었다. 동남
아시아에서는 반세기 전 유럽 식민주의가 종식되고 많은 국가가 새롭게 구
성되는 동시에 토착 민족주의가 발흥하여 지역 내부의 인종적 균형이 붕괴
되었다. 식민지 시대에 동남아시아로 이주한 '비원주민' 집단에 대한 지속
적 차별로 인해 최근 수십 년 동안 그들은 제3국으로 재이주하거나 심지어
추방되기도 했다. 예를 들어 1970년대 인도차이나 전쟁으로 인해 베트남,
라오스, 캄보디아에서 수많은 난민이 발생했으며, 특히 이러한 아시아 국가
들에서 벌어진 지정학적 격변을 피해 호주, 캐나다, 미국 등으로 도피한 중
국계 베트남인(일명 '비엣 호아'Viet Hoa)과 흐몽Hmong 같은 소수 종족 집단
들 사이에서 많은 난민이 발생했다(Haines, 1996; Coughlan, 1992). 이 이
민자들은 이후 몇 년 동안 이들 국가의 주요 송금 수입원이 되었고, 특히 베
트남의 경우 그런 송금이 안정화와 현재의 발전에 기여하고 있다(Pfau and
Giang 2010). 비슷하면서도 보다 가벼운 사례로서 말레이시아계 중국인은

'부미푸트라 법'[2]에 따라 말레이시아 정부가 이전 이주 공동체의 후손에 대해 불공정한 경제적 대우를 하는 것에 대응하여 '해외'에도 재정착하여, 말레이시아에서 대양주–아시아 및 북미에 이르는 화인들의 '2차 디아스포라 물결'second-wave diaspora을 만들었다(Cartier, 2003). 그러나 이것이 말레이시아 이민자들이 이민을 떠날 때 출생 국가와의 연결을 끊는다는 것을 의미하지는 않는다. 오히려 많은 사람들은 조상이 처음으로 정착한 '고향'과 계속해서 유대를 공유하며, 자신이 경제적으로뿐만 아니라 정서적으로도 그 나라와 연결되어 있다고 생각한다. 분명히 이러한 예에서는 단순히 실용적인 고려뿐만 아니라 정치적·역사적·향수적 영향까지도 포함해서 태평양을 횡단하는 순환과정의 더 심오한 복잡성이 확인된다.

이 복잡한 이야기 줄거리 속에는 아시아에서 온 이민자들에 대한 격차, 위험, 제약, 기억 및 기회로 가득 찬 다채로운 시공간이 태평양을 구성한다는 관점이 기술되어 있다. 이렇게 이해하는 것이 아마도 많은 진실을 담고 있을 것이다. 그러나 이러한 유동적 지도제작 내에는 틀림없이 더 정태적이고 문제적인 또 다른 숨겨진 지리학이 내포되어 있다(Lin and Yeoh, 2011). 특수한 이동의 결과가 태평양 연안의 특수한 장소들에 어떻게 상응하는가를 강조하기 위해 고정된 지역성과 고정된 종족적 인격성personality에 관한 두 번째 지도가 은밀하게 작성되고 고정화되었던 것이다. 이 정도로 모든 태평양 횡단 여행의 예측 가능한 유형이 나타났다. 출발점은 변함없이 태평양의 서쪽이고 수용하는 종점은 반대편 해안이다. 최근 몇 년 동안 암시적으로 '귀

---

2 부미푸트라bumiputra는 '흙의 아들'로 번역되며 말레이시아 맥락에서는 말레이 종족을 의미한다.

환' 흐름이라고 불린 현상으로 인해 어느 정도 누그러지기는 했지만 여전히 아시아 국가들이 그런 모든 이동성의 (역사적) 출발점이자 동기의 원천이라는 역할을 계속하고 있는 것이다. 마찬가지로 태평양 연안의 서양 국가들은 여전히 많은 이주자에게 선호되는 목적지이자 확장된 아비투스 그리고/또는 욕망의 장소라는 형상을 하고 있다. 결과적으로, 비록 전부는 아닐지라도 '태평양 횡단'에 관심을 둔 대부분의 연구는 또한 동아시아와 동남아시아 사람들의 이동의 의도와 관행에 압도적으로 초점을 맞추고 있다. 그리고 거기서 동아시아와 동남아시아 사람들은 대양의 '더 변덕스러운' 쪽에서 발견되는 것으로 간주된다. 그들의 순환적 이동의 반복적인 특성에도 불구하고, 이런 방식으로 이주유입/이주유출, 목적지/출발지, 수용국/송출국이라는 이분법적 구분은 다시 유효해지고 손상되지 않은 상태를 유지한다. 더 결정적으로 그들은 환태평양 이동의 방향성과 공간성을 어떻게 파악하고 표현해야 하는지를 계속 구조화하고 있으며 동양과 서양의 이분법적 대립을 암묵적으로 실행하고 있다.

이러한 경직된 해석은 부분적으로는 초민족주의 연구가 현재까지 채택하는 경향이 있었던 비대칭적 관점에서 기인한 것일 수 있다. 오늘날 이주의 실행에서 인간 행위자의 독특성에 많은 관심이 집중되고 있지만, 우리는 많은 연구가 일련의 서구 중심적 질문들과 국가 기반 이상들—'이주민'은 어디에서 오는가? '그들'이 '여기'에 오는 이유는 무엇인가? 도착 후 '그들'은 무엇을 하는가? 그들은 왜 '되돌아가는가?' '그들은' 어떠한 초민족적 관행을 실행하는가?—에 방해를 받고 있다고 주장한다. 그런 질문과 이상은 오직 제한된 범위의 이주 가능성과 지리적 가상을 허용할 뿐이다. 따라서 새로운 환태평양 의제가 피해야 하는 것은 태평양 이주의 다른 궤적과 대안적 사고를 배제하는 하나의 우세한 논리에 지나치게 의존하는 것이다. 실제로 현재 모델에 쉽게 맞지 않는 '잊혀진' 이주민의 이동성을 더 많이 찾거나 기록하는 것이 신중한 것일 수 있다. 여기에는 북아메리카를 우회하면서 아시아와 라틴 아메리카 사이를 경유하는 초민족적 이민자(McKeown, 2004), 태평양에서 '고향'과 '귀환'에 대해 자신의 종족성이 알려주는 것과 다른 인식을 가진 사람들(Tsuda, 2003 참고), 또는 심지어 전통적인 흐름의 방향을 거슬러서 고용을 위해 태평양을 바라보는 비아시아계 미국인 구직자(Chiou, 2010) 등의 여정이 포함될 수 있다. 이러한 비교와 대조의 틀은 새로운 사례연구를 축적하기 위한 학문적 시도 이상의 의미를 갖는다. 그것은 미국과 여타 서구 국가의 관점과 가정에 대한 현재 종속성에서 벗어나서 동일한 문제를 놓고 씨름하면서 환태평양의 이동성에 대한 예측 가능하고 정적인 이해에 도전하는 새로운 목소리를 제공할 수 있다.

여러 가지 측면에서 우리가 제안한 의제는 런던과 뉴욕 그리고 여타의 도시 사이를 순환하는 영국의 초민족적 경영 엘리트에 대한 비버스톡(Beaverstock, 2005)의 연구에서 영감을 얻었다. 그는 이들을 자신의 직업적 요구에 따라 세계 각지로 *이산적* 여행을 수행하는 독립적 행위자로 다루었다. 그의 연구는 이동성을 어떤 특정한 통로나 미리 결정된 경로와 혼동하지 않으려고 노력하면서 이민자 흐름이 그것에 내재적인 고유한 예측 불가능성, 자생성, 그리고 동일한 문화적 집단 내에서조차 다양한 회로 및 관계로 발전하려는 성향 등을 고려할 때 얼마나 더 잘 이해될 수 있는가에 대한 명확한 사례를 보여준다. 우리는 *개인들이* 어디로 이동하는지 그리고 어떻게 서로 다른 공간이 고유하게 서로 포개어지는지(Crang et al., 2003)를 겸손하게 추적하는 접근법을 채택하는 것이 환태평양 지역을 특징짓는 태평양 횡단의 다양한 가능성에 적절하게 주의를 기울이는 방법론적 방향을 설정하는 데 분명히 도움이 될 수 있다고 주장한다. 달리 말해 우리가 권장하고 있는 입장은 보다 개방적이고 코스모폴리탄적인 연구 패러다임을 지지한다. 그런 패러다임은 세계적인 자본주의적 힘들을 시야에서 놓치지 않으면서 여행의 새로운 궤적과 형세를 적극적으로 모색하고 실험한다. 그러한 방법은 환태평양 연구를 서구 국가를 *향한* '아시아인의' 초민족적 이주의 몇 가지 과도하게 반복 설명된 사례들로 제한하는 것을 피하는 데 기여할 뿐만 아니라, 환태평양 이동성을 공간, 흐름, 그리고 관계 등에 관한 더 생생하고 역동적인 선집으로 재구성하는 데 도움이 될 수도 있다.

환태평양 주체성

아시아 이주의 초민족적 경로와 형태에 초점을 맞추려는 성향이 면밀히 재검토될 필요가 있는 유일한 개념적 제한은 아니다. 만약 태평양 횡단 이주가 공간적으로 기입되는 방식에 대한 비판적 인식이 부족했다면 바로 그런 이동성에서 생성되는 종류의 *정체성*들에 대한 민감도는 훨씬 더 부족하다. 아시아계 미국인 연구가 미국에서 '이민'과 '문화적응' 경험(Lowe, 1998)을 설명할 때 민족주의적 입장을 취하는 것과 다르지 않게, 초민족주의 연구는 태평양 연안 이주자들로부터 국제적 '타자'Others를 구성하는 매우 유사한 행위에 관여하는 것으로 보인다. 초민족주의 연구는 우선 그들을 다수의 수

용사회에서 서구의 '백인' 민족주의 개념과 불가피하게 모순되는 이동성을 갖는 '이민자'로 구성함으로써 이들 유목민을 그들이 '착륙'한 '목적지' 국가에 외부적인 존재이자 그 국가들의 비자연적인 분파로 간주해 왔다. 확실히 이런 연구를 통해 학자들이 어떻게 세계화가 아시아와 태평양의 여타 송출지역에서 새로운 범주의 이민자와 체류자를 낳고 있는가에 관해 더 잘 이해하게 되었다. 그러나 이러한 해석 중 많은 부분이 수용국의 관점에 사로잡혀 있다는 사실을 감안할 때, 그것들이 의도하지 않게 새로운 순환의 경계-확정과 담론적 생산을 가능케 했다.

중산층 중국인 초민족주의에 대한 옹Ong의 명제로 돌아가면 오늘날 태평양을 넘어선 이주에서 가장 두드러진 흐름 중 일부가 어떻게 특징지어졌는지에 관한 몇 가지 단서를 얻을 수 있다. 형식적으로 보면 동족과 함께 거주지enclave에 영구적으로 격리된 소수 종족 정착민이라는 오래된 이미지가 그 매력을 일부 상실한 것처럼 보일 수 있다. 그러나 그것을 대체한 것은 불행히도 마찬가지로 배타적인 서사구조다. 특히 지금은 이들 이주민을 기회주의적이고 타산적인 귀화인으로 소묘하려는 경향이 뚜렷해졌다. 즉 이들이 새롭게 자유화된 서구의 이주체제에서 이익을 얻으려고 전략적으로 음모를 꾸미면서 "가능한 한 책임은 작게 떠맡으려고 애쓴다"는 것이다(Miller, 2002: 231). 옹(Ong, 1999: 19)은 이러한 새로운 양상을 동아시아와 동남아시아의 중산층 중국인에게 적용한다. 그에 따르면, '세계적 자본주의에 참여함으로써 가장 큰 혜택을 받을 수 있는 사람'은 '신축성과 이동성을 찬양하는' 사람과 동일하며, 이들은 '복수 여권 소지자', '신축적 자본'을 가진 다문화 관리자, 업무상 국경을 넘나드는 '우주비행사', 그리고 태평양을 횡단하는 출퇴근길에 부모가 다른 나라에 내려줄 수 있는 '낙하산 어린이' 등으로 자신을 (재)유형화할 수 있다. 옹은 서문에서 이러한 구성이 후기 자본주의 에서 태어난 문화적 발명품으로 취급되어야 한다고 밝혔지만, 그 이후의 실 제 작업이 이와 유사한 구성주의적 접근을 취하고 있는지는 분명하지 않으 며 오히려 이 같은 '중국적' 경향의 현상학적 현실을 전제로 하는 것처럼 보 인다. 우려스럽게도 환태평양 이동들은 동시대 아시아의 이동성을 '우주비 행사', '낙하산 어린이', '일시 귀국자' 등과 같은 특정 페르소나와 결합함으 로써 이민자와 민족국가 간의 변화하는 역학관계가 아니라 특수한 주체성, 기술, 문화적 논리의 '비신축적' 적용을 부각시켜 왔다(Lin, 2012).

중산층의 맥락을 넘어서, 동일한 대양횡단 여행을 하는 하층 이주민의 경 우에도 이와는 다르지만 마찬가지로 불안정한 일련의 사회정치적 문제가 발생한다. '돌봄 서비스 체류' 프로그램을 통해 캐나다로 이주하는 필리핀 가사 도우미에 관한 게리 프랫Gerry Pratt의 연구는 학계가 어떻게 *더 가난 한* 이주자들이 환태평양 순환 내에서 등록되고 착취되어 왔는지를 포함하 여 그들에 관한 통절한 이야기를 대안적으로 재서술하려고 했는가를 보여 주는 하나의 사례다. 그녀가 주장한 것처럼, 필리핀 디아스포라는 우발적인 결과가 아니라 "세계적인 불균등발전, 필리핀 정부의 [탈식민주의] 노동수 출 정책, 그리고 수많은 현지여성이 더 이상 수행하지 않는 저임금 서비스 노동을 이주여성에게 수행하게 하는 산업화된 나라들의 수요 … 등의 산물 이다"(Pratt, 2007: 124). 이들 이민자는 전략적인 '신축적 시민'과 대조적으 로 자신이 선택한 초민족적 공간이 아니라, 아시아에서 그들을 둘러싼 어려 운 상황, 가족과 분리될 것을 요구하는 수용국가의 제한적인 법적 규정, 빈곤화되고 때로는 항구적인 무권리의 체류 상태에 대한 그들의 수용 등에 의해 창조된 것으로 알려진 초민족적 공간을 차지한다(Mattingly, 2001). 지난 수십 년 동안 아시아인의 이주는 더 엄격해지는 자격기준으로 인해 더 숙련된 성격을 띠게 되었지만, 그러한 제약을 경험하는 사람들은 마찬가지로 북미 경제의 하층민 지대에 거주하며 유사하게 고립된 일군의 라틴 아메리카 막노동자들과 동일한 곤경상태를 공유하고 있는 것으로 보인다. 스펙트럼의 다른 쪽 끝으로 가보면, 이들 하층 계급 이주민은 '착취적 전략가'에 완전히 반대되는 성격의 역할을 맡고 있으며, 이제 관계기관이 파악하기 어려운 '착취 받는 희생자'의 역할을 수행한다.

이러한 대조적인 쌍생아 관점은 환태평양 이주 흐름 내에 존재하는 매우 다양한 경험을 강조하는 데 유용하지만, 태평양에서 실제로 '이동 중'인 사람들에 대한 우리의 평가를 일정 정도 극단적인 것으로 만든다. 그런 관점에 따라 아시아계 이주민을 세계적 희생자화의 대상 또는 통합할 의도가 없는 서구 사회의 착취자로 노골적으로 묘사하는 것은 이동하는 특정한 사람들의 '종족적' 기질을 물상화 하는 초민족주의 연구의 성향에 대한 파벨(Favell, 2003)의 고찰을 이중으로 확인시켜 준다. 그에 따르면, 초민족주의 연구는 그처럼 이동하는 사람들을 지나치게 공격적인 침입자나 지나치게 무기력한 희생자로 다룬다. 이들 이주자가 정서적으로나 경제적으로 '생존력이 있는' 시민으로서 행동할 수 있는 능력은 의심을 받는다. 그 결과 이들 이주자는 이주 압력과 세계적 노동 구조조정이 초래한 '현대 서구사회의 사회문화적 변화과정에 대한 통찰력의 원천'으로 봉사하는 의아스러운 영예를 얻게 된다(Favell, 2003: 400). 우리의 관점에서 주의를 기울여야 하는 것은 바로 이 같은 무언의 가정, 즉 이들 이주민의 완전한 국내화/길들임 domestication과 동화는 불가능하다고 생각하면서 초민족적 유대와 이주민의 불안정한 편입이 그들을 특정한 국가 내에서 문제적 주체로 만든다고 가정하는 것이다. 이와 달리 우리는 '그들'이 어떻게 가상되고, 주체화되며, 분리되어 왔는지를 정면으로 다루면서 학계에 아직 숨어 있을지도 모르는 개념적 경직성과 심지어 스테레오 타입의 잠재적인 영역을 인식하는 것이 아마도 우리가 취할 수 있는 더 생산적인 입장일 것이라고 제안한다. 이들 이주자를 더 공정하고 긍정적인 용어로 (다시) 이해하려는 이러한 노력은 우리가 미래의 환태평양 연구를 위해 옹호하는 것이기도 하다.

그러한 감수성을 정확히 보여주는 호(Ho, 2002)는 '우주비행사' 전략이 뉴질랜드의 중산층 아시아 이민자들 사이에서 널리 퍼진 관습이자 성향이라는 '신화'에 도전하기 위해 뉴질랜드의 맥락으로 눈을 돌린다. 반대로 그녀가 발견한 것은 그러한 기획을 완강하게 추구하는 사람들이 실제로는 뉴질랜드에서 소수에 불과하다는 것이다. 비슷한 맥락에서 이프(Ip, 2000; Bartley and Spoonley, 2008: 66에서 인용)는 일부 문헌에서 중국인 초국적 자들이 어떻게 부당하게 악마화 되었는지를 문제 제기한다. 특히 그녀는 이들 이민자를 '충성심이 없다'거나 관료체계의 냉소적인 조작자로 규정하는 '과잉 단순화된 반동적 특성화'를 문제삼는다. 그런 특성화에 따르면, 이들은 자신의 사익만을 위하여 [목적지 국가의] 사회적 · 환경적 자원을 이용하기 위해 '우주비행사 전략'을 채택할 뿐이다. 그러나 그녀는 그들의 이동성이 결국 체제남용의 전술적 행위에 해당한다는 데 동의하지 않으며 대신 이들 태평양 횡단자의 순환적 이동이 문화적 배경이나 종족성보다 중산층의 지위와 더 많이 연관되어 있으며 아마도 더 온건하고 보편적인 현상일 것이라고 주장한다. 마지막으로 여와 소코(Yeoh and Soco, 2014)는 노동자계급의 맥락으로 돌아가서 아시아 출신 환태평양 이주민에 대한 지나치게 부정적인 이해를 유사한 방식으로 기각한다. 그들의 작업은 그들이 다루는 사례에서 많은 나라의 사회정치적 생활에 필수적인 필리핀 가사도우미에 대한 일반적인 배제를 반복하는 대신, 이러한 이주 중인 여성 행위자들의 적어도 한 가지 측면을 복원한다. 특히 저자는 접촉지역과 문화교류가 증가하고 그들의 관점이 새로워짐에 따라 체류과정에서 이러한 하층 이주민들에게 학습과 자기계발 과정이 상당히 집중적으로 발생할 수 있음을 발견했다. 이런 의미에서 그들도 완전히 희생된 것은 아니며 삶을 개선하기 위해 어느 정도의 자율성을 유지하는 것이다.

스페인 내 방글라데시 및 세네갈 이주 무역업자와 그들이 가정하는 '코스모폴리탄' 정체성에 관한 코타리(Kothari, 2008)의 연구는 이러한 주장의 본질을 포착하고 있으며 아마도 우리가 씨름해 온 더 깊은 문제를 해결하는 데 기여할 수 있을 것이다. 그녀가 올바르게 지적한 것처럼, '유색인종 이주민들'은 경제적 이익만을 위해 이동하는 것으로 반복적으로 묘사되는 반면, 풍요로움, 모험 및 경험에 대한 탐색은 유럽과 미국 출신 여행자들로만 국한되는 비생산적인 일관성이 존재하는 것처럼 보인다. 현재의 환태평양 연구의 상당 부분이 중산층의 이동성을 중심으로 진행되고 있으며 그런 이동성은 탐험과 자기 충족을 위한 더 큰 정도의 관용성을 수반하고 있다는 점을 고려할 때, 아시아인의 이주는 여전히 자본축적이나 경제적 필요라는 관점에서 매우 실용적인 방식으로 선별되고 틀이 짜여진다는 사실은 수수께끼

와도 같다. 이러한 불일치에 대한 더 가시적인 인식은 '백인 이주자'의 초민족적 이동성을 탐구함으로써 제공될 수 있다.[3] 그런 탐구는 '백인 이주자'의 편력이 아시아인의 이동성과 대조될 때 종종 '정상성'과 '정당성'이라는 대조적인 광택을 부여받는 방식을 분명하게 보여주고 있다. 앞에서 우리는 비버스톡(Beaverstock, 2005)의 연구를 통해 영국의 초민족적 엘리트들이 종종 귀중한 문화자본을 축적하려는 (익숙한) 의도를 가지고 직업의 일환으로 런던, 뉴욕 및 아시아-태평양 도시를 오가며 그 도시들 사이에서 '세계여행' 임무에 정기적으로 참여하는 방식을 살펴보았다. 이들 국외 거주자들이 획득하는 전략적 거주권의 종류에 대해서는 언급되는 바가 거의 없지만, 이는 아시아인의 '신축적 시민'과 마찬가지로 일정한 수준의 계산과 생애 계획을 포함하는 대륙 간 순환의 한 형태이다. 다른 사례들에서 콘래드슨과 레이텀(Conradson and Latham, 2005)은 뉴질랜드인이 잉글랜드 남동부로 이주했다가 이후에 귀국하는 것을 '일자리 에스컬레이터'에 '올랐다 내렸다' 하는 일상적 행위라고 악의 없이 언급한다. 이런 전문직 종사자들에게 '해외에서' 일하는 것은 이상하게도 '전략적' 이동이 아니라 완벽하게 합리적인 이동으로 간주된다. 이를 통해 자신의 개인적 이윤을 위한 창의적 개인주의와 자기실현의 관념을 탐색할 수 있다(Findlay et al., 2008).

표면적으로는 백인 '신축적 시민'의 이주활동은 기꺼이 승인되고 박수를 받지만 초민족적 아시아인들의 이동성은 '위협적'이고 '문제적인' 것으로

---

3 '백인 이주민'은 양립할 수 없는 두 단어가 융합된 것처럼 보이지만 여기서는 의도적으로 '이주민'을 '종족적' 인간과 동일시하는 일반적 경향을 불안정화하기 위해 이 용어를 사용한다.

간주하는 상황이 발생한다. 거의 동일한 *인간적* 이주행위가 그렇게나 다르게 평가되고 있다면, 여기에는 분명히 일련의 불균등한 척도가 적용되고 있다고 말할 수 있다. 이런 분석은 그 원인을 이민자를 수용하는 서구 사회의 관점의 지배력에서 찾으면서 우리가 아시아와 '종족적' 지역 출신의 환태평양 이주자에 대해 생각하고 접근하는 방식에 상당한 수정을 요구한다. 특히 이러한 이동하는 사람들이 단일한 (그리고 불리한) 정체성을 갖고 있지는 않으며, 동기와 행동으로 귀결될 때 다른 이주민들과 어떠한 근본적인 차이도 없다는 점을 인식해야 한다. 따라서 현재의 인식을 재조정하기 위한 핵심적 전제조건은 서로 다른 '디아스포라적' 기원의 이민자들 사이의 유사성과 이들이 단일한 태평양/세계적 영역으로 연속적으로 연결되는 방식에 더 많이 주목하는 것이다(Ang, 2007). 아마도 이동성에 대한 인간의 일반적인 열망과 보편적 취약성에 다시 초점을 맞출 때에만 환태평양 연계성은 분할된 것이 아니라 통합된 아시아-태평양을 형성하는 자신의 역할을 인정받을 수 있을 것이다. 종족적 이질성이라는 색안경으로부터 우리의 이론을 보호해야만 동일성에 대한 우리의 전망이 진정으로 빛을 발하고 '타자'에 대한 영원한 의심에 오염되지 않은 채로 남을 수 있다.

다시 태평양을 중심으로

이상의 인식은 환태평양 이동을 번번이 획기적인 것으로 투영하는 것에 관한 우리의 최종분석으로 이어진다(Ong and Nonini, 1997 참고). 이것이 여러 측면에서 아시아의 초민족적 이주에 대한 가시성을 증대시키고 더 큰 개념적 중요성을 부여했지만, 우리는 이것이 또한 미국과 여타 서구 국가들, 즉 캐나다, 호주, 뉴질랜드 등으로 하여금 다시 한번 중심 무대에 설 수 있게 만들었다고 주장한다. 그 국가들은 '새로운' 이주 목적지, 사회변화의 '새로운' 단계, 정책검토를 위한 '새로운' 장소 등에 위치하게 되었던 것이다. 이러한 경향을 감안할 때, 환태평양 구성체들이 태평양 지역의 여타 지식의 중심들에 어떤 의미를 갖는가—그것들이 진정으로 '새롭고' 그리고/또는 '혁명적인' 것인가—에 대해 거의 기술되지 않은 것은 놀라운 일이 아니다. 사실상 초민족주의 연구 문헌이 때때로 '근동'Near East, 카리브해, 그리고 지금은 아시아에서의 이주 활동이 유럽과 미국의 메트로폴에 어떤 영향을 미치는가를 '해명'하는 것을 목표로 하는 지역연구의 제국적 선집처럼 읽혔던 것은 아닌지 질문하는 것이 우리에게는 적절한 것으로 보인다. 이 장은 결과적으로 '타자의' 공간을 문제화하여 그것을 '주변화'하는 행위에 반대하면서 동일한 이들 공간이 초민족적 과정에서 어떻게 동시대적인 공동 협력자로 더 정확하게 해석될 수 있는지를 다시 생각하고자 한다. 특히 우리는 모든 이주 흐름이 통과해야만 하는 세계의 사실상의 '이민' 중심지로서 미국의 오랜 위치를 문제 삼고 대신 그 자리에 다양한 교통의 공유된 공간으로서 태평양을 확고하게 복원시키는 새로운 관점을 제안하고자 한다.

그러한 의제는 이주에서 서구에 대한 만성적인 의존자 역할로부터 아시아를 분리시킬 잠재력을 즉각적으로 잉태하고 있다. 최근에 연구문헌들이 이제 귀환 흐름이 어떻게 아시아를 구조적 순환체계의 일부로 등록시키고 있는가에 대한 관심을 증가시키고 있다는 사실에도 불구하고, 우리는 태평양 이동성 그 자체에서 *자율적인* 이해당사자로서 이 지역의 위치에 더 큰 비중을 둘 수 있다고 주장한다. 이와 관련하여 동아시아와 동남아시아에서 빠르게 세계화되는 도시의 변화하는 면모에 관한 일부 연구들은 몇 가지 지침을 제공할 수 있다. 예를 들어, 패러(Farrer, 2010: 1225)는 환태평양 그 자체의 개념을 분명하게 암시하지는 않지만, 유럽과 미국의 (백인)이주자들이 중국의 도시 상하이에서 어떻게 서구 국가의 중국인들과 다를 바 없이 '새로운 종족적 상업 디아스포라'를 형성하는지를 탐구한다. 대조적으로 여와 쿠(Yeoh and Khoo, 1998)는 싱가포르로 눈을 돌려서 아시아의 사회적 풍경이 초민족적 흐름에 의해 어떻게 재구성되었는지에 관한 상이한 관점에 입각하여 도시국가에 거주하는 여성 이주자와 '뒤따르는 배우자'의 경험을 고찰한다. 그들의 연구에서 젠더화 된 이동성의 결과로 싱가포르에 등장한 다양한 접촉지대와 공동공간을 구체적으로 설명할 뿐만 아니라 해외로 이주한 여성의 삶이 순조로운 항해와는 거리가 먼 직장과 가정에서의 협상과 불균등한 통합으로 인해 혼란을 겪는 방식에 관하여 자세히 설명한다. 이러한 패러다임은 미국과 여타 '전통적' 수용 사회에 대한 기존의 초점을 뛰어넘어 상이한 지방들에 기초를 둔 환태평양과 여타의 이동양식의 훨씬 포괄적인 영향들을 우리에게 보여준다.

이주 이야기에서 태평양 아시아의 중요한 특징은 *지역 내부적* 흐름의 강도를 고려할 때 훨씬 더 분명해진다(Hugo, 2004). (오직) 태평양 서안을 따라서 점증하고 있는 이동성 집중에 주의를 기울이는 것은 전형적인 '신축적 시민'으로부터 우리의 관심을 돌리는 것일 뿐만 아니라 환태평양 횡단을 아시아가 참여하는 많은 지역질서들 중 하나일 뿐인 것으로 새롭게 평가하는 것을 가능케 한다. 어떤 측면에서 보면 이들 여타의 형태들에 고정하는 것이 이 책의 경험적 경계를 넘어서는 것처럼 보일 수 있지만, 우리는 태평양 세기의 도래를 전제로 하는 설명에서조차 (또는 특히 그런 설명에서) 특정한 상황들에서 아시아-미국 교통의 주변성을 계속해서 염두에 두는 것이 가장 중요하다고 주장한다. 실제로 17세기에 유럽 식민주의가 등장하기 훨씬 이전에는 오직 서태평양만을 포괄하는 여행의 궤적이 존재했다는 것과 관련된 풍부한 역사적 설명들이 존재한다. 중국 상인들은 기원전 6세기에 이미 남중국과 동남아시아 사이의 해상 항로를 개척하기 시작했고 15세기에 이르러 양측 사이의 중요한 무역과 이주 연결이 확고하게 확립되었다(Wang, 1992). 유사하게 지금의 시대에 동아시아와 동남아시아의 현대적 국가 사이에서 지역 내부적 경제통합이 재공고화되었는데, 이번의 그것은 세계시장 분절화의 최근 파동의 결과다(Yeoh and Lin, 2013). 싱가포르, 일본, 대만과 같은 고도경제와 고령화사회는 만성적인 인력부족에 직면해 있으며 새로운 이주 노동력을 지속적으로 필요로 하는 반면, 중국과 인도네시아와 같은 국가에는 이러한 격차를 메울 수 있는 과소고용된 노동자의 잉여인구가 존재한다(Wong, 2011). 결과적으로 임시 계약직 근로자와 가사도우미에서 유학생 및 숙련된 전문가에 이르기까지 이주 교환이 폭발적으로 증가했으며, 이들은 현재 이러한 지역 내 불일치에 대응하여 이동하고 있다. 아시아가 미국과 공유하는 유대를 넘어 아시아 지역 내에는 다른 이주체제와 역사가 존재하며, 이는 독립적 이주공간으로서 아시아의 오랜 지위를 증명하고 있다.

여기에 덧붙여 아시아 내부의 이주과정의 또 다른 두드러진 점은 인구 흐름을 규제하기 위한 자체의 규칙을 설정하는 경향과 능력이 증대하고 있다는 것이다. 이것은 명백하게도 새로운 것이 아니다. 그러나 초민족적 이동의 절차를 연결하고 가속화하며 때로는 심지어 정지시키기도 하는 새로운 관리 노력을 강조하는 것은 그러한 현대적 통제 기술이 전적으로 서구 민족국가의 특권이자 관심사라는 현행의 가정을 무너뜨리는 데 기여할 수 있다(Hiebert et al., 2003). 확실히 학자들은 현재의 아시아 정부들이 국내의 다양한 인구 통계 및 발전 문제를 해결하는 도구이자 창으로 이동성을 활용하는 방식에 대해 광범위하게 저술했다(Hugo 2004). 필리핀, 인도네시아, 베트남과 같은 나라들은 환율상의 지위를 향상시키는 문제에 직면해서 송금 교역으로부터 이익을 얻는다는 희망을 품고 (더 많은) 자국민이 아시아, 중동, 유럽의 여타 부분들로 이주하는 것을 적극적으로 촉진한다(Hugo and Stahl, 2004). 글로벌 인재와 숙련 노동력을 유치하기 위한 경쟁에서 중국처럼 고속 발전하는 경제는 인재를 유치하고 해외거주 시민의 귀국을 촉진하여 산업성장을 도울 수 있도록 다양한 기관과 정부의 수단을 동원하고 있다(Zweig 2006). 그리고 훨씬 더 민첩한 방법으로 싱가포르에서 홍콩에 이르는 세계도시들은 특정 계층의 이민자들에 대한 배제적 고용·입국 절차를 고안하여, 처음부터 그 도시에 대한 일시적 기여자로 의도되었던 '미숙련' 노동자에 대해 쓰고 버리기식 태도를 취했다(Yeoh, 2006).

아시아 내에서, 아시아로부터, 그리고 아시아의 이민의 괄목할 만한 성장에 대한 이 간략한 개요는 국가의 개입에 대한 비판을 의미하는 것이 아니라 (이것이 중요하지만) 오히려 아시아의 인구 통계학적 통제의 다양한 관행에 대한 인식과 태평양 이동성의 미래 전망에 대한 이들의 영향을 강조한 것이다. 우리는 다중심 접근방식을 취하면서 태평양을 횡단하는 흐름을 포함하는 초민족적 흐름이 미국 내에서 하나의 구조적 중심을 둘러싸고 회전하고 있는 것은 아니며 (또는 아마도 결코 그렇지 않으며) 오히려 점차 아시아 세계를 연루시키는 다면적인 정책, 규제, 촉진책 등의 잡다한 혼합을 통해 구성되고 있는 중이라고 제안한다. 정보기술 부문에서 고도로 분산된 남아시아 노동체계에 관한 시앙(Xiang, 2007)의 사례에서 분명히 드러나는 것처럼, 초민족적 흐름은 선형적 궤적과는 거리가 멀다. 오히려 다양한 정부적 체제들, 민간 기관과 행위자의 행위들, 그리고 수많은 중심들에 걸쳐진 여타의 장소특수적 · 산업특수적 실천들 등이 결합되는 역동적 산물이다. 따라서 우리는 어떤 단일한 국가의 이주 '소망'(또는 '반대')에 고정하는 것에 반대하면서 *복수의* 장소들이 고도로 특수하고 비일관적인 방식으로 태평양 영역과 그 너머의 공모공간의 사슬들에 연결되는 방식에 더 많은 주의를 기울일 필요가 있다고 주장한다. 특히, 아시아가 태평양 세계를 움직이게 하는 데 중심이 되는 역할을 할 것이라는 점에 대해 새롭게 강조하는 것이 이제는 시급한 과제가 되고 있다. 어쨌든 그것은 아시아가 태평양의 다른 동료 행위자들과 공유하는 관계들에 대해, 그리고 세계의 다양한 부분을 함께 결합하려는 아시아의 적극적 관여에 대해 보다 총체적인 이해를 가능하게 할 것이다.

따라서 미래 지향적인 환태평양 의제에 대한 우리의 전망은 아시아를 서구의 특정한 헤게모니적인 초민족적 이익과 연계된 수동적 고정물로 사고하기를 거부하고 환태평양 이동성과 흐름을 '타자의' 결절점들nodes, 과정, 그리고 공간적 맥락 등의 프리즘을 통해 지속적으로 관찰하는 것이다. 앞에서 우리는 의심할 여지 없이 환태평양을 구성하는 중요한 반쪽인 아시아가 특히 이주의 발전소 역할을 하는 시대가 도래하고 세계화 과정에서 최근 두드러진 역할을 했다는 사실로 인해 이러한 태평양 양안의 병치에 참여하기에 완벽한 후보라는 점을 암시했다. (여타의 이주 형세에 대해) 아시아적 전망이 생기를 불어넣을 수 있는 수많은 대안적 패러다임들은 여전히 이 지역과 미국 사이에서 중요한 환태평양 교류가 발생하고 있다는 사실을 무시하지 않으면서도 태평양 세계가 '세계적인 것'으로 꿰매어지는 과정의 천태만상을 보여준다. 이러한 연결은 동아시아와 동남아시아에서 인도 아대륙과 유럽에 이르기까지 육지를 통해―그리고 잊지 말아야 할 사실로서 바다를 통해 자주 무시되어 온 남아메리카로도― 확장될 수 있을 뿐만 아니라, 국외 추방자, 학생, 임시계약노동자, 결혼 이민자, 그리고 여타 비정규 여행자 등을 포함하는 다양한 이주를 통해 매개되기도 한다. 이 엄청난 다양성을 고려할 때, 환태평양 흐름의 유입은 언제나 *복수의* 태평양 이야기들이라는 이처럼 더 넓은 배경을 바탕으로 고려되어야 한다. 이런 방식을 통해 우리는 환태평양을 성급하게 예외주의와 혁명적 시대의 신호탄으로 채색하려는 유혹도 물리칠 수 있을 것이다.

결론

이 장에서 우리는 '새로운' 환태평양 횡단연구 패러다임을 진전시키려고 할 때 주의할 것들을 고려하는 것으로 시작했다. 여러 저자들이 주장한 바와 같이, 태평양의 두 측면을 함께 인식론적으로 잘라내는 것은 세계에 관한 지도를 제작하면서 세계를 조직하는 특정한 방식을 자연화하려는 미국과 그 동맹국들의 제국적 욕망을 제외하면 어떤 본질적 기반도 갖고 있지 않다(Eperjesi, 2005; Wilson, 2000). 그러나 이 장은 환태평양 연계성의 유효성(그리고 현실성)을 완전히 무시하지 않으면서도 모든 방향에서 이 지역과 그것의 관계적 동학에 관한 새롭고 반反 헤게모니적인 사고방식을 탐구함으로써 '환태평양 지역'에 관한 개혁되고 균형 잡힌 보다 신축적인 모형을 상상하려고 노력했다. 우리는 이러한 재정식화가 어떤 형태를 취할 것인지에 대하여 어떠한 적극적 확인도 부족한 상황에서 환태평양에 대한 이전의 해석에서 일부 약점과 간과될 수도 있었던 영역에 대해 논의하는 길을 선택했다. 이 과정에서 태평양 대양 주변에서 일어나는 다양한 형태의 초민족적 이주를 살펴보는 실증적 연구들이 주목을 받았다. 특히 우리는 최근 몇 년 동안 많은 관심을 받고 있는 하나의 지역으로서 아시아로부터 발산하는 대양 횡단 통로들에 초점을 맞췄다.

환태평양의 이주 측면에 초점을 맞춘 것은 비록 기억을 돕는 일종의 장치에 불과하지만 분명하게도 우리를 하나의 근본적인 문제, 즉 태평양 연안의 여러 지방들이 연구문헌에서 불공평하게 평가되어 왔다는 사실에 대한 독특한 통찰로 이끌었다. 이러한 인식론적 비대칭성은 더 공평한 차원에서 이 지역에 대해 다시 알아보기 위한 앞으로의 투쟁을 예고할 뿐만 아니라, 같은 지역에 대해 왜곡된 이해를 전달하려는 (일부 분파의) 학계의 공모를 증언한다. 특히 우리는 환태평양 이동성의 세 가지 다른 측면을 탐구함으로써 중국뿐만 아니라 일본, 대만, 베트남, 인도네시아, 싱가포르와 같은 다양한 행위자들로 구성된 이질적인 실체로서의 '아시아'가 태평양 반대편에 있는 상대방의 지속적인 관심과 걱정거리로 발굴되어 왔다는 사실을 반복적으로 발견했다. 환태평양 네트워크 내에서의 위치와 관련하여 아시아는 필연적으로 '송출 사회', '이민'의 원천 그리고 모든 (문제가 되는) 초민족적 여정의 '기원' 역할을 수행한다(Lin and Yeoh, 2011). 아시아가 전파한 사람들에 초점을 맞출 경우 그들은 자신을 수용하는 사회에서 자신의 시민적 책임을 필수적으로 수행하지 않으면서 '해외에서' 자신의 삶을 향상시킬 목적으로 이주하는 '기회주의적' 또는 '희생된' 귀화자들을 위한 종족적 난로ethnic hearth로 노골적으로 묘사되었다(Miller, 2002). 당연하게도, 무시무시한 증가가 추정됨에도 불구하고 아시아는 현대의 이주 이론에서 진정한 자율성을 박탈당하는 경우가 많다. 현행의 모형들에 관한 한, 그들의 이야기는 배타적인 서구적 시점에서 이야기되어야 하는 것이었다. 서구는 그 이야기를 분석·해결·억제되는 쟁투적 공간이라고 가차 없이 번역한다.

아시아에 대한 냉소적이고 편향된 묘사에 영합하는 이 같은 근원적 편협성―그것이 이론적 편향 때문이든 경험적 선택 때문이든―은 우리가 환태평양을 실질적으로 파악하는 것을 가로막는 주요 장애물이다. 이 논문 전체에서 우리는 모든 다양성과 다른 태평양 국가와의 관계의 면에서 아시아에 접근하는 방식에 보다 급진적인 개입을 추진할 필요성을 반복적으로 제시했다. 첫째, 환태평양 세계를 필수적으로 구성하는 것과 마찬가지로 '잊힌' 관계의 그물망을 재구성하기 시작하는 것이 유익할 수 있다. 중국, 말레이시아, 베트남 등과 같은 '송출국'에서 시작되거나 되돌아오는 '종족적' 흐름만을 단순히 강조하지 않음으로써, 즉 예를 들어 '미국 디아스포라'를 포함하는 환태평양 연구의 경험적 범위를 확장함으로써 유입이민자/수용국과 유출이민자/송출국 사이의 이분법이라는 관념을 물상화 하는 경향을 완화할 수 있다. 이와 밀접하게 관련하여, 아시아 이민자들이 다른(특히 '백인') 여행자들과 차이점보다 공유하는 유사점에 대해 더 많은 논의가 가능하다. 그들의 이동과 동기를 다른 이동성의 일탈이 아니라 그것에 상응하는 *변종*으로 파악함으로써, 이러한 주체들을 착취적인 '신축적 시민' 또는 경제적으로 추동된 하층 계급이라고 편견을 가지고 취급하는 것도 피할 수 있다. 마지막으로 환태평양 연계성은 세계적 · 초지역적 흐름이라는 더 큰 맥락 내에 위치해야 한다. 일본에서 인도네시아에 이르기까지, 중국을 통해 아시아 국가들이 역사적으로 함께 멍에를 메고 다른 지역 및 경제와 결합된 다양한 방식은 이미 환태평양의 연결이 세계의 많은 초민족적 질서 중 하나일 뿐이라는 사실을 보여주고 있다. 단일한 조합에 집착하기보다는 다양한 흐름의 '성좌들'과 다양한 이동의 '중심들'이 서로 상호작용할 수 있는 방법을 강조하는 것이 더 유용하며 미국의 태평양을 횡단하는 단순한 진동을 초월하는 가능성을 생산할 수도 있다.

의도적으로 열린 결말로 남겨 놓은 이러한 재정향이 더 진보적인 환태평양 의제 개발을 위한 중요한 출발점이 되기를 바란다. 그것은 예측 가능하고 위계적인 방식으로 태평양 세계를 구성하려는 빈번한 유혹을 피할 뿐만 아니라 (종종 간과되는) *아시아*의 관점에서 다른 탈식민주의 및 대항 헤게모니 지식의 생산을 적극적으로 추구한다. 따라서 우리의 의도는 (먼저) 동태평양 그리고 (그다음으로) 서태평양에 부여되는 일반적인 우선순위를 뒤흔듦으로써 환태평양의 양측이 서로 대칭적인 대립항을 형성하고 한쪽이 '타자'에 대해 인식론적 권위의 역할을 수행하는 것과 관련된 어떤 통념도 확고하게 축출하는 것이다. 우리는 양측 모두를 태평양이라는 재산의 주인으로 간주하는 것을 훨씬 선호하기 때문에, 불안과 의심뿐만 아니라 협력을 위한 잠재력과 미래에 대한 더 큰 이해에 기초해서 현재의 '태평양 세기'에 사람, 자원, 원료의 거대한 흐름을 살펴보는 방법을 학습할 수 있는 연구의 제를 만나보기를 열망하고 있다.

참고 문헌

Ang, Ien. 2007. "Together-in-Difference: Beyond Diaspora, into Hybridity." *Asian Studies Review* 27(2): 141-154.

Bartley, Allen, and Paul Spoonley. 2008. "Intergenerational Transnationalism: 1.5 Generation Asian Migrants in New Zealand." *International Migration* 46(4): 63-84.

Basch, Linda, Nina Glick Schiller, and Cristina Szanton-Blanc. 1994. *Nations Unbound: Transnational Projects, Postcolonial Predicaments, and Deterritorialized Nation.* Langhorne, PA: Gordon and Breach.

Beaverstock, Jonathan. 2005. "Transnational Elites in the City: British Highly-Skilled Inter-Company Transferees in New York City's Financial District." *Journal of Ethnic and Migration Studies* 31(2): 245-268.

Berger, Mark, and Douglas Borer. 1997. "Introduction: The Rise of East Asia: Critical Visions of the Pacific Century." In *The Rise of East Asia: Critical Visions of the Pacific Century*, ed. Mark Berger and Douglas Borer, 1-33. London: Routledge.

Cartier, Carolyn L. 2003. "Diaspora and Social Restructuring in Postcolonial Malaysia." In *The Chinese Diaspora: Space, Place, Mobility and Identity*, ed. Laurence J. C. Ma and Carolyn L. Cartier, 69-96. Lanham, MD: Rowman and Littlefield.

Chinn, Thomas. 1989. *Bridging the Pacific: San Francisco Chinatown and Its People.* San Francisco: Chinese Historical Society of America.

Chiou, Pauline. 2010. "Asia: Help Wanted." *CNN Business 360.* http://business.blogs.cnn.com/2010/09/09/asia-help-wanted (accessed 28 October 2010).

Conradson, David, and Alan Latham. 2005. "Escalator London? A Case Study of New Zealand Tertiary Educated Migrants in a Global City." *Journal of Contemporary European Studies* 13(2): 159-172.

Coughlan, James E. 1992. "Patterns of Settlement in Australia of Indochinese Refugees." In *Asians in Australia: The Dynamics of Migration and Settlement*, ed. Christine Inglis, S. Gunasekaran, Gerard Sullivan, and Chung-Tong Wu, 73-115. Singapore: Institute of Southeast Asia.

Crang, Philip, Claire Dwyer, and Peter Jackson. 2003. "Transnationalism and the Spaces of Commodity Culture." *Progress in Human Geography* 27(4): 438-456.

Deleuze, Gilles, and Claire Parnet. 2007. *Dialogues II.* New York: Columbia University Press.

Dirlik, Arif. 1998. "Introduction: Pacific Contradictions." In *What Is in a Rim? Critical Perspectives on the Pacific Region Idea*, ed. Arif Dirlik, 3-13. Lanham, MD: Rowman and Littlefield.

Eperjesi, John. 2005. *The Imperialist Imaginary: Visions of Asia and the Pacific in American Culture*. Hanover, NH: Dartmouth College Press.

Farrer, James. 2010. "'New Shanghailanders' or 'New Shanghainese': Western Expatriates' Narratives of Emplacement in Shanghai." *Journal of Ethnic and Migration Studies* 36(8): 1211-1228.

Favell, Adrian. 2003. "Games without Frontiers? Questioning the Transnational Social Power of Migrants in Europe." *Archives Européennes de Sociologie* 44(3): 106-136.

Findlay, Allan. 2001. "International Migration and Globalisation." In *International Migration into the 21st Century*, ed. Muhammed Abu B. Saddique and Reginald Thomas Appleyard, 126-152. Cheltenham, UK: Elgar.

Findlay, Allan, Colin Mason, Richard Harrison, Donald Houston, and David McCollum. 2008. "Getting off the Escalator? Scots Out-Migration from a Global City Region." *Environment and Planning A* 40: 2169-2185.

Fong, Timothy. 1994. *The First Suburban Chinatown: The Remaking of Monterey Park, California*. Philadelphia: Temple University Press.

Glick Schiller, Nina, Linda Basch, and Cristina Szanton-Blanc. 1995. "From Immigrant to Transmigrant: Theorizing Transnational Migration." *Anthropological Quarterly* 68(1): 48-63.

Grieco, Elizabeth, and Edward Trevelyan. 2010. "Place of Birth of the Foreign-Born Population: 2009." *American Community Survey Briefs*. http://www.census.gov/prod/2010pubs/acsbr09-15.pdf (accessed July 21, 2011).

Gryn, Thomas, and Christine Gambino. "The Foreign Born From Asia: 2011." *American Community Survey Briefs*. https://www.census.gov/prod/2012pubs/acsbr11-06.pdf (accessed February 5, 2014).

Haines, David W., ed. 1996. *Refugees in America in the 1990s: A Reference Handbook*. Westport, CT: Greenwood Press.

Harris, Nigel. 1989. "Review Article: The Pacific Rim." *Journal of Development Studies* 25(3): 408-416.

Hiebert, Daniel, Jock Collins, and Paul Spoonley. 2003. "Uneven Globalization: Neoliberal Regimes, Immigration and Multiculturalism in Australia, Canada and New Zealand." Research on Immigration and Integration in the Metropolis Working Paper Series, no. 03-05.

Ho, Elsie Seckyee. 2002. "Multi-Local Residence, Transnational Networks: Chinese 'Astronauts' Families in New Zealand." *Asian and Pacific Migration Journal* 11(1): 145-164.

Hugo, Graeme. 2004. "International Migration in the Asia-Pacific Region: Emerging Trends and Issues." In *International Migration: Prospects and Policies in a Global Market*, ed. Douglas S. Massey and J. Edward Taylor, 77-103. Oxford: Oxford University Press.

Hugo, Graeme, and Charles Stahl. 2004. "Labor Export Strategies in Asia." In *International Migration: Prospects and Policies in a Global Market*, ed. Douglas S. Massey and J. Edward Taylor, 174-200.

Ip, David, Raymond Hibbins, and Wing Hong Chui. 2006. "Transnationalism and Chinese Migration." In *Experiences of Transnational Chinese Migrants in the Asia-Pacific*, ed. David Ip, Raymond Hibbins, and Wing Hong Chui, 1-16. New York: Nova Science Publishers.

Kobayashi, Audrey, and Valerie Preston. 2007. "Transnationalism through the Life Course: Hong Kong Immigrants in Canada." *Asia Pacific Viewpoint* 48(2): 151-167.

Koehn, Peter, and Xiao-huang Yin, eds. 2002. *The Expanding Roles of Chinese Americans in U.S.-China Relations: Transnational Networks and Trans-Pacific Interactions*. Armonk, NY: M. E. Sharpe.

Kothari, Uma. 2008. "Global Peddlers and Local Networks: Migrant Cosmopolitanisms." *Environment and Planning D* 26: 500-516.

Ley, David. 1999. "Myths and Meanings of Immigration and the Metropolis." *Cana-dian Geographers* 43(1): 2-19.

_____. 2003. "Seeking Homo Economicus: The Canadian State and the Strange Story of the Business Immigration Program." *Annals of the Association of American Geographers* 93(2): 426-441.

Ley, David, and Audrey Kobayashi. 2005. "Back to Hong Kong: Return Migration or Transnational Sojourn." *Global Networks* 5(2): 111-127.

Li, Wei. 2009. *Ethnoburb: The New Ethnic Community in Urban America*. Honolulu: University of Hawai'i Press.

Lin, Weiqiang. 2012. "Beyond Flexible Citizenship: Towards a Study of Many Chinese Transnationalisms." Geoforum 43(1): 137-146.

Lin, Weiqiang, and Brenda S. A. Yeoh. 2011. "Questioning the 'Field in Motion': Emerging Concepts, Research Practices and the Geographical Imagination in Asian Migration Studies." *cultural geographies* 18(1): 125-131.

Linder, Staff an Burenstam. 1986. *The Pacific Century: Economic and Political Consequences of Asian-Pacific Dynamism*. Stanford, CA: Stanford University Press.

Lowe, Lisa. 1998. "The International within the National: American Studies and Asian American Critiques." *Cultural Critique* 40: 29-47.

Massey, Douglas S., and J. Edward Taylor, eds. *International Migration: Prospects and Policies in a Global Market*. Oxford: Oxford University Press.

Mattingly, Doreen J. 2001. "The Home and the World: Domestic Service and International Networks of Caring Labor." *Annals of the Association of American Geographers* 91(2): 370-386.

McCord, William. 1991. *The Dawn of the Pacific Century: Implications for Three Worlds of Development*. New Brunswick, NJ: Transaction Publishers.

McKeown, Adam. 2004. "Global Migration, 1846 - 1940." *Journal of World History* 15(2): 155-189.

Miller, Toby. 2002. "Cultural Citizenship." In *Handbook of Citizenship Studies*, ed. Engin F. Isin and Bryan S. Turner, 231 - 243. London: Thousand Oaks, CA: Sage.

Mitchell, Katharyne. 1995. "Flexible Circulation in the Pacific Rim: Capitalisms in Cultural Context." *Economic Geography* 71(4): 364-382.

Ong, Aihwa. 1993. "On the Edge of Empires: Flexible Citizenship among Chinese in Diaspora." *positions* 1(3): 745-778.

———. 1999. *Flexible Citizenship: The Cultural Logics of Transnationality*. Durham, NC: Duke University Press.

Ong, Aihwa, and Donald Nonini. 1997. *Ungrounded Empires: The Cultural Politics of Modern Chinese Transnationalism*. New York: Routledge.

Palat, Ravi A. 1993. "Introduction: The Making and Unmaking of Pacific-Asia." In *Pacific-Asia and the Future of the World-System*, ed. Ravi A. Palat, 3-20. Westport, CT: Greenwood Press.

Pfau, D. Wade, and Giang Thanh Long. 2010. "The Growing Role of International Remittances in the Vietnamese Economy: Evidence from Vietnam (Household) Living Standard Surveys." In *Global Movements in the Asia Pacific*, eds. Pookong Kee and Hidetaka Yoshimatsu, 225-247. Singapore: World Scientific Publishing.

Portes, Alejandro, Luis E. Guarnizo, and Patricia Landolt. 1999. "The Study of Transnationalism: Pitfalls and Promise of an Emergent Research Field." *Ethnic and Racial Studies* 22(2): 217-236.

Pratt, Geraldine. 2005. "From Migrant to Immigrant: Domestic Workers Settle in Vancouver, Canada." In *A Companion to Feminist Geography*, ed. Lise Nelson and Joni Seager, 123-137. Malden, MA: Blackwell.

Rogers, Alisdair. 2004. "A European Space for Transnationalism?" In *Transnational Spaces*, ed. Peter Jackson, Philip Crang, and Claire Dwyer, 164-182. London: Routledge.

Tsuda, Takeyuki. 2003. *Strangers in the Ethnic Homeland: Japanese Brazilian Return Migration in Transnational Perspective*. New York: Columbia University Press.

Wang, Gung Wu. 1992. *Community and Nation: China, Southeast Asia and Australia*. St Leonards, NSW: Allen and Unwin.

Waters, Johanna L. 2006. "Emergent Geographies of International Education and Social Exclusion." *Antipode* 38(5): 1046-1058.

Wilkins, Thomas. 2010. "The New 'Pacific Century' and the Rise of China: An International Relations Perspective." *Australian Journal of International Affairs* 64(4): 381-405.

Wilson, Rob. 2000. "Imagining 'Asia-Pacific': Forgetting Politics and Colonialism in the Magical Waters of the Pacific. An Americanist Critique." *Cultural Studies* 14(3-4): 562-592.

Wong, Bernard. 1998. *Ethnicity and Entrepreneurship: The New Chinese Immigrants in the San Francisco Bay Area*. Boston: Allyn and Bacon.

Wong, Lloyd. 1997. "Globalization and Transnational Migration: A Study of Recent Chinese Capitalist Migration from the Asian Pacific to Canada." *International Sociology* 12(3): 329-351.

Wong, Tai-Chee. 2011. "International and Intra-National Migrations: Human Mobility in Pacific Asian Cities in the Globalization Age." In *Asian Cities, Migrant Labor, and Contested Spaces*, ed. Tai-Chee Wong and Jonathan Rigg, 27-44. London: Routledge.

Xiang, Biao. 2007. *Global "Body Shopping": An Indian Labor System in the Information Technology Industry*. Princeton, NJ: Prince ton University Press.

Yeoh, Brenda S. A. 2006. "Bifurcated Labour: The Unequal Incorporation of Transmi-grants in Singapore." *Tijdschrift voor economische en sociale geografie* 97(2): 26-37.

Yeoh, Brenda S. A., Shirlena Huang, and Theodora Lam. 2005. "Transnationalizing the 'Asian'

Family: Imaginaries, Intimacies and Strategic Intents." *Global Networks* 5(4): 307-316.

Yeoh, Brenda S. A., and Louisa-May Khoo. 1998. "Home, Work and Community: Skilled International Migration and Expatriate Women in Singapore." *International Migration* 36(2): 159-186.

Yeoh, Brenda S. A., and Weiqiang Lin. 2013. "Chinese Migration to Singapore: Discourses and Discontents in a Globalizing Nation-State." *Asian and Pacific Migration Journal* 22(1): 31-54.

Yeoh, Brenda S. A., and Maria Andrea Soco. 2014. "The Cosmopolis and the Migrant Domestic Worker." Cultural Geographies In-Press. doi: 10.1177/1474474014520899.

Zweig, David. 2006. "Learning to Compete: China's Efforts to Encourage 'Reverse Brain Drain.'" In *Competing for Global Talent*, ed. Christiane Kuptsch and Eng Fong Pang, 187-214. Geneva: Institute for Labour Studies.

02

환태평양의 냉전[1]

권현익Heonik Kwon

역사학자 브루스 커밍스는 그의 최근 저서 『미국패권의 역사: 바다에서 바다로』(*Dominion from Sea to Sea: Pacific Ascendancy and American Power*)에서 미국의 현대사 과정을 고찰하는 새로운 방법을 제시하고 있다. 그는 큰 견지에서 북아메리카 이주사의 전체적 맥락을 묘사하고(유럽에서 북아메리카로, 북아메리카 동부에서 서부 해안가로, 그리고 태평양 아시아에서 캘리포니아로), 19세기 이후 세계 주요 사건들과 세계적 경제 동향 등을 언급하면서, 대략 제2차 세계대전을 기점으로 세계에 대한, 그리고 세계 내에서 자신의 위치에 대한 미국의 관점이 변화하였음을 기술하고 있다. 제2차 세

1 이 장의 민족지적 연구는 영국학회British Academy와 한국학회회Academy of Korean Studies(AKS-2010-DZZ-3104)의 후원으로 이루어졌다. 이들 기관의 후원에 감사드리고, 자넷 호스킨스Janet Hoskins와 비엣 응우옌Viet Nguyen의 통찰력 있는 논평에도 감사드린다.

계대전 이전까지 미국인들은 '구대륙'으로부터의 이주라는 형성적 역사에서, 그리고 그것과 연관되어 유럽적 기원을 가진 것으로서 현대 미국 문명이라는 관념에서 자신의 문화적 정체성의 토대를 찾으면서 자기 자신을 일차적으로 환대서양의 관점에서 바라보았다. 그러나 세계대전 이후 새로운 관점이 강력하게 부상하였는데, 브루스 커밍스는 이것을 '태평양주의 또는 환태평양 관점'이라고 명명했다. 커밍스에 따르면, 사실 이러한 관점이 존재했다는 것은 제2차 세계대전 훨씬 이전부터 설명이 가능한데, 그것은 아시아계 노동이민자들이 하와이나 캘리포니아로 오는 것과 맥락을 같이한다. 그러나 세계 내에서 자신의 위치에 관한 미국의 환태평양 관점은 20세기 중반 상대적으로 주변적인 지위에서 (이미 중요한 관점으로 취급받고 있던 환대서양 관점과 경쟁할 정도의 수준인) 중요한 위치로 이동했고 그 이후 계속적으로 그 중요성이 커지고 있다. 이와 같은 측면에서 커밍스는 1960년대와 1970년대 경제대국으로서 일본의 등장과 보다 최근에 정치 · 경제 강국으로 떠오른 중국의 부상을 논하고 있다.

저서 『미국패권의 역사』는 미국의 세계적 권력으로의 부상을 국내적 역사와 국제적 관계의 맥락에서, 즉 대서양 연안에서 태평양 연안으로의 서부팽창이라는 미국의 국내적 역사와 유럽에 대한 전통적인 역사적 연계로부터 아시아-태평양 지역에 대한 상대적으로 새로운 이해 관심으로 국제적 영역의 문화적 · 정치적 팽창이라는 맥락 속에서 설명하고 있다. 커밍스는 이를 통해 미국적 권력이 유럽적 권력과 비교할 때 그 권력의 형성에서 환대서양 지평과 환태평양 지평 모두가 구성적인 요소가 되는 '특이한 역사적 실체'unique historical entity라고 정의한다. 저서는 미국의 현대적인 경제적 · 정치적 권력을 '역사적 정체성의 양 날개'를 가진 것으로 묘사하면서, 미국의 정치·문화사에 대한 기존 학계의 뿌리 깊은 '환대서양' 중심 사고에 도전하고자 한다. 그 책은 또한 세계 권력으로의 미국의 상승에서 환태평양 지평의 국제적·초민족적 역사의 중요성을 강조하고 있다.

통상적인 역사학적 지식에서 세계 권력으로의 미국의 부상은 특히 제2차 세계대전 말기 및 냉전의 시작과 연관되어 있다. 미국은 제2차 세계대전에 참전한 서구 국가들 중에서 유일하게 '유럽과 아시아 작전지역'에서 동시에 싸운 나라였다. 이러한 역사적 경험은 미국이 서구 여러 나라들을 제치고 부상할 수 있었던 상황과 상당한 관련성을 가지고 있으며, 또한 이후 소비에트 권력과 대결하던 시대에 지도력을 가질 수 있었던 것과도 불가분의 관계에 있다. 사실 냉전 초기의 역사는 『미국패권의 역사: 바다에서 바다로』의 도입부에서 광범위하게 다루어지고 있다. 커밍스는 일차적으로 한국전쟁의 역사를 특히 강조하는 아시아 냉전 연구의 권위자로 알려져 있다. 따라서 환대서양의 역사적·문화적 관점과의 비판적인 관계 속에서 환태평양의 역사적 지평과 전망에 주목하려는 커밍스의 시도는 환태평양 맥락에서 냉전사에 대한 그의 오랜 관심으로부터 성장해 온 것이라고 결론을 내리는 것이 공정할 것이다.

그렇다면 냉전의 경험은 환대서양과 환태평양의 역사적 관점 사이의 역동적 변동과 구체적으로 어떻게 연결되고 있는가? 세계적 냉전을 이해하려는 시도 내에는 환태평양의 역사적 지평과 확연히 구분되는 종별적인 쟁점들이 존재하는가? 환태평양 연구는 환대서양 궤적과 연결된 냉전의 경험이 아니라, 그것과 확연히 구분되는 세계적 냉전의 이해를 바탕으로 이루어져야 하는가? 이 장에서는 환태평양 연구의 분석적이고 서술적인 범위를 확정하기 위한 방법으로서 위의 질문들에 대해 답변하고자 한다. 먼저 냉전 초기의 역사에 초점을 맞추면서, 이 역사가 환태평양의 역사적·사회적 연구에 어떤 개념적 도전들을 제기하는가에 대한 질문을 던진다. 이 논의는 세계적 냉전의 상반된 경험에 초점을 맞추고 있는데, 특히 한편으로는 제2차 세계대전 이후 유럽의 맥락에서 본 초기 냉전과 다른 한편으로는 아시아 태평양의 국가와 공동체들이 격동의 탈식민화 과정으로 경험한 초기 냉전의 역사를 비교하는 것이다. 아시아 태평양 국가와 공동체들은 탈식민화 과정에서 잔혹한 내전과 정치적 폭력을 경험하기도 하였다. 이 장은 아시아 태평양 지역 냉전의 역사가 독특한 탈식민적 차원을 갖고 있다는 점을 지적한 후에 환태평양 연구가 탈식민주의 역사 및 탈식민주의 문화비평의 현재적 연구 성과와 어떻게 연관될 수 있는가를 검토하고 역사적 기반을 갖춘 환태평양의 이해를 발전시키기 위해 기존의 탈식민주의 연구가 보유하고 있는 장점과 한계는 무엇인가라는 질문을 제기한다.

냉전사의 이중성

한반도의 남동부 지역에는 한때 '모스크바'로 불리던 마을이 있었다. '모스크바'라는 지명은 (한국)전쟁 당시 이 지역의 공산주의 세력이 강했기 때문에 붙여진 것이다. 매년 이 마을 사람들은 그들의 가족과 마을 조상을 위한 제사를 모시기 위해 고향을 방문한다. 이 자리에서는 멀리 있는 친척들이 서로 반갑게 만나 인사하고 안부를 묻곤 한다. 그러나 언제나 그런 것은 아니다.

2005년 11월, 한 남성이 돌보지 않고 방치된 한 조상의 묘를 손봐야 한다는 제안을 문중 어른들에게 전달했을 때, 제사를 마친 후 화기애애하게 진행되던 식사 자리는 깨져버렸다. 한 노인은 황급히 식사 자리를 박차고 나가버렸고 남아 있던 나머지 집안 어른들도 제사 음식을 놔둔 채 침묵할 뿐이었다. 묘를 손봐야 한다고 주장한 남성은 방치된 묘에 묻힌 사람의 양자였으며, 고인의 제사를 지내주기 위해 어릴 때 집안 어른들에 의해 입양된 사람이었다. 반면에 그러한 주장에 기분이 상했던 노인은 방치된 묘에 매장된 이와 가까운 친척이었다. 묘에 묻힌 사람은 잘 알려진 독립운동가이자 공산주의자였으며, 대를 이을 아들 없이 젊은 나이에 요절했다. 또한, 식사 자리를 박차고 나간 그 노인의 자식들은 한국전쟁(1950-1953)의 혼란 속에서 후퇴하는 인민군과 함께 마을을 떠났던 수십 명의 마을 청년 중 일부였다. 노인은 만약 방치된 묘의 그 어른이 '빨갱이 사상'을 마을에 들여놓지 않았다면, 이 마을과 가족의 역사에 계속되고 있는 고통이 일어나지 않았을 것이라 믿고 있다. 그 노인에게 방치되고 있던 무덤을 정비하는 것은 있을 수 없는 일이었다. 왜냐하면, 방치된 무덤 속의 바로 그 사람 때문에 노인의 가까운 친척들이 사후에 집안의 조상으로 기억될 수 있는 사회적 기반을 잃어버렸다고 여겼기 때문이다.[2]

---

2 마을 사람들은 상당한 논쟁 끝에 합의에 도달했고, 2008년 4월 조상의 무덤을 성공적으로 재단장했다.

조상 제례의 도덕은 한국에서만큼이나 베트남에서도 강하다. 이들 두 나라는 국제 공산주의의 위협에 맞선 미국 주도의 세계적 투쟁에서 아시아 지역의 가장 중요한 지역과 상징이었다는 역사적 경험을 공유하고 있다(Lee, 1995: 11-16). 1980년대 말 이후 베트남 정부의 새로운 경제개혁과 부분적 정치 자유화가 시작되면서, 베트남 농촌 지역에서는 조상에 대한 제례가 강력하게 부활하였다. 이러한 제례들은 이전 시기 동안 국가조직에 의해 금지되었던 것으로서, 현대 혁명 사회주의 국가에서 용인될 수 없는 '구시대적 의례'라 여겨지던 것들이었다(Malarney, 2003: 234-242).

베트남 전쟁(1961-1975) 당시 '남베트남'으로 불리던 남부와 중부 지역 공동체의 경우 위와 같은 조상 의례의 부활 과정에서 특이하게도 과거 공적 기억에서 배제되었던 사람들의 정체성이 다시 조상 의례 속으로 들어오기 시작했다. 예를 들어 전前 남베트남 병사*나 사회적으로 낙인찍혔던 사람, 그리고 역사적으로 주변부에 위치했던 사람들의 추모 의례가 가정과 공동체 의례 공간에서 광범위하게 진행되었다. 개혁·개방 이전 시기에 베트남의 공공의례 공간에서는 오직 베트남 전쟁에서 전사한 '혁명전사'의 의례만이 행해졌었다. 하지만 현재는 의례공간에서 양쪽(남과 북 베트남) 전사자 모두의 기억이 받아들여지고 있고, 이러한 연유로 국가가 관리하는 공공위령 기관과 상호 충돌하고 있다. 국가가 관리하는 공공위령 시설에서는 베트남어로 '적군'(*bên kia*)이라 일컬어지는 전사자의 기록을 찾아볼 수 없다

---

* 1975년 베트남 전쟁 종전 이후 베트남 전쟁에서 '남베트남 병사'로 복무했던 사람들은 '반혁명 분자'로 낙인찍혔고, 이들에 대한 어떠한 추모 행위도 사회에서 허락되지 않았다. (역자 주)

(Kwon, 2006: 161-164).

　이러한 공동체적 진전과 갈등은 냉전을 '장기 평화'long peace가 아닌 다른 형태로 경험한 사회에서는 공통적인 현상이다. 역사학자 존 루이스 개디스 John Lewis Gaddis는 '장기 평화'라는 용어를 통해 부분적으로는 전쟁으로 힘 들었던 20세기 초반과의 대조 속에서 20세기 후반의 국제적 환경을 특징지 었다(Gaddis, 1987). 개디스는 세계질서의 양극 구조가 그것이 야기한 많 은 비정상성과 부정적 영향력에도 불구하고 산업 강대국들 사이의 공개적 인 무장충돌을 억제하는 데 기여했다고 믿고 있다. 그러나 월터 라페버Walter LaFeber가 지적한 것처럼, 냉전에 대한 이러한 관점은 세계적 양극 정치사의 절반만 진실을 말할 뿐이다. 그런 관점은 냉전을 '가상적 전쟁'imaginary war 으로 바라보는 서구의 지배적 경험을 대변하며, 실제적인 전쟁의 발발을 막 는다는 희망 속에서 경쟁적으로 전쟁을 준비하는 정치를 지칭한다. 반면 20 세기 후반을 예외적으로 긴 국제평화의 시기로 규정한 것은 다른 지역, 특 히 제3세계 국가에게는 쉽게 공감이 가지 않는 것이었다. 라페버(LaFeber, 1992: 13)에 따르면, 냉전 시기 세계 각지에서 약 4천만 명의 사상자가 발 생했는데, 이처럼 예외적으로 폭력적인 역사와 예외적으로 오래 지속된 평 화라는 지배적인 서구적 인식을 어떻게 화해시킬 수 있는가는 세계적 냉전 의 의미를 이해하는 데 있어서 중요한 질문이다. 커밍스에 의하면(Cumings, 1999: 51), '장기 평화'라는 관념이 기반하고 있는 '힘의 균형'으로서 냉전 이라는 지배적 인식은 더 광범위한 세계가 경험한 '공포의 균형'이라는 현 실과 균형을 맞출 필요가 있다.

냉전은 세계적 충돌이었다. 하지만 이것은 충돌이 전 세계에서 동일한 방식으로 경험되었다고 말하는 것이 아니다. 냉전의 포괄적이지만 가변적인 정치적 현실들을 사고하는 한 가지 방식은 용어 그 자체에 포함되어 있다. 냉전은 세계적인 양극 갈등을 일반적으로 지칭하는 것인 동시에 어떤 특정 지역의 관점에서 그 갈등을 표상하는 것이기도 하다. 모든 사회들은 대규모 폭력이나 고통이 있었든 없었든, 가상적 전쟁이나 가상이 아닌 다른 어떤 것으로서 냉전의 정치사를 다양한 방식으로 감내해야 했다. 냉전 정치는 선진국과 개발도상국, 서구와 비서구 사회, 식민권력과 탈식민국가 모두에 스며들었다. 이런 측면에서 그것은 진정으로 세계적인 실재였다. 그러나 냉전의 집합기억과 역사적 경험은 서구 사회인가 아니면 탈식민 사회인가에 따라 현격한 차이점을 보여주고 있다. '장기 평화'와 '총력전'으로 대조되는 냉전 경험의 상이성은 특정한 설명의 틀이 경험적 상반된 모순을 수용하고 냉전 관념에 내재된 의미론적 모순을 다룰 수 있는 방식으로 공식화되지 않는 한 단일한 틀 내에서 설명될 수 없다. 초기 냉전의 맥락에서 가상적 전쟁과 전면전으로 표상되는 냉전의 이중성은 제2차 세계대전 전후 유럽과 아시아–태평양의 역사적 궤적에 대한 비교에서 가장 분명하게 드러난다. 현대 미국 역사의 관점에서 보면, 냉전의 이중성은 지리적 지평에서 환대서양과 환태평양 사이에 존재하는 냉전 정치의 극명한 차이라는 측면에서 이해될 수 있다.

탈식민주의적 냉전

환태평양 냉전 경험은 환대서양 냉전 경험과 확연히 다르다. 왜냐하면 아시아-태평양 지역에서 냉전의 양극 갈등은 탈식민화 과정에서 발생했는데 이는 유럽적 냉전의 경우에서는 볼 수 없는 것이었기 때문이다. 그러므로 환대서양과 구분되는 환태평양 냉전의 특수성을 이해하기 위해서는 먼저 환태평양의 역사 지평에서 탈식민화와 양극 정치의 동시성 및 중첩성을 이해하는 것이 필요하다.

인류학자 앤 스톨러Ann Stoler는 획기적인 방법으로 식민지 역사기술에 접근하고 있다. 스톨러(Stoler, 1995; 1997)에 따르면, 식민지배는 식민지 대중(식민지 피지배 인민)을 본국 주권에 수사적으로 편입시켰지만, 정치 영역에서는 그들을 시민권의 권리들에서 배제하였다. 이러한 이유로 식민지배는 위 두 가지 경우 사이의 내재적이고 화합할 수 없는 자기모순으로 인해 상당한 어려움을 겪었다. 스톨러는 이러한 구조적 모순을 '제국의 긴장'—통합과 동시에 거리 두기를 전제로 하는 지배형태 사이의 긴장—이라고 지칭했다. 스톨러는 위에서 언급한 모순과 긴장을 네덜란드령 동인도와 프랑스령 인도차이나(인도 지나 연방)에서 인종적으로 '혼혈'의 지위를 가진 어린 이들을 통해 조사했으며, 이들을 대상으로 한 법적 논쟁과 도덕적 혼란을 묘사하였다(Stoler, 1995: 143). 스톨러에 의하면, 혼혈의 법률적·정치적 지위는 식민지 행정 당국에게 매우 논쟁적인 쟁점이었는데, 그 이유는 혼혈이 식민지배의 생명정치적biopolitical기반을 불안정하게 만들 수도 있는 위협 요소였기 때문이다. 식민지배는 인종적·문화적 뿌리에 대한 엄격한 위계 서열에 기반을 두었고 '가정의 일을 공공질서와, 가족을 국가와, 섹스를 반란과, 민족의 본질을 인종의 유형'과 연결시켰다(Stoler, 1995: 130).

　제국의 긴장은 그 이후 냉전의 역사에서도 마찬가지로 결정적이었다. 스톨러가 중점적으로 연구한 인도네시아와 베트남은 두 나라 모두 1945년에 정치적 독립을 선언했고 식민지 시기 이후에 폭력적인 정치적 양극화를 경험하였다. 인도네시아의 많은 지역이 약 백만 명의 사상자를 낳은 1965년부터 1966년까지의 정치적 위기의 와중에 극렬 반공주의자들의 테러에 의해 황폐화되었다. 당시 목격자들은 그 시대의 잔인했던 정치폭력의 유산이 어떻게 오늘날 발리 사람들의 삶을 괴롭히고 있는지에 대해 증언하고 있다. 앞에서 잠시 언급했던 베트남 남부와 중부 지역 집안(공동체)의 역사는 급진적인 정치적 분열의 역사로 가득 차 있으며, 1960년대 후반기에 그 파괴력이 절정에 도달한 베트남 전쟁으로 남베트남군과 북베트남군의 양극적 군사동원이 이루어진 것과 연관되어 있다(Kwon, 2006).

　인도네시아와 베트남이라는 파괴의 양쪽 무대에서 전복적인 정치사상을 품고 있는 것으로 믿어지는 개인들에 대해 폭력이 자행되었는데, 그러한 폭력은 차이들에 대한 본질주의적 관용구를 통해 정당화되었고 빈번하게 그런 개인들이 속한 집합적 사회단위를 대상으로 하기도 했다. 만약 어떤 사람이 이념적으로 불순한 자와 연결된 친척이 있다면, 이 사람은 친족 혹은 공동체 집단에서 '반역자'로 취급받을 수 있고 처벌을 받을 수도 있다. 특히 내전 상황에서 집안에 사상이 불순한 사람이 있다면, 이 집안은 정치적으로 척결 대상이 될 수도 있다. 이때 이 집안이 '멸문지화'滅門之禍를 당하지 않기 위해서는 자신들에게 고통을 주었던 정치활동에 도리어 적극 참여함으로써, 정치적으로 '저주받은 집안'의 위치에서 탈출해야 했다. 이러한 가족들의 역사를 잘 살펴보는 것만으로도 '제국의 긴장', 즉 냉전시대에 펼쳐진 새로운 제국적 질서를 조명해 볼 수 있다.

아시아-태평양의 탈식민 시기에 사회세력의 양극화는 임계점에 도달했다. 하지만 그것은 식민의 역사에 더 깊은 뿌리를 두고 있었다. 멜빈 레플러Melvyn Leffler는 1940년대까지 대부분의 미국인들에게 1917년의 러시아혁명이 특별히 충격적인 사건이 아니었다라고 말한다. 레플러에 따르면, "대부분의 미국인은 외국의 볼셰비즘보다 자기 영토 내부의 볼셰비즘(자생적 공산주의나 또 다른 형태의 급진주의)을 더 걱정하고 있었다"(Leffler, 1994: 15). 그러나 1920년대부터 식민지 세계에서 러시아 혁명은 정치적 상상과 지적 담론의 형성에 중요한 영향력을 주었다. 후에탐 호 타이Hue-Tam Ho Tai는 이 시기에 베트남의 지식인들이 러시아 혁명의 영향을 받아 어떻게 자유와 독립을 향한 색다른 상상력을 발휘했는가에 대해 기술하고 있다. 또 다른 베트남 역사가들도 유사하게 자유를 향한 베트남인들의 투쟁이 탈식민지 미래에 대한 두 갈래의 전망을 낳았는데 어떤 이들은 자유주의 사상을 믿었고 다른 어떤 이들은 러시아의 사례를 따랐다고 분석한다(Tai, 1992: 57-87; also Pelly, 2002: 3). 인도네시아에서는 반식민주의 독립전쟁의 독보적인 영웅이자 카리스마적 지도자였던 수카르노Sukarno가 '1965년 위기 정국'까지 좌익과 우익 민족주의자들의 세력 다툼을 저지하면서 정국을 이어나갔다. 하지만 1965년 미국 정부의 지원을 받은 일부 무장세력이 '국민들 사이에서 공산주의를 제거하려는 성전'을 일으켰다(Robinson, 1995: 300;

see also Dwyer and Santikarma, 2003: 295).* 이러한 외세의 개입과 지정학적 긴장은 이미 존재하고 있던 '빨갱이'와 '빨갱이 아닌 세력' 사이의 이데올로기적 색깔선color line을 왜곡하고 급진화시켰지만, 그럼에도 불구하고 그러한 색깔선의 형성은 식민지 색깔선의 모순과 불의가 없는 세상을 추구하는 과정에 뿌리를 두고 있었다.**

인종적 색깔선과 이데올로기적 색깔선은 20세기 동안 다양한 지역에서 공존하고 있었고 다양한 공모형태를 낳았으며 때로는 실천적으로 구별될 수 없어지기도 하였다(Borstelmann, 2001). 베트남 전쟁은 미국 본토에서 이 두 색깔선의 연결성을 확대하였다. 당시 미국은 머나먼 해외에서 공산주의 봉쇄 전략이 위기와 파국을 맞고 있는 가운데, 국내에서는 인종 불평등 문제로 인한 첨예한 분열을 경험하고 있었다. 제프 우즈Jeff Woods는 미국 남부the American South의 급진 분리주의 논객들이 남아프리카공화국의 아파르트헤이트 정권처럼 어떻게 인종통합 옹호론을 반대했는지를 보여준다. 이들은 더 나아가 인종통합 옹호론이 공산주의 이데올로기와 공모하는 행동

---

* 1965년 인도네시아에서는 '20세기 최악의 학살'이라 불릴 수 있는 사건이 발생하였다. 이 사건은 당시 인도네시아 권력자였던 수카르노와 인도네시아 공산당 사이에서 발생한 갈등이었다. 수카르노는 공산당이 자신을 끌어내리고 쿠데타를 시도했다고 말했으며 이후 공산당원으로 의심되는 주민들에 대한 무차별 학살이 전개되었다. 당시 학살에는 정부군만 개입한 것이 아니라 반공주의에 휩쓸린 많은 민간인들도 가담했으며, 이 사건에 대한 기록은 'The Act of Killing'(2012)이라는 다큐멘터리로도 만들어졌다. (역자 주)

** 이때 식민지 색깔선의 모순은 인종적 불의와 모순 또는 '혼혈아'와 같은 처지의 모순을 말한다. (역자 주)

이거나 심지어는 공산주의자들이 주도하는 일치된 선동이라고 선전했다 (Woods, 2004). 메리 두자이크Mary Dudziak에 의하면 트루먼부터 존슨 대통령까지 이어지는 시기 동안 미국 행정부는 '흑인문제'에 집착했는데, 이들은 인종분리와 불평등이라는 해결되지 않은 국내 문제들이 미국의 '아킬레스건'이고 이 문제들이 전 세계의 반공산주의 투쟁을 선도하고 있는 미국의 지도력을 크게 약화시킬 것이라 생각했다(Dudziak, 2000: 29). 일반적인 인종불평등 문제와 특히 미국 남부의 인종분리주의자 세력들은 케네디와 존슨 행정부에서 '냉전의 골칫거리'Cold War liability가 되었다(Westad, 2005: 135). 두자이크가 미국 외교정책 수립이 국내 인종문제에 미친 영향을 분석했다면, 우즈는 20세기 중반 미국에서 어떻게 반공산주의 국제정치가 인종갈등 영역에 영향을 미치는가를 분석하였다. 이를 배경으로 더글라스Douglas Field는 인종갈등의 봉쇄와 공산주의의 봉쇄가 기존의 문헌들에서는 각기 다른 주제로 취급되곤 했지만 실제로는 현대 미국사에서 동전의 양면이라고 올바르게 결론 내렸다(Field, 2005: 88).

만약 인종적 분리의 문제가 냉전의 관용구들을 따라서 가상되었다면, 이데올로기적 차이의 문제들은 생물학적 또는 인종적 용어들로 번역될 수 있었다. 베트남 전쟁에서 발생한 비극적인 민간인 학살은 대체로 두 가지 색깔선이 하나의 포괄적인 이데올로기적 적에 관한 신비화된 이미지로 붕괴되는 것에 의해 야기되었다. '핫장도'hạt giống đỏ라는 표현은 '붉은 씨앗' 또는 '공산주의자로 태어나고 자란 자'라는 뜻을 가지고 있는데, 원래는 남베트남 혁명가들의 고아들을 가리킨다. 이들은 전쟁 중 북베트남으로 보내졌고 이후 북베트남의 '남부 출신 학생 학교'trường học sinh miền nam에서 교육을 받았다. 오늘날 이 표현은 교육과 직업 선택에서 특권을 누리는 고위 당 간부의 자녀를 지칭하는 데 사용된다. 그러나 전쟁 기간 동안 이 표현은 사회에 만연한 공산주의를 뿌리 뽑기 위한 전前 남베트남 정부의 정치선전에 이용되었다. 이러한 맥락에서 '핫장도'는 사회에서 공산주의를 척결하기 위해 단순히 개인적으로 의심되는 '풀'만을 제거하는 것이 아니라, 이들의 사회적이고 가계적 근원인 '씨앗'까지 제거함을 의미했다. 전쟁을 겪은 전쟁세대 한국인들은 '빨갱이 핏줄'(Yun, 2003: 214-222)과 같은 표현에 친숙해 있다. 과거 특정한 집안에 공산주의 폭도나 공산주의 동조자, 북한으로 월북한 사람이 있을 경우, '빨갱이 핏줄'은 즉결처형과 대량학살의 기억을 떠올리게 하고, 생존가족에 대한 사회적 낙인과 시민권 제한의 경험에 연루되는 무서운 기억이다. 이러한 기억은 공산주의로 몰린 개인과 집안의 공공기록에서 종종 확인할 수 있는데, 가족이나 개인의 신상을 빨간 줄이나 원으로 강조해 놓았다. 1965년 해방된 발리와 그 이외 인도네시아 지역에서 발생한 대규모 반공폭력은 연좌제와 집단보복에 기반하고 있었으며, 사회 내 이념적 적들을 뿌리째 파괴하는 것이 목적이었다(Robinson, 1995: 294, 300).

이러한 역사적 맥락에서는 한 개인이 어떤 특정 사회단체에 소속되어 있다는 이유만으로 '빨갱이'라는 낙인이 찍힐 수 있었고, 다른 사람들과 같은 피부색을 가졌지만 사회에서 극심한 인종차별을 경험할 수 있었다. 만약 인종적 색깔이 생물학적 조건이 아니라 이데올로기적 구성물이라면(Wade, 2002), 정치적 이데올로기들은 20세기 역사에서 생물학적이고 인종적인 이미지를 취할 수 있었다. 지난 세기에 인종적이고 이념적인 색깔선들은 여러 지점에서 중첩되기도 했지만, 두 유형은 각기 다른 차원을 가지기도 했다는 것이 중요하다. 양극 정치는 탈식민화하는 세계에서 특히 폭력적인 형태를 취했지만, 이러한 점이 양극 정치가 전통적인 식민지적 색깔선을 가로질러서 사회에 영향을 미쳤다는 사실을 모호하게 만들어서는 안 된다. 이념적 색깔선은 그 형성과정에서 인종적이고 문화적인 위계라는 전통적 경계를 포괄했다는 점에서 독특했다.

제2차 세계대전 이후 미국은 '서구 유럽인들의 마음과 심성을 얻기 위한 전투에서 승리'하기 위해 유럽에서 활발한 선전 활동을 벌였다(Ryan, 2005: 51). 예를 들어 1945년 5월 이후 오스트리아에서 미국 점령 당국은 비록 항상 성공적이지는 않았지만 현지 주민을 대상으로 한 홍보 프로그램을 정성들여 운영했다. 이 홍보 프로그램의 목적은 공산주의 이념에 동조하는 것이 얼마나 위험한 것인가를 알리고 번창하고 있는 미국의 물질문화와 대중문화를 통해 미국 자유주의 사상의 우월성을 선전하는 것이었다(Wagnleitner, 1989). 이 선전은 미국 물질문화의 우수성을 '인민의 자본주의'라는 측면에서 강조하면서, 미국의 그것을 '철조망(강압)과 낮은 소득수준, 노예노동, 개인적 자유의 가혹한 제한을 은폐'하고 있는 '끔찍한 소련 사회주의'와 대조적인 것으로 설명했다(Hixson, 1997: 134). 전후 남유럽 일부에서 공산당이 정치권력을 장악할 가능성이 현실화되었고 이런 상황이 1947년 트루먼 독트린의 발표를 촉발했다. 몇몇 사람들은 트루먼 독트린을 공식적인 냉전의 개시로 인식하고 있다(Osgood, 1970). 1951년 프랑스 정치인 카바이예Cavaillet는 비시Vichy 정권 시기 나치 부역자에 대한 사면법을 추진하였는데 이것은 의회에서 큰 논란을 불러일으켰다. 이러한 발의는 필수적인 것이었는데, 왜냐하면 자크 데리다Jacques Derrida가 언급한 것처럼, 민족적 통일을 회복하는 것은 계속 이어질 전투—이번에는 '평화기' 또는 '차갑다'고 불릴 전쟁에서 전개될—에서 사용 가능한 모든 힘을 재무장하는 것을 의미했기 때문이다(Derrida, 2001: 40). 이와 유사한 '용서의 지정학'geopolitics of forgiveness은 전후 다른 유럽 국가와 새롭게 등장하는 신생 탈식민 민족국가에서도 나타났다(Derrida, 200: 30; Duggan, 1995; Mazower, 2000). 신생 탈식민 국가의 경우 사면은 대체로 식민지 권력에 부역했던 이들과 연관되어 있었다. 이러한 사면은 국민의 염원과 희망에 반하는 결론을 가져왔고, 국가의 도덕적 정당성을 약화시키며 정치발전을 왜곡시키는 결과를 가져오기도 하였다. 새로운 양극시대의 색깔선은 전통 식민지의 색깔선에 의해 나누어져 있던 사회를 포괄하였는데, 어떤 경우에는 식민시대 색깔선을 대체하거나 그것을 더욱 복잡하게 만들었다. 냉전을 세계적인 충돌이라고 한다면, 그런 성격 규정은 냉전이 문화적·인종적으로 분리된 세계에 인류공통의 분단 경험을 제공했다는 측면에서 유의미하다고 할 수 있다.

지금까지의 논의를 요약해 보면, 냉전을 단일한 역사적 실재로 간주하는 것은 오류라고 할 수 있다. 냉전은 다양한 지역에서 다양한 형태를 가졌으며, 냉전을 명확한 국경을 가진 국가들의 양대 진영 사이에서 발생한 '가상적 전쟁'으로 보는 사고는 전 지구적 갈등에서 부분적인 형태와 경험을 말하는 것일 뿐이다. 냉전의 역사를 집단폭력 및 집단학살과 연관시킨다면 냉전 개념은 다소 이상하고 모순적인 것으로 보일 수 있다. 그러나 나는 이 의미론적 모순에 맞서는 것이 진정으로 세계적인 관점에서 냉전을 이해하는데 필요한 단계라고 주장한다. 즉 냉전은 전 세계적으로 공유되지만 동시에 지역적으로는 독특한 경험인 것이다.

그러나 문제는 지역적으로 특수한 냉전 경험의 표현인 '가상적 전쟁'이 세계적 냉전의 핵심 패러다임의 역할을 하고 있다는 점이다.[3] 디페시 차크라바티Dipesh Chakrabarty에 따르면, 역사적 특수성과 보편적 역사의 혼동은 역사에 대한 하나의 특수한 사고를 그것의 독특한 기원과 위치로부터 이탈시켜 모든 지역에서 통용될 수 있는 보편적 사고로 바꾸어버린다(Chakrabarty, 2000).

주변을 중심으로

차크라바티는 자신의 저서 『유럽을 지방화하기』(Provincializing Europe)에서 일련의 식민주의 문화사와 관련된 중요한 쟁점들을 다루었다. 차크라바티는 영국 식민지배 치하의 벵골 지역 민족주의 저작들에 초점을 맞추면서, 식민사회의 길고 복잡한 정치사상 영역을 조사하였다. 이 사회에서 해방된 현대적 정치체에 대한 전망을 추구했던 사람들은 오히려 그들이 벗어나려고 투쟁했던 바로 그 관념과 가치의 체계로 제한된 이상을 추구하였다. 그는 이러한 상황을 '역사주의 정치'the politics of historicism라 지칭하고, 어떻게 식민주의 역사기술에서 서구 역사주의에 의한 토착 사상의 식민화가 토착 노동력과 자원의 착취만큼이나 중요한가를 탐구하였다. 차크라바티는

---

3 토니 주트Tony Judt는 존 루이스 개디스John Lewis Gaddis의 냉전 역사에 대한 묘사와 관련해 다음과 같이 쓰고 있다: "이러게 냉전 역사를 서술하는 방식은 동일한 편협성을 반영한다. 존 루이스 개디스는 미국의 냉전 역사를 썼다: 미국에서 보듯이, 미국에서 경험했듯이, 많은 미국 독자들이 받아들일 수 있을 만한 방식으로 이야기했다. 이 책은 침묵을 연상케 한다. 특히, 제3세계에 대해서는 기대에 미치지 못한다"(Judt, 2008: 371).

'유럽중심주의 역사를 넘어서는 것'을 옹호했고, 그의 관점에서 볼 때 유럽중심주의 역사 구성의 핵심에 위치한 단선적이고 보편적이며 진화주의적인 시간 개념을 해체할 필요성을 강조했다(Chakrabarty, 2000: 6-11).

위와 같은 목적을 위해 차크라바티는 벵골 민족관을 소개하고, 그것을 18세기와 19세기 유럽 사상에서 발전된 민족적 정체성의 공식과 대조하였다. 후자는 하나의 차별적 사회범주로서 부르주아의 등장에 기반하고 있으며, 그런 사회범주로부터 재산을 소유한 개인들 간의 우애를 현대 민주적 정치체의 기초로 간주하는 존 로크의 사상이 출현했다. 차크라바티에 의하면, 자기 이익을 추구하는 자율적인 개인들 사이의 계약적 관계로서 민족적 형제애라는 로크적 통념은 영국 지배하의 초기 벵골 민족주의 지식인들에 의해 개진된 형제애라는 관념으로까지 확대되지 않았다. 그는 벵골의 정치적 형제애가 어떻게 '쿨라'kula라고 불리는 전통적 부계 개념에 기반하고 있는지를 설명하고 있다. 쿨라가 통용되는 부계사회에서 한 사람의 정체성은 남성 중심의 수직적 관계와 부계적 권위라는 신성불가침의 영역하에 위치한다. 남성들 사이의 형제애로서 민족이라는 로크적 관념은 우애의 기본 요소인 남성들이 사유재산을 가지면서 부계 권력으로부터 자유로워지는 것이라고 가정한다. 즉 "로크적 도식에서 우애는 사적 소유권의 등장과 부모/부계 권위의 정치적 사망을 전제로 한다"는 것이다(Chakrabarty, 2000: 217). 이와 반대로 차크라바티(2000: 217-218)는 벵골 민족주의에 대해 다음과 같이 말하고 있다. "형제들 사이의 협정이 도래하기 전에 아버지의 정치적 권위가 파괴된다는 벵골 민족주의 사상은 사적 소유권을 그 전제조건으로 규정하고 있지 않다. … (중략) … 벵골 민족주의에서 우애는 형제애의 계약적 연대이기보다 자연적 연대를 대변하는 사고였다. 자기이익, 계약, 사적 소유권 등에 기반한 자율적 인격성을 상정했던 유럽 부르주아지의 가정이 벵골에서는 이 같은 '자연적' 형제애라는 사고에 종속되었던 것이다."

차크라바티는 현대사를 다원화하는 이처럼 널리 회자된 흥미로운 기획, 그리고 그와 관련해서 정치적 현대성의 유럽적 경험과 사상을 '지방화'하려는 노력 속에서 종교적 상징에 관한 논의도 포괄하고 있다. 그는 벵골의 탈식민적 민족국가의 전망이 어떻게 부분적으로 조상들과 연관된 전통적인 문화적 이미지(그리고 힌두교의 여신 라크슈미Lakshmi와 같은 또 다른 중요한 종교적 대상)에 의해 형성되었는가를 보여준다. 차크라바티는 정치적 현대성에 관한 다원주의적 그림을 제시하면서 동시에 현대성의 기획에서의 다양성을 역사주의적 경향으로부터 해방시키려고 한다. 역사주의적 경향은 사회구성체에서의 차이들을 진화적인 시간적 도식에 따라 배치한다. 거기서 다양성은 역사적 진보의 위계적 사다리에 위치한 단계들로 번역된다. 결국 그런 도식은 "인도인, 아프리카인, 그리고 다른 '저속한' 민족들"을 현대성의 속성이 부족한 것으로 표상하고 그들을 '역사의 가상적 대기실'로 할당한다(Chakrabarty, 2000: 8).

차크라바티는 마르크스와 로크를 유럽 역사주의의 숭고한 지적 사례로 간주했고, 하이데거를 서구 사상의 반대 사례이자 세계적인 역사주의적 시간에 대한 급진적 대안으로 소개했다. 파르타 차터지Partha Chatterjee는 현대 민족주의 이념의 기원에 관한 저작들을 분석하면서 유럽 역사의 민족주의적 상상과 아시아·아프리카의 반식민 민족주의 유형 사이의 상이성을 이해하기 위해 두 개의 사례를 비교한다(Chatterjee, 1993). 차터지는 민족해방이라는 정치사상을 전파하는 데 있어서 인쇄술과 문자해독력의 중요성을 강조한 베네딕트 앤더슨의 '언어 민족주의'에 도전하면서, 인쇄술 같은 민족주의의 '물질'문화(Anderson, 1991[1983])보다 민족주의의 '영적' 영역을 강조한다.

위에서 언급한 학자들(차크라바티와 차터지)은 탈식민화의 굴곡진 논리에 다음과 같이 맞서고 있다. 탈식민적 현대성은 유럽으로부터 배운 정치적 현대성의 이미지로 식민지 내부에서 상상되었고, 그 결과 식민지배에 대한 저항이 진정한 창조적 행위가 아니라 지배자를 모방하는 행위가 되어 버렸다는 것이다. 이들은 유럽적 유산의 정치적 현대성을 '지방화'하는 기획이 다원화된 현대성을 위한 필수적 단계이며, 결과적으로 상상력의 탈식민화를 위해 필요불가결한 단계라고 제안한다. 다시 말해서, 유럽적 사상의 역사 발전이라는 이론적 전제와 구별되는 자기 자신의 정치사를 만드는 것은 사상에서의 식민주의로부터 해방을 획득하는 행위다.

위 학자들이 제시한 탈식민적 경험은 제2차 세계대전 이후부터 현재까지, 특히 1950년대 및 1960대에 식민지들이 식민지배의 공적 · 제도적 영역으로부터 해방된 이후 식민주의의 영향력으로부터 해방되기 위한 중단 없는 투쟁을 반영한 것이다. 이러한 개념적 도식은 세계적 권력관계가 이 기간 동안 본성상 식민적인 것에서 양극적인 것으로 계기적으로 이동했다는 사실, 그리고 그 결과 탈식민 세계의 민족형성이 복잡한 양상을 띠게 되었다는 사실을 고려할 여지를 남겨두지 않는다. 이런 도식은 탈식민화 과정의 급진적인 정치적 양극화를 망각하며 좌익과 우익의 문제를 사회생활의 구조와 집단 정체성의 윤곽이라는 측면과 연관시키지 않은 채 주로 하나의 지적 실행이라는 측면에서만 다룬다.

식민지 역사와 탈식민지적 역사 과정에 대한 이 같은 설명에서 형제애라는 관념은 서구 개인주의의 도식이나 아니면 토착적인 집합적 친족 이데올로기의 도식에 따라 제시된다. 거기에는 세계적 냉전기간 동안 동족상잔의 전쟁에 이끌려 들어갔던 인간친족과 형제애의 어떤 흔적도 존재하지 않으며, 극우와 극좌의 반정립의 폭력적 역사를 넘어서려는 그들의 현재적 투쟁의 이야기도 존재하지 않는다. 로크적 역사주의(역자 주: 자유주의)와 마르크스적 역사주의(역자 주: 사회주의)의 분기는 토착사회의 친족과 형제애의 결속과 정통성에 외부적인 힘으로 간주될 뿐이다. 그러나 앞에서 언급한 바와 같이, 사람들은 바로 그 친밀한 관계성의 영역 내에서 벌거벗은 폭력적 힘과 체계적인 정치적 강압의 형태로 좌와 우의 전투적 전망의 충돌을 경험했다. 탈식민적 역사과정에서 냉전의 역사를 제외하는 것은 또한 아시아와 아프리카 국가의 탈식민화 과정에 대한 미국과 소련의 개입으로 인해 야기된 엄청나게 복잡한 문제들에 대한 분석을 간과하는 것이다. 당시 미국과 소련은 오드안 웨스타드Arne Westad의 말처럼 각자 '자유의 제국'(역자 주: 미국의 경우) 또는 '정의의 제국'(역자 주: 소련의 경우)이 되고자 하는 야심을 추구했다(Westad, 2005: 8-72). 냉전을 외견상 자율적인 탈식민 투쟁에 대한 외부적 제약이라는 관점으로만 개념화하는 것은 탈식민 세계의 민족주의적 투쟁이 사실상 초강대국 경쟁 유형의 발전에 구성적 요소였다는 사실과 모순된다. 베트남과 같은 나라에서 탈식민적 발전은 세계적 정치의 양극화가 격화되는 과정과 얽혀 있는 것이 사실이다. 역으로 세계적 갈등으로서 냉전은 세계적 현대성의 헤게모니적 설계가 부과되는 것에 대해 베트남을 포함해서 탈식민화하는 민족들이 지속적이고 완강하게 도전했기 때문에 지금 우리가 정확하게 이해하고 있는 바로 그런 방식으로 발전했다.

식민과 탈식민의 역사로부터 냉전의 양극적 역사를 외부화하는 것은 탈식민주의 비평의 이론적 윤곽을 왜곡할 뿐만 아니라 그 비평의 주요한 대상을 잘못 재현하는 결과를 가져온다. 정치적 현대성이라는 유럽적 관념과 그것의 역사적 특수성에 대한 차크라바티의 묘사는 어떤 측면에서는 매우 강력하지만, 거기에서 우리가 알고 있는 현대 유럽의 자취, 즉 재앙적인 전쟁(역자 주: 제2차 세계대전)을 경험한 후 선전포고도 없는 이념전쟁에서 상호 적대적인 양극으로 나뉘었던 역사의 흔적은 찾아볼 수 없다. 유럽의 정치적 현대성에 대한 그의 묘사는 최근의 정치적 분절과 분기의 역사에 대한 언급은 없이 오직 전통적이고 제국적인 유럽의 과거에만 초점을 맞추고 있는 것이다. 20세기 후반 유럽은 우리가 식민시대 역사를 통해 알고 있던 유럽이 아니었고, 후자의 유럽에서 전자의 유럽으로의 전환은 아시아 및 아프리카에서 겪었던 가장 폭력적인 사건의 일부와 같은 시기에 발생했다. 탈식민화와 정치적 양극화는 비서구 세계의 상당 부분에서 동시적으로 전개된 과정이었고 냉전의 맥락에서 폭력적인 탈식민지 투쟁이 발생했지만, 탈식민주의 비평 학계는 양극적 역사를 사실상 분석적 공백 속으로 추방한다. 그 결과 그것은 문화적 탈식민화라는 자신의 비판적 목표와 문화적 비평의 주요한 대상, 즉 유럽적인 정치적 현대성을 적절한 역사 맥락 속에 위치시키는 데 실패했다.

차크라바티는 탈식민주의 비평의 근본 요소로서 '번역'translation이라는 개념을 소개하고 있다. 그에 의하면, 벵골의 역사를 이해한다는 것은 단순히 유럽 역사주의 발전 논리에 맞추어 그들의 역사를 위치시키는 것이 아니다. 그보다 토착 논리와 언어에 주의를 기울이고, 그것을 바탕으로 유럽 기원의 이론적이고 보편화하는 언어와 토착 언어의 차이를 비판적으로 다루어야 한다(Chakrabarty, 2000: 17). 호미 바바Homi Bhabha는 탈식민주의 지적 기획의 핵심어로 '번역'을 제시한다(Bhabha, 1994: 172-173). 호미 바바도 차크라바티처럼 유럽적 현대성에 기원을 두고 보편성을 주장하는 이론적 언어와 지역적 역사 사이의 소통과정으로서 '번역'을 개념화하였다. 게다가 호미 바바는 '문화적 번역'을 그가 '초민족적 차원'이라고 지칭한 것과 연관시키고 있다. 이때 '초민족적 차원'은 이주, 디아스포라, 강제이주, 재배치 등의 조건을 말하며, "'민족'과 '인민' 또는 문화의 특수성이라는 그들의 배태된 신화로서 진정한 '민속' 전통 등에 대한 자연적(또는 자연화된)인 통일성을 부여하는 담론"과 대비되는 것으로 개념화된다. 이러한 초민족적 조건과 '번역적'translational 관행은 세계화가 진행되는 현재 시점에서 '문화의 입지'location of culture를 구성한다. 호미 바바에 따르면, '문화의 입지'는 지금까지 문화 개념을 당연하게 여겨지던 일련의 가치들에서 상이한 일련의 규범적 가치를 혼합하는 과정으로 새롭게 재배치할 것을 요구한다. 그는 초민족적 사회생활이 곧 번역적 문화생활이라고 결론짓는다.

몇몇 학자들은 앞서 설명했던 탈식민주의 이론들이 지나치게 텍스트와 번역 등의 비유를 차용한다고 지적했다(San Juan, Jr. 1998: 27-30, 265-267). 우리 논의의 목적에 비추어 볼 때, 이론적 태세와 관련된 문제는 문화적 실체들의 경계를 횡단하는 운동을 번역이라고 규정하는 데 있는 것이 아니라, 내가 앞에서 식민지적 색깔선이라고 불렀던 그런 경계가 양극화하는 탈식민의 역사 속에서 이데올로기적으로 새롭게 구성된 경계선와 뒤얽

히는 것을 고려하지 않는 채 그런 운동을 단순히 경계를 가로지르는 것으로 이해하는 데 있다.

크리스티나 클라인Christina Klein은 지난 세기의 초민족적 이주들은 냉전의 지정학과 긴밀히 연관되어 있었다고 주장하고, 어떻게 그러한 연관성들이 특수한 친족 관행의 발명을 통해 부분적으로 인종적·문화적 차이를 초월하는 형태를 취했는가를 탐구한다(Klein, 2005). 클라인은 20세기 중반 미국의 정책문서와 중산층의 대중교육 교재를 집중적으로 연구하면서, 아시아 저발전 국가의 고아들을 입양하는 것이 어떻게 강력한 지정학적 관행으로 발전했는가를 추적한다. 그녀는 미국의 정책입안자들이 공산주의를 세계적으로 봉쇄하는 정치적 목표를 진전시키는 과정에서 미국의 지도력이 이 같은 도덕적 성전에서 긍정적이고 실질적인 특성을 갖지 못한 것을 우려했다고 주장한다. 반공주의는 진정성 있는 전망을 가진 이념이 아니었다. 자유로운 개인주의와 자애로운 자본주의는 그것을 유럽의 식민주의와 한통속으로 인식하는 아시아인들에게는 잘 팔릴 수 있는 것이 아니었다. 클라인은 서로 연결되지 않는 두 집단의 사람들, 즉 서구 제국주의를 경계하는 아시아인들과 값비싼 대외 경제지원을 경계하는 미국인들을 공산주의에 맞서 공동으로 투쟁할 수 있는 사람들로 만드는 방법을 찾아내야만 했다고 말한다. 클라인에 따르면, 그 해결책 중 하나가 바로 친족이었는데, 이것은 아시아에 대한 미국의 정치적 의무라는 문제를 친족이라는 문제로 만들어 주었다(Klein, 2005: 37). 이러한 배경하에서 미국의 주요 교육매체는 공산주의에 대항하는 세계적 투쟁에서 친족관계의 확장이 미국인의 최우선적인 시민적 의무라는 주장을 유포하기 시작했다.

1950년대에 미국 가족들은 캘커타와 봄베이의 고아, 그리고 일본의 'GI 베이비', 공산 동독의 난민, 한국의 전쟁고아 등을 입양하도록 권장 받았다. 미디어는 전 세계의 배고픈 아이들이 원자폭탄보다 미국에게 더 위험하고, 만약 그들이 온화한 미국의 품안에서 양육되지 않는다면 공산주의자의 손에서 더 무서운 무기로 자랄 것이라는 관념을 선전했다. 클라인은 제2차 세계대전 이후 베이비붐 시대를 면밀히 분석하면서, 이 시기 입양친족의 관행이 쌍방향의 학습과정이었다고 말한다. '미국의 부모'는 전 세계에서 공산주의가 만들어 놓은 비참함과 비인간성을 배웠고, '입양된 아시아의 아이들'은 자유세계가 제공하는 물질적 풍요와 개인적 관대함을 배웠다는 것이다(Klein, 2005: 50). 클라인에 따르면, '입양 부모의 사랑'이라는 정치적 기풍은 미국 냉전의 '문명화 사명'civilizing mission을 유럽 국가들의 제국적 관행과 구별 짓게 만들고, 미국 대중을 가족적 규범과 종교적 자선이라는 친밀한 영역에서 지정학적 행위에 참여하도록 함으로써 반공산주의 전투에 동원한다는 의미를 가진다. 클라인은 이러한 '냉전 친족의 발전'을 통해 초민족적 연계와 대규모 이주의 지평이 미국사회 내에서 급격하게 변화하기 시작했다고 말한다. 미국은 1875년 이후부터 인종적 기반 위에서 아시아로부터의 이민을 제한해 왔다.

만약 차크라바티가 유럽의 정치적 현대성을 묘사하면서 20세기 중반의 분열되고 파편화된 유럽을 무시했다면, 바바는 인간의 디아스포라와 문화적 변동을 이해하기 위한 과정에서 양극 냉전시대가 형성되는 동안의 앞서 언급한 대대적인 인간 강제이주의 역사에는 무감각했다. 20세기 중반 대규모 강제이주는 상당히 흔한 일이었고, 지역마다 약간의 차이는 있지만 전체적으로 냉전 갈등과 많은 관련이 있었다. 소련의 경우 몇몇 종족집단의 전체 인구가 유라시아 대륙의 한쪽 끝에서 다른 한쪽 끝으로 강제이주 되었다. 동부와 중부 유럽의 대규모 인구가 서부로 이동했는데, 이들 이주 공동체 중 일부는 베를린 장벽이 무너진 이후 그들의 모국에서 상당한 정치적 영향력을 행사했다. 탈식민 세계에서 일부 서유럽 국가들이 공산주의와 싸운다는 구실로 자신들의 옛 식민지 영토를 다시 획득하려는 시대착오적 시도를 하는 바람에 사회적 위기의 돌풍이 일어나기도 했는데, 이 과정에서 이주는 해당 주민들의 일반적 경험이 되었다. 이후 민족주의자들의 투쟁이 풍부한 국제적 개입을 수반하는 전면적 내전으로 발전했을 때 사람들의 생활 근거지가 바뀌는 변동은 더욱 심화되었다.

　지난 세기 초민족적 이주는 흔히 폐쇄된 정치적 공동체의 경계를 벗어나 번역적 문화공간으로 이동하기보다는 정치적 정체성을 어떤 한 거점에서 다른 곳으로 옮기는 아주 어려운 문제의 형태로 나타났다. 지젤 부스케Gisèle Bousquet는 1980년대 파리 거주 베트남 공동체들이 어떻게 '친하노이파'와 '반공산주의파'로 나뉘게 되었는지를 기술하였다(Bousquet, 1991). 모국에서 발생하고 있는 정치·군사적 충돌에 기반을 둔 분파의 형성은 프랑스 내부에서 자신들이 소수민족으로서 자각되고 있다는 측면과 교차되면서 해외 베트남인의 정체성을 형성하였다. 1975년 이전에 프랑스에 도착한 이민 세대들은 통일 베트남에 동조하는 성향이 강했고 자신들을 '(민족)해방주의자'라고 불렀다. 하지만 1975년 이후 프랑스에 전쟁 난민으로 도착한 이들 일부에게 앞 세대들은 '공산주의자'로 보였다(Bousquet, 1991: 6). 정치적 분열은 파리에 거주하는 베트남 친족 네트워크와 가족관계에도 영향을 미쳤다. 한집안 식구들이 서로 다른 분파를 지지하는 일이 흔했고 다른 정치적 견해를 가진 친척들은 서로를 기피하였다(Bousquet, 1991: 104-105). 부스케는 양극 냉전의 정치가 파리 베트남 교민사회 내부에서 보다 넓은 프랑스사회와 관련하여 그들 사회의 민족 정체성에 어떤 영향을 미쳤는지에 대해 분석한다.

재일 조선인에 대한 소니아 량Sonia Ryang의 연구 역시 인종차별과 정치적 양극화에 사로잡힌 소수민족 공동체의 비슷한 곤경을 보여준다(Ryang, 1997). 일본의 한인 공동체는 '친북집단'과 '반북집단'으로 나뉘어 있으며, 반북집단은 남한과 밀접한 유대를 유지하고 있다. 이렇듯 '양극화된 충성심'은 연장자 세대에서 더욱 강하게 작동하는데, 특히 친북집단의 자녀들은 그들 부모의 충성심을 이어받아야 한다는 가족적 의무감과 일본사회에 동화해야 한다는 개인적 필요성 사이에서 분열한다. 량은 이러한 자녀들의 낙관적 전망, 즉 식민 기원의 인종적 불평등과 탈식민 시대의 정치적 분열이라는 이중적 고난을 넘어선 미래를 그리고자 노력하고 있다.

탈식민 역사와 양극 냉전의 역사는 이주사회처럼 전통 촌락도 횡단할 수 있다. 나는 중부 베트남 촌락사회에 대해 글을 쓰려고 하면서 그 촌락의 역사를 세계사의 맥락 속에 위치시키지 않고서는 그 역사를 쓸 수 없다는 사실을 깨닫고 냉전사를 읽기 시작했다. 이후 나의 역사 연구는 인도차이나에서의 프랑스 식민주의뿐만 아니라 북부 아프리카에 대한 것으로까지 이어졌다. 왜냐하면, 촌락 사람들의 전쟁 경험을 접하면서 알제리와 모로코 출신 식민 용병에 대한 기억을 들었기 때문이다. 또한, 나는 미국의 외교정책뿐만 아니라 남한의 정치사에 대해서도 연구할 수밖에 없었는데, 그 이유는 베트남 전쟁 당시 공산주의에 맞서는 초민족적 투쟁에서 미국의 동아시아 우방이 촌락에서 발생한 토벌작전에 동원되었다는 것을 알았기 때문이다. 그리고 촌락의 노인들이 제2차 세계대전 당시 유럽에서 경험했던 일을 말해주어서, 촌락사 기획은 유럽에서의 제2차 세계대전에 대한 연구로까지 이어졌다. 유럽에서 일을 한 사람들은 1930년대 프랑스 식민시기에 징용된 수천 명의 베트남인들이었는데, 이들은 마르세유에 있는 군수품 공장에서 일했고 그중 일부는 이후에 프랑스 레지스탕스에 들어가서 독일과 싸웠다. 이들 노동자-병사는 프랑스의 경제에 기여하고 외국(독일) 점령의 굴욕을 공유했지만 제2차 세계대전이 끝나자마자 고국으로 송환되었다. 귀환자들의 대부분은 프랑스와 베트남 저항군 사이의 전쟁이라는 뒤이은 혼돈 속에서 목숨을 잃었으며, 생존자들은 나중에 제국주의 프랑스와 '협력'했다는 그들의 과거 때문에 베트남 혁명 당국과 마찰을 빚었다. 이들의 자녀 중 많은 이들은 이후 갈등이 격화되어 미국에 대항하는 전쟁의 형태를 취하게 되었을 때 혁명군으로 참전하였다. 반면에 제2차 세계대전 이후 프랑스에 남았던 소수의 징용자들 중 일부는 앞서 부스케가 '친하노이파'라고 부른 사람들이 되었고, 프랑스 운동가들과 더불어 베트남 전쟁 반대 캠페인을 전개했다.

　이 촌락의 현대사는 하나의 세계사를 품고 있었고 식민질서로부터 양극질서로의 전환은 마을의 세계사적 경험에서 중요한 부분이었다. 이 외에도 앞서 소개한 많은 사례들은 강제이주와 순환이주의 탈식민 경험에서 식민시대와 냉전시대의 역사가 복잡한 형태로 얽혀 있음을 보여준다. 그렇다면 탈식민주의 비평에서 냉전의 양극사가 제외된 이유는 무엇인가? 제국주의 문화, 국가, 민족주의, 정치적 현대성에 대한 동시대 비평에서 양극 냉전시대가 빠진 것을 어떻게 이해해야 할까? 현재 관점에서 볼 때 이 모든 것들은 제2차 세계대전 이후 유럽으로부터 세계적 권력이 재배치되었다는 것을 고려하지 않고서는 이해될 수 없다. 그리고 만약 세계질서가 제국적 형태에서 양극적 형태로 변형된 것—그리고 그 이후에 우리는 소위 세계화하는 세계에 거주하게 되었다—에 근거를 두지 않는다면, 탈식민화 과정이라고 불리는 것은 도대체 무엇인가?

바바와 차크라바르티, 그리고 다른 이들은 최근의 집단연구에서 다음과 같은 질문을 제기한다. "밀레니엄 변형의 여명이 아니라 이행Transition의 황혼은 다음과 같은 우리 시대의 질문을 남긴다. 간단히 말해서 우리는 탈냉전 세계에 살고 있는가, 아니면 세계 나머지 나라들의 발전을 기형으로 만든 초강대국의 공모와 경쟁이라는 재앙적인 전후 경험의 긴 그림자 속에 살고 있는가?" 이 중요한 질문을 분석하면, 아무도 더 이상 양극시대 역사를 주류 탈식민주의 담론 아래의 소리 없는 서발턴으로 놔둘 수 없다. 탈식민 역사와 양극시대 역사를 떼어 놓는 것에는 또 하나의 근본적인 문제점이 존재한다. 질문 자체에도 어느 정도 드러나는 것처럼, 탈식민주의 이론가들은 냉전을 '가상적 전쟁'이라는 패러다임에서처럼 단순히 세력균형의 문제로만 간주하려고 한다. 이러한 시각은 적어도 두 가지 지점에서 문제가 있다. 첫째, 이 시각은 양극시대 세계질서의 형성과 발전에서 탈식민화의 역동성을 배제한다. 둘째, '가상적 전쟁'의 패러다임은 탈식민화하는 세계의 많은 부분들에서 전개된 내전이나 여타 형태의 조직화된 폭력의 경험으로서 양극적 충돌을 주변화한다. 이런 패러다임의 무비판적 수용은 우리 시대 탈식민주의 담론에서 가장 중요한 문제를 만들어 낸다.

결론

　왜 냉전의 양극적 역사의 현실은 탈식민주의 역사비평 기획에서 배제되었는가? 그 이유는 이 기획이 유럽 정치사상의 손아귀로부터 정치적 현대성에 대한 역사적 사유를 해방시키는 것을 목표로 하면서도 탈식민적 현대성의 이면인 냉전의 현대성에 대해서는 대체로 유럽 중심적 관점에서 접근하고 있기 때문이다. 이상의 논의는 냉전사를 비교의 관점에서 이해하는 데 있어서 중요한 문제를 제기하고 있는데, 그것은 내가 두 개의 색깔선으로 표현한 양극시대 역사와 식민역사의 교차라는 문제다. 20세기에 서로 얽힌 두 가지 색깔선은 색깔 진영의 모든 측에게 문제였고, 나는 인류와 사회가 특정 색깔에 근거하지 않는 대안적 미래에 대한 어떤 전망도 이데올로기적 양극성의 두 형태를 모두 다루어야 한다고 믿고 있다.

　나는 환태평양 연구의 연구 영역과 개념을 명확히 하기 위해 두 가지 색깔선의 결합과 분열에 관심을 기울일 필요가 있다고 믿는다. 이러한 관심을 통해 환태평양 연구는 환대서양 연구지평에 중심으로 두고 있는 기존의 역사학계와 문학전통에 비판적으로 개입할 수 있고, 환대서양 중심성에 도전하고자 하는 비판적인 탈식민주의 역사·문학 학파의 한계에도 개입할 수 있을 것이다. 만약 아시아 태평양에서 탈식민연구와 냉전연구가 주제적으로 상호 연관되어 있다면, 이 두 분야의 연구를 보다 친밀하고 건설적인 대화의 장으로 끌어들일 방법을 생각해 볼 필요가 있다. 또한 왜 기존의 냉전연구와 탈식민연구가 서로를 무시했는가, 그리고 그들은 어떻게 탈식민적 사회발전의 문제와 세계적인 정치적 양극화의 쟁점이 불가분의 관계를 이루고 있는 역사적 지형을 무시해 왔는가에 대해서도 대답할 필요가 있다. 만약 커밍스가 주장한 것처럼, 환태평양 관점의 부상이 제2차 세계대전과 그 이후에 아시아 태평양 지역 공동체가 겪었던 격동의 현대사의 산물이라면, 환태평양 연구의 탐구 영역은 탈식민 냉전사에 기반을 두는 것이 자명하다. 따라서 이 연구 분야의 독특한 장점은 탈식민 역사와 냉전의 정치과정을 상호 구성적인 역사적 과정으로 살펴볼 수 있는 역량에 기초를 둔다.

참고 문헌

Anderson, Benedict. 1991 [1983]. *Imagined Communities: Reflections on the Origin and Spread of Nationalism*. London: Verso.

Bhabha, Homi. 1994. *The Location of Culture*. New York: Routledge.

Borstelmann, Thomas. 2001. *The Cold War and the Color Line: American Race Relations in the Global Arena*. Cambridge, MA: Harvard University Press.

Bousquet, Gisèle. 1991. *Behind the Bamboo Hedge: The Impact of Homeland Politics in the Parisian Vietnamese Community*. Ann Arbor: University of Michigan Press.

Chakrabarty, Dipesh. 2000. *Provincializing Europe: Post-Colonial Thought and Historical Difference*. Princeton, NJ: Prince ton University Press.

Chatterjee, Partha. 1993. *The Nation and Its Fragments: Colonial and Post-Colonial Histories*. Princeton, NJ: Prince ton University Press.

Cumings, Bruce. 1999. *Parallax Visions: Making Sense of American East Asian Relations at the End of the Century*. Durham, NC: Duke University Press.

_____. 2009. *Dominion from Sea to Sea: Pacific Ascendancy and American Power*. New Haven, CT: Yale University Press.

Derrida, Jacques. 2001. *On Cosmopolitanism and Forgiveness*. New York: Routledge.

Dudziak, Mary L. 2000. *Cold War Civil Rights: Race and the Image of American Democracy*. Princeton, NJ: Princeton University Press.

Duggan, Christopher. 1995. "Italy in the Cold War Years and the Legacy of Fascism." In *Italy in the Cold War: Politics, Culture, and Society, 1948–58*, ed. Christopher Duggan and Christopher Wagstaff , 1–24. Oxford: Berg.

Dwyer, Leslie, and Degung Santikarma. 2003. "When the World Turned to Chaos: 1965 and Its Aft ermath in Bali, Indonesia." In *The Specter of Genocide: Mass Murder in Historical Perspective*, ed. Robert Gellately and Ben Kiernan, 289 – 306. Cambridge, UK: Cambridge University Press.

Field, Douglas. 2005. "Passing as a Cold War Novel: Anxiety and Assimilation in James Baldwin's Giovanni's Room." In *American Cold War Culture*, ed. Douglas Field, 88 – 105. Edinburgh: Edinburgh University Press.

Gaddis, John L. 1987. *The Long Peace: Inquiries into the History of the Cold War*. New York: Oxford

University Press.

Hixson, Walter L. 1997. *Parting the Curtain: Propaganda, Culture, and the Cold War, 1945–1961*. New York: St. Martin's.

Judt, Tony. 2008. *Reappraisals: Reflections on the Forgotten Twentieth Century*. New York: Penguin.

Kaldor, Mary. 1990. *The Imaginary War: Interpretation of the East–West Conflict*. Oxford: Blackwell.

Klein, Christina. 2003. *Cold War Orientalism: Asia in the Middlebrow Imagination, 1945-1961*. Berkeley: University of California Press.

Kwon, Heonik. 2006. *After the Massacre: Commemoration and Consolation in Ha My and My Lai*. Berkeley: University of California Press.

LaFeber, Walter. 1992. "An End to Which Cold War?" In *The End of the Cold War: Its Meaning and Implications*, ed. Michael J. Hogan, 13 – 20. New York: Cambridge University Press.

Lee, Steven H. 1995. *Outposts of Empire: Korea, Vietnam, and the Origins of the Cold War in Asia, 1949–1954*. Liverpool, UK: Liverpool University Press.

Leffler, Melvyn P. 1994. *The Specter of Communism: The United States and the Origins of the Cold War, 1917–1953*. New York: Hill and Wang.

Malarney, Shaun K. 2003. "Return to the Past? The Dynamics of Contemporary and Ritual Trans- formation." In *Postwar Vietnam: Dynamics of a Transforming Society*, ed. Hy V. Luong, 225 – 256. New York: Rowman and Littlefield.

Mazower, Mark. 2000. "Three Forms of Political Justice: Greece, 1944-1945." In *After the War Was Over: Reconstructing the Family, Nation, and State in Greece, 1943-1960*, 24-41. Prince ton, NJ: Prince ton University Press.

Olson, James S., and Randy Roberts. 1998. *My Lai: A Brief History with Documents*. Boston: Bedford Books.

Osgood, Robert E. 1970. *America and the World: From the Truman Doctrine to Vietnam*. Baltimore, MD: Johns Hopkins University Press.

Pelley, Patricia. 2002. *Post-Colonial Vietnam: New Histories of the National Past*. Durham, NC: Duke University Press.

Pollock, Sheldon, Homi Bhabha, Carol Breckenridge, and Dipesh Chakrabarty. 2000. "Cosmo- politanisms." *Public Culture* 12 (3): 577 – 589.

Robinson, Geoffrey. 1995. *The Dark Side of Paradise: Political Violence in Bali*. Ithaca, NY: Cornell University Press.

Ryan, David. 2005. "Mapping Containment: The Cultural Construction of the Cold War." In *American Cold War Culture*, ed. Douglas Field, 50–68. Edinburgh: Edinburgh University Press.

Ryang, Sonia. 1997. *North Koreans in Japan: Language, Ideology and Identity*. Boulder, CO: Westview.

San Juan, E., Jr. 1998. *Beyond Postcolonial Theory*. New York: St. Martin's Press.

Stoler, Ann Laura. 1995. "Mixed-Bloods and the Cultural Politics of European Identity in Colonial Southeast Asia." In *The Decolonization of Imagination: Culture, Knowledge and Power*, ed. Jan Nederveen Pieterse and Bhikhu Parekh, 128–148. London: Zed Books.

_____. 1997. "Sexual Affronts and Racial Frontiers: European Identities and the Cultural Politics of Exclusion in Colonial Southeast Asia." In *Tensions of Empire: Colonial Cultures in a Bourgeois World*, ed. Frederick Cooper and Ann Laura Stoler, 198–237. Berkeley: University of California Press.

Tai, Hue-Tam Ho. 1992. *Radicalism and the Origins of Vietnamese Revolution*. Cambridge, MA: Harvard University Press.

Wade, Peter. 2002. *Race, Nature, and Culture*. London: Pluto Press.

Wagnleitner, Reinhold. 1989. "The Irony of American Culture Abroad: Austria and the Cold War." In *Recasting America: Culture and Politics in the Age of Cold War*, ed. L. May, 285–302. Chicago: University of Chicago Press.

Westad, Odd Arne. 2005. *The Global Cold War*. Cambridge, UK: Cambridge University Press.

Woods, Jeff. 2004. *Black Struggle, Red Scare: Segregation and Anti-Communism in the South, 1948–1968*. Baton Rouge: Louisiana State University Press.

Yun, Taik-Lim. 2003. *Red Village: A History* [in Korean]. Seoul: Historical Criticism Press.

03

태평양 역설:
환태평양 상호작용에서 중국의 국가

비아오 시앙Biao Xiang, 飃項

광활한 서태평양은 최근 수백 년간 우리 대륙에 수치와 고통을 안겨주었지만, 오늘날에는 이 위험한 바다에서 엄청난 부가 거부할 수 없는 매력으로 솟아오르는 것 같다. … 서태평양은 세계 경제의 새로운 무대로 부상하고 있고 운명은 우리에게 또 다른 황금 기회를 제공해 주고 있다. 오랜 기아와 갈증과 함께 수세기 동안의 침묵을 지켜온 중국의 연해지역, 즉 황금해안지대는 선두로 이 태평양에 뛰어들었다(Su and Wang, 1988).[1]

이는 1980년대 '문화열풍'의 절정으로서 1988년 중국에서 방영된 텔레비전 시리즈 다큐멘터리 〈하상(河殤)〉에서 나온 태평양에 관한 서술이다. 태평양 건너편에 있는 비판적 학자들은 이 서술이 태평양에 대한 미국의 지

---

1 이 단락의 번역을 도와준 나의 친구 데이비드 켈리David Kelly에게 감사를 표한다.

배적 인식을 반영하였다고 생각할 수 있다. 예를 들어 아리프 딜릭Arif Dirlik 과 롭 윌슨Rob Wilson은 '환태평양'과 '아시아·태평양 공동체' 담론은 자본 주의적 목적론과 신자유주의의 승리를 대표한다고 역설한 바 있다(Dirlik, 1998; Wilson and Dirlik, 1996; Wilson, 2002). 이런 담론들에서는 칭다오 에서 후쿠오카, 피지, 샌프란시스코에 이르는 태평양 횡단의 역사적·사회 적·문화적 종별성들이 모두 소거되고 대신 동질적이고 공허한 자본주의적 발전의 공간이 만들어진다. 그러나 6부작으로 구성된 이 다큐멘터리를 보 고 있는 수백만 중국 관객들에게는 이 같은 태평양 서사가 자유와 진보 그 리고 변화에 대한 희망과 용기를 전달해 주었다. 그것은 하나의 허위의식 을 표상할 수도 있지만 그럼에도 불구하고 사람들에게 역량을 부여하는 의 식을 표상하기도 한다. 태평양에 대한 이 같은 가상은 그 당시 중국의 조건 에 대한 현지의 상황적 비평이었지 결코 세계의 지배적인 담론을 복제한 것 이 아니었다.

〈하상〉이 전국적으로 방영되고 있을 때, 일부 학자와 정책입안자는 이미 이처럼 낙관적인 태평양 담론에 의문을 제기하였다. 예를 들어 중국의 중앙 지도부의 몇몇 부문들과 긴밀하게 연계된 논쟁적 지식인 중 한 사람인 허 신河新은 중국 정부가 태평양에 대한 관심을 철회해야 한다고 주장한 바 있 다. 그는 태평양은 '미국의 호수'이기 때문에 이 바다로 정향된 중국은 미국 의 지배에 취약해질 수 있다고 강조하였다. 대신 중국은 러시아와 중앙아시 아와 동맹하여 배후지를 공고화하고 대륙에 기반을 둔 반counter 태평양 공간을 발전시켜야 한다.[2] 하지만 그의 정책 제안은 온전히 수용되지 않았다. 오히려 태평양을 횡단하는 중국의 경제적 통합과 사회적 연계는 더 심화되어 'G2'와 '차이메리카'Chimerica라는 신조어가 탄생하기에 이르렀다.[3] 그러나 태평양에 대한 허신의 의혹은 1990년대 와서 널리 받아들여졌다. 2009년에 『파이낸셜타임스』(*Financial Times*) 중국판에 실린 글에는 다음과 같이 태평양에 대한 생각을 서술하였다. "중국의 경제 중심은 동남 연해지역에 집중되어 있고, 대만은 베이징의 마음속에 중요한 존재다. 동남부가 문이 활짝 열린 상황은 베이징의 우려를 자아냈고, 따라서 이는 군사훈련의 중점이기도 했다. … 태평양에서 중국과 미국의 경쟁은 불가피할 것이다"(Wang Yaping, 2009).

1990년대 초와 2000년대 일어난 일련의 사건들을 비교해 보면, 그동안 태평양에 대한 중국의 인식 변화를 뚜렷이 찾아볼 수 있다. 세계는 1989년 학생운동 당시 중국 학생들이 서방 언론, 특히 CNN과 기타 미국 기관들을 얼마나 열광적으로 환영했는지 기억할 것이다. 우리는 "[동영상] 찍어요!

---

2 이 주장은 1988년 말 허신이 최고 지도부에 보낸 편지에서 처음 제안되었다. 해당 부분은 이후 여러 뉴스 매체에 실렸다. He(1995)를 참고하시오.

3 위키피디아(2014a)에 따르면, G-2Group of Two 개념은 2005년 경제학자 프레드 버그스텐에 의해 처음 만들어졌으며, 곧 외교정책 전문가들 사이에서 널리 퍼졌다. G-2는 중국과 미국이 전략적 이해관계에 깊이 얽혀 있으며, 세계 문제에 대한 해결책을 함께 마련해야 한다고 제안한다. 차이메리카라는 용어는 역사학자 니얼 퍼거슨과 경제학자 모리츠 슐라릭이 2006년 말에 고안한 것이다. 차이메리카는 중국인들의 저축과 아메리카의 과소비를 바탕으로 한 양국 간 공생적 경제관계를 지적한다(위키피디아, 2014b). G-2와 차이메리카(중메이구오)는 모두 중국에서 특히 2009년 금융위기를 계기로 많은 관심을 끌었다. 이는 중국의 경제적 성공과 전략적 영역에서 중국의 자율성 상실의 위협성 모두에 대한 신호로 보인다.

[동영상] 찍어요! 세상에 알려요!"라며 학생들이 외국기자들을 재촉하는 소리를 들었다. 그리고 정확히 10년 후 이번에는 북대서양조약기구(NATO)가 베오그라드에 있는 중국 대사관을 폭격한 것에 항의하기 위해 새로운 일단의 대학생들이 거리로 나왔다. 같은 서방 언론, 특히 미국 언론들이 이제는 의혹, 비판, 심지어 증오의 대상이 되었다. 학생들은 서방 언론이 결코 중국인들의 생각을 이해하지 못할 것이고, 심지어 의도적으로 사실을 왜곡할 수 있다고 믿었다. 다른 예를 들어보자. 중국은 1993년에 "세계가 중국에게 기회를 준다면, 중국은 세계를 놀라게 할 것"이라는 슬로건을 내걸고 2000년 올림픽 유치를 신청했다. 세계를 받아들이고 강대국들로부터 인정받고자 하는 욕망이 분명했다. 하지만 이런 바람은 실현되지 못했다. 그리고 2008년에 이르러 마침내 올림픽을 유치한 중국은 전 세계에 깊은 인상을 남겨주었지만, 이때는 약간 다른 메시지를 던져주었다. 올림픽 성화 봉송을 둘러싼 충돌은 올림픽 자체만큼이나 중요했다. 네바오전聶保瑧 등은 서방의 주요 도시에서 열린 성화 봉송을 방해하려는 시위에 대해 호주에 있던 중국 학생들이 얼마나 격분했는지를 기록하였는데, 학생들은 서방의 이런 행위를 중국에 대한 모욕으로 보았다. 베스트셀러『화난 중국』(Song et al., 2009)에서는 세계 각국에서 중국 학생들이 광범위하게 진행한 항의활동이 서방, 특히 미국에 대한 중국의 젊은이들의 태도가 변화한 역사적 전환점이라고 지적하였다.

태평양에 대한 중국의 도시대중과 정책입안자의 불신감은 태평양과의 관계가 더욱 밀접해짐과 동시에 심화되었다. 자오수이성趙穗生 (Zhao Su-isheng, 1997: 730)에 따르면, 1990년대 서방에 대한 친숙도의 증대와 그에 뒤이은 '탈낭만화'는 새로운 민족주의 정서를 형성하는 데 중요한 역할을 했다. 서방과의 갈수록 밀접해진 교류는 청년들의 자신감을 약화시킨 것이 아니라 오히려 강화시켰다. 『중국이 노(No)라고 말하다』(Song et al., 1996) 는 개혁개방 이후 '반서방' 사상을 비공식적으로 표출한 최초 저서로 널리 알려져 있다. 여기서 저자들은 과거에 미국의 영향을 크게 받았지만 1990 년대에 들어서서 환멸을 느꼈다고 밝혔다(Fewsmith, 2008: 160 참고). 이 책이 당시 환영을 받았던 이유 중의 하나는 '완전 서구화'를 신봉했던 저자 가 어떻게 초기의 신념으로부터 멀어지게 되었는가에 대한 개인적인 설명 을 보여준 데 있다.

이 장은 한편으로 태평양을 횡단하는 사회경제적 통합과 다른 한편으로 정치적 · 이념적 · 군사적 긴장이 결코 모순적이지 않다는 것을 보여주고자 한다. 양자는 서로 깊이 연관되어 있고 상호 보완적이다. 태평양은 구조적 인 측면에서 통일되어 있지만 동시에 많은 근본적인 문제에서는 서로 분열 되어 있다. 나는 이러한 상황을 '태평양 역설'이라고 칭하겠다. 중국 외교관 들 사이에서는 "미중관계는 더 나빠지지 않으면 더 좋아지지 않는다"라는 이야기가 널리 전해지고 있다. 이처럼 태평양 역설은 구조적 안정을 제공할 뿐만 아니라 항구적 긴장을 산출한다.

그렇다면 이 같은 태평양 역설은 어디서 유래하는 것인가? 무역과 지정 학에 초점을 맞춘 논의는 이미 많은 연구들에서 이루어졌다. 따라서 여기 서는 중국인들의 인식과 가상에 초점을 맞춰서 그 문제를 해명하려고 한다. 여기서 내가 제기하는 질문은 다음과 같다. 왜 중국인들은 태평양을 횡단하 는 사회적 교류는 바람직한 것으로 간주하면서도 국가 중심적 긴장은 불가피하다고 여기는 것일까? 그리고 왜 대중들은 교류가 충돌을 능가하거나 충돌이 교류를 축소시킬 것이라고 생각하지 않을까?

중국 민족주의의 부활이 그 명백한 해답처럼 보인다. 학계의 문헌과 공중의 논평은 공산주의적 교리가 쇠퇴하는 시점에서 중국의 당-국가가 민족주의를 자신의 정치적 정당성의 기반으로 촉진했다고 주장한다. '새로운 반미 아이콘이나 민족주의적 증오'를 구축하는 것은 일반적으로 '체제를 공격대상으로 삼는 것으로부터 주의를 분산시키기 위해 당-국가가 활용하는 편리한 방법'으로 여겨졌다(Shen, 2007: 249). 공산주의 체제는 '붉은 기'가 더는 붉지 않자 '국기'를 흔들고 있었다(Shen, 2007). 그러나 비록 민족주의가 태평양 역설의 출현에 분명한 영향을 미쳤지만, 무엇이 현재 중국 민족주의 정서로 하여금 서구에 대한 깊은 정치적 불신과 경제통합에 대한 강한 신뢰를 갖게 만들었는지에 대해서는 여전히 의문이 남아 있다. 나의 관점에서 볼 때, 통상적으로 이해되는 민족주의—공통의 인종, 역사, 영토, 문화 등에 의해 정의되는 자신의 민족에 대한 정서적 애착이나 이데올로기적 지향—는 기껏해야 부분적인 설명을 제공할 뿐이다. 통상적인 민족주의에 근본적인 중국의 역사유산에 대한 자부심, 본질적 중국성에 대한 강조, 중국인과 미국인의 생래적 차이에 대한 믿음 등은 환태평양 관계에 대한 현행의 대중적 가상에서 두드러지게 나타나지 않는다. 오히려 중국이 살아남기 위해서는 미국과 경쟁*해야 하고*, 그러려면 자본주의를 발전시켜 군사력을 증강하는 등 미국처럼 *되어야 하*는 것이 대중의 인식이다. 따라서 우리가 살고 있는 태평양은 마셜 살린스(Sahlins, 1994)가 묘사한 '자본주의 우주론'이 공존·충돌하는 태평양과는 사뭇 다르다. 현재 하와이는 이미 미국의 일부가 되었다. 중국은 적극적으로 자본주의적인 지정학적 게임에 참여하고 있다. 남은 게임은 이것뿐이다. 세계적 자본주의가 그렇기 때문에 중국의 경제·사회 생활은 생존과 번영을 위해 반드시 세계와 통합되어야 하지만 동시에 현실의 지정학으로 인해 미국은 중국이 무엇을 하든지 간에 필연적으로 중국을 적대시할 것이라고 믿어지고 있다. 태평양을 가로지르는 긴장은 중국과 미국이 너무 다르다는 사실이 아니라 오히려 너무 유사하다는 사실에서 비롯된다. 두 나라가 너무 멀리 떨어져 있기 때문이 아니라 너무 밀접하게 연결되어 있기 때문에 긴장이 발생하는 것이다.

〈하상〉이 특히 중요한 이유는 그것이 1919년 5·4운동 이래 줄곧 지배적 지위를 점했던 문화결정론의 마지막 정점을 상징했기 때문이다. 문화주의의 종식은 어쩌면 새로운 민족주의 정서의 부흥보다 더 중요할 수 있다. 5·4운동은 "중국의 학문을 본체로 서양의 학문을 응용(中學爲體, 西學爲用)"하려던 노력을 철저히 철폐하고 중국은 반드시 핵심 가치체계를 철저하게 재건해야 함을 호소했다. 5·4운동은 근본적으로 문화·사상·정신 혁명이었기 때문에 '신문화운동'이라고 불렸다. 이런 5·4운동의 정신적 연속으로서 〈하상〉은 중국이 수천 년을 이어온 황하를 상징하는 '황색문명'을 벗어나서 태평양을 대표하는 '청색문명'에 진입해야 한다고 촉구하였다. 1990년대의 보수주의적 대상 서사도 마찬가지로 문화주의적이었다. 예를 들어 신유학新儒學은 동아시아 자본주의의 성공 원인을 문화윤리에 귀결시켰고 따라서 중국 전통문화를 근대성의 장애물이 아니라 기초라고 주장하였다. 하지만 이러한 문화주의적 설명은 1990년대에 중국에서 점차 대중적 호소력을 상실했다. 이를테면 헌팅턴의 '문명충돌론'(Huntington, 1993)의 경우 초기에는 선풍적인 인기를 끌었지만, 결국에는 소위 현실정치에서의 충돌을 가리기 위한 가면으로 간주되었다(Wang Hui and Zhang Tianwei, 1994 참고). '소프트파워'가 점차 주목을 받고 있을 당시에 푸단대학 정치학 교수였고 지금은 당의 고위 이데올로기인 왕후닝王沪宁은 중요한 글을 발표한 바 있는데, 거기서 그는 소프트파워가 하드파워의 또 다른 반영에 불과하다고 지적했다(Wang Huning, 1994). 최근에 재유행하는 대중유학은 1980년대 신유학의 연속으로 간주될 수 없다. 신유학은 통상적인 서구적 판본에 대해 대안적인 거대 역사서사를 공식화하는 것을 목적으로 했지만 '대중유학'은 개인들에게 의미 있고 윤리적인 사적 생활을 영위할 것을 가르친다.

따라서 문화와 문명은 주변부로 밀려나고 국가 간의 경쟁이 대중적 가상을 지배하게 되었다. 만일 우리가 이것을 '민족주의'라고 한다면 그것은 지정학적 고민에서 비롯된 것이지 역사신화나 문화유산에 근거한 것이 아니다. 이런 민족주의는 타자와의 대립적 관계 속에서 정의된 것이지 결코 자기 명명이 아니며, 아래로부터의 공유된 연대 대신에 위로부터의 '국가'로서의 중요성을 강조한다. 이에 대해서 현재까지 마땅한 용어가 없기 때문에 나는 이를 잠정적으로 '중국적인 신국가주의'Chinese neostatism라고 부르기로 하겠다. 신국가주의는 국가를 사회를 조직하는 일차적이고 의문의 여지가 없는 프레임으로 간주한다. 이렇게 되면 국가는 세상을 이해하는 중심적 준거로 기능하게 된다. 신국가주의는 하나의 실질적 이데올로기가 아니라 하나의 전망으로 제시된다. 대중적인 민족주의와 달리 신국가주의는 원형적인 민족주의적 감정으로서 자신의 민족을 위해 목숨을 거는 욕망을 자극하지 않으며(Anderson, 1991; Kellas, 1991을 참고) 생래적으로 반미주의를 의미하는 것도 아니다(Fewsmith, 2008: 140-162 참고).[4] 그리고 신국가주의는 '실질적' 국가주의와도 구별되어야 한다. 전형적인 국가주의의 경우 "주권은 국민이 아닌 민족적 국가에 있으며, 모든 개인과 단체는 국가의 권력, 명예, 복지를 증진시키기 위해서만 존재한다. 국가주의 개념은 개인주의를 배격하고 최고 지도자에 의해 인도되고 단결, 명령, 규율에 의해 육성되는 유기체로서 민족을 찬양한다"(Plano, 1973). 이와는 대조적으로 중국의 신국가주의는 탈집단화, 사유화, 개인주의의 승리와 함께 등장했다. 싱가포르 외교관이자 평론가인 키쇼어 마부바니Kishore Mahbubani는 아시아 태평양 지역 안보문제에서 발견되는 중요한 역설적 현상을 놓고 미중 양국이 문화적 측면에서 모두 융통성, 실용주의, 개인주의를 숭상하며 이 둘의 공통점은 미일 간의 공통점을 훨씬 초월한다고 지적한 바 있다(Mahabubani, 2003[1998]: 172). 게다가 신국가주의는 최고 지도자를 믿지 않으며 또한 국민에 대한 국가 규율을 옹호하지도 않는다. 대신 국제적인 불확실성에 대처할 수 있는 국가의 능력을 강조한다. 신국가주의는 또한 국가를 이미 주어진 특권적 분석단위로 간주하는 현실주의 국제관계에서의 당구공 모형과도 직접적인 관

---

4 퓨스미스(Fewsmith, 2008: 140-162)는 1989년 이후 중국의 지적 풍경의 변화에 대한 자신의 뛰어난 저서에서 국가 역량과 강한 국가에 대한 열망을 강조하는 일반적 사상학파를 지칭하기 위해 '신국가주의'neostatism라는 용어를 사용한다. 그는 세 가지 이유에서 신국가주의를 '대중적 민족주의' 및 신좌파와 양립 가능한 것으로 간주한다. 첫째, 신국가주의의 반미주의反美主義(미국이 중국을 국제적으로 통제하려는 욕망을 가지고 있다고 가정하고 자유민주주의와 신고전파 경제학의 미국적 모형에 반대하면서 주로 미국에 대항하는 공통적 민족주의). 둘째, 사회정의에 대한 신국가주의의 관심. 셋째, 그것의 인민주의적 지향성(Fewsmith, 2008: 133). 그러나 퓨스미스는 정확히 무엇이 신국가주의를 구성하는가에 대한 분명한 정의를 제공하지 않는다.

런이 없다. 신국가주의의 경우 국가는 합리적 행위자일 뿐만 아니라 의미와 명예 그리고 존엄의 원천이기도 하다. 국가는 미리 주어진 것이 아니라 건설되어야 하는 것이다. 분석적인 학술적 접근이 아니라 대중적 인식으로서 신국가주의는 복잡한 역사적 경험에서 비롯된 감정이었다.

이 장이 중국의 신국가주의가 태평양 역설을 유발한다고 주장하는 것은 아니다. 첫째, 태평양 역설은 근본적으로 상호작용적이다. 미국 정부가 어떻게 행동하고 미국 대중이 어떻게 생각하는지가 중국 측보다 훨씬 중요하다. 둘째, 구조적 상황으로서의 태평양 역설은 다방면의 요소들로 인해 결정된 것이고, 대중적 인식은 그중 일부에 지나지 않는다. 셋째, 신국가주의는 태평양 역설에 선행하는 것이 아니라 그것의 일부로 출현했는데, 이것이 가장 중요한 사실이다. 후술하겠지만, 신국가주의 그 자체가 환태평양 교류 강화의 결과다. 따라서 신국가주의는 우리가 태평양 역설을 이해하려고 할 때 그 역설의 결과가 아니라 그것을 지탱해 주는 문화적 논리를 드러내주는 렌즈로서 매우 중요한 의미를 갖는다. 왕아이화王愛華(Ong, 1999)는 현대 자본주의 환경에서의 환태평양 이동에 대한 분석을 통해 모순되는 두 가지의 문화적 논리를 찾아냈다. 우선 거시적인 측면에서 볼 때, 해외화교, 특히 태평양 건너편에 있는 화교들은 중국 현대화의 매개적인 '대조 범주' 역할을 수행하고 있다. 말하자면 그들은 '현대'적이면서도 '서방'적이지 않기 때문에 '중국과 서방'의 양자관계를 조율할 수 있다(Ong, 1999: 43). 이런 의미에서 해외 화교, 특히 태평양 건너편에 있는 화교들의 성공은 중국이 서방에게 종속되지 않고도 독자적인 발전을 추구할 수 있음을 보여준다. 이에 비해 미시적인 개인과 가족의 측면에서 보면, 경제적 이익이 민족적 소속감을 능가한다. 예를 들어, 환태평양 이주자들에게 여권은 "보호를 제공하는 민족국가에 대한 충성의 증명서가 아닐 뿐 아니라 시민권의 증명서라기보다는 노동시장 참여를 위한 증명서에 가까워지고 있다. 여권에 새겨진 국가의 진품 주장은 점차 세계적 자본주의의 요구에 부응하는 여권의 위조품적 활용으로 대체되고 있다"(Ong, 1999: 2). 왕 교수의 주장대로, 본질주의적 문화주의와 가차 없는 도구주의의 이 같은 이상한 결합은 확실히 환태평양 상호작용이 전개되게 하는 중요한 추진력이다. 그러나 내가 강조하고 싶은 것은 태평양 건너편에서 생활하는 화교나 국내에 거주하는 중국인이 단순히 이익의 최대화만 추구하는 호모 이코노미쿠스나 '문화'에 대한 본질주의적 신봉자는 아니라는 점이다. 현실의 지정학적 관계는 환태평양 관계에 대한 학술적 분석뿐만 아니라 공중의 환태평양 가상에도 중요한 영향을 미친다. 신국가주의는 국가가 어떻게 의미형성 과정에서 중심적 역할을 하는가를 이해하는 데 도움을 준다. 게임의 규칙은 보편적인 것으로 간주되지만 게임의 의미는 태평양을 가로지르면서 광범위하게 분기한다.

하나의 대중적 가상의 전망으로서 신국가주의는 정의상 이해하기 어려운 주제이며, 이는 진Jean과 존 코머로프John Comaroff가 말하는 '모호한 척도'와 유사하다. 이런 주제는 주관사상이기도 하면서 객관실재이기도 하고, 거시적이면서 미시적이기도 하며, 구성적이면서 피구성적이기도 하기 때문에 그것의 위치, 윤곽, 원인과 결과에 대해 명확한 정의를 내리기가 어렵다. 따라서 그들은 "민속지적 방법론을 적극 확장하여 귀납적이고도 연역적이고, 경험적이면서도 창의적인 방법을 구축해야 한다"고 주장했다(Comaroff and Comaroff, 2003: 147). 이것이 이 장의 분석전략이기도 하다. 신국가주의는 근거도 없고 형태도 없는 묘연한 감정이 아니다. 그것은 역사와 사회의 상호작용 속에서 형성된 것이다. 이제부터 나는 국가가 어떻게 대중들의 상상 속에서 하나의 프레임으로 형성되었는지를 검토할 것이다. 중국의 프레임 효과는 부분적으로 현대 중국의 역사적 발전에서 비롯된 것이고 다른 한편으로 1990년대 미국과의 상호작용에 의해서 형성된 것이다. 그런 다음 나는 중국 국가가 세계적, 특히 환태평양적 흐름과 연계 속에서 어떻게 자신을 '무대'로 위치시켰는지를 민속지적인 방식으로 설명할 것이다. 이러한 구체적인 '무대' 전략을 통해 국가의 프레임 효과가 산출되고 강화된다. 프레임 효과에 대한 논의는 문헌자료와 1990-1998년 사이 베이징대학에 재학하면서 얻은 나의 관찰에 기초하였다. '무대' 전략에 대한 논의는 내가 중국정부와 화교전문가들과 함께 한 현지 조사(2004-2007년)에서 얻은 것이다. 전체적으로 이 장은 환태평양 상호작용 속에서 출현하는 세계적 질서를 가상하는 특수한 방식에 대한 역사사회학적 분석을 진행한다.

프레임으로서의 국가

국가는 대중적 인식의 프레임을 계속 구성하기 위해 인민의 가상 속에서 적어도 두 가지 속성을 지녀야 한다. 첫째, 국가는 총체적이고 모든 것을 포괄하는 실체로 간주되어야 한다. 둘째, 국가는 중립적이어야 한다. 말하자면 어떤 특정 이데올로기를 명시적으로 대표해서는 안 된다. 이 두 속성은 상호 연관되어 있다. 국가는 모든 것을 아우르고 수용하는 것으로 가상될 때 비로소 특정 이데올로기의 화신이 아니라 조직화의 프레임이 될 수 있다. 마찬가지로 국가는 이데올로기적 심급에서 '텅 빈'empty 것으로 간주될 때에만 유효한 프레임으로 작동할 수 있다. 두 가지 속성 중의 첫 번째인 총체화하는 주권성은 이미 중국의 전통적 정치 인식의 일부로 기록되어 왔다. 중국의 공식적인 언어표현에서 '국가'國家란 개념은 '국가'state, '민족'nation, '나라'country, '정부'government, 그리고 심지어 '공산당'the Communist Party 등을 모두 포함한다(Xiang, 2010). 중국의 민족주의는 오랫동안 '강대국 콤플렉스'의 특징을 지니고 있다(Zheng, 1999; Zhao, 1996). 내가 강조하고 싶은 점은 이 같은 총체화하는 인식이 하나의 정태적인 문화적 유산으로 간주되지 말아야 한다는 것이다. 오히려 그것은 종별적인 역사적 경험을 통해 형성되며 두 번째 속성, 즉 자신을 하나의 명시적인 이데올로기적 입장으로부터 거리 두는 가상된 국가 역량과의 관계 속에서 이해되어야 한다. 국가에 대한 중국의 대중적 가상에 대한 역사적 특수성을 생각해 보면, 리쩌허우李澤厚, Li Zehou의 주장은 많은 계시를 준다. 그는 현대 중국의 정치와 이데올로기가 줄곧 구망救亡과 계몽啓蒙이라는 주제들 사이의 긴장에 의해 지배되었다고 주장한다. 계몽이란 문화 자각, 자아 혁신, 자유, 평등, 정의와 같은 위대한 윤리 목표를 추구하는 것을 의미한다. 구망이 주목하는 것은 내부 분열과 외부 위협에 직면한 중국이 어떻게 생존하느냐에 관한 문제다. 계몽은 국가를 위대한 이상을 실현하는 도구로 간주하며 구망은 통일적이고 강대한 국가를 건립하는 것을 목표로 삼는다. 리쩌허우는 현대 중국 지식인들은 줄곧 이러한 양극 사이에서 진동했다고 지적하였다. 1911년 신해혁명이 실패한 후 혁명적 이상에 대한 환멸과 국가적 위기에서 오는 절박함 속에서 출현한 소년중국사少年中國社와 전국책파戰國策派가 국가주의의 최초 징후라고 할 수 있다. 그리고 1930년대 일제의 침략에 대한 저항은 구망에 대한 관심이 계몽을 압도하게 된 또 다른 순간이었다. 사회주의 국가의 수립과 특히 문화혁명은 계몽이라는 주제로의 복귀로 해석될 수 있다. 국가는 보편적인 사회주의 혁명의 수단으로 간주되었다. [대중적 가상 속에서] 미·중 관계는 국가와 국가 사이의 관계가 아니라 두 개의 역사적 세력 사이의 선명한 이데올로기적 대결로 구성되었다.

문화혁명과 특히 1989년 이후 국가는 다시 같은 '프레임'을 가지게 되었다. 그 첫 번째 이유는 중국이 비정치적이고 실용적인 발전전략을 채택하였기 때문이다. 대표적으로 덩샤오핑의 유명한 흑묘백묘론에서 드러난 것처럼, 협의적 경제발전이 최우선 과제가 되었고 정치체제에 대한 중대개혁과 이념적 논쟁은 회피되었다. 사람들은 경제성장과 비정치적인 기술절차를 통해 사회 갈등을 해결하기를 희망했던 것이다. 정치구호에 관해 옳고 그름의 흑백 구별이 분명했던 '4가지 원칙'은 '과학발전관'과 실질적이고 구체적인 판단이 없는 '화해사회和諧社會'로 대체되었다. 2009년 허신은 중국은 현재 중대한 문턱에 와 있다고 선언하였는데, 이는 국가와 이데올로기의 분리를 분명하게 보여주었다. "우리는 중화민족의 이익을 최우선으로 하는 국가주의로 국민의식을 통일하지 않으면 정치 이데올로기의 모호함과 논쟁 속에서 종국에는 민족적 혼란과 분열의 악순환으로 떨어지고 말 것이다!"(He, 2009). 마르크스주의가 대중적 이념으로서의 지반을 상실하고 사회주의의 약속은 이행되지 않았으며 자유자본주의가 막대한 인적 손실과 우려를 야기하는 시대에, 남아 있는 유일한 신념은 중국을 하나로 단합시킬 수 있는 하나의 추상적 프레임으로서 국가에 대한 신념인 것으로 보인다.

신국가주의의 형성에 이보다 덜 극적이지만 더 큰 영향을 미친 사상은 국가능력에 대한 명제였다. 1991년 왕샤오광王紹光과 후안강胡鞍鋼이 작성한 『중국국가능력보고서』(1993년에 중국에서 공식 출판됨)에서 처음 소개된 '국가능력'은 곧바로 중국의 지식인과 정책입안자 사이에서 키워드가 되었다. 이 보고서의 핵심명제는 경제발전을 촉진하고 사회복지를 제공하는 국가 역량이 필연적으로 특정한 정치체제와 연관되는 것은 아니라는 것이었다. 강력한 국가능력이 없는 민주국가는 권위주의 국가만큼이나 문제가 될 수 있다. 이처럼 정치적·이데올로기적 관심 대신 기술적·제도적 역량을 강조하는 것은 1989년 이후 주류적 사고방식과 잘 맞아떨어졌다. 그런 사고방식은 어떤 정치적 논쟁도 관용하지 않았고 지식인들이 거대 이데올로기적 토론에 환멸을 느끼고 있는 것으로 간주했다. 더욱이 왕샤오광과 후안강(Shaoguang and Angang, 1993[1991])이 미국에서 자신들의 이론을 발전시켰고 특히 프린스턴대학교의 워크숍에서 그것을 최초로 발표했다는 사실이 중국에서 그들에 대한 관심을 끌게 만들었다. 태평양을 건너온 목소리는 그 주장에 추가적인 권위를 부여했지만, 그것은 중국 대중이 태평양의 다른 편에서 온 관념이 더 현명하다고 믿었기 때문이 아니라 1989년 이후 중국 지식인들이 서방에 대해서 더 자세한 이해를 얻는 것을 열망했기 때문이었다. 중국에서 천안문의 비극과 사회주의 이후 러시아의 불황은 자유민주주의로의 하룻밤의 변형이 과거에 희망했던 것처럼 바람직한 것도, 실행 가능한 것도 아니라는 것을 분명하게 만들었다. 자유주의 대 권위주의라는 단순한 이분법은 더 이상 그 시대의 더 복잡한 문제를 해결할 수 없었다. 국가능력 명제는 처음에는 내부 문제, 특히 재정적 문제에 관한 것이었다. 그러나 1997년 아시아 금융위기를 겪고 나서 이 개념은 세계경제에 대처할 수 있는 국가의 역량과 나아가 세계 속에서 중국의 위치를 논의하는 데 널리 사용되었다(Wang Hui, 2008: 137 참고). 공산당은 금융위기를 반복적으로 언급하면서 복잡한 세계 금융혼란을 대응해 나간 지도부의 관리능력을 강조했고 강력한 국가가 중국이 세계 자본주의에서 생존하는 데 절대적으로 필수 불가결하다는 점을 공중에게 상기시켰다.

국가에 대한 대중적 인식이 국내 문제에서 대외관계로, 이데올로기적 태도에서 실천적 역량으로 이동한 것은 하나의 유행어에서 분명하게 드러났다. "오직 사회주의만이 중국을 구할 수 있다"(Mao, 1957)는 마오쩌둥의 유명한 진술은 다음과 같이 수정되었다:

1899년: 오직 자본주의만이 중국을 구할 수 있다. (청나라 말기의 자산계급 개혁을 말함)

1949년: 오직 사회주의만이 중국을 구할 수 있다. (중화인민공화국 수립을 말함)

1989년: 오직 중국만이 사회주의를 구할 수 있다. (베를린 장벽이 무너지고 소련이 해체되면서 중국이 세계 유일한 주요 사회주의국가가 되었다. 이는 당시 중국 공산당의 공식 입장이었다)

2009년: 오직 중국만이 자본주의를 구할 수 있다. (2008년부터 시작된 세계금융위기를 말함)

중국만이 세계 자본주의를 구할 수 있다는 표현은 유머러스한 과장이다.

그러나 그런 지적은 진지한 것이기도 하다. 세계에서 인구가 가장 많고 가장 빠르게 성장하는 경제에서 금융적 자원과 여타의 자원을 동원하고 조율하는 중국 국가의 능력은 중국을 세계경제의 안정에 필수 불가결한 국가로 만들었다. 중국 정부가 위기와 싸우기 위해 강력한 경기 부양책을 실행하는 데에는 6주밖에 걸리지 않았다. 뿐만 아니라 공산당 중앙위원회에서는 2008년 11월에 모든 지방정부와 은행에서 전국에 더 많은 돈을 쓰라고 촉구하는 내부 문서를 발행한 바 있었다. 그 결과 은행 대출은 2008년에 비해 2009년에 15% 증가하였다. 여기서 주목해야 할 것은 지시를 내린 것이 중앙정부가 아니라 당이었다는 점이다. 이는 우선 은행이 자율적 기관이라고 가정되었고 지방정부도 자신의 예산을 책임져야 한다고 가정되면서 중앙정부의 개입이 부적절한 것으로 간주되었기 때문이다. 당 기관들 사이의 의사소통은 이론상 정부적 개입이 아니다. 더 중요한 것은 중앙위원회로부터의 '제안'이 정부의 공지보다 더 큰 무게가 있었다는 점이다. 중국의 공중은 중국 공산당이 미국 자본주의를 구하기 위해 열심히 일하는 것을 아이러니로 간주하지 않았다. 그들의 인식에서 공산주의와 자본주의는 더 이상 현실 적합성이 없다. 중요한 것은 국가가 조직하고 대표하는 '중국의 이익'이다. 당의 이번 조치는 중국의 경제적 이익을 보호했을 뿐 아니라 위기를 기회로 삼아 세계경제에서의 중국 위상을 높이는 데 활용한 것이었다.

중국이 서구, 특히 미국과의 상호작용을 심화하는 과정에서 국가는 프레임처럼 되어 버렸다. 이 과정에서 신국가주의는 태평양 역설과 직접적으로 연결된다. 1990년대까지 중국의 공중, 특히 젊은 층은 대체로 친미 성향이었다. 냉전이 종식됨에 따라 중국 공중의 세계 인식은 오히려 미국 중심으로 좁혀졌고 유럽, 아프리카, 라틴 아메리카에 대한 관심은 적어졌다. 1989년 운동의 학생들은 천안문 광장 한가운데에 거대한 중국 여신상을 그들의 주요 상징으로 세웠다. 그러나 이것은 오래가지 못했다. 1993년에 중국의 2000년 올림픽 개최에 대한 미국의 반대는 첫 번째 하향 전환점이 되었다. 퓨스미스(Fewsmith, 2008: 221)는 중국의 반응을 역사적으로 이례적인 것으로 파악했는데, 왜냐하면 "1949년 이후 처음으로 엘리트 정치, 관료적 이익, 지식인의 견해, 그리고 더 광범위한(그러나 여전히 도시적인) 공적 여론이 하나로 모아졌기 때문이다." 1995년 대만 지도자 리덩후이Lee Teng-hui의 미국 방문을 계기로 촉발된 양안 위기는 훨씬 더 심각했다. 중국 지식인들은 중국의 인권과 법치주의에 대한 비판에 대해서는 개인적으로 환영하면서도 양안관계에 대한 미국의 애매모호함은 중국을 억제하기 위한 의도적 정책으로 풀이하려는 경향이 있었다. 중국에게 있어서 대만과의 통일은 한 세기 동안의 굴욕을 딛고 세계에서 정당한 지위를 되찾는 중요한 상징인데 미국이 이 길을 막는다는 것은 그들에게 상처가 되었다. 미국으로 인한 양안의 긴장관계는 많은 친미 지식인들을 실망시켰고 그들로 하여금 환멸을 느끼게 하였다. 『중국이 노(No)를 말하다』(Song et al., 1996)라는 책은 상당 부분 바로 이러한 감정을 표현하였다.

1995년에 양안관계에서 중국은 강경한 태도를 취하였지만, 미국과의 안보대화, 경제협력, 사회교류 등 측면에서는 계속적으로 관계를 심화시켰다. 장쩌민Jiang Zemin 주석이 집권했던 기간(1989-2008)에 보여준 친미 성향은 오늘날 가장 논란의 여지가 큰 그의 유산 중 하나로 남게 되었다. 그 후 1999년 북대서양조약기구(NATO)가 베오그라드에 위치한 중국 대사관을 폭격하자 중국과 해외의 대학생들은 거리로 뛰쳐나왔다. "충격! 분노! 항의!"
는 저명한 매체인『베이징청년보(北京靑年報)』헤드라인에 실린 문구였다.
베이징대학의 한 젊은 교수는 "어두운 밤에 잠에서 깨어나 보니 지구 반대
편에서 늑대가 웃는 소리가 들렸다"라는 시를 쓰기도 했다(Wang Dong,
1999). 하지만 국가 지도부는 이와 대조적이게도 놀라울 만큼 느리게 반응
했다. 당시 서방 언론은 이를 지도부의 취약성과 분열 가능성의 징후로 해
석했지만, 돌이켜 보면 장쩌민의 친미 성향을 감안할 때 이는 지도부의 진
정한 충격과 어려운 상황의 결과로 해석되는 것이 더 정확한 것처럼 보인
다. 폭격 이후 장쩌민의 측근이자 저명한 친미 사상가인 류지Liu Ji는 해임되
었는데 이는 장쩌민이 미국에 대한 점증하는 적대감을 수용한 것으로 널리
알려졌다. 대부분의 중국인들은 북대서양조약기구와 백악관이 내놓은 해명
에 대해 납득하지 못하고 있다. 이는 미국 측에서 제공한 정보를 신뢰할 수
없거나 북대서양조약기구가 이런 '기술적 실수'를 범할 수 없다고 생각했기
때문이 아니었다. 오히려 이는 정치적으로 다극적인 세계를 지배하려는 서
구 세력에 대한 일반적인 의심을 반영한 것이다.

　이번 폭격 사태에 관련해서 당시 워싱턴의 중국대사관에서 근무하던 고
위 외교관의 관점은 태평양 역설의 복잡한 관계를 생생하게 보여주고 있다.
나는 사건의 진실에 대한 그의 의견을 물었고 그의 대답은 다음과 같다. "설
령 클린턴이 (폭격 계획을) 알고 있었다고 하더라도 우리는 그가 알지 못했
다고 말해야 합니다. 그렇지 않으면 그것은 미국이 중국에 선전포고를 했다
는 것을 의미하게 됩니다. 만일 미국이 전쟁을 선포했다고 중국이 주장한다
면, 중국은 무엇을 할 수 있겠습니까?" 따라서 정확히 무슨 일이 일어났는

지는 별로 중요하지 않았다. 어쨌든 중국은 미국이 실제로 무엇을 했는지와 관계없이 전면적인 충돌은 피해야 했다. 아마 진실이 만들어지고 표현되고 이해되고 논의되고 행동으로 적용되는 구조적인 조건 외에는 절대적인 진실이란 없을 것이다. 진실의 실제 의미는 국가 간의 관계에 의해 결정된다. 일부 사람들은 워싱턴에 대해 베이징이 기술적 문제와 주권원리를 주장하는 것을 외교적 제스처에 불과하다고 생각할지도 모른다. 가장 긴요한 문제는 강력한 중국 국가를 건설하는 것이다. 프레임으로서 강한 국가가 없다면, 모든 수사학과 제스처는 공허한 것이다.

무대로서의 국가

국가가 대중적 인식 속에 프레임으로 가상되기 위해서는 역사적 기억과 극적인 국제적 사건뿐만 아니라 구체적인 행동, 정책, 성과가 필요하다(국가의 상징적 구성물과의 일상적 해후의 중요성에 대한 인류학적 논의로는 굽타(Gupta, 1995), 미첼(Mitchell, 1991; 1999) 그리고 기타의 논의를 참고하시오). 이 절은 역사서사에서 민속지적 검토로 이동해서, 중국 국가가 가장 중요한 환태평양 집단 중 하나인 중국 해외화교전문가들Overseas Chinese Professionals(OCPs)과의 접촉 속에 자신을 어떻게 위치시켰는지, 그리고 특히 더 쉬워진 초민족적 연계가 어떻게 국가의 프레임 효과를 강화하였는지를 살펴볼 것이다. 개혁개방 시기에 중국 정부가 세계 화교들과 어떻게 교류하였는지에 관한 연구는 이미 많이 진행되어 있다(Wang Gungwu, 1985; Nyiri, 2002; Thuno, 2001; Barabantseva, 2005 참고). 하지만 중국은 화교전문가들, 특히 개혁개방 이후에 해외로 유학한 집단과 교류할 때 두 가지 경향을 보인다. 첫째, 정부는 화교전문가 단체가 형성된 후에 접촉을 시도했던 게 아니라 처음부터 단체 *형성*에 적극적인 영향을 끼쳤다. 둘째, 쌍방의 교류 과정에서 문화와 민족 담론의 중요성은 갈수록 약화되고 경제적 이익에 대한 실용적 계산이 우선시되었다. 그렇다고 해서 이것이 국가가 더 개입주의적이게 되었다는 것을 의미하는 것은 아니다. "정부가 무대를 만들고 사업계가 오페라를 공연한다." 이것이 중국해외화교사무국the Overseas Chinese Affairs Office(**OCAO**)이 화교전문가들과 협업할 때 채택한 가장 중요한 방법이었다. 이 방법에 따르면, 국가는 배후로 물러나서 기업체들이 활기찬 초민족적 협업을 이루어내고 혜택을 받을 수 있도록 좋은 조건을 마련해 준다.

무대 역할을 수행하기 위해서 국가는 우선 자생적 이동을 위한 새로운 사회적 공간을 만들어야 했다. 중국은 개혁개방 이후 출국 제한을 대대적으로 완화하였다. 〈하상〉의 대사를 빌리자면, 유학생들은 태평양에 뛰어든 최초의 중국인들이었다. 1978년부터 2012년까지 260만 명을 넘는 학생이 중국을 떠나 유학길에 올랐다. 특히 2012년에는 한 해에만 40만 명이라는 수치가 기록되었는데, 이것은 1978년의 출국 인원수(860명)의 465배에 달하는 수치였다. 미국은 줄곧 가장 선호되는 목표 국가였다. 2011년부터 2012년 사이 20만에 육박하는 중국 학생들이 미국에 머물고 있는데 이는 전체 유학생의 25.3%를 차지하며 규모 2위에 있는 유학생집단(인도, 13.1%)을 훨씬 넘어선다. 그 외에도 2005년부터 미국을 유학한 중국 고등학생 수는 10배 넘게 성장하였는데, 이는 미래의 성장을 위해 새로운 동력을 마련하고 있다(중국 교육부, 『중국교육보』, 2013년에서 인용).

초기의 유학은 정부에서 직접 조직·관리했고 유학생은 학업을 마친 후 반드시 귀국하도록 규정했으며 중국에 돌아온 학생은 엄격한 관리를 받아야 했다. 이들은 규정된 시간에 맞춰서 귀국하거나 해외체류기간을 신청 연장하여야 했으며 위반할 시에는 경제적 또는 정치적 처벌을 받았다. 1990년대 초에 이런 정책은 변화했다. 허가 없이 해외에 체류한 자는 고용주에게 보상금을 지급하고 정상적인 방식으로 계약관계를 종료할 수 있었는데, 예전에는 이런 것이 규정 위반으로 기록되었었다. 게다가 새로운 정책에서는 만약 귀국한 유학생이 민영기업 또는 해외기업으로 이직을 원할 경우 그들이 공공기관을 사직하는 것을 허용해 주었다. 이처럼 개방적인 정부 정책을 '십이자방침'十二字方針으로 정리했는데 그 의미는 "유학을 지지하고 귀국을 환영하며 거취가 자유롭다支持留學, 鼓勵回國, 來去自由"였다. 1990년대 말에 이르러 중앙정부는 화교전문가들에게 '조국을 위해 복무하기'를 호소했는데, 이는 '귀국하여 조국에 보답하기'라는 과거의 구호와 뚜렷한 차이를 보인다. 즉 새로운 통념은 해외에 머무는 것이 물리적으로 귀국하는 것만큼이나 애국적이라는 것을 함의했다. 요약하자면, 화교전문가들은 더 이상 정부에 의해 파견된 체류자가 아니며, 국가기관과의 연결도 사라졌다. 화교전문가들은 이제 유연한 초민족적 축적의 논리에 따라 자신의 이익을 최대화하려는 독립적인 이주자들이었다.

이동성에 대한 규제를 완화하는 동시에 국가는 정책 발표, 프로그램 적용, 행사 주최를 통해 무대를 마련함으로써 초민족적인 상호 교류가 이루어지도록 촉진했다. 살펴보면 첫째, 중국은 해외 화교들이 중국으로 돌아와서 일시적 또는 영구적으로 일하도록 장려하는 정책들을 고안하였다. 나는 중국 교육부가 제공한 지표(2004)에 근거하여 1986년부터 2003년까지 정부에서 발표한 정책 180개를 수집하였는데, 그것을 살펴보면 국무원의 일반정책 8개, 지방정부의 일반정책 90개, 귀국 유학생들을 위해 특별 설치한 사업단지 34개, 귀국 유학생들의 자녀 교육문제를 다룬 정책 7개, 유학생들의 귀국 후의 인사·국적·호적·결혼 문제를 다룬 정책 27개, 관세규정에 관한 정책 14개 등이 있었다. 실제로 많은 부서들에서 자체로 다양한 혜택을 주는 정책들을 발표하였기 때문에 교육부에서는 자동차 구입부터 자녀의 어린이집 등원까지 부서별로 혜택을 누릴 수 있도록 선택된 화교전문가들에게 특별 신분증을 발급하기로 했다. 졸업 후 귀국하지 않거나 이전의 직장으로 복귀하지 않으면 처벌받던 예전의 정책과는 극명하게 대조를 이루면서 대부분의 경우 귀국자는 근무 장소와 관계없이 이런 혜택을 받을 자격이 주어진다.

정부는 정책들을 발표한 외에도 초민족적 교류프로그램에 자금을 지원해 주었다. 1996년부터 시작한 〈춘휘계획春暉計劃〉은 화교지식인의 단기 방문을 지원하여 학술교류, 연수, 박사과정생에 대한 지도 등을 진행한다. 1998년부터 시작한 〈장강학자계획長江學者計劃〉은 본부를 홍콩에 두었고 장강실업공사, 리자청재단 및 교육부의 공동지원으로 운영되고 있는데, 줄곧 전략적 분야의 우수한 연구자들을 모집하는 데 힘써 왔다. 본 프로그램의 지원대상이 된 화교전문가들은 중국에서 3년간 근무할 수 있으며 매년 15,000달러에 달하는 급여를 지원받을 수 있다. 그 외에도 국가과학재단에서 설립한 〈우수청년학자프로젝트〉, 중국과학원에서 설립한 〈백인계획百人計劃〉 등이 있다(이러한 프로그램에 관한 자세한 내용은 Cao, 2008; Xiang,

2011 논문 참고).

중국의 '무대' 전략의 가장 전형적인 사례는 국제교류회를 주최하는 것이다. 이런 국제교류회는 해외에 있는 화교전문가, 국내의 기업인, 그리고 국제투자자들을 한곳에 초청하여 고용, 협업, 기술 이전 및 사업화를 촉진하게 된다. 1998년에 시작한 광저우 유학생 교류회가 그 첫 대회였다. 이는 광저우시 정부가 발의하여 교육부, 인사부, 과학기술부에서 공동으로 주최한 활동이다. 교류회는 특별히 대부분의 화교전문가들의 일정을 맞추기 위해 크리스마스 휴가기간에 열리며 해마다 20만 명이 넘는 참가자들이 이 자리에 모인다. 광저우 유학생 교류회는 거대한 규모, 든든한 자금지원(일체 교통비와 숙식비를 전담), 개방성(해외를 유학했거나 근무한 사람이면 모두 해당) 등으로 유명하다. 중국해외화교사무국의 한 중간 간부는 이 교류회를 '로마 모임'이라고 불렀는데 그 용어의 유래는 알 수 없지만(아마도 모든 사람에게 열려 있는 가톨릭 미사와 관련이 있을 수 있다) 그 주요 기능은 '세를 불려서 영향력을 확대하는 것'이라고 말했다. 말하자면 훌륭한 무대로서의 역할을 수행하는 것이 본 대회의 목적인 것이다.

그리고 2000년대 초반부터 많은 지방정부들이 광저우를 따라 하기 시작했다. 그러나 그들은 광저우와 같은 거대한 자금을 지원할 수 없었기 때문에 '작지만 알찬' 무대를 만들려고 노력하였다. 그중의 한 사례가 중국해외화교사무국과 동북3성 성 정부에서 2004년 6월에 공동 주최한 '해외 화교 과학기술 기업가 교류 합작회'海外華僑科學技術企業家交流合作會였다. 개최지인 창춘에 도착했을 때 나는 축제 분위기에 매료되었다. 하늘에는 형형색색의 풍선이 띄워져 있었고, 도로 위엔 정성껏 가꾼 꽃들이 놓여 있었으며 공항에서 도심으로 가는 주요 도로와 가로등 기둥, 원형교차로 등 곳곳에 '동북부흥, 상생협력'이라는 표어가 걸려 있었다. '상생'win-win은 꽤나 참신한 표현이었다. 오랫동안 화교에 대한 중국의 공식 담론은 애국심과 (조국 발전에 대한) 공헌 같은 개념으로 지배되었고, 화교는 일반적으로 어머니의 품을 떠난 외로운 '방랑자'로 묘사되었다. 하지만 '상생협력'이란 표현은 조국과 화교전문가를 호혜적이며 평등한 동반자 관계로 위치시켰다.

대회는 500명을 위한 대형 연회로 시작되었다. 홀 중앙에는 다른 테이블에 비해 두 배나 큰 테이블이 있었고 거기에는 거의 모든 최고 지도자들, 중국해외화교사무국 간부, 몇 명의 화교전문가 대표 등이 앉아 있었다. 나는 관찰자로서 운전사, 경호원, 기자, 사진작가 등과 함께 주변 테이블에 착석하였다. 본격적인 사업은 다음 날부터 시작되었다. 동시 진행되는 여러 조별 세미나에서 화교전문가들은 자신의 혁신기술을 소개했고 시장 잠재력과 뛰어난 미래 수익성을 제시하였다. 중국해외화교사무국의 화교전문가 사업을 담당하고 있는 중간 간부인 양Yang 선생은 이런 진행방식이 미국 실리콘밸리의 벤처 캐피탈이 주최하는 투자세미나를 모방한 것이라고 나에게 설명했다. 이와 동시에 정부 부처를 포함해서 지역 기업과 기관은 저마다 홀에 부스를 설치하여 그들이 염두에 두고 있는 프로젝트를 위한 직원과 협력 파트너를 모집하였다. 이 같은 실리콘밸리 대회의 주최 기간 동안에는 공식적 위계가 일시적으로 유예되었다. 중급 간부들은 이리저리 돌아다니면서 때로는 발표 중간에 세미나실에 몰래 들어가 조용히 지켜보기도 했다.

대회는 나흘째 되는 날 화교전문가와 중국에 기반을 둔 기관 사이의 성대한 협약식을 끝으로 막을 내렸다. 몇몇 환교전문가 대표자들과 지역 기업들이 회의에서 얼마나 큰 성과를 거두었는지 보고한 후, 중국해외화교사무국(OCAO)과 지방정부 간부들은 대회의 성공을 알리는 간단한 연설을 하였다. 베이징 관원들이 퇴장한 후 지역 관원들은 와인 잔을 들고 무대 위에 줄을 서서 화교전문가들과 현지 기업이 계약을 서명하는 것을 지켜보았다. 그리고 곧바로 기자회견이 이어졌는데, 체결된 계약 수와 투자 금액 등 자세한 성과들을 인쇄물을 통해 쉽게 구할 수 있었다. 거의 모든 비즈니스 거래가 불과 몇 분 전에 체결되었다는 점을 감안할 때 대회가 시작되기 전에 대회의 결과는 분명히 보장되었을 것으로 보인다. 그러므로 대회의 상당 부분은 말 그대로 '무대화' 된 것이다.

이런 '무대화' 전략은 효과가 있었던 것 같다. 많은 화교전문가들은 이런 대회가 어느 정도 '보여주기'라는 점에는 동의하지만 그런 것도 필요한 부분이며 그들에게 유익한 것이라고 생각했다. 미국과 헝가리 두 곳에서 무역회사를 경영하고 있는 화$_{Hua}$ 여사도 이번 대회의 참가자였다. 그녀는 건설 프로젝트를 위해 석재를 구매하고 있었는데 이는 첨단기술과 관련이 없는 사업이었다. 또한 이미 그녀는 중국 동북지역에 있는 판매자와 계약을 맺었지만 대회가 주최된다는 소식을 우연히 듣고 대회에서 계약을 체결하기로 결정하였다. 화 여사는 이 대회를 통해서 자신의 프로젝트에 대한 더 큰 공개성과 정당성을 획득할 수 있으며 이렇게 되면 '앞으로 정부를 다루는 것이 더 쉬워질 것'이라고 기대하였다.

이번 대회는 상업성과 기술성도 있지만 어느 정도 정치성과 연극성도 있다. 정치적인 의식과 상업적인 계산은 상호 촉진하면서 서로에게 정당성을 부여해 줄 수 있다. 바로 이처럼 실용적인 상업적 노력을 지지하고 촉진함으로써 국가는 스스로를 진보적이고 과학적이며 미래 지향적이고 구체적 성과를 제공할 수 있는 모습으로 보일 수 있다. 정치적 의식儀式은 참가자들에게 국가의 중요성을 환기시킬 뿐만 아니라 진지하면서도 축제적인 분위기를 조성하여 그들의 사기를 높여주기 위해 활용되었다. 어느 한 관리자가 말했듯이 그것은 "(이를 통해서) 국가가 해외 화교전문가들을 소중히 여기며 진심으로 잘 대해 주고 싶다는 것을 보여주었다." 화교전문가들도 대부분 이런 의식을 즐기면서 사진도 찍고 악수도 하고 관원들과 명함을 교환하는 기회를 놓치지 않은 것 같다. 국가가 설치한 무대 위에서 시장적 계산에 의해 추동되는 환태평양 상호작용은 그들의 명예와 자부심을 불러일으키는 것처럼 보였다. 이와 다른 사례도 들 수 있다. 호주에서 박사학위를 받고 영국에서 근무 경험을 쌓은 후 귀국한 어떤 화교전문가는 자신의 연구팀이 『사이언스』(*Science*)지에 발표한 논문―이는 하나의 성취의 지표였다―을 7월 1일 공산당 창당 기념일을 위한 하나의 선물이라고 생각한다고 언론에 밝혔다(Cao, 2008: 341). 이 논문은 바로 그러한 의례적이고 허구적인 선물이 되었기 때문에 자신의 사회적 의미를 획득했다. 국가는 이처럼 무대 역할을 함으로써 흐름과 연계를 촉진시킬 뿐만 아니라 그 자신이 흐름과 연계가 의미를 획득할 수 있게 하는 중심적 준거점이 된다.

토론

롭 윌슨은 '아시아 태평양'이라는 통념이 '사실상 여러 문제와 정치적 긴장을 시장 주도적 논의로 해소하지 않은 채 그런 문제를 무시하고 정치적 긴장을 우회하는 방식'이라고 주장한 바 있다(Wilson, 2002: 244-245). 태평양 역설은 '아시아 태평양'이라는 통념이 최초로 제기됐을 때에 비해 오늘날 시장의 힘은 훨씬 더 지배적이게 되었다는 것을 보여준다. 그러나 정치적 긴장은 쉽게 우회되지 못했다. 그것들은 오히려 심화된 동시에 여러 가지 방식으로 격화되었다. 태평양에 대한 헤게모니적인 시장 지향적 전망은 단순히 미국에 의해 부과된 것이 아니다. 복수의 행위자들이 그러한 가상에 적극적으로 기여했으며, 중국도 미국 못지않게 열정적이었다. 만약 환태평양 '신자유주의' 같은 것이 있다면 그것은 미국에 의해서 발명되고 부과된 교리가 아니라 여러 지역의 경험과 인식이 함께 어우러져서 형성된 복합체로 이해되어야 한다. 이런 미묘하고 복잡한 관계에 주목하는 것이 태평양 관계를 이해하는 데 결정적이다. 그러나 동일한 게임에 자발적으로 참가한다고 해서 게임이 모든 참가자들에게 동일한 *의미*를 갖는 것은 아니다. 중국에게는 세계적으로 통합된 시장에 가입하는 것이 세계 내에서 자신의 정당한 위치를 획득하는 가장 현실적인 길이었다. 또한 후발주자이자 상대적으로 취약한 중국이 세계경제에 참여하려면 강한 국가가 필요했고, 그렇게 할 수 있는 역량은 국가의 정당성을 위한 주요한 기초가 되었다. 국가와 국가 사이의 정치적 긴장은 환태평양 관여의 일부분일 뿐만 아니라 그런 관여를 유의미하게 만드는 것이기도 하다. 이런 측면에서 태평양 역설은 식민지가 유럽의 지배에서 벗어나기 위해 유럽식 민족국가 모델을 채택했던 탈식민적 역설과 분석적으로 유사하다. 그러나 탈식민 국가들은 자족적이게 됨으로써 그리고 심지어 자기 자신이 스스로 부과한 고립을 통해 독립을 추구했던 반면, 태평양 역설은 특정한 나라가 다른 나라들과의 깊은 경제적 통합을 통해 자국의 정치적 정체성과 자율성을 주창할 것을 요구한다. 따라서 태평양 역설은 이중적으로 역설적이다.

나는 '호모 이코노미쿠스'의 사례로서 환태평양의 중국적 주체성이라는 이미지를 비판적으로 검토하면서 사람들의 세계적 가상작용 내부의 의미— 명예, 정의, 인정, 역사 등에 대한 감각—의 접합에 주목할 것을 요청한다. 이 장은 중국 디아스포라나 초민족주의 연구에 일반적인 문화주의적 서사와 거리를 두면서 대중적 가상 속에서 현실정치의 상징적 중요성을 강조하였다. 중국의 공중은 현실정치에 대해 더 많이 알게 되었는데, 왜냐하면 그들이 세계, 특히 서구와의 상호작용이 점점 더 친밀해졌기 때문이다. 국가에 대한 상징적 의미를 강조한다는 측면에서 이 장은 세계화에서 국가의 역할에 대한 정치경제적 분석(Sassen, 2010 참고)과 구별된다. 중국의 국가는 노련하고 실력 있는 정치적 실행자라기보다는 사회적 의식, 전략, 실천을 함께 조건 지우는 일종의 프레임이자 무대다.

'태평양 역설'은 하나의 안정된 상태가 아니다. 환태평양 경제통합은 약화될 수 있고 정치적 긴장 국면은 요동칠 수 있다. '태평양 역설'은 복잡한 교차구조, 말하자면 경제적 필요성, 지정학적 계산, 의미형성 과정 등이 깊이 연관되는 하나의 양식이다. 중국의 관점에서 보면, 현재 중국이 직면하고 있는 적대적 환경은 생래적으로 사악한 서방의 의도가 아니라 세계적 구조에 의해서 결정된 것이다. 환태평양 관계는 대서양 양쪽의 진보적 자본주의를 신봉하는 사람들이 서로 호응하여 공통의 이상과 정책을 추진하면서 초민족적 동맹을 맺었던 19세기의 환대서양 횡단과 다르고 제2차 세계대전 이후 원칙과 규범을 강조하는 환대서양 관계와도 다르게 실용주의에 의해 추동되고 있는 것이다. 실제로 중국의 공중은 미국의 공중보다 훨씬 덜 도덕적인 어조로 국제문제를 논의하는 경향이 있다. 바로 이러한 실용주의, 모호성, 다면성 등으로 인해 태평양 역설은 지적 개입과 정치적 논쟁을 위한 새로운 지평을 열어줄 것이다.

참고 문헌

Anderson, Benedict. 1991. *Imagined Communities*. London: Verso Books.

Barabantseva, Elena. 2005. "Trans-Nationalising Chineseness: Trans-Nationalising Chineseness: Overseas Chinese Policies of the PRC's Central Government." *ASIEN* 96: 7 – 28.

Cao Cong. 2008. "China's Brain Drain at the High End: Why Government Policies Have Failed to Attract First-Rate Academics to Return." *Asian Population Studies* 4 (3): 331 – 345.

Comaroff, Jean, and John Comaroff. 2003. "Ethnography on an Awkward Scale: Postcolonial Anthropology and the Violence of Abstraction." *Ethnography* 4 (2): 147 – 179.

Dirlik, Arif. 1998. *What Is in A Rim?: Critical Perspectives on the Pacific Region Idea*. Lanham, Md.: Rowman & Littlefield.

Fewsmith, Joseph. 2008. *China since Tiananmen*. New York: Cambridge University Press.

Gupta, Akhil. 1995. "Blurred Boundaries: The Discourse of Corruption, the Culture of Politics, and the Imagined State." *American Ethnologist* 22 (2): 375 – 402.

He Xin. 1995. "1992 Nian Gei Xiaoping Tongzhi Guanyu Zhongmei Guanxi de Xin" [A Letter to Comrade Deng Xiaoping on Sino-US Relations in 1992.] In *He Xin Zhengzhi Jingji Lunji* [He Xin's Essays on Politics and Economy], ed. He Xin and Zhengzhi Jingji LunJi, 185 – 196. Harbin: Heilongjiang Education Press.

_____. 2009. "Lun Zhengzhi Guojia Zhuyi" [On Political Statism.] Post on *He Xin Luntan* [*He Xin Forum*]. August 31. http://www.caogen.com/blog/index.aspx?ID=32 (accessed October 21, 2010).

Huntington, Samuel. 1993. "The Clash of Civilizations?" *Foreign Affairs*. 72 (3): 22 – 49.

Kellas, James. 1991. *The Politics of Nationalism and Ethnicity*. London:Macmillan.

Li Zehou. 1987. "Qimeng yu Jiuwang de Shuangchong Bianzuo" [Double Variation of Enlightenment and Salvation.] In *Zhongguo Jindai Sixiang Shi* [*History of Modern Chinese Thought*], 7 – 50. Beijing: Oriental Press.

Mahbubani, Kishore. 2003 [1998]. "Seven Paradoxes on Asia-Pacific Security." In *Can Asians Think?: Understanding the Divide between East and West*, 168 – 174. Singapore: Marshall Cavendish.

Mao Zedong. 1957. "On the Correct Handling of Contradictions among the People." *People's Daily*, June 19.

Ministry of Education. 2004. *Liuxue Gongzuo Wenjian Huibian* [*Compilation of Policies Regarding Studying Overseas*]. Beijing: Ministry of Education (unpublisheddocument).

Mitchell, Timothy. 1991. "The Limits of the State: Beyond Statist Approaches and Their Critics." *American Political Science Review* 85 (1): 77 – 96.

———. 1999. "Society, Economy, and the State Effect." In *State/Culture: State-Formation after the Cultural Turn,* ed. George Steinmetz, 76 – 97. Ithaca, NY: Cornell University Press.

Nyiri, Pal. 2002. "From Class Enemies to Patriots: Overseas Chinese and Emigration Policy and Discourse in the People's Republic of China." In *Globalizing Chinese Migration: Trends in Europe and Asia,* ed. Pal Nyiri and Igor Saveliev, 208 – 241. Aldershot, UK: Ashgate Publishing.

Nyiri, Pal, Zhang, Juan and Varrall, Merriden. 2010. "China's Cosmopolitan Nation–alists: Heroes' and 'Traitors' of the 2008 Olympics." *The China Journal,* No. 63: 25 – 55.

Ong, Aihwa. 1999. *Flexible Citizenship: The Cultural Logics of Transnationality.* Durham, NC: Duke University Press.

Plano, Jack C. 1973. "Statism." In *Political Science Dictionary,* ed. Jack C. Plano. New York: Dryden Press.

Rodgers, Daniel T. 1998. *Atlantic Crossings: Social Politics in a Progressive Age.* Cambridge, MA: Harvard University Press.

Sahlins, Marshall. 1994. "Cosmologies of Capitalism: The Trans–Pacific Sector of 'the WorldSystem.'" In *Culture/Power/ History: A Reader in Contemporary Social Theory,* ed. Nichola B. Dirks, Geoff Eley, and Sherry B. Ortner, 414 – 416. Princeton, NJ: Princeton University Press.

Sassen, Saskia. 2010. *Territory, Authority, Rights: From Medieval to Global Assemblages.* Princeton, NJ: Princeton University Press.

Shen, Simon. 2007. "'Holding Nationalist Flags against Red Flags'—Anti–American Icons in Contemporary China and Their Reconstruction by the Public (1999 – 2003)." *East Asia* 24: 229 – 250.

Song Qiang, Huang Jisu, Song Xiaojun, Wang Xiaodong, and Liu Yang. 2009. *Zhongguo Bu Gaoxing: Dashidai, Damubiao Ji Women de Neiyou Waihuan* [*Unhappy China: The Great Time, Grand Vision and Our Challenges*]. Nanjing: Jiangsu People's Press.

Song Qiang, Zhang Zangzang, Qiao Bian, and Gu Qingsheng. 1996. *Zhongguo Keyi Shuobu: Leng-*

zhan Houde Zhengzhi yu Qinggan Jueze [*China Can Say No: Political and Emotional Choic-esin the Post Cold-War Era*]. Beijing: Chinese Industry and Commerce Association Press.

Su Xiaokang, and Wang Luxiang. 1988. "Xin Jiyuan" [The New Epoch]. In *He Shang* [*River Elegy*]. Beijing: China Books and Journals Press. (page missing).

Thuno, Mette. 2001. "Reaching Out and Incorporating Chinese Overseas: The Trans-Territorial Scope of the PRC by the End of the 20th Century." *China Quarterly* 168: 910 – 929.

Wang Dong. 1999. "Heiye" ["The Black Night"]. *Beijing Daxue Xiaokan* [*Peking University News*]. (date and page missing).

Wang Gungwu. 1985. "External China as a New Policy Arena." *Pacific Affairs* 58 (1): 28 – 43.

Wang Hui and Zhang Tianwei. 1994. "Wenhua Pipan Lilun yu Dangdai Zhongguo Minzu Zhuyi Wenti" [Theories of Cultural Critique and Issues of Contemporary Chinese Nationalism]. *Zhanlue Yu Guanli* [*Strategy and Management*] 5 (4): 17 – 20.

Wang Huning. 1994. "Wenhua Kuozhang yu Wenhua Zhuquan: Dui Zhuquan Guannain de Tiaozhan" [Cultural Expansion and Cultural Sovereignty: The Challenge to the Idea of Sovereignty]. *Fudan Daxue Xuebao* (*Sheke ban*) [*Fudan University Journal* (Social Science edition)], November 3. (page missing).

Wang Shaoguang. 2010. Personal conversation with the author. Oxford, October 21.

Wang Shaoguang and Hu Angang. 1993 [1991]. Zhongguo Guojia Nengli Baogao [*China's State Capacity Report*]. Liaoning: People's Publishing House.

Wang Yaping. 2009. "Zhongguo Zouxiang Haiyanghua" [China's Path towards Oceanization]. *Financial Times* [Chinese online version], December 23. http://www.ftchinese.com/story/001030441. (accessed February 10, 2014).

Wikipedia. 2014a. "Group of Two." http://en.wikipedia.org/wiki/Group_of_Two. (accessed February 9, 2014).

Wikipedia. 2014b. "Chimerica." http://en.wikipedia.org/wiki/Chimerica. (accessed February 9, 2014).

Wilson, Rob. 2002. "Imagining 'Asia-Pacific' Today: Forgetting Colonialism in the Magical Free Markets of the American Pacific." In *Learning Places*, ed. Masao Miyoshi and Harry D. Harootunian, 231 – 260. Durham, NC: Duke University Press.

Wilson, Rob, and Arif Dirlik, eds. 1996. *Asia/Pacific as Space of Cultural Production*. Durham, NC: Duke University Press.

Xiang, Biao. 2010. "Putongren de Guojia Lilun" [Guojia: A Common People's Theory of the State in Contemporary China]. *Kaifang Shidai* [*Open Times*] October: 117 – 132.

_____. 2011. "A Ritual Economy of 'Talent': China and Overseas Chinese Professionals." *Journal of Ethnic and Migration Studies* 37 (5): 821 – 838.

Zhao Suisheng. 1997. "Chinese Intellectuals' Quest for National Greatness and Nationalistic Writing in the 1990s." *China Quarterly* 152: 725 – 745.

Zheng Yongnian. 1999. *Discovering Chinese Nationalism in China: Modernization, Identity and International Relations*. Cambridge, UK: Cambridge University Press.

Zhongguo Jiaoyu Zaixian [China Education On-Line] 2013. 2013 *Nian Chuguo Liuxue Xushi Baogao* [Report on Trends in Studying Overseas 2013]. www.eol.cn/html/lx/baogao2013/page1.shtml. (accessed February 9, 2014).

2부
───

환태평양
문화

04

미겔 코바루비아스와 태평양 전시:
금문교 국제 박람회와 환태평양 사상, 1939-1940

낸시 루트케하우스Nancy C. Lutkehaus

2012년 11월 당시 미국 대통령이었던 오바마는 재선에 성공한 며칠 후 동남아시아국가연합(ASEAN) 정상들을 만나기 위해 캄보디아로 향하는 도중에 태국에서 다음과 같은 말을 남겼다. "제가 여러 차례 언급했듯이, 미국은 현재에도 미래에도 언제나 태평양 민족일 것입니다.[1] 21세기 세계안보와 번영의 향방은 세계에서 가장 빠르게 성장하는 지역인 아시아-태평양 지역이 결정할 것이며, 이 때문에 저는 대통령으로서 미국이 아시아-태평양 지역과 지속해서 관계를 회복하는 것을 최우선 과제 중 하나라고 생각합니다."[2]

---

1 오바마 전 대통령의 발언(White House, 2012)에서 발췌.

2 '태평양 민족'과 관련해서는 2009년 취임 이후 아시아-태평양 지역에 대한 오바마의 발언을 간략하게 기록한 Borthwick(2007)을 참고하시오.

많은 사람이 생각하는 것처럼, 미국이 현재 동남아시아국가연합(ASE-AN)의 국가들과 우호 관계를 유지하고자 하는 가장 큰 이유는 태평양 지역에서 중국 지배력의 부상과 관련이 있다. 그러나 본 장에서 나는 우리의 관심을 미국의 역사에서 더 이른 시기, 심지어 베트남전과 제2차 세계전쟁에 미국이 참전했던 것보다 더 이른 시기, 즉 우리가 우리 자신을 '태평양 민족'으로 간주하기 시작했던 또 다른 순간으로 돌리려고 한다. 그것은 또한 미국의 역사에서 미국의 환태평양 연계라는 관념이 가장 명백했던 순간이었다.

이러한 관념을 명백하게 만들었던 샌프란시스코의 행사, 금문교Golden Gate 국제 박람회는 1939년에 트레저 아일랜드Treasure Island—박람회를 위해 특별히 해안에 준설된 인공섬—에서 개최되었다. 박람회의 주제는 '평화와 태평양의 통합'이라는 아이디어를 표현한 '태평양 전시'the Pageant of the Pacific였다. 환태평양 연계성이라는 관념을 물질적으로 명백한 것으로 만들었던 가장 시선을 끈 작품들 중 하나는 박람회의 주제적 중심인 태평양관Pacific House에 전시된 멕시코의 예술가 미겔 코바루비아스Miguel Covarrubias의 6개의 연작 벽화 작품이었다.

그들 각각이 실제로 태평양에 대한 거대한 삽화 지도였던 6개의 벽화 작품에는 다음과 같은 제목이 붙어 있었다. 「태평양의 동식물」(The Fauna and Flora of the Pacific), 「태평양 지역의 전통적 교통수단」(Native Means of Transportation in the Pacific Area), 「태평양의 예술과 공예품」(Arts and Artifacts of the Pacific), 「태평양의 경제」(Economy of the Pacific), 「태평양 지역의 전통적 주거지」(Native Dwellings of the Pacific Area), 그리고 「태평양 지역의 부족들」(Peoples of the Pacific). 현재는 6개 원작 중 「태평양의 동

1939년 샌프란시스코 트레저 아일랜드에서 개최된 금문교 국제 박람회의 "태평양관"에 걸렸던 벽화 중 한 작품 앞에 선 미겔 코바루비아스. 사진: 작가 미상. 텍사스 오스틴 대학교 해리 랜섬 인문학연구센터 지원.

식물」(The Fauna and Flora of the Pacific)만 샌프란시스코의 데 영 박물관(De Young Museum)에서 감상할 수 있다.

본 장에서 나는 다음과 같은 두 가지 지점을 강조하고자 한다. 첫째, 나는 미겔 코바루비아스나 그의 작품을 알지 못하는 환태평양 연구자들에게 그를 소개하고자 한다. 내가 생각하기에 그는 예술가이자 독학으로 인류학을 공부한 멕시코 지식인으로서 환태평양에 대한 우리의 현재적 통념에 몇 가지 중요한 기여를 했다. 또한 나는 코바루비아스가 앵글로색슨계나 아시아계 미국인이 아니라 라틴 아메리카 출신이라는 사실이 환태평양이라는 관념의 지성사에서 중요한 의미를 갖는다고 생각한다. 달리 말해, 인종과 출신 국가는 그런 관념의 발전에 중요한 역할을 했을 수 있지만, 아마도 그것이 우리가 통상적으로 생각하는 방식으로 통한 것은 아닐 수 있다.

둘째, 나는 금문교 국제 박람회를 매우 특수한 유형의 문화형성—제국주의 연구자들이 19세기 말과 20세기 초의 서양의 특징으로 파악한 유형—의 사례로 논의할 뿐만 아니라 그것이 환태평양이라는 관념뿐만 아니라 오바마 대통령의 진술의 역사적 전조로서 태평양 민족이라는 관념의 발전에서 수행한 역할에 대해서도 서술하기를 희망한다.[3]

금문교 국제 박람회에 앞서 1916년 캘리포니아에서 파나마 운하의 완공을 기념하기 위해 두 개의 박람회—샌프란시스코의 파나마-태평양 국제박람회와 샌디에이고의 파나마-캘리포니아 박람회—가 개최되었다. 역사학자 로버트 라이델(Rydell, 1984)은 이 두 번의 박람회가 남쪽의 라틴아메리카 이웃 국가와 미국 자신의 히스패닉적 과거에 대한 앵글로 색슨계 미국의 지배력 부상—운하로 예시되는 기술적 첨단으로 요약된—을 찬양하는 사회 진화의 메시지를 담고 있다고 주장했다. 파나마 운하의 완공은 대서양과 태평양의 연결을 의미했을 뿐만 아니라, 미국의 동부와 서부 해안의 연결 그리고 유럽, 미국, 극동 사이의 더 빠른 운송—따라서 더 빠른 무역과 통신—의 연결을 의미했다.

---

3 금문교 국제 박람회 이전에도 미국을 태평양 민족으로 인식하려고 했던 이들은 여러 명 있었는데, 특히 태평양과 환태평양 세계의 중요성과 광활함에 대해 멜빌H. Melville만큼 열정적으로 피력했던 사람은 없을 것이다. 더 자세한 내용은 본서의 로우Rowe의 장을 참고하시오.

유사한 맥락에서 금문교 국제박람회도 금문교와 샌프란시스코-오클랜드
베이 대교San Francisco-Oakland Bay Bridges 같은 미국의 기술적 성취를 기념하
기 위한 행사였다. 더 중요한 사실은 그 박람회가 태평양을 가로질러 승객
을 실어 나를 비행기 여행─아마도 이것이 환태평양이라는 용어는 원래적
의미였을 것이다─의 가능성을 보여줌으로써 미국 항공기술의 미래 지배력
을 과시했다는 것이다. 트레저 아일랜드 위에 세워진 금문교 국제 박람회장
을 대체할 공항에서 미래에 이륙할 계획을 가지고 있는 태평양 횡단 여객
기 차이나 크리퍼China Clipper와 함께 팬아메리칸 항공사Pan American Airlines
가 출범할 예정이었다.

금문교 법인을 구성했던 사업가, 정치인, 전문가의 공통된 관심사 중 하
나는 샌프란시스코를 바다와 하늘을 통한 '태평양의 관문'으로 인식시키는
것이었다.[4] 박람회가 환태평양 상업과 교통을 찬양했던 것은 북아메리카 사
람들이 환태평양 세계라는 하나의 명시적인 통념을 접합하려고 했던 20세
기 최초의 시도들 중 하나를 대표했다. 그러나 코바루비아스의 '태평양 전
시' 벽화들은 환태평양 연계성들에 대해 또 다른 의미들을 표현했다. 그의
작품들은 태평양의 양쪽 편 사이의, 그리고 아메리카의 아래위 사이의 문화
적 연계의 장구한 역사를 보여준다. 코바루비아스의 벽화들은 또한 태평양
연안의 사람들과 문화들 사이의 상호 연계성에 대한 일련의 관념들을 시각
적으로 보여주려는 내가 알고 있는 유일한 시도다.

4　박람회의 조직과 관련한 정보는 "Hard Times, High Visions: Golden Gate International Exposition."
　을 참고하시오. http://bancroft.berkerley.edu/Exhibit/Looking/hardtimes.html (accessed January 30,
　2014).

1939년 샌프란시스코에서 있었던 금문교 국제 박람회 포스터.

  마지막으로 나는 라이델(Rydell, 1984), 폴 그린 할(Halgh, 1988) 같은 제
국주의 연구자들이 19세기와 20세기 초에 개최되었던 세계 박람회들의 인
종주의적 의제와 제국주의적 기능에 대해 서술했었던 것을 염두에 두면서
금문교 박람회가 그것에 선행했던 이전 시기의 박람회들과는 다른 이행적
형태를 표상하거나, 그렇지 않다면 적어도 그 이전에 미국과 유럽에서 개최
되었던 박람회들보다 훨씬 더 복잡한 문화적 창작물이었다고 주장한다. 나
의 관점에서 볼 때, 박람회의 형태상의 변화는 제2차 세계대전 전야의 미국

과 유럽에서 전개되고 있던 더 광범위한 사회적 변화를 반영하고 있었다.[5]

미겔 코바루비아스(1904-1957): '엘 차마코'El Chamaco = '꼬마'

그렇다면 금문교 박람회 주최 측은 왜 멕시코 출신 예술가인 미겔 코바루비아스에게 태평양관의 벽화를 그리도록 요청했을까? 코바루비아스는 멕시코의 가장 저명한 벽화 운동가들의 일부—코바루비아스보다 한 세대 위의 디에고 리베라Diego Rivera(1886-1954), 호세 클레멘테 오로스코José Clemente Orozco(1883-1949), 다비드 알파로-시키에로스David Alfaro-Siquieros(1896-1974), 루피노 타마요Rufino Tamayo(1899-1991), 프리다 칼로Frida Kahlo(1907-1954) 등—를 포함하는 20세기 초 일군의 멕시코 예술가들 중 한 명이다. 이들은 현대미술에 관심을 가지는 개인들에 의해 미국에 알려졌다.[6] 그의 동료 예술가들은 코바루비아스를 '엘 차마코'El Chamaco—꼬마—라고 불렀으며, 그는 평생 그 별명으로 살았다.[7]

"왜 코바루비아스인가"라는 질문에 대한 해답은 코바루비아스가 19살밖에 되지 않았던 1923년에 시작된다.[8] 그때 그는 멕시코시티—거기서 그는 멕

---

5 코바루비아스와 그의 동료였던 멕시코 벽화운동가 디에고 리베라는 특히 당시 파시즘의 유령을 잘 인지하고 있었다. 아래의 각주 8(각주 35)을 참고하시오.

6 코바루비아스는 1940년 뉴욕시 현대 미술관에서 개최된 "20세기 멕시코 예술"이라는 제목의 전시회의 현대 멕시코 예술 부문의 전시기획을 의뢰받기도 했다. 보다 자세한 내용은 Twenty Centuries of Mexican Art, New York: Museum of Modern Art를 참고하시오.

7 코바루비아스의 일생과 관련된 보다 자세한 내용은 Williams(1994)를 참고하시오.

8 리베라는 코바루비아스와 지적·정치적·예술적 관심사를 나눈 동료로 박람회의 벽화 작업에도 참

시코 정부의 통신부에서 지도를 그리는 일을 했다ㅡ를 떠나 뉴욕시로 이동했다. 재능 있는 캐리커처 화가였던 그는 멕시코 정부로부터 비록 많지는 않지만 해외에서 미술을 공부할 장학금을 지급 받을 수 있었다.

뉴욕시에서의 코바루비아스

우리가 수백 년 동안 후원해 온 나라인 멕시코 출신의 20대 소년이 외부인이자 이교도의 관점으로 쉽게 그릴 수 있는 비판적이고도 날카로운 작품이다[9].

위의 언급은 미국인 예술가인 랄프 바튼Ralph Barton(1891-1931)이 1925년 미겔 코바루비아스의 최초의 캐리커처 작품선『웨일즈의 왕자와 다른 미국의 유명인들』(*The Prince of Wales and Other Famous Americans*)(1925) 출판에 즈음하여 남긴 말이다. 물론 바튼Barton은 코바루비아스와 유사한 유머 감각을 가진 동료 캐리커처 작가로서 농담조로 논평을 남긴 것이었지만, 그의 논평은 1920년대 멕시코와 라틴 아메리카 출신의 예술가들에 대해 미국의 주류사회가 느끼고 표현했던 편견을 반영하고 있었다. 그러나 그의 논평의 밑바닥에는 아마도 순수한 질투심이 놓여 있었을 수도 있다. 왜냐하면 코바루비아스는 캐리커처와 일러스트 작품이『뉴요커』(*New Yorker*),『보그』(*Vogue*),『베니티 페어』(*Vanity Fair*) 같은 잡지에 실리면서 스스로의 힘으로

여했다. 그 작품이 범아메리카적 통일성Pan-American Unity이다. 작품은 샌프란시스코 시티 대학에 전시 중이다.

9 Barton(1925), Reave(2004, 63)에서 재인용.

빠르게 자신의 이름을 알리고 있었기 때문이다. 『베니티 페어』의 편집장 프랭크 크라우닌셸드Frank Crowninshield는 특별히 코바루비아스의 드로잉 작품을 높이 평가해서 1920-1930년대에 그의 작품을 많이 실었다.

그러나 부분적으로는 바튼Barton이 표현한 것과 같은 당시의 인종차별주의적 분위기로 인해 코바루비아스는 1920년대에 급속히 성장하고 있던 할렘의 재즈 클럽의 분위기에 매료되곤 했다. 그는 그곳의 분위기를 스케치, 캐리커처, 그리고 랭스턴 휴스Landston Hughes, 조라 닐 허스턴Zora Neal Hurston, 핸디W. C. Handy 등의 책을 위한 삽화로 기록했다. 휴스Hughes는 코바루비아스에 대해 다음과 같이 말했다. "내가 생각하기에 코바루비아스의 표지 삽화는 나의 『슬픈 블루스』(Weary Blues)에 대한 내가 본 최고의 회화적 해석이다. … 코바루비아스는 흑인적 요소들을 가지고 있으며 그런 요소들에 대한 블루스 감성의 표현력을 갖춘 내가 알고 있는 유일한 예술가다"(Williams, 1994: 40).

코바루비아스 역시도 그가 할렘에서 자주 들렀던 재즈클럽과 여타 장소들에서 경험했던 음악과 쾌활함에 강한 유대감을 느꼈다. 그는 자신이 브로드웨이 안팎에서 허물없이 만났던 우아한 명사들이나 여타 영향력 있는 백인들보다는 할렘의 아프리카계 미국인들과 더 쉽게 어울릴 수 있다고 생각했다. 할렘에서 춤을 추고 공연을 하는 아프리카계 미국인들에 대한 지금은 더 잘 알려진 그의 드로잉 작품 중 일부는 『베니티 페어』에 실렸고 『니그로 드로잉』(Negro Drawings)(1927)이라는 선집으로 출판되기도 했다. 주로 백인들이 보는 대중 잡지에 미국 흑인에 대한 그림이 실린 것은 이것이 최초였다. 코바루비아스의 작품이 실린 기사와 책은 할렘의 르네상스를 대중화하는 데 기여했고, 점점 더 많은 중상층 계급 백인 맨해튼 거주자들이 할렘으로 모험을 떠나도록 영감을 불러일으켰다.[10]

코바루비아스와 발리섬

1930년대 초 코바루비아스는 미국인 댄서 로사 코웬Rosa Cowen과 결혼했다. 스코틀랜드계 부친과 멕시코계 모친을 둔 그녀는 로스앤젤레스에서 나고 자랐다. 뉴욕시에서 전문 댄서가 되면서 그녀는 이름을 로사 롤란도Rosa Rolando로 바꾸었다. 그녀는 바꾼 이름이 좀 더 이국적인 무대용 이름이고 그녀의 어두운 피부색에도 더 잘 어울린다고 생각했다. 신혼부부는 발리로 신혼여행을 떠났는데, 이것은 태평양 섬 문화에 대한 코바루비아스의 최초의 경험이 되었다. 그는 발리 사람들과 그들의 풍부한 예술문화에 매료되었다. 결국 그는 발리문화를 연구하기 위해 구겐하임 펠로우십에 지원하여 그자격을 획득했다. 부부는 1933년에 발리로 돌아갔다.

코바루비아스는 발리인에 대해 광범위한 스케치와 회화작업을 진행했는데, 그중 상당수는 1937년에 그가 출판한 발리문화에 관한 연구를 담은 그

---

10   오늘날 어떤 사람들은 코바루비아스의 작품들이 인종적 고정관념에 사로잡혀 있다고 말하기도 한다. 하지만 리브즈(Reaves, 2004: 72)가 지적한 것처럼, "1920년대의 속류민요와 '다크타운 코믹스'Darktown Comics의 인종주의적 가상을 경멸하던 사람들에게 코바루비아스의 작품은 훌륭한 출구의 역할을 했다." 로스앤젤레스에 위치한 캘리포니아 아프로-아메리카 박물관은 코바루비아스가 아프로-아메리카 문화를 널리 진작시킨 공을 인정하여 2011년에 "미겔 코바루비아스의 예술에서 아프리카인 디아스포라: 색채에 의해 추동되고 문화에 의해 틀 지워진"The African Diaspora in the art of Miguel Covarrubias: Driven by Color, Shaped by Cultures이라는 제목으로 코바루비아스의 작품을 전시했다.

미겔 코바루비아스, 1939. 클락 게이블 대 웨일즈 왕자 에
드워드Clark Gable vs. Edward, Prince of Wales. "불가능
한 인터뷰Impossible Interview. 12호", 1932, 『베니티 페어』
(Vanity Fair) 1932년 11월 출판. 텍사스 오스틴 대학교 해리
랜섬 인문학연구센터 지원.

의 책 『발리 섬』(*Island of Bali*)에 실렸다.[11] 그 책은 대중적인 성공을 거두
어서 뉴욕시에서는 한동안 발리스러워 보이는 모든 것들이 유행하기도 했

11　이 책에는 발리의 사람, 풍광, 관습, 일상생활을 보여주는 로사 코바루비아스가 찍은 흑백 사진 앨
　　범도 함께 포함되었다. 그녀는 사진작가로서 훌륭한 재능을 지녔기 때문에 코바루비아스는 아내의
　　사진을 자신의 그림을 위한 모델로 많이 활용했다.

는데, 발리식의 염색 직물처럼 보이는 소재들로 제작된 여성복도 그중 하나였다.

또한, 한때 지도 제작자로 일한 경험을 되살려 코바루비아스는 그의 책 표지 앞뒷면에 발리의 상세 지도를 그리기도 했다.

미겔 코바루비아스. 날짜 미상. 할렘 댄서. 텍사스 오스틴 대학교 해리 랜섬 인문학연구센터 지원.

패브릭 디자인: 미겔 코바루비아스의 발리 프린트. 1937. 프랭클린 사이먼의 5번가 뉴욕 매장 전시. 무명의 사진작가. 1937년. 미국 의회 도서관 판화 및 사진 부서 지원.

코바루비아스와 그의 아내가 인도네시아에서 보냈던 시간―신혼여행 시기와 1933년―은 그가 태평양 연안 주변의 문화들 사이의 상호 연계성에 대한 자신의 이해를 발전시키는 데 기여했다는 점에서 그에게는 형성적 시간이었다고 할 수 있다. 코바루비아스 부부는 자바와 발리 전역을 여행하면서 시간을 보냈을 뿐만 아니라 동남아시아 본토와 중국의 일부 지역도 여행하는 시간을 가졌다.

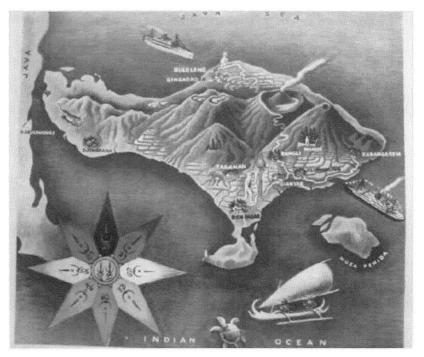

미겔 코바루비아스, 1937. 코바루비아스의 책 『발리의 섬』(Island of Bali)에서 발췌한 지도(Alfred Knopf, 1937, New York). 텍사스 오스틴 대학교 해리 랜섬 인문학연구센터 지원.

그들의 여행 동안 미겔은 많은 기록을 작성하고 다양한 스케치를 그렸으며, 로사 역시 많은 사진을 찍었다. 이 같은 문헌 및 시각 자료들은 이후 그가 태평양 벽화 작업을 하는 데 중요한 경험적 자산이 되었다.

콜럼버스 이전의 멕시코, 고고학, *인디헤니스모* 사상

멕시코 혁명은 코바루비아스를 비롯한 그의 많은 동료 예술가들—디에고 리베라 등의 벽화 예술가들뿐 아니라 로베르토 몬테네그로Roberto Montenegro 같은 화가, 모이세스 사엔스Moisés Sáenz와 닥터 아틀Dr. Atl 같은 멕시코 지식인[12]—에게 결정적인 영향을 끼쳤다. 그 결과 그들은 멕시코 문화와 생활방식의 모든 차원에서 식민지적 과거와 스페인 헤게모니의 수십 년—사실상 수세기—의 영향을 최대한 피하려고 했다. 그들은 특히 농민들(*campesinos*)에 주목하기 시작하면서 그들을 진정한 멕시코 토착 예술의 생산자로 찬양했다.

그들은 멕시코 전역의 지방 시장에서 열정적으로 민속예술 작품들을 구매해서 멕시코시티의 그들의 세련된 도시적 주택에 현대미술과 나란히 전시했다. 그들 자신이 서로에게 그려 주었던 작품들뿐만 아니라 1930-1940년대에 독일, 오스트리아, 프랑스, 이탈리아에서 창궐하던 파시즘을 피해 망명한 볼프강 팔렌Wolfgang Paalen 같은 유럽 망명인들이 그린 작품들이 함께 전시되었다.[13] 또 한 가지 중요한 사실은 그들이 멕시코와 중앙아메리카 아

---

12 멕시코 혁명 이후 1920-1940년대 멕시코의 문화 부흥기에 멕시코 예술가와 지식인이 수행한 역할에 대한 보다 자세한 내용은 López(2010)와 Oles(1993)를 참고할 수 있다. 멕시코 고고학에 대한 코바루비아스의 관심은 실험적 잡지인 『딘』(*Dyn*)(1940)과 『멕시코와 중앙아메리카 원주민 예술』(*Indian Art of Mexico and Central America*)(1957) 등 그가 멕시코 고대 예술에 관해 쓴 책들을 통해 살펴볼 수 있다.

13 팔렌Paalen을 비롯한 당시의 망명 예술가와 지식인에 대한 자세한 논의는 Dyn, Leddy and Conwell(2012), Ades et al.(2012)을 참고하시오.

즈텍, 올메카, 마야의 고고학적 유적지에서 점점 더 빈번하게 발견되기 시작하고 있던 고대 유물에서 진정한 멕시코적 정체성의 뿌리를 찾으려 했다는 것이다. 예를 들어, 코바루비아스는 멕시코시티에 있는 틀라틸코Tlatilco의 고대 유물들에 관한 논문(Covarrubias, 1943)을 발표했으며, 결국에는 지금은 고전이 된 2권의 책, 『멕시코와 중앙아메리카 원주민 예술』(*Indian Art of Mexico and Central America*)(1957)과 『독수리, 재규어, 뱀: 아메리카 원주민 예술』(*The Eagle, the Jaguar and the Serpent: Indian Art of the Americas*)(1954)을 출판하기도 했다.

멕시코 예술가들뿐 아니라 망명 예술가들도 콜럼버스 이전의 멕시코의 흔적들을 수집하는 데 열정을 쏟았다. 멕시코 민속예술과 콜럼버스 이전의 오브제들에 대해 높은 식견을 가직한 망명 예술가들 중 한 명이 바로 르네 다논코트René D'Harnoncourt라는 이름의 오스트리아 백작이었다. 그와 코바루비아스는 멕시코시티에서 처음 친구가 되었고 이후 미국에서도 우정을 이어갔다. 다논코트는 미국에서 미 내무부의 원주민예술위원회Indian Arts and Crafts Board 의장이 되었다. 그 같은 지위에 따라 그는 금문교 국제 박람회에서 아메리카 원주민 작품을 부각시킬 수 있는 전시장을 조직하는 임무를 맡았다. 또한, 그는 코바루비아스가 태평양 전시의 벽화 작품을 그리는 제안을 받아들이도록 설득하는 데 중요한 역할을 했다.[14]

이 제안을 받아들이면서 코바루비아스는 구겐하임 펀드를 받아 시작했던 두 번째 현지 조사 연구 프로젝트를 중단해야 했다. 당시의 연구대상은

---

14   Lutkehaus(2011)를 참고하시오.

자신의 고향 근처였다. 그는 대서양과 태평양이 거의 만나는 멕시코의 얇은 부분인 멕시코 지협의 원주민 문화를 연구하고자 했다. 그곳에서는 와하까Oaxaca 같은 중심지와 베라크루스 주변 농촌 공동체에서 가장 다채로운 원주민 문화의 일부가 여전히 번성하고 있었다. 그는 태평양 전시의 벽화 작업을 위해 이 연구를 연기해야 했지만, 이후에 테우안테펙Tehuantepec 지역에서 연구를 진행해서 자신이 발견한 것들을 『멕시코 남부: 테우안테펙의 부족들』(Mexico South: The Peoples of the Isthmus of Tehuantepec)(1962)이라는 책에 담았다.

금문교 국제 박람회: "태평양 전시"와 "태평양 통합"의 양식

마야, 잉카, 말레이, 캄보디아의 건축이 한데 어울린 마법의 도시의 벽이 트레저 아일랜드에 서다.[15]

금문교 국제 박람회는 연방공공사업진흥국Federal Works Progress Administration의 지원이 없었다면 결코 성공하지 못했을 것이다. 연방공공사업진흥국은 베이 지역에서 기념비적인 세 가지 거대 건설 프로젝트를 진행했다. 금문교와 샌프란시스코-오클랜드 베이 대교가 건설되는 동시에 박람회장으로 섬 전체, 즉 트레저 아일랜드가 건설되었다. 루즈벨트Franklin Delano Roosevelt 대통령은 캘리포니아에서 개최된 과거 두 번의 박람회가 많은 일자리를 창

---

15 금문교 국제 박람회를 광고한 팸플릿의 문구. 미겔 코바루비아스 작품선, 해리랜섬센터Harry Ransom Center, 텍사스-오스틴 대학교.

출했던 것에 고무되어 국제 박람회를 경제를 활성화하는 수단—박람회의
전시관, 연못, 기념동상을 건설하기 위해서는 수많은 건축가, 예술가, 회계
사뿐만 아니라 수많은 노동자들이 필요하다—으로 간주했을 뿐만 아니라 나
라와 그들의 기술적 성취에 대한 자부심과 하나의 전체로서 민족의 더 밝은
미래에 대한 낙관주의를 산출하는 수단으로 간주하기도 했다.

코끼리 피라미드 엽서. 금문교 국제 박람회, 트레저 아일랜드,
샌프란시스코, 1939년.

박람회의 주제는 '태평양 전시'였다. 앞서 인용한 것처럼, 박람회의 설계자들은 환태평양 지역 주변에서 발견된 고대 문화의 기념비적 건축물들을 참고하여 '코끼리 피라미드'The Elephant Pyramids 같은 박람회의 상징적인 건축물과 관람객 앞에 우뚝 솟은 '퍼시피카'Pacifica라는 이름의 여성 조각상을 창조했다.

1915년 파나마-태평양 국제 박람회에서 보자르Beaux-Arts 양식의 건축물을 설계했던 버나드 메이벡Bernard Maybeck과 윌리엄 머천트William G. Merchant 같은 사람들뿐만 아니라 더 젊은 세대의 티모시 플루거Timothy Pflueger와 랄프 스탁폴Ralph Stackpole[16] 같은 예술가와 건축가들이 '태평양 통일성'Pacific Unity이라고 명명된 새로운 예술 양식을 발전시켰다. 스탁폴Stackpole의 『파시피카』(*Pacifica*) 이외에도 중국인 음악가가 뿔피리를 연주하는 조각, 알래스카 소년이 물고기를 작살로 찌르는 조각, 폴리네시아 여성이 박람회장에 흩어진 바나나를 줍는 조각 등이 이 새로운 예술양식을 예시했다.[17] 이 양식은 1930년대 아르 모데르네art moderne와 태평양 주변 문화들에서 유래한 디자인 요소를 결합한 것이다. 평론가로서 헬렌 필립스Helen Phillips는 이 양식을 '무게감 있고, 응축적이며, 에너지가 충만한' 것으로 묘사했다. 또 그녀는 "예술가들은 원시주의의 정제된 측면을 보여주고 있는데, 당신이 작

---

16 박람회에 전시되었던 작품과 건축에 관해서는 Neuhaus(1939)를 참고하시오.

17 조각품들은 석고가 아닌 인조석으로 제작되었다. 조각품의 다수는 더 이상 존재하지 않지만, 일부는 트레저 아일랜드 저장고에 보관되어 있으며, 또 다른 6개의 조각품은 1994년 복구되었는데 글을 쓰고 있는 현재 빌딩 원Building One 외부에 위치해 있다. 많은 조각품들에 대한 디지털 사진은 샌프란시스코 공공 도서관 웹사이트(www.sfpl.org)의 금문교 국제박람회 해당 항목에서 확인할 수 있다.

품을 가까이에서 보지 않는다면, 조각품들은 아마도 고대 유적지에서 발굴된 유물 정도로 보일 수도 있다"라고 말했다. 『타임지』(*Time Magazine*)는 이 양식을 '무대 디자인의 모조품' 같다고 혹평했지만, 다른 잡지들은 보다 관대한 입장에서 "당신은 국제박람회에 가서 입체주의의 영향을 상당히

랄프 스탁폴의 동상 퍼시피카의 엽서. 금문교 국제 박람회, 트레저 아일랜드, 샌프란시스코, 1939년.

받은 14피트 크기의 코끼리 타워Elephant Towers를 즐길 수 있다"고 말했다.[18]

박람회 개최는 원래 샌프란시스코에서 서로 긴밀하게 교류하던 일군의 기업가와 전문가의 발상이었다. 그들은 박람회를 태평양을 향한 관문으로써 샌프란시스코의 역할을 홍보하려는 수단으로 간주했다. 그들은 이러한 목적을 위해 박람회의 주제를 태평양의 문화에 집중하기로 결정하고, 미국에 있는 사람들에게 이전에 접한 적 없는 태평양의 다양한 사람들과 전통을 소개하고 환태평양 연계성이라는 관념을 강조했다. 왜냐하면, 특히 환태평양의 여정은 박람회 이후 트레저 아일랜드에 건설될 공항에서 출발될 것이었기 때문이다.

당시 유럽에서 전운이 감도는 상황에서 박람회의 기획자들은 인류의 평화와 통합이라는 메시지를 강조하고자 했다. 이러한 맥락에서 박람회의 물리적·이데올로기적 중심은 태평양관이라고 불리는 건물이었다. 거기서 환태평양 국가들의 춤과 음악 공연이 열렸고 사람들은 이 광활한 지역의 국가들 사이의 상호 연결성에 대해 배울 수 있었다.

태평양관: 샌프란시스코 태평양의 중심

샌프란시스코의 내과 의사이자 스탠포드 대학의 전 총장이었던 내무부

---

18 "트레저 아일랜드는 제50회 금문교 국제 박람회를 기념했다." 1989년 2월. Heritage Newsletter. 17(1): 1-2.

장관 허버트 후버Herbert Hoover의 비서 레이 리만 윌버Ray Lyman Wilbur 박사
가 태평양관장을 맡았다. 그는 태평양관이 금문교 국제 박람회의 주제를 드
러내는 건물일 뿐 아니라, "태평양 지역 각지에 여전히 더 많은 선의와 교역
을 보려고 하는 일군의 사람들"을 보여준다고 설명했다. 그와 태평양관의
동료들은 태평양관이 박람회 이후에도 존재할 것이며 샌프란시스코에서 태
평양을 위한 센터가 될 것이라는 의도를 가졌다.[19]

건축가 윌리엄 머천트William G. Merchant는 태평양관을 설계했는데, 건물
은 큰 호수로 둘러싸인 섬에 위치했다. 보행자들은 중국이나 일본을 연상시
키는 아치형의 다리를 건너 태평양관으로 들어갈 수 있었다. 디자인은 단순
하지만, 기념비적인 건물로 외부에는 호수를 내다볼 수 있는 수직형 창문에
둘러싸인 벽이 있었고, 내부에는 물속을 뛰어노는 고래 떼 모형이 세워진 실
내 연못이 마련되어 있었다. 태평양관 주변에는 일본, 필리핀, 네덜란드 동
인도제도, 뉴질랜드, 호주, 프랑스령 인도차이나, 하와이 같은 개별 국가의
전시장들이 자리했다. 박람회의 주제인 태평양의 통일성을 강조하듯, 근처
의 라틴 아메리카 구역에는 멕시코, 코스타리카, 파나마, 과테말라, 에콰도
르, 페루, 콜롬비아, 칠레를 대표하는 전시장들이 자리했다. 미술사가 오이
겐 네이가우스Eugen Neuhaus가 지적한 것처럼, "이들 각 국가의 고대 건축 유
산을 반영하는 이러한 전시장들은 한데 어우러져 하나의 그림으로 조합되
었다"(Neuhaus, 1939: 35).

---

19   Wilbur(1940).

태평양관 엽서. 금문교 국제 박람회. 트레저 아일랜드. 샌프란시스코, 1939년.

코바루비아스가 의뢰받은 태평양 전시의 벽화는 태평양관의 내부 벽면을
채웠고 그곳의 계몽적 의제의 중요한 부분을 차지했다. 1940년 벽화를 석
판으로 찍어낸 책의 서문에서 태평양관장인 윌버Wilbur는 '박람회에 참석했
던 대중들이 이 역동적인 지역의 국가들 사이의 우정과 이해의 증진에 대해
이해하는' 계기가 되었기를 희망했다.[20]

---

20 위의 글.

대중 매체로서 태평양 전시의 지도들

당신은 독특한 스타일을 가지고 있고 우리가 생각하는 계몽적 목적을 현실화할 수 있는 엄청난 지적 자산을 가지고 있습니다. 우리는 당신이 이 임무를 맡아주신 것에 감격했습니다.[21]

박람회 진행의 총괄을 맡은 폴 유츠Paul Youtz의 위와 같은 찬사에 덧붙여, 윌버Wilbur는 "벽화가 가장 효과적인 대중교육의 얼마라는 것을 인정한다면 태평양관이 왜 미겔 코바루비아스에게 그 벽 위에 압도적이고 화려한 태평양 전시를 그리는 일을 맡겼는지 알게 될 것이다"라고 말했다. 벽화, 특히 이 경우는 지도와 같은 벽화가 대중교육을 위한 효과적인 매개라는 관념은 글자들보다는 이미지를 통해 대중들이 환태평양 지역의 지리, 경제, 문화에 대해 더 잘 알 수 있게 될 것이라는 가정에 기반하고 있다. 왜냐하면 이미지는 언어의 제약 없이 정보를 전달할 수 있기 때문이다. 즉 그림은 모두가 이해할 수 있는 보편적 언어로 믿어졌던 것이다.

디에고 리베라나 여타 현대 멕시코 미술가들과 달리 코바루비아스는 그 이전에 대규모 벽화를 그린 적이 없었지만, 그의 작품은 『베니티 페어』(*Vanity Fair*), 『뉴요커』(*New Yorker*), 『보그』(*Vogue*) 등의 표지에 그가 발표했던 그림과 드로잉을 통해 상당수의 미국인들, 특히 태평양관과 박람회의 조직위를 구성한 개인들에게 잘 알려져 있었다. 발리에 관한 책을 위해 그가 그

---

21 Paul Youtz, Williams(1994: 55)에서 재인용.

렸던 지도는 『베니티 페어』(*Vanity Fair*)에 발표된 발리에 대한 기사에도 실렸는데, 사람들은 이 지도를 통해 그가 정확하지만 쉽고 시각적으로 호소력 있는 지도를 그릴 수 있는 능력이 있음을 알게 되었다. 발리에 대한 그의 지도에서 차별적인 요소는 발리의 사람, 카누, 식물, 동물에 대한 작은 이미지들이었다. 그는 그 이미지들로 지도를 장식함으로써 그 섬의 지리와 지세가 현지의 색채와 활동으로 생기가 넘치게 만들었다.

특히 윌버는 코바루비아스가 태평양관의 벽화작가로 선정된 이유를 다음과 같이 설명했다:

> 그는 위대한 예술가의 상상력과 솜씨뿐만 아니라 만인이 공유하는 진실과 욕구에 대한 이해에 기초해서 태평양 지역이라는 관념을 시각적으로 표현할 수 있는 사람이다. 그는 현대적 삶을 관통하는 통찰력과 유머를 가지고 민속학자나 인류학자처럼 잘 알려지지 않은 사람들의 기록되지 않은 과거를 민감하고 세밀하게 이해하고 있는 것처럼 보인다. 특히 그는 태평양 지역 사람들의 관계를 연결해 주거나 떨어뜨리는 통치 형태와 무역 관계를 광범위하게 이해하고 있다.[22]

하지만 예술가로서의 솜씨와 민속학자나 인류학자로서 획득한 현지에 대한 지식 및 경험이 코바루비아스 내에서 고유하게 조합된 것만이 윌버와 그의 동료들이 그를 이상적 벽화작가로 선정한 유일한 요인은 아니다. 윌버에 따르면, 코바루비아스의 인종적 정체성도 '태평양 연안 사람과 땅에 대한 그

---

22   Wilbur(1940).

의 공감적 이해'에 중요한 영향을 미쳤다.[23] 일부 인종의 사람들이 피부색, 두발 형태, 얼굴 생김새 등과 같은 외형적 특징에 기대어 서로 더 가까운 유대감을 느끼기도 한다는 것은 당시에 일반적인—그리고 인종주의적인— 감수성을 드러낸다. 즉 윌버는 코바루비아스가 앵글로계가 아니라 멕시코인이기 때문에 태평양 지역에 살고 있던 피부색이 더 어두운 사람들에 대해 더 잘 이해할 수 있다고 생각했던 것이었다.

코바루비아스가 처음에 벽화 프로젝트를 맡기를 주저했던 것은 이와 같은 윌버의 감수성에 대한 반대보다는 프로젝트가 진행되는 시기 때문이었던 것으로 보인다. 즉 그 시점이 멕시코 남부에서 진행하고자 했던 현지조사의 시기와 겹쳤던 것이다. 그런데도 벽화 프로젝트를 맡게 된 계기는 그의 오랜 친구이자 전 멕시코 교육부 장관이었던 모이세스 사엔스Moisés Sáenz가 벽화들이 그의 오랜 생각, 즉 태평양의 문화적 통일성이 존재하고 그것이 아메리카인들에게 중요한 의미를 갖는다는 생각을 알릴 좋은 기회가 될 것이라고 말했기 때문이다. 사엔스는 지도가 "예술을 통해 사회적 진실을 알릴 수 있는 교육적으로 효과적인 방식"이라고 말했다. 코바루비아스의 전기 작가가 지적한 것처럼, "코바루비아스는 6개의 벽화를 일종의 미니 인류학 강의로 여겼다"(Williams, 1994: 101). 그의 벽화에는 급진적 형태의 문화적 확산에 대한 그의 이론이 반영되어 있다. 프란츠 보아스Franz Boas는 북서 연안의 원주민들에 대한 현지조사에 기반해서 『원시예술』(*Primitive Art*) 같은 인류학 서적들을 출판했는데, 거기서 영감을 얻은 코바루비아스는 베

---

23 위의 글.

링해협the Bering Straits 양안의 고대 문화 사이에 환태평양 연계성이 존재하며 사람들이 알래스카에서 멕시코와 중미를 거처 남미로 남방 이동을 했다고 믿었다. 그는 이와 같은 급진적 확산의 근거로 멀리 떨어져 있는 북서 태평양 연안과 중부 멕시코에서 공통적으로 발견되는 유사한 스타일의 디자인 요소를 들었다(Covarrubias, 1943; Usabiaga, 2012: 97).[24]

벽화의 석판 인쇄물이 출간될 때 코바루비아스는 그것들에 덧붙여 몇 마디의 글을 썼다. "항공 교통의 도래로 인해 아메리카에서 극동까지 며칠도 걸리지 않게 되었다. 결과적으로 태평양 지역에 대해 더 잘 이해하는 것이 점점 더 중요해졌다. … 특히 과거에 구세계는 신세계에서 야만적이고 자기 파괴적인 전쟁을 치렀는데, 그런 전쟁의 결과로 신세계는 비록 파괴되지는 않았지만 회복에 오랜 세월이 걸리는 불구화된 상태로 남았다."[25] 그는 박람회의 조직위원회처럼 평화와 통일이 신세계와 태평양 지역 전역에서 널리 퍼지기를 희망했다.

---

24 그로부터 십여 년 후에 노르웨이의 탐험가 토르 헤르달Thor Hyerdahl이 제안했던 것과 달리 코바루비아스는 태평양 섬에 사는 사람들이 남미에서 온 사람들이라는 생각에 동의하지 않았다. 오히려 그는 태평양 연안 지역의 문화적 유사성이 베링해협을 횡단한 사람들의 고대적 이주와 관련되어 있다고 믿었다.

25 Covarrubias(1940).

코바루비아스의 지도: 태평양을 향한 새로운 방향[26]

태평양 연안 지역들의 문화적 유사성이라는 코바루비아스의 통념은 어떤 신화적인 인종적 유사성보다는 경험적 증거들, 즉 그의 여행과 고고학적·인류학적 조사뿐만 아니라 그가 참조했던 여타 인류학자·지리학자의 연구에 기초를 두고 있다. 또한, 멕시코시티에서 유년기를 보내면서 코바루비아스가 멕시코 통신부의 지도 제작자로서 첫 직업을 가졌다는 사실도 영향을 미쳤을 것이다. 특히 그는 인류학과 고고학에 대한 자신의 지식의 한계를 잘 알고 있었기 때문에 버클리 대학의 앨프리드 크로버Alfred Kroeber와 월터 골드슈미트Walter Goldschmidt와 같은 인류학자들, 그리고 북서 연안 원주민 연구의 전문가인 워싱턴 대학의 에르나 귄터Erna Gunther 등으로부터 조언을 구했다.

코바루비아스는 버클리 대학의 지리학자 칼 사우어Carl Sauer와 함께 태평양 연안의 지도를 디자인했는데, 이후 그의 6개 벽화 모두에서 그 지도들이 사용되었다. 사우어Sauer는 코바루비아스에게 반 더 그린턴van der Grinten 투영법을 사용할 것을 제안했는데, 그것은 등면적법이나 등각법과 달리 지구를 하나의 원으로 투영했다.[27] 코바루비아스의 지도는 태평양을 중심에 두

---

26 태평양의 향연에 전시했던 벽화 이후 코바루비아스는 또 다른 지도를 그렸다. 대표적으로는 플로리다주의 지도로 라이프Life 잡지에 실린 "코바루비아스의 아메리카"와 멕시코시티의 국립대중산업예술박물관Museo Nacion de Artes e Industrias Populares에 걸린 벽화로 멕시코의 대중 예술 지도가 있다. 이와 관련된 보다 자세한 내용은 Ybarra-Frausto(1987)를 참고하시오.

27 반더 그린턴van der Grinten 투영법으로 제작된 세계지도는 훨씬 유명한데 내셔널지오그래픽(National Geographic)에서 자신들의 로고로 채택했다.

태평양 연안에 대한 반 더 그린턴의 지도. 텍사스 오스틴 대학교 해리 랜섬 인문학연구센터 지원.

고 그 좌우에 아시아, 동남아, 북미와 남미의 나라들을 배치한 최초의 태평양 지도이다.

총 6개의 벽화 중 2개는 9피트×13피트 크기였고 다른 4개는 15피트×24피트 크기였다. 코바루비아스는 젖은 벽토에 그림을 그리는 통상적인 벽화 기법인 프레스코화 기법을 사용하지 않고 대신 질산섬유소 기반의 납작한 분무식 래커를 사용하는 새로운 기법을 도입했다. 그는 벽토에 통상적인 수채물감을 덧바르는 대신 이 용액을 래커 희석제로 희석하고 거기에 순수한 건조 안료를 추가했다. 그다음에 그는 벽에 걸려 있는 메소나이트 패널

Masonite panels에 이 조합을 발랐다. 붓질할 때마다 물감의 분자가 래커에 스며들었다. 벽화가 말랐을 때 더 단단하고 방수도 되었으며 색깔이 더욱 깔끔하고 선명하게 보존되었다. 이 기법은 영구적으로 방수가 잘되는 표면을 만드는 데 성공했다. 코바루비아스는 그의 오랜 친구이자 동료 예술가인 안토니오 루이스Antonio Ruiz―멕시코의 인기 투우사인 마누엘 코르소Manuel Corzo를 닮았다고 하여 엘 코르시토El Corcito라고 불렸다―와 함께 2명의 젊은 견습생을 데리고 이 거대한 작업을 진행했다.

윌버와 태평양관의 다른 동료들은 벽화의 경과에 기쁨을 감추지 못했다:

> 트레저 아일랜드의 태평양관에 들어서는 순간 당신은 한눈에 코바루비아스가 이 어려운 임무를 성공적으로 해냈다는 것을 알아챌 것입니다. 그의 작품을 보면 첫눈에 아름다움이 사방에 만연해 있음을 느끼게 될 것입니다. 당신은 코바루비아스가 그의 벽화에 주도적으로 사용한 선명한 파란색과 녹색이 태평양관을 가득 채우고 있음을 알 수 있고, 이들 색채의 향연 속에서 그가 세밀하게 묘사해 놓은 다양하고 아기자기한 형상들을 발견할 수 있을 것입니다. 그 형상들은 화려한 배경 위에서 우아하고 세밀한 디자인과 조화를 이루면서 살아 숨 쉬고 있습니다.[28]

코바루비아스는 각 지도마다 '다양하고 아기자기한 인물들'을 묘사하기 위해 수십 번 스케치를 하였고, 물질문화, 주거형태, 교통방식, 예술과 건축양식, 환경, 경제 등의 세부사항을 포함하여 그가 그리는 모든 대상의 문화를 광범위하게 조사했다. 아드리아나 윌리엄스Adriana Williams가 묘사했던

---

28 Wilbur(1940).

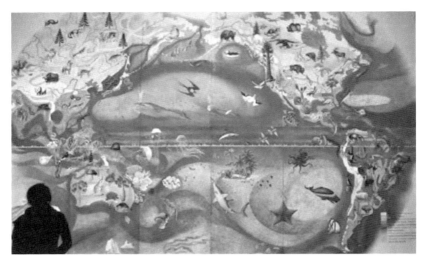

미겔 코바루비아스, 1939. '태평양 전시.' 태평양의 동물과 식물이라는 제목의 벽화. 원래 금문교 국제 박람회의 태평양관에 전시되었으나 현재 샌프란시스코의 드 영 박물관에 전시 중. 사진 저자 제공.

것처럼, "코바루비아스의 전형적인 스타일 속에서 벽화의 사람들은 대표 인물의 성격을 띠었다. 그의 작품에서 멕시코를 대표하는 농민혁명가 에밀리아노 사파타는 멕시코의 대표적 전통의상인 차로charro를 입고 있었으며 미국 동부 해안의 퉁퉁한 사업가는 입에 시가를 물고 있는 모습으로 그려졌고, 할리우드의 육감적인 신인 배우는 수영복을 입고 고글을 쓴 모습으로 그려졌다"(Williams, 1994: 102).

　예술비평가와 역사가도 벽화에 감동받았다. 멕킨리 헬름MacKinley Helm은 『현대 멕시코 미술가』(*Modern Mexican Painters*)라는 책에서 "코바루비아스는 이 벽화들로 인해 그의 특별한 관심과 능력을 발현했다"라고 주장했으

미겔 코바루비아스, 1939. 코바루비아스의 태평양관에 전시된 '태평양 전시'의 6개 벽화 중 하나로 태평양 지도의 인물 스케치. 텍사스 오스틴 대학교 해리 랜섬 인문학연구센터 지원.

며,[29] 오이겐 네이가우스Eugen Neuhaus는 『트레저 아일랜드의 예술』(*The Art of Treasure Island*)에서 벽화가 '가끔은 진기하게 유머러스하고 매력적인 정보들로 가득할' 수 있음을 완벽하게 보여주고 있다고 말했다.[30]

윌버는 포트폴리오 크기의 지도 석판인쇄물 선집에 다음과 같은 결론적

---

29   Helm(1941: 195).

30   Neuhaus(1939: 35).

논평을 남겼다:

당신 이전에 태평양관에서 벽화를 보았던 수천 명의 사람처럼 당신 역시 집으로 가져가길 원하는 작품이 있을지도 모르겠습니다. … 만일 당신이 학생들에게 정보를 알려주는 직업을 가지고 있다면, … 만일 당신의 아이들이 그들이 자라고 있는 세계에 대해 진정으로 이해하기를 바란다면, … 만일 당신 스스로가 당신이 사는 실제 장소에 대한 전반적인 시각을 가지기를 원한다면, … 확신하건대 당신은 이 지도 인쇄물을 집으로 가지고 가고 싶어 하실 겁니다. 왜냐하면 이 모든 것을 즐겁고 재미있게 배울 수 있기 때문이겠지요.[31]

오늘날 벽화들의 행방

역설적이게도 금문교 국제 박람회가 태평양 연안의 상호 연계성이라는 관념을 전파하던 바로 그 직후에 일본인들의 사보타주가 발생했고 그에 뒤이어 미국이 일본계 미국 시민들을 격리수용 하기로 결정하는 가장 징벌적인 인종주의적 대응의 시기가 전개되었다. 벽화 전시와 상호 연계된 환태평양 세계라는 관념은 제2차 세계대전의 발발로 인해 단절을 맞이했다. 일본이 진주만을 공격한 이후 벽화는 트레저 아일랜드에서 제거되어 뉴욕시로 보내졌다. 뉴욕에서 벽화는 아메리카자연사박물관에서 몇 년 동안 전시되었다가 이후 저장고로 보내졌다. 그리고 박람회의 전시 장소와 건물이 군사 기지로 사용되기로 결정되면서 태평양관은 해체되었다.

---

31 Wilbur(1940).

앞서 살펴보았듯이, 벽화들은 전시 이후에 석판 인쇄물로 재생산되고 사람들이 구매할 수 있는 포트폴리오 형태의 지도 크기로 재생산되면서 제2의 인생을 맞이했다. 뉴욕시로 보내진 지 18년 만에 6개의 벽화 중 5개가 샌프란시스코로 돌아왔으며 페리 빌딩에서 수년간 전시되었다. 하지만 나머지 하나의 벽화 「태평양의 예술과 스타일」(Arts and Styles of the Pacific)은 사라졌다. 현재는 6개의 벽화 중 가장 큰 「태평양의 동식물」(The Fauna and Flora of the Pacific)이 유일하게 전시되고 있는 작품이다. 이 작품은 코바루비아스와 그의 멕시코 기원에 경의를 표하고 있는 샌프란시스코의 드영De Young 박물관의 아메리카 예술관에서 볼 수 있다.

결론

에드워드 사이드의 『문화와 제국주의』(*Culture and Imperialism*)(1993)와 민족형성 및 멕시코 모더니즘에 관한 릭 로페스(2010)의 연구를 계승하면서 나는 다양한 문화 구성체가 출현해서 서로 접합 또는 연계되는 특수한 방식에 관심을 가지고 있다. 이 장에서 살펴본 사례에서는 20세기 미국과 멕시코의 지식인들ㅡ학자, 예술가, 전문가, 작가 등을 포함하는ㅡ이 1939년 금문교 국제 박람회의 전시물과 경험을 통해 환태평양 연계성이라는 새로운 관념을 만들기 시작했던 방식을 이해하는 것이 문제가 된다. 특히 비록 박람회의 주제가 공표되고 태평양관과 그곳의 벽화를 통해 명시화된 '태평양 전시'라는 관념이 본질적으로 미국의 경제적 · 기술적 · 사회적 우월성의 헤게모니를 전제로 했지만, 나는 미겔 코바루비아스가 태평양관을 위해 그린

6개의 벽화에서 묘사한 환태평양 연계성의 이미지들은 우리가 현재 태평양 연안이라고 부르는 지역의 원주민들 사이의 상호 연결성에 대한 명시적으로 새로운 관념을 형성하는 데 실질적인 기여를 했다고 주장한다.

영국의 미술사가인 폴 그린할Paul Greenhalgh은 세계 박람회와 전시회를 찰나의 세계라고 서술했다.

제국이 박람회에 전시하는 작품들은 전통의 붕괴를 낭만화하거나 평가절하 하는 역할을 한다. 그럼에도 불구하고 그것은 사건들로서 그들에 대한 우리의 사고를 개선하는 데 일조할 뿐 아니라 그 시기 하나의 전체로서 서구 문화를 이해하는 데 기여한다. 전시회에서 모순적인 가치들이 함께 나타나는 것은 일견 진보에 대한 긍정적인 개념과 조직화된 억압 및 착취를 대비시킴으로써 당시 유럽 문화 전체에 흐르던 다원적 도덕성을 보여준다. 결국 박람회는 거기에 전시되었던 다양한 문화적 창작물들과 마찬가지로 단순한 의미의 선과 악이 아니라 양자의 복잡한 혼합물을 체화하고 있다고 결론 내려야 할 것이다.

물론 1939년 금문교 국제박람회의 아이러니는 태평양의 통일성이라는 유토피아적 이상이 현실의 사건들에 의해 산산이 조각났기 때문에 박람회 자체가 대부분 기억 속에서 사라졌다는 점이다. 1941년 12월 일본의 진주만으로 인해 아시아와 미국 사이의 점증하는 연계성에 대한 전망은 사산되었고 박람회가 추구했던 태평양 통일성의 유토피아적 관념도 파열을 맞이했다. 그러나 역설적으로 그에 뒤이은 제2차 세계대전의 태평양 전장은 많은 미국인이 처음으로 태평양의 사람들을 직접 마주하는 계기를 마련해 주었고, 따라서 태평양 도서 사회들과 미국의 거리를 영원히 좁혔으며, '환태평양' 지역 내부의 상호 연결성에 대한 새로운 이해를 불러일으켰다.

참고 문헌

Ades, Dawn, Rita Eder, and Graciela Speranza, eds. 2012. *Surrealism in Latin America: Vivsimo Muerto.* Los Angeles: Getty Research Institute.

Barton, Ralph. 1925. "It Is to Laugh." *New York Herald Tribune,* October 25.

Borthwick, Mark. 2007. *Pacifi c Century: Th e Emergence of the Modern Asia Pacifi c,* 3rd ed. Boulder, CO: Westview Press.

Covarrubias, Miguel. 1925. *Th e Prince of Wales and Other Famous Americans.* New York: Knopf.

_____. 1927. *Negro Drawings.* Introduction by Frank Crowninshield. New York: Knopf.

_____. 1937. *Island of Bali.* New York: Knopf.

_____. 1940. Pamphlet accompanying lithographs of the "Pageant of the Pacific" murals. Miguel Covarrubias Collection, Harry Ransom Center, University of Texas at Austin.

_____. 1943. "Tlatilco: Archaic Mexican Art and Culture." *Dyn* 4 – 5: 40 – 46.

_____. 1946. *Mexico South: Th e Isthmus of Tehuantepec.* New York: Knopf.

_____. 1954. *The Eagle, the Jaguar and the Serpent. Indian Art of the Americas: North America, Alaska, Canada, the United States.* New York: Knopf.

Covarrubias, Miguel. 1957. *Indian Art of Mexico and Central America.* New York: Knopf.

Cox, Beverly J., and Denna Jones Anderson. 1985. *Miguel Covarrubias Caricatures.* Catalogue for the National Portrait Gallery. Washington, DC: Smithsonian Institution.

de Maria y Campos, Alfonso. 2007. "Esplendor del Pacifi co." In *Miguel Covarrubias en Mexico y San Francisco,* 9 – 29. Mexico City: Instituto Nacional de Antropologiae Historia, Museum Nacional de Antropologia.

Greenhalgh, Paul. 1988. *Ephemeral Vistas: Th e Expositions Universelles, Great Exhibitions and World's Fairs, 1851–1939.* Manchester, UK: Manchester University Press.

Heinzelman, Kurt, ed., *Th e Covarrubias Circle: Nickolas Muray's Collection of Twentieth Century Mexican Art.* Austin, TX: University of Texas Press.

Helm, MacKinley. 1941. *Modern Mexican Paint ers.* New York: Harper Brothers.

Instituto Nacional de Antropologia e Historia y Museum Nacional de Antropologia. 2007. *Miguel Covarrubias en Mexico y San Francisco.* Mexico City: Instituto Nacional de Antropologiae Historia.

James, Jack, and Earle Weller. 1941. *Th e Magic City, Trea sure Island, 1939–1940: The Story of* the *Golden Gate International Exposition*. San Francisco: Pisani Printing and Publishing Company.

Leddy, Annette, and Donna Conwell. 2012. *Farewell to Surrealism: Th e Dyn Circle in Mexico*. Los Angeles: Getty Research Institute.

Lopez, Rick A. 2010. *Craft ing Mexico: Intellectuals, Artisans and the State aft er the Revolution*. Durham, NC: Duke University Press.

Lutkehaus, Nancy. 2011. "Rene d'Harnoncourt and the 20th Century Display of Indigenous Art in America." *Collections: A Journal for Museum and Archives Professionals* 7 (4): 426 – 427.

Museum of Modern Art. 1940. *Twenty Centuries of Mexican Art*. New York: Museum of Modern Art.

Neuhaus, Eugen. 1939. *The Art of Treasure Island*. Berkeley: University of California Press.

Oles, James. 1993. *South of the Border: Mexico in the American Imagination, 1914–1947*. Washington, DC: Smithsonian Institution Press.

Reaves, Wendy Wick. 2004. "Miguel Covarrubias and the Vogue for Things Mexican." In *The Covarrubias Circle: Nickolas Muray's Collection of Twentieth Century Mexican Art*, ed. Kurt Heinzelman, 63 – 82. Austin: University of Texas Press.

Rydell, Robert. 1984. *All the World's a Fair: Visions of Empire at American International Expositions, 1876–1916*. Chicago: University of Chicago Press.

Said, Edward. 1993. *Culture and Imperialism*. New York: Knopf.

Usabiaga, Daniel Garza. 2012. "Anthropology in the Journals *Dyn* and *El hijo prodigo:* A Comparative Analysis of Surrealist Inspiration." In *Surrealism in Latin America: Vivisimo Muerto*, ed. Dawn Ades, Rita Eder, and Graciela Speranza, 95 – 110. Los Angeles: Getty Research Institute.

White House, Offi ce of the Press Secretary. 2012. "Remarks by President Obama and Prime Minister Shinawatra in a Joint Press Conference" [Press release]. 18 November. https://obamawhitehouse.archives.gov/the-press-office/2012/11/18/remarks-president-obama-and-prime-minister-shinawatra-joint-press-confer (accessed January 30, 2014).

Wilbur, Ray Lyman. 1940. Pamphlet accompanying lithographs of the "Pageant of the Pacific" murals. Miguel Covarrubias Collection, Harry Ransom Center, University of Texas at Austin.

Williams, Adriana. 1994. *Covarrubias*. Austin: University of Texas Press.

Ybarra-Frausto, Tomas. 1987. "'El Chamaco' y sus mapas: Miguel Covarrubias Cartografo." In *Miguel Covarrubias: Homenaje,* 118 – 127. Mexico City: El Centro Cultural de Arte Contemporaneo.

05

환태평양 연구와 미국 제국주의 문화

존 카를로스 로우John Carlos Rowe

우리는 이전에 '환태평양 지역'이라고 불렸던 지역—그 지역의 정확한 경계는 이론의 여지가 있지만—에 대한 연구에서 새로운 단계에 진입했다. 나의 시각에서 볼 때, 이 새로운 단계는 대부분 탈식민적인 것postcolonial으로 규정될 수 있다. 즉 지리적인 장소로서, 그리고 일련의 상업적·군사적·문화적 통로로서 태평양 지역과의 관계 속에서 자신의 문화적·경제적·정치적 주권을 성취하려는 과거에 식민지였던 나라들의 노력이 탈식민적 관심을 중심으로 회전하고 있다는 것이다. 탈식민 연구가 '현재주의적'이라는 아주 익숙한 비판에도 불구하고, 우리는 탈식민 연구의 가장 훌륭한 업적이 많은 사람들이 극복하려 했던 제국적 유산을 결코 망각하지 않는다는 사실을 알고 있다. 탈식민적 학문 분야는 심지어 그것이 제국적 유산이 아직도 작동하고 있는 특정한 탈식민적 국가형성에서 결정적인 역할을 할 때에도 그

분야 자체는 이들 반식민적 투쟁과 깊이 연결되어 있다.

태평양의 지역연구 전문가들은 이 광대한 바다 및 도서 지역의 다양한 토착 공동체뿐만 아니라 여타 해양 및 바다와의 접촉지역, 또 그 경계에 위치한 공동체에 관해서도 상당한 연구를 해왔다. 다음에서 몇몇 관련 학자들을 언급하겠지만, 그들의 연구 성과는 너무도 방대하여 여기서 모두 요약할 수 없다. 그러나 나는 태평양 연구가 일반적으로 탈식민적 시각을 띠고 있다는 사실을 처음부터 인정하고자 한다. 많은 경우에 태평양에 대한 학문적 연구는 인구 통계적으로나 영토적으로나 소규모인 공동체의 원주민들―나중에 미국, 중국, 일본, 러시아 등 초창기 강대국들에 의해 '소수인으로 취급된'―이 이끄는 정치적 시민운동과 밀접하게 연관되어 있다. 제국주의에 대한 저항의 역사에 의해서 강화된 토착 공동체와 지역 공동체를 긍정하는 것을 향한 태평양연구의 최근 전환은 다음과 같은 저작에서 명확하게 드러난다. 『인사이드아웃: 문학, 문화정치 그리고 새로운 태평양』(*Inside Out: Literature, Cultural Politics and the New Pacific*)(Herenilko et al., 2012), 『군사화된 조류: 아시아와 태평양의 탈식민화된 미래를 향하여』(*Militarized Currents: Toward a Decolonized Future in Asia and the Pacific*)(Camacho et al., 2010). 롭 윌슨Rob Wilson의 『미국 태평양의 재구성: '남태평양'에서 뱀부릿지와 그 너머로』(*Reimaging the American Pacific: From 'South Pacific' to Bamboo Ridge and Beyond*)(2000)는 제국적 현실과 다른 학자들이 '새로운 태평양'이라고 지칭한 탈식민적 유토피아 양쪽 모두를 다루고 있다. 이런 저작들은 키쓰 카마초Keith Camacho의 최근 저작 『기념 문화: 마리아나 제도의 전쟁, 기억, 역사의 정치』(*Cultures of Commemoration: The Politics of War,*

Memory and History in the Mariana Islands)(2010)에 의해서 보완된다. 차모루Chamoru 작가 크레이그 산토스 페레즈Craig Santos Perez 같은 학자 겸 활동가 시인은 태평양, 아시아, 그리고 미국에서 그의 시집『편입되지 않은 영토에서』(*From Unincorporated Territory*)(2010)와 괌Guahan; Guam에 관한 언어극spoken-word performances으로 정치적 · 문화적 활동가의 연합 결성에 기여하기도 했다.

이 학자들은 오늘날 아시아 · 태평양 · 탈식민 · 아시아계 미국인 연구들의 교차 속에서 작업하면서 이 지역들에서 세계적 제국주의의 계속되는 효과에 지속적으로 관심을 갖고 있는 많은 사람들 중 몇몇에 불과하다. 여기서 내가 그들과 같은 전문성을 보유하고 있다거나 이 방대하고 중첩되는 분야를 장악하고 있다고 말할 수는 없을 것이다. 그러나 나는 그들의 많은 작업이 미국학 내에서 주변화되어 왔다고 생각한다. 심지어 내가 적극적으로 옹호해 왔던 새로운 미국학―연구의 범위를 남 · 북 아메리카로 확장하고, 제국주의적 팽창에 관심을 기울이며, 문화적 · 언어적 다양성을 존중하고, 초문화적 · 초민족적 관계에 관심을 기울이는 미국학―에서도 사정은 별반 다르지 않다. 이 글에서 내가 하고자 하는 것은 새로운 미국학이 새로운 아시아 태평양 연구가 제기하는 쟁점들을 더 긍정적으로 처리할 수 있는 방법들을 밝히는 것이다. 나는 나의 접근법이 태평양 지역연구를 문화 제국주의로 이해될 수도 있는 포괄적인 미국학에 통합시켜 버릴 위험이 있다는 사실을 인정한다. 그러나 나는 그런 위험이 신제국주의적 영유appropriation로부터 문화적 포괄성과 배려를 구별할 수 있도록 해준다면 그 자체로 가치가 있다고 생각한다. 그래서 나의 목표는 새로운 태평양 연구가 새로운 미국학에 영향을 주는 길을 찾고, 양자의 몇 가지 공통된 관심사를 밝혀내는 것이다.

이 책의 편집자들과 다른 기고자들이 더 오래되고 유행이 지난 '태평양 연안'Pacific Rim의 대안으로 '환태평양'Transpacific이라는 용어에 대한 그들 나름의 해석을 내놓겠지만 나는 그 용어가 어떻게 미국 제국주의에 대한 학술적 연구를 변화시키는가에 관한 내 나름의 해석을 제공하고자 한다. '태평양 연안'이라는 용어는 태평양의 복잡한 일련의 지역과 경로를 환원론적으로 다룰 뿐만 아니라 동아시아의 '지평'을 강조하는 시각적 은유도 담고 있다. 태평양과 그 속의 다양한 도서 문화들은 동양과 서양을 잇는 여정의 중간 기착지 같은 운송 수단의 의미를 가졌다. 의심의 여지 없이 동아시아에 대한 유럽과 미국의 관계는 일본, 한국, 중국뿐만 아니라 남아시아와 동남아시아의 변경지역에 특정된 오리엔탈리즘에 의해서 형성되었다. 물론 이런 오리엔탈리즘을 이해하고 그것에 도전하기 위해서는 아직도 많은 작업들이 이루어져야 하지만 아시아 연구에서 그 비판에 대한 관심이 또 다른 의도하지 않은 결과를 야기했다는 점도 인식해야 한다. 그것은 바로 유럽, 아시아, 미국에 기원을 둔 다중적인 제국주의적 활동이 태평양에 있는 태평양 도서 공동체를 형성했다는 사실이 무시되었다는 사실이다.

에드워드 사이드(Said, 1978)가 채택한 중동Middle East이라는 유럽적 용어는 오늘날 남용되고 있으며 동아시아나 태평양에 대해서는 전반적으로 부적절하다. 하지만 나의 의도는 용어를 둘러싸고 논쟁을 벌이는 것이 아니라, 만약 우리가 태평양 연안이라는 지평에 주목하지 않았다면 간과했을 도서 공동체들에 주의를 환기시키는 것이다. 환태평양 시각은 먼저 이들 상이한 인간적·자연적 공동체의 다중적인 식민지 병합과정을 검토함으로써 그 공동체들에 주의를 기울이고, 그들을 혼종화된 탈식민사회로 간주하는 동시에 그들의 토착 또는 이주 역사를 복원한다. 우리는 태평양에서의 식민주의에 대한 이런 중대한 연구를 성급하게 포기하지 말아야 한다. 왜냐하면 태평양의 많은 공동체들이 이런 다양한 식민주의의 영향에 의해 형성되어서 이제는 더 이상 그들의 전통적 또는 토착적 형태로 회복될 수 없기 때문이다. 한 가지 확실한 것은 태평양 전역에서 독립과 주권 운동이 태평양의 전통적 거주민들 편에서 다양한 행위자들을 등장시키고 있지만 많은 경우 그런 정치적 행동주의는 아직도 억압적인 식민주의 또는 신식민주의 관행과 연계되어 있고 더 넓은 세계는 이 사실을 종종 간과한다는 사실이다.

그런 의미에서 환태평양 지역에서 새로운 탈식민주의 학문은 1955년 인도네시아 반둥 회의에서 아시아와 아프리카 국가들이 발의한 작업의 연장선에 위치한다고 할 수 있다. 소위 비동맹국가들의 유명한 전후 회합은 빅3의 일방적인 '탈식민화' 선언과는 독립적으로 탈식민적 목표를 추구하기 위해 20세기 초의 범아프리카 회의를 포함하여 반식민주의 투쟁의 더 오래된 유산을 소환했다. 사실 영국, 소련, 미국의 3국은 그들 자신의 신제국주의적 야심에 따라 세계를 다시 분할하는 것을 시작하기 직전에 탈식민화 프로젝트를 발표했다. 이런 전후 재분배가 시작된 얄타와 포츠담 회의 이후 65년 동안 학자들은 한때 식민적·신식민적 지배하에서 서발턴으로 투쟁했던 사람들의 대리인과 더 긴밀하게 연계되는 새로운 방향을 설정하기 위해 그런 제국주의를 신랄하게 비판해 왔다.

나는 이런 학술활동을 가치 있는 것으로 생각한다. 또한, 나는 태평양 지역에서 제국주의와 신제국주의의 현재적 유산도 계속 연구해야 한다고 확신한다. 적어도 폴 길로이Paul Gilroy의 『검은 대서양』(*The Black Atlantic*) (1993) 이후 지배적인 북대서양의 서사에 대한 몇 가지 대항서사의 관점에서 재해석되었던 대서양과 달리, 태평양은 제국적 서사라는 관점에 따라 제대로 이론화되지 못한 채 남아 있었다. 첫째, '환태평양' 지역은 광대한 크기와 복합적인 경계로 인하여 대서양 지역보다 훨씬 개념화하기 어렵다. 태평양이 인도양과 경계를 이루고 있는 산호해the Coral Sea와 태즈먼해the Tasman Sea에서 '끝나는가'? 그래서 호주는 고려 대상에서 제외되는 반면 뉴질랜드는 포함되는가? 일본, 한국, 중국에서 미국과 캐나다의 서부해안에 이르는 전통적인 '환태평양'을 정의하는 것과 같은 '일차적' 환태평양 경로가 있는가? 우리는 유럽인들의 접촉보다 역사적으로 수천 년 앞서 바다나 베링육교Bering land bridge 또는 양자의 결합을 통해 북아메리카로 이주했던—그리하여 비록 거리가 멀지만 태평양 양쪽 토착민들을 역사적 관점에서 연결시키는— 아시아 사람들의 북태평양 통로를 어떻게 이해해야 하는가? 둘째, 우리가 17세기의 세계적 탐험의 여정에서 18세기와 19세기 초 아시아 태평양에서 식민화의 노력을 거쳐 그 지역의 20세기 독립운동에 이르기까지 유럽, 아시아, 그리고 크리올Creole 민족주의자 사이의 제국적 쟁투가 야기한 지리적 재구성을 고려할 때, 태평양 지역에 대한 연구들과 관련된 복잡한 경계들이라는 사례는 훨씬 더 차별적인 것이 된다.

대서양을 특정한 지리나 지역이 아니라 일련의 흐름과 순환으로 재개념화하는 것은 최근 해양 '접촉지대'contact zones에 관심을 갖는 문화지리학자들에 의해 명확해졌다. 마틴 루이스Martin Lewis와 카렌 위겐Kären이 『대륙의 신화: 메타지리학 비평』(*The Myth of Continents: a Critique of Metageography*)

(1997: 1-25)에서 주장한 것처럼, 지구의 다양한 지역을 이해하기 위한 '대륙' 모형은 지정학적 경계들을 물상화했고 '자본과 상품교환의 복잡한 그물망'을 간과해 왔다. 우리는 '대륙들'이나 '문화적 블록들' 대신에 '바다와 만'의 관점에서 생각할 때 그러한 그물망이 가시화될 수 있다. 1998년부터 그들은 듀크 대학에서 〈연결하는 바다: 문화, 자본, 상품의 흐름과 연안〉(Oceans Connect: Culture, Capital, and Commodity Flows and Basins)라는 제목의 연구 프로젝트를 수행해 왔다.[1] 흥미로운 사실은 루이스 자신이 학문적 경력을 필리핀 루손Luzon섬 연구로 시작했고 위겐은 일본 전문가였음에도 불구하고 『대륙의 신화』에서 그들의 주장은 대서양에 아주 많이 의존하는 경향을 보인다는 것이다.

여러 측면에서 볼 때, 바다의 관점에서 지역을 이론화하는 것은 태평양에서 가장 흥미로운 적용 가능성을 보인다. 태평양 지역에서는 많은 도서 공동체들이 전통적으로 자기 자신을 정의해 왔고 또 외부 세력과 외부 흐름에 의해 정의되어 왔다. 종종 제국주의적 성격을 띠기도 했던 외부 세력은 태평양 공동체들을 자신들이 촉진시킨 경제적 · 문화적 · 정치적 · 군사적 흐름의 관점에서 정의했다. 사실 대양적 사고는 자신의 반식민주의적 기원을 망각하는 경향이 있는 탈식민주의 연구에서 발생할 위험이 있는 잠재적 이분법의 일부를 피할 수도 있는 방식으로 토착민과 제국적 접촉 사이의 연계성을 촉진한다. 나는 『대륙의 신화』와 〈연결하는 바다〉 프로젝트의 연구

---

1 〈연결하는 바다〉 프로젝트는 듀크대학교의 국제문제연구소the Center for International Studies의 일부를 이룬다.

들에서 제시된 루이스와 위겐의 몇몇 주장에 대해 동의하지 않지만, 태평양에서 유럽-아메리카 제국주의에 관한 나의 연구가 어떻게 환태평양 연구에 여전히 적실성을 갖고 있는지를 설명하기 위해 '대양적' 사고라는 포괄적인 인식을 활용할 것이다.

환태평양 연구에서 나의 관심은 미국이 19세기 태평양에서 유럽 국가들과의 경쟁을 통해 제국으로 부상한 것에 초점을 맞추고 있다. 문학·문화 사학자로 훈련 받은 나는 미국 제국주의가 1812년의 전쟁에서 스페인-미국 전쟁(1898) 및 필리핀-미국 전쟁(1899-1902)에 이르는 시기 동안 문화적으로 어떻게 이해되었는가에 가장 큰 관심이 있다. 베트남 전쟁(Rowe and Berg, 1991)과 9/11 테러 이후 이라크와 아프가니스탄에서의 군사작전(Rowe, 2011)에 대한 문화적 대응에 초점을 맞춘 제2차 세계대전 이후 미국의 신제국주의에 관한 나의 이전 연구들은 모두 『문학문화와 미국 제국주의: 혁명에서 2차 세계대전까지』(*Literary Culture and U.S. Imperialism: From the Revolution to World War II*)(Rowe, 2000)에서 제시된 미국 민족형성기 제국주의에 관한 나의 초기 연구 관심을 따르고 있다.

나는 19세기 태평양에서 미국의 팽창을 리차드 드리논Richard Drinnon이 『서부에 직면해서: 인디언 혐오와 제국건설의 형이상학』(*Facing West: The Metaphysics of Indian-Hating and Empire Building*)(1980)—이 책은 미국학 분야에서 '내부적' 식민주의와 '외부적' 식민주의의 관계를 잘 그려낸 주요 저작 중 하나로 남아 있다—에서 묘사한 것과 같은 '명백한 운명'Manifest Destiny으로 이해한다. 드리논의 논의는 헨리 애덤스Henry Adams에 관한 비판적 설명에서 특히 설득력이 있다. 연줄이 든든한 역사학자였던 헨리 애덤스는 태평양과는 별 관련이 없는 것처럼 보이지만 실제로는 '아시아에서 미국의 발판'을 마련한다는 일차적 목표를 갖고 미국이 태평양을 가로질러 팽창하는 적절한 경로에 관해 아주 많은 것을 말해 주고 있다. '아시아에서의 발판'은 1901년 11월 3일 동생 브룩스 애덤스에게 보낸 편지에서 그가 사용한 용어였다. 『헨리 애덤스의 교육』(*The Education of Henry Adams*)(1973[1907])을 읽어본 사람은 그가 유럽의 문화와 정치를 얼마나 깊이 연구했는지를 안다. 산타 마리아 디 아라 코엘리Santa Maria di Ara Coeli 교회(고대 로마 사원의 기초 위에 지은 기독교 교회)의 계단들에 관한 그의 논의는 모든 근대 역사를 고대 로마로까지 소급한다. 그 역사가 의미하는 바를 이해하지 못하는 절망과 혼란을 표현한 애덤스의 선언에도 불구하고, 그의 유럽 중심주의는 불가피하고 긴급한 것이다. "로마는 실재였고, 잉글랜드도 그랬고, 미국도 그럴 것이다"(91).

그러나 고대 로마는 18세기와 19세기에 영국이 실행했던 것과 달리, 그리고 영국을 이어서 19세기 말과 20세기 초에 미국이 필리핀에서 하와이, 아메리칸 사모아, 괌에 이르는 광범위한 영토를 병합하면서 실행했던 것과 달리, 태평양을 가로질러 팽창하지는 못했다. 헨리 애덤스는 결코 순진하지 않았고 단지 옛날식 사고의 소유자도 아니었다. 국무장관 존 제이John Jay와 긴밀한 관계를 유지했던 그는 가까운 친구나 이웃—그들은 유명한 건축가 헨리 홉슨 리차드슨Henry Hobson Richardson이 설계한 두 개의 '반쯤 분리된 아파트'semi-detached mansions에 같이 살았는데, 그 집들이 오늘날 헤이-애덤스 Hay-Adams 호텔이 서 있는 백악관 바로 건너편에 위치해 있었다— 덕택에 19세기 말과 20세기 초 아시아 태평양에 대한 미국의 대외정책을 입안한 사람들과 매일 직접 대화할 수 있었다. 애덤스가 로마적 유산의 영·미적 계승이라고 간주했던 것, 즉 결국은 제국주의적 운명에서 태평양의 중요성을 깊이이해하고 있었다는 것은 의심의 여지가 거의 없다(Rowe, 2000: 165-176).

헨리 애덤스에 대한 전통적 연구자들은 애덤스가 1885년 애덤스의 부인, 메리언 후퍼 애덤스Marion Hooper Adams의 비극적 자살로부터 '도망쳤다'는 것에 대한 논평을 제외하면, 그가 가까운 친구이자 예술가인 존 라 파지John La Farge와 함께 1890-1891년 남태평양과 일본으로 여행한 것에 대해서는 거의 말하지 않았다. 그러나 그 여행은 애덤스가 특이하게도 개인적으로출판한 책 『타이티의 마지막 여왕, 마우라 타로아 전기』(*Memoirs of Maura Taaroa, Last Queen of Tahiti*)(1893)의 계기가 되었다. 그 여행의 또 다른 산물로서 라 파지가 정교하게 삽화를 그려 넣은『일본으로부터 온 어느 예술가의 편지』(*An Artist's Letters from Japan*)(1897)는 부유한 미국인을 위한 놀이거리를 뛰어넘어 발전 중이던 미국의 대외정책 서사의 일부가 되었다. 그런 서사는 타이티에서 일본으로 이어졌고 훨씬 이후에는 베트남에서의 식민전쟁으로도 이어졌다. 애덤스의 회고록은 일종의 '허구화된 자서전'으로서 태평양 '원시주의'primitivism에 대한 그의 뿌리 깊은 종족 중심적 가정과앵글로-아메리칸 문명이 가져올 수 있는 계몽의 필요성을 담고 있다.[2] 애덤스의 가족사는 혼혈 인종 계보에 대한 우려와 유럽적 '유산'과 '가치'에 대한 의존을 보여준다. 또한, 그것은 스페인-미국 전쟁과 필리핀-미국 전쟁에

---

2 이 책은 기술적으로 자서전이라고 할 수 있지만, 마치 애덤스가 원주민들의 '증언'을 기록하는 인류학자인 것처럼 그의 저작권 아래에서 출판되었다.

서 절정기를 맞은 미국 팽창주의에서 태평양의 역할을 보여주는 작지만 중요한 신앙고백을 담고 있다.

　존 헤이가 옹호했던 것은 '자유무역'이었고, 현대 미국 제국주의에 대한 그의 상표는 모든 대외정책 결정이 자유무역 이데올로기에 의해서 형성되어야 한다는 주장에 의존했다. 헤이가 미국의 대외정책을 이러한 관점에서 정식화하기 거의 한 세기 전에 데이빗 포터David Porter 선장은 1812년 전쟁 기간 동안 영국함대를 괴롭히기 위해 태평양을 항해하면서 미국을 위해 마르키즈Marquesas 제도—그는 그것을 '워싱턴Washington 제도'라고 명명했다—를 합병하려고 시도했다. 그의 노력은 만약 영국군이 백악관을 불태워서 매디슨Madison 대통령과 여타 정부 관료들이 도망가는 바람에 그의 작전을 잊어버리지 않았다면 합법적인 힘에 의해 미국 영토 밖에서 이루어진 거의 첫 번째 합병이 될 뻔했다. 포터가 마르키즈 제도에서 원했던 것은 '해군 기지', 폴리네시아에서의 '발판', 또는 하파스Happas와 타이피Taipi 원주민들과의 교역 등에 불과했다. 그는 무엇보다도 환태평양 지역에서 제국주의적 영향력을 행사하려는 유럽과 러시아의 계속되는 분투 속에서 일종의 상징적인 지위를 원했다. 그는 이미 식민지 경쟁의 다음 무대는 아시아가 될 것이라고 생각하고 있었다. 멜빌Melville의 『타이피족, 폴리네시아 생활 엿보기』(*Typee, a Peep at Polynesian Life*)(1846)는 마르키즈 제도에서 포터가 일으킨 사건이 유럽과 미국의 식민주의와 어떻게 연결되어 있는지에 대해 19세기적 관점에서 아주 훌륭하게 설명하고 있다. 어떤 사람들은 멜빌의 소설을 도망친 노예 이야기의 우화로 받아들이기도 하지만, 여전히 일부는 그것을 미국의 아메리카 원주민 정책에 대한 가볍게 위장된 비판으로

해석하기도 한다.[3]

1840년대 하와이 섬들에 대한 미국의 점증하는 관여와 마르키즈 제도를 연결시킨 멜빌의 이야기가 널리 언급되지 않았던 반면, 마크 트웨인Mark Twain은 그의 『서부 유랑기』(*Roughing It*)(1872)의 결론 부분에서 이 주제를 더 정력적으로 다루고 있다. 그 시기에 미국은 하와이 병합을 향해 나아가면서 하와이의 내부 정치와 식민지 불안정에 더 직접적으로 관여했다. 여기서 나는 멜빌이 『타이피족, 폴리네시아 생활 엿보기』에서 미국이 영국 식민주의를 정당화하기 위해 사용된 '문화적' 주장을 어떻게 계승·발전시켰는지에 대한 (나에게는) 매우 심도 깊은 고발장처럼 보이는 것을 제공하기 위하여 쿡Cook 선장의 운명—그의 죽음과 소문이 무성한 그의 시신—을 어떻게 복잡하게 활용했는가를 재론하지 않을 것이다. '전통적' 제국주의(영국의 예에서 볼 수 있는)에서 '신제국주의'(미국에 의해 예시된)로의 이 같은 변형이 19세기 환태평양에서는 아주 확연했는데, 아직도 그것이 충분히 연구되지 않고 있다는 사실만을 지적하고 싶다. 몇몇 19세기 연극에서 재연된 것처럼, 쿡 선장의 죽음은 영국과 미국에서 '현대적' 탐험가와 '원시적' 원주민의 비극적 해후로 빠르게 신화화되었다. 그렇지만 사실 쿡 선장의 죽음에 대한 가장 그럴듯한 설명은 그가 하와이의 문화와 종교적 관행에 관해서 무지했다는 것이다(Hough, 341-355, 362-371).

『도서 세계: 하와이와 미국의 역사』(*Island World: A History of Hawai'i and the United States*)(2008)에서 게리 오키히로Gary Okihiro는 하나의 대항서사

---

3 로우(Rowe, 2000: 77-96)를 참고하시오.

를 제시한다. 거기서는 미국 민족형성에 대한 하와이의 영향을 우선적으로 다루어진다. 여러 가지 측면에서 오키히로는 환태평양에 대한 심화된 연구를 위한 이론적 모형을 제시하고 있다. 즉 그는 대륙적 미국을 해양과 태평양 도서의 시각에서 독해하면서 미국의 민족형성에 대한 후자의 영향을 강조하고 있다. 오키히로는 하와이 이주민들이 19세기 캘리포니아에서 어떻게 살았고, 남북전쟁에서 어떻게 싸웠으며, 뉴잉글랜드의 포경선과 상선에서 어떻게 일했는지에 관한 역사를 재발견하면서, 사라 존슨(Johnson, 2012)이 서구 민주주의의 정점에서 '초식민적transcolonial 가상'이라고 명명한 것을 강조한다. 그러나 우리는 오키히로가 설명하고 있는 역사가 제국주의의 복잡한 관계와 분리될 수 없다는 것을 망각하지 말아야 한다. 하와이에 대한 미국의 경제적·정치적·종교적 이해가 커지는 만큼 하와이 사람들도 미국을 폭넓게 여행했다. 즉 서구의 제국주의와 태평양 도서 사람들의 희생이라는 단순 해석을 피하기 위해서는 변증법적 관계에 대한 이해가 필요한 것이다.

1898년 미국이 하와이를 합병한 것은 부분적으로 망할 수밖에 없었던 클론다이크Klondike 골드러시를 위한 상업적 통로를 확보하기 위한 욕망에서 시작되었다. 『중국 남자』(*China Men*)(1980)에서 맥신 킹스턴Maxine Kingston은 '샌달우드Sandalwood 산맥의 증조부'를 '알래스카 중국 남자들'과 연결시키면서, 지리적으로 떨어진 하와이의 사탕수수와 파인애플 농업과 유콘Yukon의 골드러시가 중국 노동자들의 이동에 의해서뿐만 아니라 미국의 신제국주의(121-149, 159-162) 논리에 의해서도 연결된다는 사실을 우리에게 상기시킨다. 킹스턴은 중국인 배제의 기간 동안 중국인에 대한 부당한 대우를 비난한다. 마찬가지로 그녀는 그 똑같은 중국인 노동자들이 아메리카 원주민과 아메리카 흑인들을 서발턴으로 주변화하고 경제적·사회적으로 착취하며 사회적 죽음과 명백한 살인으로 이끌었던 인종차별에 공모했다는 것도 분명하게 인식하고 있다. 더글라스Douglas 섬의 도슨Dawson에서 아메리카 원주민에 대한 처형을 목격한 중국인 광부들은 광부 회합의 판단에 의해서 유콘에서 추방되었는데, 이후 현지의 아메리카 원주민에 의해 항구의 배로 인도되었다. 거기서 배의 선장은 그들을 '집으로 데려다줄 것'이라고 약속했고, 그들은 동의할 수밖에 없었다. "예 … 우리를 집으로 … 더글라스 섬으로 데려다주세요." 그곳에서 그들은 또 다른 인종화되고 배제된 집단인 아메리카 원주민들과의 갈등과 착취를 무시하고, 닉 블랙 엘크Nick Black Elk의 말을 빌리자면, 그들의 조상들이 시에라Sierra에서 사냥을 했던 것처럼 사람들을 미치게 만드는 노란 쇳덩이들을 찾아 나설 것이다(Kingston, 1980: 161).

중국인의 미국 이주에 대한 킹스턴의 허구적 재구성은 미국 민족주의와 현대성의 형성에 대한 하와이인들의 기여를 인정하려는 오키히로의 노력을 더 복잡하게 만든다. 중국인 이민자들은 중국에서 만주 왕조에 의해 억압당했고, 하와이에서는 식민지 농업자들에 의해 거의 노예처럼 일했으며, 미국에서는 시민권과 국적마저 법적으로 외면당하면서도 미국의 현대화에 매우 중요한 공헌을 했다. 그러나 미국의 팽창 논리는 중국인 이민자들을 법적으로 외면하고 경제적으로 가난하게 만들었다. 하와이 역사는 환태평양에 대한 우리의 연구가 어떻게 복수의 제국주의들, 그리고 그에 따른 몇몇 차별적 피착취 집단들을 다루게 되는지를 보여주는 하나의 중요한 예가 된다.

미국 제국주의의 문화사라는 관점에서 바라볼 때, 환태평양 연구에서 다른 세 가지 중요한 쟁점이 역사적·현재적 적실성을 갖는다. 벌로산Bulosan에서 헤저돈Hagedorn에 이르는 필리핀계 미국 작가와 문화에 대한 훌륭한 새 작품들에도 불구하고 필리핀-미국 전쟁은 여전히 미국학에서 간과되는 측면이 있다. 학생들은 심지어 우리가 미국이 스페인 제국을 물리친 것에 고무된 공화당 반란군들에 대항해서 싸웠다는 사실도 알지 못한다. 딜런 로드리게스(Rodriquez, 2009)나 수전 해리스(Harris, 2011) 같은 필리핀 학자들이 훌륭한 작업을 했지만, 미국학은 여전히 이 같은 인정받지 못하는 전쟁과 아귀날도Aguinaldo의 체포에서 마르코스Marcoses의 망명에 이르는 필리핀의 '탈식민적' 상황에 대해 애매모호한 립 서비스만을 제공하고 있다. 필리핀이 어느 정도로 미국의 종속국으로 남아 있는가라는 문제는 학계의 논쟁에서 여전히 무시되고 있다. 미국의 보건의료 산업만 보더라도, 많은 경우 필리핀의 대학에서 학위를 딴 많은 필리핀 이민자들이 미국에서 자격증을 거부당하거나 미국 내 교육기관에서 다시 수업을 들어야 한다. 심지어는 그들이 시간제 '자택간호'home care의 지위로 강등되는 경우도 흔하다. 물론 이런 경우 그들은 같은 일을 하는 미국인들에 비하여 훨씬 더 높은 수준의 전문성을 갖추고 있다. 오늘날 보건의료 산업에 종사하는 필리핀계 미국인들은 많은 측면에서 필리핀 농업 노동자들의 탈현대적 상속자라고 할 수 있다. 카를로스 불로산Carlos Bulosan은 유명한 『미국은 내 가슴속에』(*America Is in the Heart*)(1973[1946])에서 농업 노동자들에 대한 착취를 비판한 바 있다. 미국 내에서의 이민 개혁에 관한 공적인 논쟁은 교육수준이 높은 중간 계급의 필리핀 이민자들이 겪고 있는 이런 위기는 거의 다루지 않으면서,

'이민 쟁점'immigration issues이 멕시코, 중앙아메리카, 중국 출신 비숙련 노동자의 문제라는 인상을 강화하고 있다.

찰머스 존슨Charlmers Johnson(2004)이 미국의 '기지 제국'empire of bases이라고 명명했던 것은 마리아나Mariana제도(괌, 사이판, 티니안 등), 아메리칸 사모아American Samoa, 그리고 아시아 태평양에 위치한 여타 군사기지에 대한 개별적 연구들을 포함하는 방향으로 확대되어야 한다. 존슨은 이들 군사기지를 미국 군대에 의해 확립된 법적 · 영토적 · 사회적 경계라는 형태로 이해하며 그것이 식민주의라는 더 큰 목적을 위해 봉사한다고 설명한다(Johnson, 2004: 151-186). 예를 들어, 일본에서 미군기지 주변의 미국 군사지역은 일본의 관할구역 외부에 위치하며 미국의 헌병과 참고법관을 통해 미군 사령관에 의해 관할된다. 그래서 미군기지 주변에서 번성하는 술집, 식당, 유곽, 그리고 여타 업체들에서 일하는 노동자들은 일본법이 아니라 미국의 군법에 의해서 보호받는다. 그렇기 때문에 일본으로 이주하여 그처럼 쉽게 착취당하는 저임금 일자리에 종사하는 사람들은 이런 그림자 경제에서 이중으로 차별받고 자국민들과 영어를 할 줄 아는 사람들에게만 관대한 미국 군법 체계 안에서 별로 의지할 곳이 없다(Johnson, 2004: 137-143). 섹스와 오락 산업에 종사하는 많은 이주 노동자들은 필리핀과 같은 태평양 지역 출신의 사람들이고, 그 결과 일본과 미국의 정부에 의해 법적 · 경제적으로 주변화될 수 있다. 뿐만 아니라 어떤 이민자들은 종종 이민 수용국과 미국 군대의 문화적 · 사회적 관습 사이에 껴서 곤란한 일을 당한다(Parrenas, 2008).

비록 우리는 미국의 신제국주의를 냉전의 여파로 생겨난 최근의 현상으로 생각하는 경향이 있지만, 태평양에서 다양한 식민지 갈등의 긴 역사는 보통 1812년 전쟁 당시 마르키즈 제도에 대한 포터의 침입에서부터 현재에 이르는 시간을 모두 포괄한다. 사이판은 제2차 세계대전 중에 일본 도시를 공격목표로 하는 폭격기들을 위한 주요 공군기지였다. 에놀라 게이Enola Gay 는 제2차 세계대전이 끝날 무렵에 히로시마에 폭탄을 투하하는 임무를 띠고 1945년 8월 6일에 티니안 섬에서 이륙했다. 사흘 뒤에 나가사키에 원자폭탄을 떨어트린 또 다른 B-29 폭격기 복스카Bockscar도 마찬가지였다. 괌은 스페인-미국 전쟁이 끝난 후에 미국령이 되었고, 1914년에 잠시 일본에 의해 점령되기도 했다. 이후 괌은 제2차 세계대전 중인 1941년에 다시 일본에 의해 점령당했다가 1944년 치열한 전투 끝에 미군의 수중에 떨어졌다.

마셜Marshall 제도에 있는 비키니Bikini 환초에서 1946부터 1958년까지 진행되었던 핵실험은 그 환초를 세슘-123으로 오염시켜 버렸다. 마셜제도공화국(RMI)은 1979년에 미국으로부터 독립을 얻어냈고, 1979년부터 1986년까지 미국과의 '자유연합 협정'에 의해 운영되었으며, 1990년에 국제연합에 의해 독립 공화국으로 공식적으로 인정을 받았다. 하지만 미국 군대는 마셜제도공화국의 반대에도 불구하고 여전히 웨이크 제도Wake Islands를 점령하고 있다. 그리고 비키니 환초에 쌓인 유해 폐기물을 청소하라는 국제적인 요구에도 불구하고 미국은 23개 핵장비의 폭발로 인해 그 환초에 가해진 환경적·인간적 피해 보상을 위해 아무런 조치도 취하지 않았다. 미국은 웨이크 제도의 미군기지 외에도 주권국인 마셜제도공화국 영토에 속하는 콰잘렌Kwajalein 환초에도 미사일 시험대를 보유하고 있다.

따라서 환태평양은 다양한 제국적 이해관계자들이 태평양의 섬들을 오랫동안 계속적으로 이용했다는 사실과 분리되어 가상될 수 없다. 제국적 이해 관심은 17세기에서 18세기 말에 이르기까지 그 지역에서 전개된 스페인, 포르투갈, 프랑스, 영국, 그리고 네덜란드의 모험적 사업들을 포괄하며, 19세기 후반기와 20세기 전반기의 독일, 일본, 미국의 영토주장도 포함한다. 좀 더 자세한 학술적 설명은 태평양 섬들에 대한 남아메리카 국가들의 영토주장―분쟁을 야기한―을 포함하는데, 후안 페르난데즈Juan Fernandez에 대한 칠레의 군사점령과 1832년 에콰도르의 갈라파고스 군도 합병(이후에 그 섬들을 국제연합의 세계유산현장으로 기부했다)이 거기에 속한다. 태평양의 현대적 민족, 영토, 보호령, 그리고 여타의 지리적 명칭 등은 많은 경우에 다양한 종류의 '탈식민적' 지위를 획득했지만, 제국적 정의definition의 유산은 뿌리가 깊고 쉽게 떨쳐지지 않는다. 토착 이름들과 함께 그 섬들에 붙여진 스페인어, 영어, 불어, 그리고 다른 제국적 '이름'에서부터 과거 그들의 식민지배자들에 깊이 의존하는 경제·정치 과정에 이르기까지, 태평양의 많은 섬들은 그 자체로 목적이 되기보다는 태평양을 횡단하는 더 광범위한 군사적·상업적 사업을 위한 수단이 되고 있다.

나는 미국의 하와이 합병에 대한 복잡한 역사와 현대 필리핀 정치에 대한 미국의 관여에 관해서는 간략하게만 언급했는데, 그 부분적인 이유는 더 작고 보통은 잊히는 이들 섬과 관련된 사업들이 미국이 애초부터 관여했던 더 큰 역사의 일부라는 것을 강조하는 데 있다. 마셜 군도처럼 크기가 작고 인구도 얼마 안 되는 섬들은 분리된 별개의 단위로 고려될 경우 이미 빡빡하게 구성된 인문학 교육과정에서 거의 주목을 받지 못한다. 그러나 이처럼 무시되었던 지역은 '아시아에서의 발판'을 구축하기 위해 태평양을 횡단한 미국의 더 큰 움직임의 일부라는 관점에서 분석되면 미국 제국주의 연구에서뿐만 아니라 문화적 정체성과 지정학적 주권을 위한 그들 자신의 투쟁의 관점에서도 중요한 의미를 지닌다. 드리논이 지적한 것처럼(Drinnon, 1980: 250-258), 19세기 말의 플레인스Plains 전쟁과 필리핀-미국 전쟁, 그리고 중국에서의 태평천국의 난과 의화단 사건에서 미국의 역할 등을 역사적으로 연결하려는 시도가 존재한다. 물론 우리가 라코다 수Lakota Sioux의 토착민들의 반란을 필리핀의 아귀날도Aguinaldo의 반란이나 태평천국의 난을 이끈 기독교 신비주의자 홍수천Hung Hsu-Ch'uan(1812/13-1864)의 반란과 동일시한다면, 필리핀-미국 전쟁에서 필리핀 반군을 '인디언'이라고 불렀던 인종주의적 수사를 반복하게 될 것이다.

그러나 미국 제국주의에 의해 확립된 이런 연결성은 태평양 전역의 식민지와 탈식민 공동체에게 중요한 결과를 낳았다. 제2차 세계대전에서 일본을 물리치기 위해 핵무기를 사용하기로 했던 미국의 결정은 이후 냉전 기간 동안 소련에 대한 군사적 우위를 위한 마셜 제도에서의 핵실험과 연관이 있을 뿐만 아니라 엉뚱하게도 (괌과 사이판이 속해 있는) 마리아나 제도를 마셜 제도의 비키니/피키니Bikini/Pikinni 환초와 연결시킨다. 군사실험으로 인한 환경파괴뿐만 아니라 단순한 주둔조차 이 섬들의 거주민들에게 저항, 개혁, 보상, 환경회복을 요구할 수 있는 공통의 명분을 제공한다. 태평양에서 유럽, 아시아, 미국의 제국주의 모험은 억압과 탈식민지 독립을 향한 열망 같은 공동의 역사를 제공할 뿐만 아니라 개혁을 위한 초민족적 조직화를 가능케 하는 공동의 조건을 창출하기도 했다. 그래서 일본과 한반도에서 발견되는 미국의 군사적 제국주의에 대항한 투쟁은 미국의 군사기지를 갖고 있는 필리핀과 태평양의 도서 국가들의 유사한 노력과 필연적으로 연결된다.

'비동맹국가들'의 연합은 반둥회의의 목표였고 오늘날의 불평등한 세계화 과정에서도 여전히 가치 있는 목표로 남아 있다. 태평양 전역의 식민화되고 점령당한 공동체의 특수한 불만과 역사에 대한 이해는 그런 제국주의와 신제국주의 관행들이 유럽, 아시아, 그리고 미국 팽창주의의 장기역사에 어떻게 기여했는가에 대한 더 포괄적인 해석을 포함해야 한다. 내가 이 글에서 이미 제시한 것처럼, 태평천국의 난, 의화단 사건, 중국인 배제법, 스페인-미국 전쟁, 필리핀-미국 전쟁, 러-일 전쟁을 종결시킨 포츠머스 조약, 전후 일본의 점령, 한국전쟁, 인도차이나 전쟁에서 프랑스에 대한 지원, 베트남 전쟁, 이라크 침공과 주둔, 아프가니스탄 점령, 그리고 파키스탄에서의 정치 개입과 반군들에 대항한 군사작전 등과 같은 미국의 개입들 사이에는 직접적인 역사적 연결고리가 존재한다. 이런 방대한 역사와 연결될 때, 태평양 도서에 사는 사람들과 생태계가 가시화되고 현실 적합성을 얻게 된다. 자국 영토에 외국 군사기지—종종 의문스럽거나 낡아빠진 사용권에 기초한—를 운영하는 것과 같은 대안적 형태의 제국주의에 대한 도전의 경우도 마찬가지의 역사적 연계가 중요한 의미를 갖는다.

실제로 미국 정부가 언제, 어떻게 군사적인 목적을 위해서 토지와 시설에 대한 사용권을 획득했는가는 자세히 연구할 필요가 있다. 쿠바의 관타나모에서 필리핀 수빅Subic만의 미국 해군기지와 클라크Clark공군 기지에 이르기까지, 미국의 군사시설들은 그 지역의 정치지도자들에 의해 경쟁과 도전을 받아 왔다. 필리핀에서는 새로운 군사기지를 건설하려는 미국의 노력이 필리핀 정부와 모로이슬람해방전선Moro Islamic Liberation Front(MILF) 반군 사이의 갈등에 대한 미국의 정치적 개입으로 이어졌지만, 1991년에는 거의 100년 가까이 된 미군기지가 폐쇄되었다. 2006년부터 미국이 필리핀 내 모로이슬람해방전선이 통제하는 영토에 군사기지의 권리를 얻기 위해 협상을 벌이면서 그 대가로 모로이슬람해방전선이 필리핀 정부와 우호적인 조건으로 평화협정을 맺을 수 있도록 지원하고 있다는 소문이 돌았다(Scarpello, 2006). 미국의 공중은 쿠바 관타나모만에 있는 미국의 군사기지가 '테러범 억류자'를 위한 시설로 사용된 이후에야 미국과 쿠바 사이의 장기 임대계약에 관심을 기울였다(미국은 테러범 억류자가 미국 내에 수용될 경우 전쟁포로에 대한 적절한 관리를 요구하는 제네바합의의 의무조항을 회피하기 위해 관타나모 군사기지를 이용했다). 그 임대계약은 19세기 후반 파나마운하 건설을 예상하고 그 지역에서 해운물류를 통제하기 위해 카리브해 지역에 해군기지를 건설하려고 했던 미국의 노력으로 소급된다. 미국은 아이티 북서쪽의 거대한 천혜의 항구, 몰 세인트 니콜라스Mole St. Nicolas를 임대, 취득, 또는 '합병'하려는 시도가 아이티 정부에 의해 거부당하자, 쿠바를 카리브해 군사기지 건설 대상지로 고려하기 시작했다.

2009년에 오바마 행정부는 중국인 반체제 인사로 관타나모에 억류되어 있던 6명의 위구르인—여타 위구르인들과 함께 중국 내에서 테러행위를 실행한 혐의를 받고 있는—을 남서쪽 400마일 거리에 있는 팔라우Palau라는 작은 섬나라로 보냈다. 팔라우는 200개의 섬으로 구성되어 있는데 그중 10개에만 사람이 거주했다. 관타나모에 있던 다른 위구르 억류자들은 팔라우로 재배치되지 않은 채로 남았지만, 오바마 행정부는 이 여섯 명의 억류자들을 수용하는 대가로 팔라우에 2억 달러를 지불했다. 대다수 미국인들은 이 사례를 관타나모의 억류자들을 재배치하는 것이 얼마나 어려운 일인지를 보여주는 또 하나의 사례로 간주했을 뿐이지만, 위구르인을 팔라우로 이동시키는 방식으로 제거하는 것이 카리브해와 태평양 사이의 이주에서 결코 예외적인 경로는 아니다. 19세기에 중국인 이주자들—종종 하와이에서 이미 일하고 있던 노동자 중에서 선별되었다—은 카리브해의 무인도 '구아노 섬'으로 보내져서 사실상 노예처럼 일했다. 그 섬의 풍부한 구아노, 즉 새 배설물 퇴적층은 19세기에는 아주 값비싼 비료였으나, 이 섬에서 일하기 위해서 보내진 중국인들의 생명과 노동은 인간 실존의 극한에 위치했다. 요컨대 카리브해에서 태평양으로의 이주는 서반구와 태평양에서 유럽-미국 제국주의의 효과들을 냉혹하게 상기시켜 준다.

마지막으로, 마오리족(뉴질랜드), 호주 원주민과 토레스해협 섬 주민들(호주), 북미 원주민들(미국) 등에 관한 비교 문화 · 정치 · 법 연구는 환태평양 연구의 이론화와 현대 제국주의의 효과들에 관한 우리의 연구에 포함될 필요가 있다. '대륙적' 시각이 아니라 '해양적' 시각에서 보았을 때, 뉴질랜드, 호주, 북미 원주민의 권리들은 각각이 법적인 선례에 호소하고 있다는 사실뿐만 아니라 토지 소유에 대한 그들의 시원적 권리에 관한 그들의 공유되는 원주민적 요구에 의해서도 서로 연결된다. 미국에서 1831년 존 마셜 대법원의 체로키민족Cherokee Nation 대 조지아주Georgia 판결은 아메리카 원주민을 '국내 종속 민족'domestic dependent nation을 구성한다고 판결했다. 이보다 앞서 존슨Johnson 대 매킨토시McIntosh 판결(1823)에서 대법원은 누가 토지를 소유하는가라는 문제를 해결하기 위해 "원주민은 단순한 '점유자' 였고 그들의 점유는 정복과 사용을 통해 확립된 유럽인의 '소유'로 대체되었으며 그것이 발견된 토지의 '원주민 소유자들'을 그 토지의 점유자tenant로 실효적으로 전환시켰다"고 선언했다(Lindsay and Robertson quoted in Calloway, 2008: 268).

호주에서 영국인들은 '무주지'(*terra nullius*)—문자 그대로 '토지가 없음'이라는 의미를 갖는 라틴어—라는 법적 교리를 활용해서 그 대륙의 원래 거주민들이 땅을 소유하지 않았고 주장했다. 왜냐하면 원주민들이 그 땅에 울타리를 치고 그것을 생산적으로 사용하지는 않았기 때문이다. 하지만 실제로는 여러 원주민 공동체들이 수렵 채집의 목적으로 그 땅을 사용했다는 증거들이 존재한다. 사실 많은 원주민 지도자들은 농사와 방목을 위해 토지를 요청했던 영국인 정착민들이 원주민 땅에 실제 영구적으로 정착하고 있다고 생각하지 않았고 단지 부불unpaid 임대 계약을 통해 농사와 방목을 실행하고 있다고 간주했다. 무주지의 원칙(*Terra nullius*)은 1992년까지 법적 교리로 널리 활용되었다. 1992년에서 1950년대 동안 호주 정부를 상대로 처음 열렸던 유명한 에디 마보Eddie Mabo 재판에서 마침내 마보에게 유리한 판결이 내려졌다(비록 마보는 사망했지만). 그 판례조차 울타리 친 소유물에 대한 명백한 원주민들의 권리 주장을 확립하고, 따라서 토지 소유권에 대한 영국적 원리를 긍정하는 것에 의존했다. 왜냐하면 마보는 토레스 해협의 머레이Murray 섬에 살던 사람인데 그 섬에서는 원주민들이 천 년 동안 땅에 울타리를 치고 있었기 때문이다. 사실 마보의 법적 소송은 그의 텃밭 엔클로저enclosure에 기초한 것이었는데, 비록 유럽식의 엔클로저와는 다른 토지 사용이 '소유권'을 확립할 수도 있다는 더 큰 쟁점은 최종 판결에서 무시되었지만, 그것은 적어도 원주민들의 엔클로저 개념을 확립하는 계기가 되었다. 거의 200년 동안에 걸쳐 호주 원주민 문화가 황폐화되어 온 상황에서 1992년 마보의 승리는 무주지의 원칙을 효과적으로 전복시켰다(Reynolds, 2000: 186-189). 과거에 호주 원주민과 토레스 해협 섬 거주민들은 그들의 전통적 고향에서 강제로 쫓겨나서 멀리 떨어진 수용소, 예컨대 배스 해협 Bass Strait(태즈메이니아와 호주의 사이)의 플린더스Flinders 섬처럼 사람이 살수 없는 섬의 수용소에 갇히는 경험을 했다. 1830년대 소위 '검은 전쟁'에서 태즈메이니아Tasmania 사람들을 절멸시켰던 것처럼 원주민들을 몰살시키려했던 시도도 끊이지 않았다. 무주지의 원칙은 아마도 미국의 대법원장 존 마셜에게 영향을 미쳤을 것이다. 그는 1820년대와 1830년대에 아메리카 원주민의 토지 소유권에 관한 대법원 판결의 기본적인 틀을 만들었다. 그 이후에 원주민 제거를 정당화하는 북미의 판례와 조약들이 역으로 호주 원주민과 토레스Torres 해협 섬 주민의 시민적 · 경제적 · 법적 권리에 관한 호주의 결정에 영향을 주었음이 틀림없다. 그러나 호주의 사례는 대부분의 미국 대학의 교육과정에 거의 등장하지 않거나 아주 먼 유비나 비교 대상으로서가 아니면 미국학 연구 분야에서도 드물게 논의되고 있다.

물론 '환태평양' 관점에서 연구되어야 할 마찬가지로 복잡하고 수많은 여타 원주민들의 권리들이 존재한다. 태평양의 수많은 다양한 도서 주민들의 권리가 여기에 포함된다. 뿐만 아니라 일본, 중국, 한국, 티베트, 네팔, 몽골, 그리고 아시아 여타 지역의 원주민들의 권리도 여기에 포함되는데, 그것은 캐나다와 미국에 거주하는 원주민들의 권리와 역사적 · 법적 또는 '보편적'

연결성을 갖고 있다. 사실 지금 팔라우에서 늙어가는 여섯 명의 위구르인들과 관타나모에 있는 그 동료들은 유럽-미국 제국주의의 강제이주의 결과로서 태평양과 서반구를 가로질러 깊고 넓게 드리워진 원주민 권리 반체제인사의 사례들이다. 그래서 특히 '환태평양 연구'는 '토착민'의 권리를 중요하게 다루어야 한다. 우리가 유럽과 미국 제국주의라는 '방식으로' 원주민들의 권리와 문화적 쟁점을 어떻게 독해하는가가 향후 우리 연구의 진짜 이야기를 들려주는 데 결정적일 것이다.

태평양 지역 토착민들 사이의 차이는 바다가 '연결시킨다'는 것 이상으로 "바다가 단절시킨다"는 것을 상기시킨다. 대륙적 관점이 아니라 대양적 관점에서 사고하는 것은 또한 우리로 하여금 바다에 의한 땅덩어리의 *분리*에 의해 지속되어 온 사회적·정치적·환경적·인간적 차이에 주목하도록 한다. 그래서 루이스와 위겐처럼 바다가 서로 다른 생태계를 만들어내는 방식으로 서로를 분리시킨다는 틀림없는 사실은 무시하면서 세계 대양들의 '접촉지대'contact zone만을 강조하는 것이 전적으로 옳은 것은 아니다. 『적도를 따라서』(*Following the Equator*)(1897)에서 마크 트웨인은 어떻게 호주 오리너구리Australian Platypus가 '노아의 방주에 들어 있지 않았고' 또 다윈의 진화론도 엉망으로 만들었는지에 관해서 언급한다(105). 단공류 동물(물고기도 아니고 새도 아닌)로서 오리너구리의 지위는 19세기 유럽 자연과학에 혼란을 가져와서 어떤 자연과학자들은 오리너구리가 실재하는 동물이 아니라 '거짓'hoax이라고 주장하기도 했다. 오리너구리를 연구하는 과학적인 노력은 19세기에 그 수줍음 많은 동물을 멸종상태로 몰아갔다. 해학이 많은 마크 트웨인은 뉴질랜드에 머물고 있을 때 그의 집주인이 "오리너구리를 한

마리 주었고, 지금 길들이는 중"이라고 말하면서 자신이 그 동물의 멸종에 기여하고 있다는 사실을 인정하기도 했는데, 풍자와 해학이 넘치는 그에게도 그것은 굉장한 도전이었던 모양이다(301)!

어떤 학자들은 항공여행, 위성, 인터넷과 같은 기술의 시대에 '해양적' 사고는 그것이 해양의 흐름 속에서의 접촉에 집중하든 공동체 사이의 거리가 만들어 내는 차이에 집중하든 너무 낡았고 쉽게 극복될 수 있다고 주장할지도 모른다. 그러나 생태문화적 관점에서 볼 때, 해양적 사고는 또한 해양의 건강에 대한 심대한 의존, 그 해양지역이 배양하는 다양한 세계적 환경, 생산성·부·건강의 진정한 원천인 자연적 차이들의 전체적 체계에 우리가 지고 있는 공동의 부채 등을 강조한다. 우리는 남획과 기후변화가 우리 바다의 건강을 즉각적으로 위협해 온 시대에 살고 있다. 코펜하겐에서 열린 지난번 기후변화 정상회의에서 피지 정부는 해수면 상승이 그 나라의 존재 자체를 위협하고 있다고 주장했다. 2009년에는 도서국가연합The Alliance of Small Island States(AOSIS)이 저개발국 그룹과 함께 지금까지 선진국들이 무시해 온 1년당 기온상승 한계를 섭씨 1.5도로 제한할 것을 국제연합(UN)에 촉구하는 80여 개 국가의 동맹을 결성했다. 도서국가연합은 인도양의 세이셸Seychelles 제도와 태평양의 마리아나 제도 및 피지 제도 등의 나라를 포함하고 있다. 그러나 이들 도서국가의 역사와 그들에 대한 현재의 세계적 우려는 자유주의적 교육에서 거의 등장하지 않는다. 일방적 세계화와 자본주의적 필요의 끊임없는 상향 나선형을 지시해 온 전통적 의미의 '환태평양'만이 등장할 뿐이다. 태평양에 관한 제한적 개념에 저항하는 방법 중 하나는 태평양의 여러 공동체가 그들 자신의 문화적·정치적·경제적·정체성을 긍정해 온 여러 가지 방식들을 이해하는 것이다. 그리고 환태평양 지역에서 현재에도 계속되고 있는 유럽, 아시아, 그리고 미국의 제국주의에 대한 우리의 학문적 탐구는 그러한 대항서사와 관련해서 결정적인 부분을 차지할 수 있을 것이다.

결론적으로 우리는 태평양에서 제국주의 지배의 공공연한 제도와 관행이 사라졌기 때문에 이제 주권성과 문화적 자기표현을 향한 탈식민적 투쟁이 남아 있을 뿐이라고 가정해서는 안 된다. 탈식민화는 여전히 활동의 의제이며, 그 의제는 세계적으로 상황 지어진 활동가들의 동맹에 의존한다. 태평양 바닥에 묻힌 광물과 여타 자원들에 대한 상업적 추출은 태평양의 섬들뿐만 아니라 대륙의 본토도 위협한다. 제국주의의 유산은 역사적으로 길고 문화적으로 깊다. 그것들은 사모아 기독교인들의 문신 관례에서 분명하게 드러나는 만큼이나 와이키키 해변의 관광에서 그리고 팔라우 해변을 당황한 모습으로 방황하고 있는 위구르인들에게서도 분명하게 드러난다. 제국주의, 토착성, 그리고 이주/디아스포라는 모두 그들의 다층화된 동시성 속에서 함께 독해되어야 한다. 그것들이 환태평양 지역의 현재적 조류들이다.

참고 문헌

Adams, Henry. 1893. *Memoirs of Marau Taaroa, Last Queen of Tahiti.* Washington, DC: Privately Printed.

_____. 1973 [1907]. *The Education of Henry Adams*, ed. Ernest Samuels and Jayne N. Samuels. Boston: Houghton Mifflin.

Brickhouse, Anna. 2004. *Transamerican Literary Relations and the Nineteenth-Century Public Sphere.* New York: Cambridge University Press.

Bulosan, Carlos. 1973. *America Is in the Heart*, Seattle: University of Washington Press.

Calloway, Colin G. 2008. *First Peoples: A Documentary Survey of American Indian History,* 3rd ed. Boston: Bedford/St. Martin's.

Camacho, Keith L. 2010. *Cultures of Commemoration: The Politics of War, Memory and History in the Mariana Islands.* Honolulu: University of Hawai'i Press.

Camacho, Keith L., Cynthia Enloe, and Setsu Shigematsu, eds. 2010. *Militarized Currents: Toward a Decolonized Future in Asia and the Pacific.* Minneapolis: University of Minnesota Press.

Drinnon, Richard. 1980. *Facing West: The Metaphysics of Indian-Hating and Empire-Buiding.* Minneapolis: University of Minnesota Press.

Gilroy, Paul. 1993. *The Black Atlantic: Modernity and Double Consciouness.* Cambridge, MA: Harvard University Press.

Harris, Sasan K. 2011. *God's Arbiters: Americans and the Philippines, 1989-1902.* New York: Oxford University Press.

Hereniko, Vilson, Rob Wilson, and Patricia Grace, eds. 2012. *Inside Out: Literature, Cultural Politics and the New Pacific.* London: Rowman and Littlefield.

Hough, Richard. 1997. *Captain James Cook: A Biography.* New York: W. W. Norton.

Johnson, Charlmers. 2004. *The Sorrows of Empire: Militarism, Secrecy, and the End of the Republic.* New York: Henry Holt.

Johnson, Sara. 2012. *The Fear of French Negroes: Migration, Struggle and the Transcolonial Immagination in the Age of Revolution.* Berkeley: University of California Press.

Kingston, Maxine Hong. 1980. *China Men.* New York: Random House.

La Farge, John. 1897. *An Artist's Letters from Japan.* New York: Century.

Lewis, Martin, and Kären Wigen. 1997. *The Myth of Continents: A Critique of Meta-geography.*

Berkeley: University of California Press.

Magistad, Mary Kay. 2010. "Life in Palau after Guantanamo." *PRI's The World,* 10 March.

Okihiro, Gary Y. 2008. *Island World: A History of Hawai'i and the United States.* Berkeley: University of California Press.

Parrenas. Rhacel. 2008. *The Force of Domesticity: Filipina Migrants and Globalization.* New York: New York University Press.

Perez, Craig Santos. 2010. *From Unincorporated Territory* [Saina]. Richmond, CA: Omnidawn Publishing.

Reynols, Henry. 2000. *Why Weren't We Told? A Personal Search for the Truth about Our History.* Ringwood, Victoria: Penguin Books Australia.

Rodriguez, Dylan. 2009. *Suspended Apocalypse: White Supremacy, Genocide, and the Filipino Condition.* Minneapolis: University of Minnesota Press.

Rowe, John Carlos. 2000. *Literary Culture and U.S. Imperialism: From the Revolution to World War II.* New York: Oxford University Press.

_____. 2011. *The Cultural Politics of the New American Studies.* London: Open Humanities Press.

Rowe, John Carlos, and Rick Berg, eds. 1991. *The Vietnam War and the American Culture.* New York: Columbia University Press.

Said, Edward. 1978. *Orientalism.* New York: Random House.

Scarpello, Fabio. 2006. "US., Philippines Weigh New Military Marriage." *Asia Times Online,* 23 December. http://www.atimes.com/Southeast_Asia/HH23Aeo1.html (accessed January 29, 2014).

Twain, Mark. 1897. *Following the Equator: A Journey around the World.* Hartford, CT: American Publishing Company.

Wilson, Rob. 2000. *Reimagining the American Pacific: From "South Pacific" to Bamboo Ridge and Beyond.* Durham, NC: Duke University Press.

06

지역연구와 아시아계 미국인 연구에 대한 열정적 애착: 환태평양의 주체성과 디아스포라

프란시스코 베니테스와 라우리 시어스J. Francisco Benitez and Laurie J. Sears

동남아시아에 대한 학술연구가 증가하고 동남아시아계 미국인 학생들과 활동가들이 자신의 디아스포라 역사에 관한 관심이 증대되는 상황에서, 이 글에서는 인종과 젠더에 관한 관념을 동남아시아 연구 및 미국 종족연구의 변화하는 분야들과 연결시키고자 한다. 우리는 특히 인종화된 젠더와 젠더화된 인종에서의 교차성intersectionality—다양한 형태의 사회적 불평등의 체계적 결합—을 이해하기 위해서는 지식생산 과정에서 주제형성의 제한성을 강조하면서 제국적·민족적 예속에 대한 비평을 지속하는 비판적 해석전략이 요구된다고 제안한다. 이 장에서 살펴볼 소설 내에서 젠더화된 신체는 또한 주변화된 신체이며, 여성과 남성 모두 성적 일탈의 형태로 '관입적 내밀성'intrusive intimacy을 경험한다. 억압이나 주변화에 대항해서 특정한 공동체를 동원할 필요가 있을 때, 표상영역에 초점을 두거나 공정하게 인지하기 위해서는 전술적으로 특정한 종류의 표상을 다른 종류의 표상에 종속시킬 것을 요구한다. 따라서 킴벌레 크렌쇼(Crenshew, 1989)는 인종주의에 대한 논쟁이 종종 성차별주의에 대한 비판을 방해한다고 지적한다. 입장들의 전쟁에 개입하기 위해서는 특정한 제도와 사회적 장에 관심을 집중할 필요가 있지만, 사실 그런 제도와 사회적 장의 경계들은 투과적이며 종종 상호 교차한다. 미국의 제3세계 페미니즘에 대한 첼라 산도발(Sandoval, 2000: 108)의 개념은 민족국가의 문화적 자본이 부족하다고 여겨지는 사람들의 차별적 의식, 즉 '순항하고, 이주하며, 즉흥적인 주체성의 양식'이 어떻게 그녀가 반식민주의 해방운동의 '대립의식'과 중첩되는가를 이해할 지침을 제공한다.[1] 이러한 의식은 민족국가의 한계를 뛰어넘는 협력적·혼종적 사고를 필요로 한다. 우리는 '비판적 우울증'critical melancholia 방법론을 통해 인종적 주체성을 탐구할 것을 제안한다. 그러한 방법론을 통해 우리는 다양한 형태들의 사회적 불평등의 교차성을 살펴보고 그런 형태들이 지역연구 및 종족연구에서 어떻게 문제화되어 왔는지를 검토할 수 있을 것이다.

환태평양에서 비판적 우울증과 인종

『인종의 우울 속에서』(*In the Melancholy of Race*)(2000)에서 앤 안린 청 Anne Anlin Cheng은 다음과 같은 질문을 던진다. "인종을 극복하는 방법은 없는가?" 청은 왜 정신분석학과 철학이 상실한 대상을 성공적으로 제거하

---

1 동남아시아에서 발생한 유사한 방법론에 대한 설명은 타디아르Tadiar(2009)를 참고하시오.

는 애도라는 통념을 규범적인 것으로 간주하는 데 비해, 상실한 대상을 계속 살려두는 우울증을 병적인 것으로 간주하는가라는 의문을 제기한다. 이런 관점에서 우리는 쳉이 인종을 극복하는 것은 불가능하며 프로이트의 '훈습'working through*이라는 개념은 특권적인 백인의 비병리적 규범을 가정하지 않고서는 인종을 훈습할 수 없다고 제안하고 있다고 독해한다. 따라서 비판적 우울증의 태도는 아마도 21세기에 인종, 성별, 특권에 대해 생각할 수 있는 가장 현실적인 선택일 것이다(Cheng, 2000).² 라플랑슈Jean Laplanche 는 환태평양 내부에서 태평양을 횡단하는 인종, 종족, 젠더 주체를 위한 새로운 가능성을 개척하지 못하는 '훈습'의 실패라는 쳉의 아이디어를 보완하기 위해 지연된 행위deferred action,—제임스 스트레이치James Strachey의 표준판 번역— 또는 라플랑슈 자신이 선호한 번역어인 '사후성'afterwardness, *Naträglichkeit*을 상세하게 설명한다. 초기 아동기에 양육자/어머니/처벌자가 부여한 메시지는 흔적을 남기는데, 라캉주의자들은 이를 '수수께끼 같은 기표'enigmatic signifier라고 부른다. 이러한 메시지는 관념들을 이식하는데, 그 관념들—라플랑슈(1999)의 용어로는 '관입적 내밀성'intrusive intimacies—이 새로운 방식으로 재번역되어야만 사람들은 인종, 젠더 또는 여타 형태의 서발턴 정체성이나 주변화를 '훈습'할 수 있다.

인종적 우울증을 통해 인종적 차이는 극복할 수 없고 극복되어서도 안 된

---

* 정신분석학에서는 본인의 문제 및 무의식을 계속하여 반복적으로 탐구해 나가는 과정을 훈습이라고 한다. (역자 주)

2 특히 4장을 참고하시오. 21세기 주체에 적합한 위치로서 우울증에 대한 다른 연구를 보기 위해서는 칸나(Khanna, 2003)와 씨(See, 2002)를 참고하시오.

다는 공공연한 비밀을 필연적으로 알게 된다. 우울증은 명백한 근거도 본질도 없이 무의식의 과정 속에서 주체가 항상 분열되는 모순을 보여준다는 점에서 현대성의 주체와 유사한 구조를 가지고 있다. 인종적 우울증은 우리로 하여금 다양한 장소들에서 위계나 사회적 지도를 구성하는 규범구조에 대한 인종화된 신체의 경계성liminality을 깨닫게 한다. 인종화는 언제나 육체를 규범에 타자화함으로써 종종 표시되지 않는 이 같은 규범과의 관계 속에서만 의미를 고정한다. 우울증은 우리에게 재번역이나 변형의 순간을 제공하기보다는 기념의 필요성이 계속되게 만들고 부정적인 것에 머무르는 것을 고집한다. 그것은 문화의 긍정적인 권력에 대한 우리의 열정적 애착을 중시하면서, 우리가 훈습할 수 없는 것, 그리고 우리의 주체성을 가능하게 만드는 우리의 예속/주체화subjection의 조건을 뛰어넘으려는 우리의 욕망의 유토피아적 충동을 고집한다. 이후의 논의에서 드러날 것처럼, 우리는 이것이 제국적 구성체 내에서 인종화된 신체와 인격체가 협상하고 생활해야 할 조건이라고 제안한다. 정신분석, 우울증, 주체성에 대한 이러한 질문은 지역연구와 미국 종족연구에 대한 논의에서 어떤 함의를 갖는가? 지역연구 및 아시아계 미국인 연구의 학자와 대상은 정신분석과 제국 형성이라는 문제에서 주변적이지 않다. 오히려 그것들은 그 질문의 중심에 위치한다. 우리는 리사 로우Lisa Lowe가 『이민법』(*Immigrant Acts*)(1996)에서 아시아계 미국인의 이질성 · 혼종성 · 다면성을 이해하자고 요청한 것이 말레이시아에서의 인종화에 대한 말레이시아 역사학자 수밋 만달Sumit Mandal의 통찰과 같은 연구들(Lowe 1996, ch. 3; Mandal, 2004)에 연결될 때 가장 잘 이해될 수 있다고 제안한다. 민족적 예속 및 소속을 둘러싼 복잡한 투쟁에서 종족-민족주의적 인종주의는 인종에 관한 동남아시아적 담론에서 아시아계 미국인 담론으로 이동했고 종종 차이들을 재형상화하면서 일로카노와 세부아노의 구별, 자바인과 순다인의 구별, 중국인과 싱가포르인의 구별 등을 삭제했다. 그러한 종족적 편견, 재형상화, 삭제 등은 함께 연구될 때 많은 것을 제공하게 된다. 미국의 종족연구와 지역연구는 학문적 담론으로 출현한 시기가 겹치기 때문에 서로 얽혀 있고, 둘 다 미국의 제국적 욕망들이 남긴 유사한 '수수께끼 같은 기표'나 흔적들로부터 영향을 받는다. 둘 다 1960년대의 동일한 순간에 유럽-미국 냉전과 베트남, 캄보디아, 라오스의 열전이라는 제국적 맥락에서 주목을 받았고 학문적으로 두각을 나타냈다. 또 이 시기에 페미니즘적 · 종족적 · 인종적 · 성적 정체성을 둘러싼 새로운 운동이 부상했다. 두 학문적 담론은 모두 이러한 새로운 제국적 구성체의 소동들로부터 출현했고, 둘 다 주변적인 그리고/또는 이국적인 것으로 연구된 장소와 사람을 포함했다. 그런 장소와 사람은 대체로 대상으로 연구되었고 오직 가끔만 주체로 연구되었다. 지역연구는 냉전의 압력에 대한 정부의 대응으로 국가가 주도한 반면, 종족연구는 학문적 인정과 수용을 위한 활동가들의 투쟁에서 비롯되었다. 두 학문 분야 모두 미국의 민족 · 제국 형성과 복잡한 관계를 가지고 있다.

이러한 도전들에 직면하여 미국의 지역연구는 어떻게 변화하고 있는가? 제국으로서 미국에 대한 (억압된) 인식으로의 복귀는 오랜 전통을 가졌지만 종종 망각되어 온 미국 예외주의에 대한 종족연구의 비판에 어떤 영향을 미쳤는가? 학제적 · 분과적 방법론들은 이러한 변화에 어떻게 적용하고 있는가? 디아스포라적 · 범세계적 여행경로가 점점 더 많은 주체들을 이동시키면서 지역연구와 종족연구 사이의 대화가 개방되고 있으며, 각 분야로부터의 통찰이 다른 분야로 침투하고 있다. 디아스포라 공동체와 서사가 어떻게 '고향'home의 개념을 불안정하게 만들고 '고향이 없는' 또는 '다수의 고향'을 일상생활의 조건으로 만드는가를 이해하기 위해 우리는 동남아시아와 아시아계 미국인의 문학 텍스트를 활용해서 이러한 우울증적 상처를 개방하고 가시화하려고 한다. 필리핀계 미국인 작가 제시카 하게돈Jessica Hagedorn과 인도네시아 작가 아유 우타미Ayu Utami의 소설은 아시아적 구성체와 미국 제국적 구성체 사이를 오가는 등장인물들을 보여준다. 이 소설은 사람들이 탈식민적인 제국적 장의 디아스포라적 궤도로 이동하거나 밀려남에 따라 개인적 주체성과 정체성이 특정한 젠더와 인종 구성체 내에서 사라지고 변경될 수 있음을 시사한다. 그러한 장field 중 하나가 '환태평양' 장인데, 이 글은 그 장의 윤곽과 가능성을 추적할 것이다.

'환태평양'은 지역 · 윤리 연구를 포괄할 수 있는가?

'환태평양'의 개념처럼 전통적인 지역연구의 자의적 경계, 특히 지역연구와 아시아계 미국인연구Asian American Studies의 분리를 넘나드는 초민족적 연구는 학제적이고 시의적절하지만, 동시에 지역연구와 아시아계 미국인 연구의 학자들을 상황적 지식situated knowledge과 국지적 투쟁의 장에서 그런 지식이 갖는 잠재적인 정치적 지향으로부터 벗어나게 만들 수도 있다.[3]

---

3   도나 하러웨이Donna Haraway에게 상황적 지식situated knowledge은 부분적 시선과 학문적 생산에 대한

베네딕트 앤더슨Benedict Anderson의 용어로 표현하자면, 여권이나 세계적 과세 등과 같은 분명하게 법적인 구성체들은 계산되고, 저장되며, 재검색될 수 있는 결속적 연속성bounded seriality을 지속시킨다.* 따라서 마사오 미요시 Masao Miyoshi는 세계적 자본주의의 관점에서 초민족주의가 민족국가라는 제도와 서사가 갖는 주권성과 효능을 침식한다고 주장하는 반면(Miyoshi, 1998, 1996), 린다 바슈Linda Basch와 동료들은 이주민과 그들의 사회적 관행 및 노동의 관점에서 이주민이 다양한 민족국가의 권력 구조 내에서 협상해야 하며 사회적 장들의 경계를 넘어 복수의 민족형성 기획에 참여해야 한다고 주장한다(Basch et al., 2000). 이러한 관점에서 보면, 초민족주의는 노동자에게 자본의 흐름을 뒤따르게 함으로써 실제로는 이러한 구조들을 국가기구로서 재강화할 수도 있다. 자본의 흐름의 경로와 네트워크는 제국 내에서 노동 자체의 생산성과 이동성의 필수조건이 된다. 이 경우 초민족주의는 이민자들이 '차이를 유지한 채'with a difference 거주하는 디아스포라 공동체 속으로 사라져 들어가게 된다.[4] 이러한 주장이 함의하는 것은 이민자들은 그들이 거주하는 복수의 사회적 장에서 기능하기 위해서 공동체와 정체성을 필요로 한다는 것이다. 사회성과 관련깊은 정서적 관계는 '민족'을 하

질문을 포함하는데, 그것은 추정된 객관성, 지배력, 권력 등의 중립적인 남성적 시선을 약화시킨다. 하러웨이(Haraway, 1998)를 참고하시오.

* 앤더슨은 정치권력에 의한 권력 장악을 표현하기 위해 시민들에게 일련번호를 부여하는 것과 같은 행위를 결속적 연속성bounded seriality이라고 표현했다. (역자 주)

4 "디아스포라 담론은 길로이Gilroy가 대안적 공론장, 즉 그 내부에서 '차이를 가지고' 생활하기 위해 민족적 시공간 외부에서의 동일화identifications를 유지하는 공동체의식과 연대성의 형태들로 묘사한 것을 구성하는 기원들과 경로들 양자를 접합하거나 결합한다"(Clifford, 1997: 251).

나의 공동체적 구성체를 위한 떠다니는 기표—우발적 애착을 가진 기표—로 전환시키는데, 그러한 공동체적 구성의 기의는 이동하고 변화한다. 따라서 동남아시아인과 아시아계 미국인의 서사에서 구축된 주체성들이 장소에 뿌리를 둔 그들의 애착을 상실함에 따라, 그들을 상이한 시간들 속에서 하나로 묶었던 그들의 동일한 주체성과 다양한 힘들은 상이한 방식으로 사라진다. 그들은 새로운 주체성과 애착을 형성하는 과정에서 무엇을 획득하는가? 이후에 논의될 하게돈 소설의 여주인공인 리살리나Rizalina의 사례처럼, 일부는 탈식민적 우울증의 공간으로 사라지게 되는가? 그들은 사회성과 공동체의 윤리에 대해 어떤 질문을 전면에 내세우고 있는가? 그들은 어떤 사회적·비판적 실천을 낳는가? 시급한 정치적 요구에 직면하여 학자들은 어떤 종류의 포스트–근본주의적·포스트–본질주의적 해석학을 활용할 수 있는가? 세계적인 제국적 장 내에서 우리 자신의 고립된 학문 분야가 어떻게 우리의 지식생산을 피에르 부르디외Pieer Bourdieu와 로익 와캉Loïc Wacquant이 '제국주의적 이성의 간지(cunning of imperialist reason)'라고 부른 것에 기여하게 만들었는가? 어떤 종류의 초민족적 협력이 부상하는 사회적 세력과 그룹에 조응하여, 상호작용하면서 새로운 지식 집단을 생산할 것인가?

제국적 기원을 가지며 우리가 학자, 이주민, 난민, 관광객으로 통과하는 범세계적 여행경로 여행 통로는 동남아시아에 대한 탈식민주의·페미니즘 연구에서 '앎'knowing의 행위를 재구성한다. 태평양을 횡단해서 이동하는 사람들에게 무슨 일이 일어나는지에 대한 연구는 우리에게 이 분야의 미래 방향에 대해 많은 것을 알려줄 것이다. 이는 동남아시아 연구의 주제들이 그것을 연구하는 사람들만큼이나 빠르게 변화하고 있기 때문이며, 현재 상황에서 '주체'와 주체성에 대한 해석학적 가정의 지속적인 재평가가 필요하기 때문이다. 동남아시아 연구의 주체와 대상이 세계적·지방적 통치성과 갈등하는 주체 위치 사이에 놓이면서, 정체성 형성과정은 끊임없이 변화하고 있다. 여행과 협력에 대한 우리의 전망은 베네딕트 앤더슨(Anderson, 1998: 2)이 말하는 비교의 유령(또는 악령)이라는 엘리트의 이중적 전망을 취해서, 이것을 자기 자신에게 되돌려 주면서 여행하는 비엘리트에게 이중적 전망을 제공할 뿐만 아니라 남겨진 사람들에게 계속해서 출몰하는 전망을 강조할 것이다. 따라서 유럽에 다녀온 뒤에 자신의 유럽적 경험에 사로잡혀 동남아시아 지역에서 자신의 삶을 보기 시작하는 엘리트들보다, 동남아 본토, 유럽 또는 중동에서 일자리를 찾아서 필리핀을 떠나는 어머니들은 다른 곳에서 남의 아이를 돌보게 되면서 남겨진 아이들과 가족의 환영에 더 많이 사로잡혀 있다. 그러한 다른 곳으로부터의 환영, 즉 이동과 이주 후에도 지속되는 '관입적 내밀성'은 완전한 탈영토화를 방해한다. 그것을 이동하는 주체를 디아스포라 공동체와 초민족적인 사회적 장으로 정서적으로 재영토화한다. 오늘날 운송, 통신, 금융의 제국적 인프라의 새로운 긴급성과 강도를 고려할 때, 이는 오래된 딜레마다. 우리는 인종 및 젠더 정체성의 모순과 전략적 본질주의를 인식하는 비판적 우울증의 방법이 이러한 사람과 이야기의 흐름에서의 단절을 밝힐 수 있다고 제안한다. 그것은 또한 사람과 이야기가 제국적 장에서 차별적으로 조직된 권력과 지식의 결절점들 내에서 가치와 특권을 발생시키는 방식을 중단시킬 수 있다.

편저서 『동남아시아 주체 알기』(*Knowing Southeast Asian Subjects*)(Sears, 2007)에 수록된 에세이들은 동남아시아의 학자들이 더 많은 작품을 영어로 출판하고 그들의 연구 관심이 하나의 장으로서 동남아시아 연구를 둘러싼 논쟁과 결합되면서 그들이 제기하는 다양한 종류의 질문에 초점을 맞추었다.[5] 이 책의 의도는 '동남아시아 알기'라는 관념을 확산시키는 것이었다. 이들 에세이의 저자들은 특히 동남아시아 외부에서 거주하고 일하는 사람들에게 동남아시아를 '알고 있다'고 주장하는 것이 무엇을 의미하는지를 알고 싶어 했다. 레이 초우(Chow, 2006)는 그 딜레마를 간결하게 포착했다. "전쟁이라는 동일한 종류의 기초로부터 도출된 '지식'이 전투의 폭력을 종결시킬 수 있는가, 아니면 전투의 단순한 공모자로 간주될 수 없는 그런 지식은 그것이 초점을 맞추려고 하는 생명의 형태들을 보존하기보다는 파괴할 운명인가?" 애리얼 헤리앤토Ariel Heryanto의 에세이는 다음과 같은 질문을 던진다. "동남아시아 연구에는 동남아시아인이 존재할 수 있는가?" 지식 구성체들은 대상화되어 온 주체들을 위한 공간을 분명히 할 수 있는가? 학자들은 단순히 낡은 객관화 방식을 재긍정하지 않는 방식으로 지식과 권력 생산의 힘들을 드러낼 수 있는가? 이런 객관화 양식이 상황에 좌우되는 것이었다는 사실이 드러날 때, 그 양식들은 어떻게 될 것인가? 오드리 로드Audre Lorde의 말을 빌리자면, 주인의 도구가 주인의 집을 무너뜨릴 수 있는가?

수미트 만달Sumit Mandal은 2007년 8월 쿠알라룸푸르에서 '동남아시아 주체들을 알자'를 주제로 진행된 토론패널에서 다음과 같이 주장했다.

5　이 책은 동남아시아 독자들을 염두에 두고 집필되었으며 싱가포르국립대학 출판사와 함께 공동 출판하였다.

내가 하는 일, 즉 인종을 해체하는 일에서 나는 그 나라에서 생산된 많은 학문이 (식민 또는 독립) 국가의 언어로 뒤덮여 있다고 느낍니다. 심지어 반대세력의 정치적 노력조차도 이 언어 내에서 작동하여 따라서 그것을 긍정합니다. 간단히 말해서, 인종에 대한 철저하고 일관되며 비판적인 논의가 없습니다. 이는 그 주제가 말레이인에 대한 무언의 (공개적인) 타자화를 통해 집권 여당과 야당의 종족적 파당들의 정치적 이해관계에 의해 포장되기 때문이다. 적어도 정체성, 인종, 종족성, 문화적 다양성 등에 관한 연구에서는 변화하는 세계적·지방적·지역적 맥락을 기반으로 새롭거나 또는 다양한 연구의제를 구축하려는 진지한 생각이 거의 없습니다. 반면에 해외에서는 말레이시아인 등을 중심으로 새로운 의제가 크게 성장하고 있습니다. … 지역연구와 미국 내 논쟁의 좁은 범위 내에서 의제가 설정되는 것을 극복하고 세계적으로 공유되는 탐구공간을 구축하고 이론화하는 시도가 필요합니다.

신질서New Order 체제 이후 인도네시아에서 신뢰할 수 있는 역사적 기록을 확립하는 문제, 사회문제에 대응하기 위해 여성, 노동자, 예술가, 종교집단 및 여타집단이 조직화되는 문제, 유럽-미국적 범주들 외부에서 정치적 중심을 벗어나 지식을 조직하는 방식을 추구하는 것, 그리고 유럽계-미국계 학자들이 생산한 학문에 의문을 제기하는 것 등은 동남아시아뿐만 아니라 아시아계 미국인과 환태평양에서도 지식인들에게 사활적인 이해가 걸린 주제들이다.

이러한 관찰은 제국적 구성체들imperial formations에 관한 연구에서 다루어지고 있다. 거기서 앞서 언급한 위계질서가 변화하는 조건 속에서 범세계적인 이동에 관한 논의가 이루어지고 있다.[6] 앤 스톨러Ann Stoler와 캐롤 맥그라나한Carole McGranahan은 제국적 구성체에 대해 다음과 같이 정의한다. "제국적 구성체는 탈구, 이산과정, 전유, 전위 등의 정치체polity다. 그것들은 이동하는 범주와 인구에 의존한다"(Stoler and McGranahan, 2007: 8). 제국적 장에 관한 또 다른 정의는 라틴 아메리카 역사학자 프란시스코 베니테스Francisco Benitez와 일리아나 로드리케스-실바Ileana Rodriguez-Silva의 공동 작업에서 비롯된다. 제국적 장이라는 개념은 제국에 거주하는 사람들의 관행과 기관들뿐만 아니라 가치 교환 및 생산 네트워크를 강조함으로써 제국적 구성체라는 개념을 보완한다. 세계적 무역을 보호하는 군사기지—인도네시아의 수카르노(Soekarno, 1955)가 '식민주의의 생명선'이자 '제국주의의 대동맥'이라고 부른 것—와 국가폭력의 암묵적 위협은 제국적 장을 유지하는 제국적 장치들을 구성한다. 여기서 제국적 장이라는 개념은 제국적 구성체에 대한 관념에 푸코의 통치성governmentalita에 대한 관념 및 '자기의 배양' 또는 '자기의 테크놀로지'라는 관념을 결합한다. '자기의 배양'이나 '자기의 테크놀로지'는 제국적 장의 경계를 확립하면서 제국적 장을 구성하는 관계들과 근접성의 원리를 통해 가치가 생산·추출·축적되는 양식을 지칭한다. 자기의 배양은 정부의 실질적인 개입이 없어도 사람들이 정부정책과 우선순

---

6 앤 스톨러Ann Stoler, 워릭 앤더슨Warwick Anderson, 비센테 라파엘Vicente Rafael 같은 동남아시아 연구자들은 오늘날의 지역연구가 제국적 장 내에서 전개되고 있다고 주장했다. 물론 베네딕트 앤더슨Benedict Anderson, 벤 커크블리에Ben Kerkvliet, 제임스 스콧James Scott 같은 동남아시아주의자들은 1980년대부터 세계적 전망의 연구를 수행해 왔지만, 제국적 구성체에 대한 연구는 과거의 글로벌 연구와 구별되며 탈식민주의 이론에서 유래하는 통찰력을 흡수하고 있다.

위에 맞게 자신의 행동을 스스로 규율하는 과정이다. 제국적 장은 자기의 배양이라는 이 같은 관념을 실질적인 군사적 위협 및 그에 수반되는 기반 시설과 결합한다. 장field에 주목하는 것은 권력의 복잡하고 차별적인 집중에 대한 인식을 계속 유지하면서도 메트로폴리탄 중심부를 특권화하는 전통적인 중심-주변 분석틀을 완화하고 대신 장소들보다는 흐름과 이동을 상기시키는 효과를 갖는다.

우리가 수행할 또 다른 개입은 미국 예외주의에 대한 비판을 넘어 제국적 구성체 개념을 확장하고 오늘날 동남아시아 탈식민적·신식민적 체제에서 계급, 인종, 젠더 관계에 관한 연구를 포괄하는 것이다. 이들 체제는 제2차 세계대전 이후 식민지 정부를 모델로 한 민족국가로 등장했으며, 새로운 민족의 경계를 더 오래된 식민국가의 경계와 유사하게 정의했다. 이 체제들은 세력, 상품, 자본의 순환을 관리하고 그들의 다공적인 국경을 가로질러 흐르는 다양한 인종과 종족을 조절해야 하는 제국적 식민국가의 필요성을 상속받았다. 전前식민적·식민적 세계의 잔여물로서 그들의 국경은 환태평양뿐만 아니라 환대서양 교류를 향해서도 열려 있었다. 따라서 우리는 제국적 구성체와 장을 연구함으로써 이들 민족을 그들의 계보학이라는 관점에서뿐만 아니라 세계적 교역 추세들에 민감한 그들의 오랜 역사와 내부적 배치의 관점에서도 제국적 국가로 간주할 수 있게 될 것이다. 동남아시아의 정치체제는 육지에 기반을 둔 세계무역의 실크로드의 부와 중요성에 반비례해서 부와 중요성이 증가하는 유형을 보였다. 동남아시아는 또한 스페인과 미국 제국하에서 중요한 환태평양 교차의 장소였다. 또한 우리는 제국적 구성체에 대한 연구를 통해 당대 제국적 지형의 변화하는 배치 과정을 숙고할 수 있다. 동남아시아—중국의 남쪽과 인도의 동쪽—의 많은 곳에서 그런 변화는 미국이 지는 반면 중국과 인도가 뜨고 있다는 것을 시사한다. 제국적 구성체들에서 요구되는 폭력성을 염두에 두면서도 정체성과 정치의 공동체에 대한 애착을 진지하게 고려하기 위해서 우리는 체험된 경험의 절박성과 지식/권력 쌍에 대한 민감성을 유지할 필요가 있다. 그것들은 사람들이 일상생활의 일부로 제국적 구성체들 내에서 생활하는 조건이다.

유럽-미국 학자들이 민족국가의 경계를 넘나드는 자본과 사람의 흐름에 대응하여 국경의 침식에 대해 논하고 있을 때, 동남아시아 연구는 이 같은 동일한 문제들을 진술하고 있었다. 동남아시아의 지역연구자들은 시민들의 삶에 가장 절실하게 다가오는 정부의 억압에 초점을 맞추었다. 이는 특히 인도네시아의 신질서 체제(New Order, 1966-1998)에서 두드러졌다. 그러나 국가의 탈식민적 억압에 관한 이 같은 연구들은 주로 인도네시아와 필리핀에서 활동하는 학자들을 통해서 동남아시아 연구에 진입했다. 버마, 말레이시아, 태국, 베트남의 지역연구자들은 정부의 학대와 내부적 인종주의에 대해 쉽게 글을 쓸 수 없다. 지난 수십 년간 미국에서 발전한 아시아계 미국인 연구와 제국적 구성체에 관한 연구를 연결 짓는 것은 특히 인종과 제국의 정치에 대한 질문들에 초점을 맞추는 것이다. 이러한 연계를 어렵게 만드는 것은 동남아시아의 다양한 제국적 구성체에 저항하는 세계적 전략과 개입의 지방적 전술 및 지세 사이의 긴장이다. 이는 부분적으로 주체성의 구성이 다양한 계보들을 가지고 있기 때문에 발생한다. 하나의 특수한 구조의 효과로서 주체성은 보편적 열망과 구체적 기원을 모두 가지고 있다.

아시아계 미국인 연구라는 장 그 자체는 해체적인 탈식민 이론에 의해,

그리고 아시아계 미국인에 대한 학문적 논쟁으로의 동남아시아계 미국인이 유입에 의해 탈중심화되었다. 셜리 걱린 림Shirley Geok-lin Lim과 그녀의 동료들은 칸디체 추(Chuh, 2003)에 대해 다음과 같이 언급했다. "그녀[추]의 프로젝트는 아시아계 미국인 연구를 위한 포스트-주체이론을 정식화하는 것이다. 즉 우리가 '아시아계 미국인'을 가상할 때 단일한 정체성의 안정성에 대해 근본적으로 의문을 제기한다면 어떤 일이 벌어질 것인가? … 정체성[동일성]보다 차이를 강조하는 것은 어떤 주체도 부자연스럽지 않으면서 어떤 주체도 자연화되지naturalized 않는 새로운 담론적 공간을 허용한다. 즉 거기서는 주체에 대한 표상보다는 주체의 구성성이 분석된다"(Lim et al., 2006).[7] 림과 그녀의 동료들은 이 같은 '주체 없는 기표'와 대조적으로 아시아계 미국인을 '승수적multiplier 기표'로 구성하려고 한다. "그들에게는 특히 주와 연방 정부, 법률적·교육적·문화적 체계와 조직, 은행과 기업 같은 자본주의적 장치 등과 같은 미국의 제도적 장치에 의해 정치적·사회적·문화적 가치가 부여된다. 특정한 문학적·비판적 영역에서 그들의 의미는 그들이 신선한 이주 주체성을 통합할 수 있을 뿐만 아니라 역사적인 다중언어 텍스트들을 복원할 수 있다는 데 있다"(Lim et al., 2006: 4-5). 아시아계 미국인 연구와 비평은 다중적 주체성을 제공하는가, 아니면 주체 없는 기표를 제공하는가? 이 논쟁에서 무엇이 중요한 문제이며 우리는 그것을 어떻게 판결할 수 있는가? 이런 관점에서 주체성은 표상이자 구성 양자 모두와 관련

---

7 림과 동료들의 연구(Lim et al., 2006)는 이미 아시아계 미국인의 정체성을 해체한 바 있는 리사 로우Lisa Lowe의 연구를 따르고 있다. 추(Chuh, 2003)를 참고하시오.

될 수 있다. 그중 하나는 다른 것이 없이 자신을 가질 수 없고 표상과 구성은 모두 행위자의 침전물이 될 수 있기 때문이다. 크렌쇼(Crenshaw, 1989)가 '인종과 성의 교차성의 탈주변화'라고 부른 것은 법률적 결정과 평가의 기반이 될 수 있는 안정적이고 표상/대표 가능한 일관성 있는 단일한 법적 인격의 단순한 수용과 구성에 반대한다. 이러한 질문들이 동남아시아의 텍스트들에도 적절한가?(Laplanche, 1999: 260-65).

디아스포라적 · 범세계적 이동경로가 점점 더 많은 주체를 이동하게 만들고 각각 장들에서 유래한 통찰력이 서로에게 활력을 불어넣게 됨에 따라, 지역연구와 아시아계 미국인 연구 같은 종족연구 사이의 대화가 개방되었다. 이러한 교차성을 설명하기 위해 우리는 동남아시아 연구의 상황적 지식을 유지하면서도 아시아계 미국인 연구의 디아스포라적 · 범세계적 이동을 강조하는 문학작품들을 살펴볼 것이다. 하게돈의 『꿈속의 정글』(*Dream Jungle*)(2003), 『개고기 먹는 사람들』(*Dogeaters*)(1990)과 우타미의 『사만』(*Saman*)(1998)과 『라룽』(*Larung*)(2001) 등은 그러한 소설들이 새로운 종류의 주체성과 탈식민지적 우울증의 성별화된 상태에 초점을 맞추는 방식을 강조한다. 『꿈속의 정글』은 1970년대 말에 필리핀에서 영화 『지옥의 묵시록』(*Apocalypse Now*)이 제작되는 과정에 관한 소설이다. 소설에서 그 과정은 마르코스 시절 필리핀에서 발견된 잃어버린 타사다이Tasaday 부족의 이야기와 뒤섞인다. 하게돈은 필리핀 내에서 그리고 필리핀과 미국 사이를 유동적으로 이동하는 등장인물들로 가득 찬 이야기를 엮어낸다. 하게돈은 또한 우리에게 주체 위치와 관점이 생산되고 권력 관계가 질문되는 구조에 대한 소묘를 제공한다. 우타미의 작품에서는 계급과 성별에 대한 질문에 뒤이어 4명의 엘리트 인도네시아 여성의 삶이 등장한다. 그녀들의 이야기와 목소리가 자카르타와 뉴욕 사이를 이동하면서 그녀들은 유동적인 상호주관적 방식으로 말한다. 여성들은 태평양을 횡단하는 공간에서 가부장제를 침묵시키기 위해 노력하면서 남성적 목소리와 행동을 전복시킨다.

환태평양과 미국 제국적 장 내에서 필리핀 여성

우리가 다음에서 살펴볼 소설들은 20세기 후반 필리핀, 미국, 인도네시아에서의 삶에 대한 '상황적 증언'을 제공하며, 이 글의 서론에서 논의되었던 성별화 · 인종화된 우울증 상태의 기호 아래 기록된 디아스포라와 이동성의 장소로서 환태평양 패러다임을 활용한다.[8] 거의 대부분의 내용이 필리핀에서 전개되는 하게돈의 소설『꿈속의 정글』끝부분에서 2명의 여자 주인공 리살리나Rizalina와 파스 말로위Pas Marlowe는 결국 고립되고 환멸을 느낀 채 미국에서 생을 마감한다. 여기서 디아스포라는 특정한 '종족' 공동체를 존재하게 하고 그것을 하나의 사회구성체로 유지시키는 신화가 아니라 국가와 민족 구성체를 비판할 수 있는 하나의 입장으로서 일종의 이중의식으로 간주되어야 한다. 국가 기구 내에서 인종화된 주변성을 이해하면서, 이동하는 주체들은 이동성과 인식에 대해 차별적인 접근성을 제공하는 방식

---

8 도나 하러웨이Donna Haraway의 '상황적 지식' 아이디어에 영감을 얻은 라우리 제이 시어스Laurie J. Sears
   는 문학작품을 역사와 문학 아카이브의 일부로 읽는 방법론으로서 '상황적 증언'이라는 용어를 고
   안했다. 문학 아카이브와 상황적 증언으로서 소설에 관한 자세한 내용은 시어스(Sears, 2007; 2010;
   2013)를 참고하시오.

으로 그들을 위치시키는 예속의 억압적·이데올로기적 국가장치들과 대결할 수밖에 없다. 미국 중심적인 권리의 행동주의에 초점을 맞춘 틀과 대립되는 초민족적 또는 디아스포라적 틀의 득실에 관한 아시아계 미국인 연구의 논쟁은 종종 미국의 제국적 영향력을 은폐하거나 주변화한다. 제국적 구성체의 분석에 초점을 맞추는 것이 지방적 개입을 우회하거나 배제해서는 안 된다. 이러한 분석은 여전히 정치적 참여를 요구하면서도 인지적 지도제작cognitive mapping의 더 큰 지형을 제공한다. 이것의 한 가지 사례로 하게돈의 『꿈속의 정글』은 마르코스 치하의 필리핀에서 발생했던 명백히 단절된 두 가지 사건, 즉 손길이 닿지 않는 석기시대 부족의 발견과 프란시스 포드 코폴라Francis Ford Coppola의 고전적 영화인 『지옥의 묵시록』을 나란히 배치하고 있다. 하게돈은 태평양을 가로지르는 제국적 구성체를 통해 길을 찾아야 하는 인물과 주체의 상황에 대한 개념적 지도제작conceptual mapping을 요구할 뿐만 아니라 그 환경에 대한 소묘를 시도한다. 이 두 사건은 사실 대중매체에서 크게 다루어졌고 미국과 필리핀 사이의 환태평양 연계를 보여주고 있다. 『지옥의 묵시록』은 물론 블록버스터 할리우드 영화였지만 민다나오에서 타사다이 부족을 발견한 것도 거짓과 '진실'에 대한 학문적 논쟁의 중심이 된 내셔널지오그래픽National Geographic의 대중매체 사건이었다.

『꿈속의 정글』의 주요 여성 인물 리살리나는 남자 주인공 사모라Zamora의 하녀로 일하는 서발턴 여주인공이다. 사모라 로페즈 드 레가즈피Zamora Lopez de Legazpi는 필리핀과 미국을 오가지만 그는 향수로 가득 차 있지도 않고 자신의 선택에 대해 양가적인 태도를 취하지도 않는다. 그는 '꿈속의 정글'을 선택하는데, 거기서 그는 가족보다 더 사랑하는 온화한 타사다이를 발

견한다. 파스 말로위는 필리핀과 그녀의 필리피노-미국 세계를 오가는 디아
스포라적 주체다. 향수와 우울함 사이에 갇힌 말로위는 고향이라 부를 만한
곳을 찾을 수가 없다. 이 소설은 역사적 사건으로서 타사다이의 발견과 『지
옥의 묵시록』 촬영을 상기시킨다. 꿈속의 정글에서 하게돈은 그녀의 이전
소설 『개고기를 먹는 사람들』에서처럼 분명하게 알아볼 수 있는 역사적 인
물들을 데려와서 그 이름을 바꾼다. 『개고기를 먹는 사람들』에서 하게돈은
현실과 허구의 구별, 그리고 서사자의 신뢰성을 활용한다. 널리 알려져 있
는 것처럼, 『개고기를 먹는 사람들』은 서로의 증언과 관점을 비판하는 복수
의 서사자를 통해 글을 전개하면서 서사의 권위를 약화한다. 각 장의 서두
에 등장하는 경구들과 소설 내에 그녀가 배치한 파라텍스트에 주목하면 환
태평양 관계의 또 다른 결과들이 개방된다.

　『개고기를 먹는 사람들』은 마르코스 시대와 '소비주의적 신식민주의'에
대한 하게돈의 명시적이고 강력한 풍자에 덧붙여 필리핀의 인종화와 필리
핀계 미국인의 필리핀에 대한 양가적 관계에 대한 비평도 제공한다.[9] 따라서
'정글 연대기'Jungle Chronicle라는 제목의 절에는 하인으로서 '흑인'의 위치에
대해 1846년 언급한 진 말레Jean Mallat의 인용문이 있다. '미스터 하트브레
이크'Mister Heartbreak라는 제목의 다음 절에서는 흑인혼혈의 필리핀계 주인
공 조이 샌즈Joey Sands와 학대를 받는 청소부 페드로 이고롯Pedro Igorot이 등
장한다. 말레의 인용문은 조이의 주장을 명료하게 보여준다. 조이는 그의 고

9　예를 들어 『개고기를 먹는 사람들』의 혼성모방 스타일이 유연한 축적으로서 신식민주의의 특정한
　순간을 지칭한다는 논의에 대해서는 그레이스 경원 홍Grace Kyungwon Hong(2006)의 논지를 참고하
　시오.(117).

용주 안드레스 알라크란Andres Alacran—'전갈'을 지칭하는 스페인에서 따온—이 '페드로를 노예처럼' 취급하면서도 "약간은 검은 것이 영혼에 좋다"고 말할 때 알라크란이 모순적이라고 주장한다(Hagedorn, 1990: 34). 따라서 미국이 지배하는 제국적 장에서 미국 흑인은 필리핀 토착 '흑인'과 다른 가치를 지닌다. 말레의 인용문에 뒤이어 조이 샌즈의 어머니에 대한 묘사, 그리고 매춘과 마약에서 그의 '삼촌'의 역할에 대한 묘사가 등장하면서 밤 생활, 소비, 신식민지 관광, 성별, 계급, 인종화 등이 연결된다. 이 모든 것들이 조이 그 자신을 낳은 추정변수들이다. 『개고기를 먹는 사람들』의 서사는 샌즈가 미래의 급진적인 행동에 전념하는 것을 암시하며 끝을 맺는다. 그러고 나서 하게돈은 서사의 권위를 무너뜨리고 소설의 목소리들을 복수화한다. 그녀의 에필로그('쿤디만'Kundiman)는 필리핀의 복잡하고 복합적인 문화사를 조장하는 신성모독적인 기도문이다. 소설의 이런 구질구질한 부분과 서술적인 위치를 연결하기 위해서는 독자가 다양한 위치와 목소리를 내비치기 위해 노력할 필요가 있고, 그러다 보니 그들 자신도 하게돈의 소설 속에서 가십이나 뒷담화(*tsismis*)가 형식적으로 작용하는 대화의 망에 엮이게 된다. 소문은 공식 이야기에 의문을 던진다. 뿐만 아니라 소문은 비록 그것이 우리를 이야기의 복잡한 그물이나 상황적 역사성에 위치시킴에도 불구하고 결국 우리를 진실에 대한 탐구로 이끈다.[10]

---

10 『개고기를 먹는 사람들』에서 험담gossip의 중요성에 관한 토론은 로우Lowe의 '글쓰기와 역사'Writing and History를 참고하시오(Lowe, 1996: 97-127). 로우는 험담을 서사와 국가의 권위를 손상시킨다고 보았다. 여기서 우리는 우리의 부분적인 위치 지식을 보완하는 대화자의 연결망에 대한 요구를 강조하고자 한다.

『개고기를 먹는 사람들』과 『꿈속의 정글』에서 역사적인 인물, 문서, 사건 등을 상기시키는 기법은 실제 인물을 데려다가 허구의 설명으로 그들의 정체성을 살짝 가리는 실화소설roman a clef을 연상시킨다. 그러한 기법에서 우리가 핵심, 즉 이야기의 기반을 형성하는 역사적 사건들—예를 들어, 자모라 로페즈 드 레가즈피Zamora Lopez de Legazpi는 1971년 타사다이 발견을 실제로 지휘했던 사람인 현실의 마누엘 만다 에리잘데Manuel Manda Elizalde를 살짝 허구화한 판본일 수 있고, 『꿈꾸는 정글』에서 『네이팜 석양』의 거장 감독 피어스Pierce는 살짝 위장된 프란시스 포드 코폴라Francis Ford Coppola다—을 알게 되면, 우리는 텍스트를 얇게 가려진 알레고리로 단순하게 독해하고 싶은 유혹을 느낀다. 그런 다음 독자는 하게돈의 원본 자료를 샅샅이 뒤지며 그녀가 '역사적 진실' 또는 '현실'에서 벗어난 것을 검수하고, 소설의 비밀인 진실의 핵심을 찾으며, 역설적인 반증을 통해서만 명시되는 숨겨진 의미를 찾도록 강요받는다. 사실 이 책에 대한 인터뷰에서 하게돈 자신은 엘리살데Elizalde와 코폴라Coppola가 그녀에게 제공한 영감에 대해 상당히 개방적인 자세를 취했다. 이러한 역사적 언급들은 소설에서 다루는 주제와 내용으로 간주된다.

고백건대 바로 이것이 우리의 가장 즉각적인 반응이었다. 우리는 타사다이의 발견이라는 사건에서부터 그것이 학문적 논쟁으로 변형되는 과정에 이르기까지 그들에 대한 최대한 많은 정보를 찾으려 했다. 하지만 여기서 이 흥미롭고 복잡한 사례를 논의할 공간은 충분하지 않다. 여기서는 하게돈이 우리가 타사다이 콤플렉스라고 부를 수밖에 없는 전체 사례를 분명하게 암시하고 싶어 했다고 말하는 것으로 충분할 것이다. 1970년대에 '온화한 타사다이'라고 불렸던 이들은 동굴에서 생활하며 농업을 몰랐던 사냥과 수렵채집 부족이었던 것으로 추정된다. 그들은 석기시대의 인간처럼 살았다고 보고되었다. 미국 언론, 특히 내셔널지오그래픽은 과거에는 삶이 어땠을 것인지에 대한 모습을 제공하기 위해 타사다이에 대한 이야기와 환상—예를 들어 그들은 '전쟁'이라는 단어를 알지 못했다—을 유포하고 대중화시켰다. 그들은 냉전이 한창 진행 중이고 베트남 전쟁이 종말을 향해 가던 시기에 발견된 우리의 잃어버린 순수함, 평화로운 에덴 존재의 상징으로 선전되었다. 엘리살데와 마르코스는 현대성의 기술화와 타락한 상태의 오염으로부터 타사다이를 '구원'하기 위해 타사다이에 대한 접근을 차단했다. 레나토 로살도Renato Rosaldo가 제국주의적 향수라고 부르는 이런 행위 속에서 타사다이는 현대화의 황폐함으로부터 구원을 받았고, 추정컨대 독재정권 전반에 걸쳐 결백과 원시주의라는 '자연 그대로'의 상태로 남아 있을 것이다. 우리는 타사다이 이미지 생산의 역사적 맥락을 알게 되었다. 왜냐하면 1980년대 중반 마르코스가 몰락한 후 인류학자들이 타사다이를 방문하여 그들을 엘리살데와 마르코스가 꾸며낸 정교한 사기라고 선언했기 때문이다(Hemley, 2003). 그 사태를 지켜보았던 많은 사람을 혼란스럽게 한 것은 엘리살데와 마르코스가 사기를 지속했다는 것이 아니라 그들이 그 일에 성공할 수 있다는 것이었다!

결과적으로 '친절한 타사다이'에 대한 대중화된 이미지와 이야기의 성공적인 보급은 많은 계보학적 연구의 대상이 되어 왔다. 예를 들어 장 폴 듀몽Jean Paul Dumont은 그들이 진정한 석기시대 부족이었는지는 중요하지 않으며, 대중이 잃어버린 희망과 욕망을 투영하고 20세기 후반 버전의 오리엔탈리즘을 생산하기 위해 이 부족과의 만남을 열망했던 것이라 주장한다. 듀몽(Dumont, 1998)은 미국이 베트남, 캄보디아, 라오스에서 벌어진 전쟁 이후 안전한 공간으로서의 정글의 이미지를 되찾아야 했으며, 마르코스 정부의 입장에서는 농촌과 도시의 공산주의 무장투쟁에 직면하여 본질적으로 평화로운 필리핀의 이미지를 투사해야 할 필요가 있었고, '민족지적 기호'ethnographic sign로서 타사다이는 그 가치와 필요성을 제공했다고 주장했다. 또 다른 인류학자들이 '70년대의 원시-히피'paleo-hippies라고 불렀던 타사다이는 말하자면 20세기 후반의 필요에 의해 소비되었다. 하게돈의 작품에서 타사다이와 『지옥의 묵시록』은 모두 새로운 제국주의의 필요와 구조에 의해 조정된 사건이라는 것을 보여준다. 이 사건들에 대한 대중매체의 태도는 하게돈이 그들을 사용한 것과 반대의 방향으로 우리를 이끌고 간다. 이 책의 일부 평론가들처럼 우리는 처음에 하게돈의 기법에서 역사적 진실의 본질에 대한 중심적 불안을 제시하는 것을 보았다. 사실 하게돈은 많은 면에서 이보다 훨씬 더 나아간다. '타사다이'의 경우를 예로 들어 우리가 소설의 근원적 소재에 기반을 두려고 할수록 하게돈은 내내 우리를 비웃고 있었다고 느꼈다. 『꿈속의 정글』은 실제로 실화소설을 사용하지 않고 기껏해야 가짜 실화소설을 사용하여 소설의 해석의 열쇠를 찾으려 할 뿐이었으며, 대신 우리는 병렬, 간격과 틈, 이미지 사이와 이미지 내부의 구멍, 그리고 메꿔야 하는 과도한 묘사들을 발견하게 된다.

사실 타사다이와 『지옥의 묵시록』은 모두 장 보들리야르Jean Baudrillard의 『시뮬라크르와 시뮬라시옹』(*Simulacra and Simulation*)(1994)에서 정확히 대중매체에 의해 매개된 증강현실적 표현으로 등장한다. 보들리야르처럼 하게돈도 우리에게 진실과 진정성에 대한 우리의 고정관념을 재고할 것을 요구한다. 그녀는 보들리야르처럼 우리가 정체성을 구성하는 데 사용하는 소재, 이미지, 서사 등이 실제로 시뮬라시옹, 복제품, 단순한 재현, 가짜 또는 적어도 프로이트의 꿈 작업, 꿈의 정글의 소재였다는 사실이 밝혀질 때 어떤 일이 일어날지 묻는다. 그녀는 거의 바로크적인 방식의 과도한 서술로 채워진 스타일을 사용하여 잠재된 내용과 명백한 내용 사이, 진실의 비밀 핵심과 진실의 구조화 및 연출의 전개 사이에서 우선순위를 매기려는 우리의 능력을 퇴거시킨다. 사모라를 엘리살데와 동일시하는 것이 독자가 소설을 해석하는 데 그리 큰 도움이 되지는 않는다. '현실적' 근원에 대한 충실성은 하게돈의 주요 관심사가 아니다. 대신 '현실성'은 우리가 원하지만 결코 잡을 수 없는 끝없이 멀어지는 지평선이 된다. 역사적 지시 대상의 물질성은 소설 곳곳에서 반향을 낳고 있지만, 이러한 반향은 프로이트의 꿈 작업의 변위 또는 응축을 통해서만 발생한다. 우리에게 남은 것은 이미지뿐이며, 그 이미지는 권력의 담론을 부추기고 구성하는 것처럼 보일지라도 결코 권력의 담론에 완전히 통합되지 않는다. 이 이미지는 우리로 하여금 독해를 위해 사용하는 코드를 드러내라고 요구하며, 다른 이미지와 마찬가지로 우리에게 일종의 잔여만을 제공함으로써 우리가 더 많은 것을 계속 원하게 만든다. 동시에 하게돈은 꿈을 꾸기 위한 질료로서 정글의 매혹적인 특성을 인지하고 있다.

　그 소설의 첫 부분은 마젤란의 중단된 세계일주 여행과 필리핀에 대한 표면상의 발견에 관한 안토니오 피가페타Antonio Pigafetta의 목격담에서 발췌한 것이다. 그녀가 선택한 절은 피가페타가 일군의 섬 주민들을 도둑으로 묘사한 부분이다. '발견과 정복'이라는 이름이 붙은 절에서, 그리고 사모라가 소설에서 타사다이를 지칭하는 것으로 보이는 타오보Taobo와의 해후를 위한 프레임으로서, 사람들은 누가 도둑이고 무엇을 도둑맞았는지 묻고 싶은 유혹에 사로잡힌다. 손쉬운 제국주의론적 해답은 섬사람들을 도둑이라고 부르는 피가페타와 유럽인들을 궁극의 도적이라고 간주하는 것이다. 스페인의 식민화와 마닐라 겔리온의 원초적인 환태평양 네트워크는 스페인의 제국적 구성체의 기초로서 17세기와 18세기 스페인, 멕시코, 필리핀, 중국 사이의 무역을 연결시켰다. 스페인의 제국적 환태평양 · 환대서양 무역은 세계 무역로를 완성했다. 그러고 나서 세계에 대한 자본의 파악은 사모라의 타오보 발견에 의해 라플랑슈적 사후성의 운동 속에서 성취된다. 그러나 이 직접적 해석조차도 하게돈에 의해 흐려져 버린다. 하게돈은 필리핀의 이미지들을 취하고 소설 속에서 우리를 그것들에 봉합시킴으로써 이미지를 취하고 그것을 그녀 자신의 의도에 따라 활용하면서 자기 자신을 하나의 비평에 개방시킨다. 거기서 그녀는 코폴라와 같고, 사모라와 같으며, 피가페타와 같다. 그녀에게 정글은 필리핀과 마찬가지로 이미지의 생산과 재생산을 위한 자원이며, 그 이미지의 가치와 의미는 메티스(*metis*), 즉 실용적 지식에 관한 의문인 동시에 규제와 관리라는 제국적 판옵티콘에 대한 투쟁이다.[11]

자신의 텍스트에서 이미지와 표상의 확산으로 인해 낡은 이분법의 근거가 약화되고 부정성이 더 이상 반전의 힘을 갖지 못하게 되었을 때 어떤 일이 벌어지는가에 초점을 맞추었던 보들리야르와 달리, 하게돈은 상황구속

---

11 제국에 대항하는 지역적 · 상황적 지식을 필요로 하는 생존을 위한 교활한 행위로서의 메티스metis에 관한 논의는 스코트(Scott, 1998)를 참고하시오.

성situatedness이라는 문제를 전면에 내세우고 제국 내에서 그리고 제국을 통해 생활하는 사람들의 생존의 실천의 매개변수에 대해 질문을 던진다. 그녀는 독자들을 제국적 장과 연결시키고 경계 형성과 경계-횡단의 실천의 득실에 대해 질문을 던진다. 소설 속에 숨겨진 진실의 본질은 현실과 허구의 연결고리를 찾는 데 있다. 바로 그 탐색의 과정 속에서 소설의 '현실성'을 이해하기 위해 독자들이 구성해야 하는 연결조직과 필수적 연결고리가 밝혀진다. 그렇게 함으로써 하게돈은 독자들에게 이러한 상황적 지식의 감각을 뒷받침하고 이미지의 연출과 진실과의 관계를 폭로하는 권력관계를 인식하도록 요구한다. 필리핀계 미국인 파즈의 경우 진정한 뿌리를 찾는 것은 좌절되고 진정성의 구성성은 윤리적 문제를 제기한다. 이는 해방적인 현대적 과정인 동시에 독자가 자신과 자신의 정체성을 서술하는 용어에 대한 사회적 제약이다. 자본주의의 현재적 계기에서는 "우리 모두가 타사다이다"라는 보들리야르의 일반화된 슬로건(Baudrillard, 1994: 8)에 대응해서 하게돈은 그녀의 소설의 가능성의 구체적 조건을 개략적으로 설명하기 위해 '마르코스'라는 부재하는 용어를 채택한다. 우리 모두는 타사다이일 수 있지만, 이러한 진리의 체제의 효과를 차별적으로 느낀다. 사실 타사다이 현상과『지옥의 묵시록』의 촬영 배후에는 독재가 존재한다. 이는 이미지로서 이들 사건의 유통을 이해하는 데 절대적으로 결정적이다. 이러한 이미지가 사용되는 목적, 이미지가 가치를 부여하는 대상, 이미지가 전파되는 방식, 이미지의 교환이 생성하는 구성체 및 관계는 하게돈의 텍스트 독자인 우리 모두에게 질문이 된다.

실제로 하게돈은 하인, 경비원, 현지 영화 제작진, 음식을 나르는 종업원 등으로 서사적 초점을 이동시키고 전국적 사건과 지방적 사건을 병치함으로써 제국의 사회구성체 내에서 살아야 하는 사람들에 주의를 기울일 것을 요청한다. 『네이팜 석양』(*Napalm Sunset*) 촬영의 관중들처럼 주변에 있는 사람들은 성별화된 시선의 춤 속에서 사모라와 소설의 여주인공 리잘리나를 병치시킨다. 그와 동시에 하게돈은 파스 말로위라는 등장인물을 통해 필리핀계 미국인의 주체 위치라는 거리를 유지하는데 이것은 마치 그녀가 『개고기를 먹는 사람들』에서 그녀의 사촌 푸차Pucha가 리오Rio의 서사적 권위와 진정성을 약화시키는 것을 통해 리오와 필리핀의 관계에 의문을 제기하는 것과 같다. 우리는 이러한 것들이 단순히 등장인물이 아니고, 심지어 단순한 서사적 기능이나 수사학도 아니며, 소설이 엮어내는 가능한 주체 위치들이라는 점을 강조한다. 이러한 병치에 의해 만들어진 주체 위치의 위치와 그것들의 상황구속성은 특히 중요시된다. 다시 말해, 하게돈의 서사기법은 사실과 허구의 경계를 흐리게 할 뿐만 아니라, 그것들이 결합되어 어떻게 우리에게 국경과 경계에 대한 감각을 제공하는지, 그것들이 어떻게 우리가 세상을 응시하는 우리의 성별화된 주체 위치를 형성하는지 보여준다.[12] 하나의 수준에서 하게돈은 이러한 위치들 사이의 충돌을 통해 제국주의적 향수를 정체성 형성의 테크놀로지로 드러내 보이고 그 내에서 권위의 형태를 느슨하게 할 수 있다. 하게돈의 남성 인물들이 경험하는 향락jouissance에 대한 라캉적 통념, 즉 쾌락의 과잉은 제국주의의 향수를 완화시킨다. 향락은 미리 결정된 주체 위치들을 파열시킨다. 그녀가 사용하는 풍자와 격식 있는

---

12 자세한 논의는 유발-데이비스(Yuval-Davis, 2002)를 참고하시오.

연극의 문학적 양식은 진부해진다. 주체 위치의 복수화는 그들의 구조화에 관심을 갖게 하여 우리로 하여금 실천으로서 장을 협상하는 사람을 따를 수 있게 한다. 하게돈의 작품에는 권위가 요구되는 동시에 불안정해지는 차별적 방식이 존재한다. 또 다른 수준에서는 제국적 권위의 이 같은 상실이 아시아계 미국인 자신의 식민지적 우울증과 고향이라고 부를 안정된 장소를 찾지 못하는 그녀의 불가능성의 지표가 된다.

『꿈속의 정글』은 프로이트적 꿈 해석 작업의 한 가지 사례다. 소설은 우리가 발견하는 질서와 의미가 어떤 해석행위, 즉 무작위로 생산된 이미지를 이해하기 위해 꿈 이미지가 구조화되는 이차적 수정행위에서 비롯된 것이 틀림없음을 시사한다. 이 소설은 그것을 미리 결정된 디코딩에 매끄럽게 통합하고자 하는 독해에 저항한다. 대신에 그것은 예속화와 동일화/정체화의 제국적 테크놀로지에 대한 저항으로 비록 멜로드라마처럼 보일 수 있을지라도 하나의 정서적 환경을 환기시키는 문체적 과잉을 보여주는 동시에 제국의 사회구성체 내에서 살아야 하는 사람에 대한 주의를 환기시킨다. 하게돈의 작품은 주체성이 서사와 해석의 행위로부터 출현하며 특정한 사회적 지도 내에 차별적으로 위치한다는 것을 시사한다. 그러나 그 모든 행위들은 역으로 불확실성과 불안에 노출되어 있다. 위치하기emplacement와 그것의 입지의 정치학은 극복되지 않으며 우울증적 주체는 그 또는 그녀 자신의 예속화/주체화subjection에 대한 열정적 애착을 갖고 있다. 인종화된 차별적 위치하기는 징후적 독해를 통해 밝혀야 하는 비밀이 아니다. 예속화/주체화 및 주체 위치들 사이의 권력관계는 숨겨져 있지 않다. 우리가 관입적 내밀성이라고 부르는 것의 사례로서 리잘리나와 리오가 체험한 성적인 위반들을

포함하는 비밀은 특정한 주체 위치가 서발턴으로 자연화되는 동시에 이데
올로기의 작업은 은폐되거나 최소한 억압되는 방식이다. 자연화된 물신화
fetishizing 과정의 권력이 인정되고 훈습되기 위해서는 이처럼 눈에 띄지 않
는 조건들이 노출되어야만 한다.[13]

태평양 횡단에서의 말소

인도네시아 작가 우타미는 '인종'에 관한 것인 동시에 그렇지 않은 것이
기도 한 일련의 소설들을 통해 4명의 엘리트 여성과 그 여성들이 도와준
2명의 남성 활동가에 대한 이야기를 들려준다. 그녀의 인도네시아 주인공들
이 태평양을 가로질러 자카르타와 뉴욕을 오가면서 우타미의 소설들은 환
태평양에 초점을 맞추는 것으로 인해 가능해진 격차와 말소를 강조한다. 우
타미의 활동가들은 인도네시아의 억압적인 32년간의 신질서 체제 정부의
요원들에게 쫓기고 고문당하지만, 바로 그 억압적 정부로 인해 그들의 운명
은 엘리트 여성들과 이동성에 관한 이야기와 뒤엉키게 된다. 첫 소설 『사만』
은 1998년 '신질서'가 끝나기 직전에 출간되었고, 그 책의 더 어두운 속편인
『라룽』은 진보적일 것으로 믿어졌던 포스트-신질서 체제의 압두라만 와히
드 정부의 몰락 이후 환멸의 시기인 2001년에 나왔다(Utami, 1998, 2001).
우타미의 소설에서 여자 주인공은 어느 누구도 자녀가 없으며 모두 직업을

---

13   여기서 우리는 물신을 권력의 상징을 표현하는 것으로 간주하고, 권력에 종속된 자들에게 권력을
     전가하고 확장하는 표상으로 간주한다.

가지고 있다. 그들은 자유롭게 범세계적 여행을 할 수 있고 그들 중 오직 한 명만 활동가라고 불릴 수 있다. 다른 여성들은 남성 활동가에 대한 여성화된 조력자로 남아 있다. 아래에서 논의될 강간과 마찬가지로, 일탈적인 성관계는 이 책의 강력한 주제다. 우타미는 신질서에서 여성과 남성을 위협하기 위해 일반적으로 사용된 강간에 대해 언급한다.

우타미(2005b)는 그녀의 작품이 부정, 특히 남성권위의 가부장적 형태에 대한 부정에 관한 것이라고 말한다. 두 권으로 구성된 그녀의 시리즈 중 첫 번째 소설은 조루premature ejaculation로 끝이 나고 두 번째 소설은 남성 주인공 한 명 또는 두 명 모두의 살해로 끝이 난다. 이 두 소설에서 네 명의 여성 서사자들은 엘리트 자카르타인의 정체성의 틀을 잃지 않고 여행할 수 있는 유동적인 상호 주관성을 창조해 낸다. 자카르타에 있든 뉴욕에 있든 그들은 상호 간의 계속되는 대화를 통해 살아남는다. 여성들을 리잘리나와 파스 말로위의 우울한 고립으로부터 보호하는 것은 그들의 머릿속에서 서로의 목소리/메시지를 들을 수 있는 능력이며, 그 메시지는 일종의 지지의 메시지이다. 이러한 내밀한 상호 주관적 지지가 결여된 우타미의 활동가들은 두 번째 소설이 끝날 무렵 서서히 흐릿해지기 시작하고 자신과 정체성, 그리고 결국에는 삶에 대한 통제력을 상실하기 시작한다. 사만은 종종 그를 돕고 돌봐주며 사랑하는 사람들에게 둘러싸여 있지만, 야스민과 사랑에 빠질 때까지는 어떤 대화상대도 없다. 각각 소설의 제목이 되는 두 명의 남성 활동가 사만과 라룽은 과거에 사로잡혀 있다. 잊히지 않는 과거는 두 등장인물 모두가 경험하는 환각의 형태를 취한다. 그리고 그 환각은 등장인물의 어머니 또는 할머니와 밀접하게 연관되어 있다. 유사한 환각이나 환상—자바, 발리, 수마

트라의 영적 세계에 묶여 있는—을 가진 유일한 여성 등장인물은 뉴시에서 보조금에 의지해서 생활하는 양성애 댄서 샤쿤탈라Shakuntala다.[14]

그녀의 어린 시절에 대한 샤쿤탈라의 환상은 인종과 주체성에 대한 우리의 논의와 관련이 있다. 샤쿤탈라는 자신을 찾아가서 자신과 이야기하고 함께 춤을 추며 사랑을 나누는 남성 상대를 그녀 자신으로 환상화한다. 그래서 그녀의 성적 정체성은 어린 시절에 남성적인 부분과 여성적인 부분으로 분할된다. 처음에 남성적인 부분은 이러한 환상 속에서 일군의 귀신ogres 중 하나의 형태를 취하고, 샤쿤탈라는 자기 자신을 자바인—인도네시아에서 가장 큰 종족집단—의 님프로 여긴다.[15] 이런 이미지는 자바의 구전, 신화, 역사 등에서 유래한다. 샤쿤탈라가 연인으로 생각하는 환상의 귀신은 유럽에서 온 향신료 탐험가인데, 그는 가능한 한 멀리 '동쪽'으로 항해했다. 우타미는 유럽의 귀신과 님프로서 샤쿤탈라의 환상화된 언어적·육체적 해후 속에 '서'와 '동'에 대한 아이러니한 묘사를 포함시킨다.

이 나라[인도네시아]에서 사람들은 당신의 땅과 우리의 땅, 당신네 사람들과 우리네 사람들에 대해 말한다. 우리는 동양의 고귀한 사람이다. 당신은 서양의 타락한 사람. 당신네 여성들은 거리에서 비키니를 입고 처녀성을 존중하지 않는다. 학교에 다니는 남학생과 여학생은 결혼도 하지 않고 동거를 한다. 이 나라에서 성은 결혼을 통해 성인의 것이 되며, 비록 열한 살에 결혼해도 그들은 이미 성숙한 사람으로

---

14 또 다른 여성 등장인물인 라일라도 환상을 갖고 있지만, 그것은 위에서 언급한 세 등장인물의 환상적 환각과는 매우 다르다.

15 샤쿤탈라Shakuntala의 이중적인 성 정체성에 대해서는 우타미를 참고하시오(Utami, 2001: 133-134). 여기서 그녀는 자신의 일부이기도 한 그녀의 남성적 이중 정체성에 대해서 다루고 있다.

간주된다. 당신네 나라에서는 사람들이 텔레비전에서 섹스를 한다. 우리는 섹스를 하지만 텔레비전에서 하지는 않는다. 우리는 위대한 동양의 훌륭한 근본을 가지고 있다. 당신네 서양 풍습은 고귀하지 않다(Utami, 2005a: 128).[16]

이 구절과 그 앞의 구절은 독자에게 인도네시아에서의 다양한 네덜란드 제국적 구성체에 대한 미묘하면서도 간결한 언급을 제공한다. 향신료 무역, 네덜란드인이 인도네시아와 그곳의 사람들에 대해 가졌던 오리엔탈리즘적 이미지, 그리고 오늘날 일부 인도네시아인이 유럽-미국인을 보는 방식 등이 드러난다. 독자는 태평양 횡단의 수평적 흐름 속에서 이러한 역사적 깊이를 찾기 위해 노력해야 한다.[17] 이미지와 문헌은 더 이상 쉽게 이해되지 않거나 타당성을 상실한다. 그것들은 동남아시아와 아메리카 사이의 지리적·역사적 공간의 가장자리로 밀려난다. 제2차 세계대전 직전에 라룽의 할머니가 네덜란드인과 결혼했다는 충격적인 사실을 잠깐 언급한 것을 제외하면 이것은 인도네시아의 식민지 과거에 대한 몇 안 되는 언급들 중 하나다. 그러나 소설에서는 식민지 이전의 신화와 이야기를 탐구한다.

『사만』과 『라룽』은 1970년대, 1980년대, 1990년대를 배경으로 하고, 대부분 자카르타와 그 주변에서 생활하는 우타미의 등장인물들은 바타크족 Batak, 순다인Sundanese, 자바인Javanese, 발리인Balinese, 중국인, 그리고 남수마

---

16 예를 들어 우타미(Utami, 2005a: 135-136)와 같이 번역이 수정되었거나 누락된 구문은 다시 삽입되었다.

17 이 같은 역사적 깊이의 상실은 저자들이 보레쓰 리Boreth Ly와 토론하는 주제가 된다. 리는 대륙부 동남아에 대한 자신의 작업을 환태평양 공간에 적용하려 할 때 유사한 상실을 발견했다.

트라로 이주한 자바인 같은 다수의 인도네시아 종족집단들을 표상한다. 가톨릭, 이슬람, 힌두교 등 다양한 종교적 믿음이 소설 속에 섞여 있다. 이러한 종교적 정체화/동일화는 신앙을 잃은 천주교 신부가 4명의 여성 주인공 중 유일한 유부녀와 불륜을 시작할 때 충격을 주기 위해 고안된 것이다. 그러나 그것보다 훨씬 더 많은 부분이 자바와 발리의 영적 세계와 그 세계가 더 늙거나 젊은 수행자들에게 부여하는 마술적 힘에 대한 심층적인 탐구에 할애된다. 종족, 종교, 신비주의, 마술의 혼합은 우타미의 작품에서 '상황적 증언'의 또 다른 요소다. 두 번째 소설에서 여성들과 활동가 남성 두 명이 다양하게 집단을 이루어 뉴욕으로 여행을 떠날 때, 그들은 미국에서 인도네시아 관광객 집단이 된다. 그들은 서로를 제외한 그 누구와도 상호작용하지 않는다. 한때 뉴욕에 거주했던 두 명의 인물—사만과 샤쿤탈라—은 대부분 다른 외국인이나 소수집단 출신의 미국인과 친구가 된다. 이 환태평양 시각에서 뉴욕은 자카르타의 연장이 된다. 그곳은 인도네시아 권위주의 체제로부터의 활동가 난민들이 인도네시아 석유회사 기술자나 뉴욕에서 아시아문화위원회의 보조금으로 생활하는 샤쿤탈라 같은 예술가들과 어울릴 수 있는 범세계적 공간이 된다. 사만은 콜롬비아에서 열린 회의에 참석하여 인도네시아의 나이키 같은 다국적 기업의 윤리에 대해 논쟁하는 학계와 활동가의 이야기를 듣는다.

사만, 라룽, 샤쿤탈라 같은 소설 속 인물들은 자신들이 부모로부터 비밀 혹은 환영의 형태로 물려받은 자존감이 부족하다고 느끼기 때문에 그들만의 우울증적 세계에 갇히게 된다. 프로이트적 우울증은 상실을 동화시킬 수 없는 무능력, 그에 따른 상실의 반복적 출몰을 통한 상실로의 항구적 복귀를 특징으로 한다. 그러나 우타미가 만드는 장면과 등장인물을 이해하는 데에는 비밀, 신비, 환영 등에 관한 니콜라스 아브라함과 마리아 토록(Abraham and Torok, 1994)의 발상이 더 유용하다. 사만은 그가 사랑하는 어머니의 환영과 그 어머니의 사랑을 빼앗는 어머니의 자식들에 대한 환영을 가진다. 그는 이러한 비밀을 아버지에게 숨긴다. 라룽은 할머니의 힘, 혼란스러운 친부에 대한 억압된 지식, 그리고 1960년대 중반 반공 집단학살에서 목격했던 친지의 죽음 등에 대한 환영을 지니고 있다. 샤쿤탈라는 그녀가 상상하는 귀신/악령* 연인의 유령, 여성에서 남성으로 변하는 능력, 라일라가 결혼한 연인을 통해 처녀성을 잃는 데 실패했을 때 그녀를 유혹하는 것 등에 관한 환영을 지니고 있다. 이 비밀과 유령이 담고 있는 메시지는 무엇인가? 모든 메시지는 성적 관계를 중심으로 회전한다. 그런 의미에서 성性은 이 두 소설의 누빔점quilting point이고, 우타미는 신질서 체제의 억압과 폭력에 대한 자신의 이데올로기적 비판을 표현하기 위해 성性을 활용한다. 그러나 우타미가 묘사하는 모든 성적 관계는 신질서 체제로부터 가해진 트라우마로 인해 동요되고 있다.

라일라Laila와 그녀의 결혼한 연인 시하르Sihar의 관계는 불완전하고 부정하다. 그것은 주로 라일라의 환상 속에 존재한다. 네 명의 여주인공 중 문란한 콕Cok은 결코 만족할 수 없는 성적 욕망을 갖고 있고, 그녀에게 작은 기쁨을 가져다주는 수많은 중복되는 연인들이 있다. 샤쿤탈라의 환상적인 연

---

* 인도네시아어로 raksasa. (역자 주)

인은 수백 년 된 네덜란드 *귀신(raksasa)*이며, 앞에서 언급했듯이 그녀 자신은 자신의 환상에 의해 생성된 남성 정체성을 가지고 있다. 샤쿤탈라가 레즈비언을 만났을 때 나타나는 것이 바로 그런 남성의 정체성인데, 이는 우타미의 일부 페미니스트 비평가에 대한 변명이다.[18] 불륜의 성격을 띠는 사만과 야스민의 관계가 가장 복잡하다. 그들의 성적 만남은 사만이 신질서 체제시기에 비밀경찰에 의해 수감되었을 때의 고문을 재현하는 가학성애적인 것이다. 하지만 그것들은 남자를 고문하는 야스민의 환상을 재연하는 것이기도 하다. 왜냐하면 그것이 남자가 여자를 경시하고 그들의 욕구를 부정하는 방법이기 때문이다. 야스민은 사만에게 보내는 이메일에서 1인칭 목소리만 사용한다. 그녀는 사만에게 그녀 내에는 항상 자신이 부인하려 했던 자신의 일부가 있다고 말한다. 그녀는 그의 몸이 부상을 당한 채, 벌거벗겨지고, 축 처져 있는 모습을 보고 싶어 한다. 야스민은 사만과의 경험이 그녀를 놀라게 한다고 말한다. 그는 그녀가 자신을 철제 침대에 묶게 하고, 그녀는 손가락으로 그의 몸을 탐색한다. 사만은 비밀경찰이 그를 스파이로 간주하고 고문했을 때처럼 그녀가 자신을 고문하는 것을 내버려 두었다. 또 그는 그녀가 자신이 오르가슴에 이르는 것을 지체시키도록 내버려 두었고, 반복적으로 질외사정을 하며 고통받도록 내버려 두었다. 그럼으로써 그녀는 얼마나 오랫동안 한 남자에게 상처를 주면서 그가 고통받는 것을 보고 싶어 하는 욕망을 품어왔는지를 망각하게 된다. 야스민은 아동이 자신의 성기 또는 여아의 경우 그것의 부재에 집착하는 남근기(phallic stage)에 선행하는 항문기

---

18 예를 들어 반델을 참고하시오(Bandel, 2005).

(anal stage)에 대한 프로이트적 해석을 제시한다. 그녀는 유치원에 다닐 때 어린 소년에게 매혹되어 그를 거세하거나 할례하고 싶었던 일을 기억한다. 그녀는 어렸을 때 섹스를 사랑과 연관시킨 적이 없고 거칠고 억압적인 고통으로만 연관시켰다고 말한다. 그런 다음 그녀는 성인의 나이에 가까워지면서 가부장제의 세계에 들어서며 자신의 에로틱한 환상에 대해 스스로를 처벌했다. 그리고 그녀는 자신의 주체성을 부인하고 자신이 성적 욕망의 대상이 되도록 허락했다(Utami, 2001: 155-158).[19]

> 나는 주체성을 잃고 나 자신을 성적 대상이라고 생각했다. 나는 여성성을 잃고 여자가 되었다. 내가 이해할 수 없는 과정을 통해 나는 내 자신을 피해자, 여성스러움 때문에 저주받는 여자로 보기 시작했다.[20]

야스민은 레오폴드 본 자허-마조흐Leopold von Sacher-Masoch에 대한 들뢰즈Deleuze의 논평을 통해 사만에게 마조히즘을 설명한다. 마조히즘에서 초자아는 외부 세계의 일부가 될 때까지 밖으로 쫓겨난다. 달리 말해, 처벌과 훈육의 역할은 자신의 자아와 단절되어 다른 사람에게 투영된다. 동시에 초자아는 공허해지며, 들뢰즈의 논의를 벗어나서 폭군이 된다. 마조히즘과 유

---

19 야스민은 자신의 분석 일부가 들뢰즈로부터 영감을 얻은 것이라고 말한다(Deleuze, 1967, chs. 9-11).

20 인도네시아어 원문은 다음과 같다(역자주)
"Aku kehilangan kesubyekan pada diriku dan menempatkan diri sebagai obyek. Aku kehilangan keperempuanku dan menjadi wanita. Dalam proses yang tak kumengerti, aku mulai menempatkan diriku sebagai si terhukum, wanita yang dikutuk karena kewanitaannya"(Utami, 2001: 158).

머는 억압을 즐거움으로 전환함으로써 권력을 모욕한다. 둘 다 스스로를 억제하기 위한 기계적 지능의 한 형태이다. 그러나 야스민은 들뢰즈와 다른 많은 사람들이 남성의 마조히즘에만 주목한다고 주장한다. 그들은 마조히즘을 비판적 초자아, 아버지 형상, 형벌 등—이 모든 것들은 가부장적 세계에서 여성에 외부적인 것으로 나타난다—으로 인한 남성적 변태로 보고 있다. 여성들은 이러한 변환이 요구되지 않으며, 심지어 기대되지도 않는다. 오직 남성만이 지배적인 상태를 유지하도록 허용된다. 이런 태도의 가장 강한 형태는 이성애자 남성의 가학성 취향이다. 여성 희생의 이상화, 일부다처제, 마조히즘의 차이점은 무엇인가? 그것들은 모두 불의를 내면화한다. 야스민은 여성이 인도네시아 가부장제를 내면화함으로써 스스로를 보호하므로 여성의 90%가 마조히스트가 된다고 말한다. 그녀 자신에 대해 말하자면, 그녀는 젊은 시절의 가학성을 잃었고, 『오 이야기』(The Story of O)의 O처럼 자신을 고문하고 타락하게 하는 마조히스트가 되었다고 말한다. 야스민은 남편이 정신적 측면보다는 육체적 측면에만 관심이 있다고 불평한다. 그녀는 또한 '좋은 여자이자 좋은 아내'라는 그녀의 평판 때문에 남편은 그녀가 성적 환상을 즐기거나 원한다고 짐작할 수조차 없게 되었다고 생각한다. 그녀와 사만은 둘 다 신질서 체제와 규정된 성역할로부터 상처를 입었다. 여기서 우타미는 또한 정부나 두 번째 부인을 갖거나 매춘을 하는 인도네시아 남성들의 관습에 대해 언급하고 있다. 그들은 아이들의 어머니, 즉 그들의 아내가 변태적인 섹스를 할 수 있거나 즐길 수도 있다고 의심하지 않는

다(Utami, 2001 : 158-160).[21]

소설에서 성적 욕망에 대한 또 다른 진술들은 샤쿤탈라가 라일라의 결혼한 남자 친구 시히르Sihir를 대신해서 오르가슴을 느껴본 적이 없는 30세 처녀 라일라를 성적인 신체에 대한 자신의 지식으로 인도하는 것, 영혼의 남편과 가족을 둔 사만의 어머니의 성욕, 수마트라에 거주하는 자바인 이주민 집단의 일원으로 사만의 도움을 받는 우피Upi의 성욕—정신적 · 육체적으로 손상된 그녀는 막대, 동물, 또는 기꺼이 그녀와 섹스를 하려고 하는 어떤 사람들을 통해 자신의 욕망을 충족시킨다— 등을 포함한다. 친자관계가 의심스럽고 20세기 초 네덜란드 남자와 달아난 할머니의 비밀을 간직한 정신병자 라룽만이 성에 관심이 없다. 심지어 문란한 코크Cok도 그를 자신과의 잠자리로 이끌지 못했다. 위에서 언급한 바와 같이 강간이라는 주제는 두 소설 모두에 걸쳐 등장하지만 특히 『사만』에서 빈번하게 등장한다. 우피에 대한 강간, 다양한 여성들에 대한 텍스코일Texcoil 석유굴착장치 관리자 로사노Rosano의 강간 및 살인, 신질서 체제 폭력배가 마을 지도자 안손Anson의 아내와 안손의 마을 출신 여타 여성들에 시도한 강간들에 대한 생생한 묘사. 소설 『사만』의 마지막 내용은 사만이 이메일로 야스민에게 자신을 강간해 달라고 간청하는 내용이다. 종종 살인으로 끝나는 강간은 신질서가 남

---

21 이러한 남성 믿음에 대한 정확한 진술은 우타미를 참고하시오(Utami, 2010: 57). 위에서 논의한 책은 들뢰즈의 『냉정함과 잔인함』(*Coldness and Cruelty*)(1969), 레오폴드 본 자허-마조흐Leopold von Sacher-Masoch의 『모피 속의 비너스』(*Venus in Furs*)(1870)에 대한 그의 논평, 들뢰즈와 본 자허-마조흐Deleuze and von Sacher-Masoch(1989)의 『마조히즘』(*Masochism*)으로 함께 출판되었다. 자세한 내용은 9장에서 11장을 참고하시오.

성과 여성을 모욕하고, 거세하고, 우울하게 만드는 데 사용한 공통적 도구였다. 『라룽』의 끝에서 사만은 환상 속에서 야스민을 어머니와 혼동한다. 그의 불길한 꿈에서 전치displacement와 압축condensation의 과정을 통해 그의 어머니/애인이 사라진다.

우타미가 제시하는 이러한 성적 학대와 일탈에 대한 유일한 해답은 『사만』과 『라룽』의 네 여자 친구의 유대감이다. 소설 속에서 중첩되고 얽힌 목소리와 움직임으로 표상되는 그들의 유동적이고 중첩되는 주체성 속에는 미래의 페미니즘적 행위자와 권력에 대한 약속이 존재한다. 그런 행위자와 권력은 남성주의적 의미에서는 활동적이지 않겠지만 포스트-식민지적 민족의 문제들에 답하는 개인주의적 방법이 아니라 집단적인 방법을 모색할 것이다. 『꿈속의 정글』의 끝에서 리잘리나와 파스 말로위가 그랬던 것처럼 『라룽』의 끝에서도 여성들은 살아남지만 피해를 입었고 우울하다. 우울증은 괴롭고 위험한 상태이지만 21세기 인도네시아와 그 밖의 다른 곳의 외상후 세계에서는 최상의 상태일 수 있다.

인도네시아와 그곳의 사람들은 북아메리카 생활에 쉽게 섞이지 않는다. 우타미의 소설과 그들이 묘사하는 범세계적 공간은 지역연구와 미국 종족연구 사이의 간극을 반영한다. 인도네시아 활동가이자 전직 사제인 사만이 뉴욕에 있을 때 미국의 소수자들과 접촉하려고 했다는 암시가 있지만, 민족적 세계와 개인적 세계는 여전히 분리되어 있다. 뉴욕에서는 상이한 종족집단 출신의 인도네시아들 사이의 차이가 말소된다. 뉴욕은 비밀스러운 성 접촉을 위한 환상적 공간으로 남는데, 그런 접촉은 완성되지 않을 수도 있고 예상치 못한 방식으로 완성될 수도 있다. 개인적 실패는 성별화된 선을 따라

우타미의 소설 속 인물들에 영향을 미친다. 여성들은 여전히 성취감이 없고 우울하며 절망에 빠져 있지만 서로의 대화상대가 되어 살아남게 된다. 민족에 봉사하겠다는 포부를 가졌던 남자들은 완전히 실패하고 스스로 파괴된다. 민족주의 프로젝트의 잠재력에 대한 우타미의 논평은 낙관적이지 않다. 그러나 집단적인 범세계적 여성운동의 잠재력에 대한 그녀의 논평은 미래에 대한 희망의 여지를 남겨 둔다.

결론: 환태평양을 위한 질문

하게돈과 우타미 두 사람의 작품에서 등장인물들은 환태평양의 공간이라는 상황 속에 위치한다. 두 작가는 자신들의 예술적 생산물 속에서 여성의 쾌락에 대한 남성주의적 정의와 구조화를 포기해야 한다고 제안한다. 여성들은 남성주의적 이분법에 편안하게 부합되지 않는다. 남성들이 쾌락과 만족을 추구한다면 여성은 일종의 우울한 생존 또는 우리가 인용한 학자들의 탈식민지적 우울증이라고 부르는 것에 만족하는 것처럼 보인다. 우타미는 바로 그와 같은 유동적인 계급-기반의 여성 상호 주관성을 통해 여성이 정치활동과 민족국가에 대한 애착에 관한 남성주의적 관념을 천천히 바꿀 수 있다고 제안한다. 하게돈은 그녀의 등장인물이 생존을 위해 환태평양에서 협상하고 횡단해야 하는 지형과 등장인물들의 상황 구속성을 접합하기 위해 병렬적으로 배치된 주체 위치들을 가상한다. 두 소설 모두에서 여성과 일부 남성은 다양한 방식으로 침묵한다. 하게돈의 여성 리잘리나와 파스말로위, 그리고 우타미의 남성 사만과 라룽의 언어는 비록 그들의 몸이 움직이고 있음에도 불구하고 탈은유화·단순화되었다. 하게돈의『꿈속의 정글』은 영화감독 페피토Pepito의 예술 작품에 대한 설명으로 끝이 나는데, 이런 결말은 결국 "2000년의 사모라"(Zamora in the year 2000)의 에필로그로 보완된다. 뉴욕에 있는 한 아파트의 납골단지에서 들려오는 죽은 사모라의 목소리가 필리핀 사람과 필리핀계 미국인 혼혈의 계보와 부정되었지만 여전히 존재하는 권위에 대한 감각을 제공하면서 이 책은 종결된다. 아마도 이것이 지역연구의 숙명이기도 할 것이다. 우리가 점점 더 많이 우리의 주제와 우리 자신을 환태평양 내에서 이동시키기 시작하면서, 우리의 여정이 우리를 변화시킴에 따라 우리의 주체성과 '입지의 정치'의 연관성은 흐려지게 된다. 물론 이것은 과거에도 자명한 사실이었다. 그러나 지금은 비록 동남아시아에서 글로벌 북반구로 이동하는 사람의 숫자가 크게 증가하지 않았더라도 그 빈도는 크게 증가하면서 그 여정의 속도는 빨라졌다. 위에서 논의된 소설은 아시아계 미국인 연구와 제국적 구성체에 대한 학문의 연결고리 역할을 한다.

두 소설은 모두 필리핀과 인도네시아 사회에 흔적을 남긴 식민적 위계들의 잔재를 다루고 있다. 그 소설들은 문학적 아카이브 내부에서 상황적 증언으로 기능할지도 모른다. 소설로서 그것들은 하나의 특정한 맥락이나 '상황구속성'에서 출현했으며, 특정한 역사적 깊이에 의해 보완되어야 한다. 지역연구는 몇몇 과거에 이름을 붙이기 위해 동남아시아, 동아시아, 남아시아에 관해 연구·교육함으로써 그러한 역사적 깊이를 제공한다. 그런 노력은 주체 형성의 맥락적·이데올로기적 연관성을 보다 완전하게 볼 수 있게 한다. 우타미와 하게돈의 작품의 경우 이러한 깊이는 인종화·성별화된 신체의 형성에 대한 제국의 효과를 조망했다. 네덜란드령 인도네시아의 여러 섬들이 하나로 엮이면서 자바인들은 다른 종족집단을 지배하게 되었고 탈식민 시대까지 지속되는 새로운 위계들이 만들어졌다. 네덜란드의 제국적 이성은 가족 안팎에서 여성들이 상당한 자유와 자율을 누렸던 사회에서 남성과 여성의 신체를 성별화하는 새로운 조건들뿐만 아니라 새로운 형태의 가부장제를 도입했다. 필리핀에서는 스페인과 미국의 제국적 통제가 환태평양을 세계적 상업의 공간이자 세계 제국적 테크놀로지와 통치성의 두터워지는 연결망의 지형으로 층화시켰다. 하게돈 자신의 디아스포라적 지위에서 드러나는 필리핀과 미국의 탈식민적 관계는 『꿈속의 정글』의 필수적 일부이다. 스페인 제국과 미국 제국 사이의 단절과 그 결과로서 필리핀에서 스페인 통치를 봉건적이고 후진적인 것으로 악마화한 흑색전설black legend은 하게돈이 메스티조 필리핀 상류계급의 연속성과 그들이 '원시 부족'과 맺는 관계를 다루는 곳에서 잘 드러난다. 여기서 주체형성의 층화된 유산이 시민권을 민족주의와 결합시키며, 미국 식민지 시기는 현대적 주체성의 최종적 전조가 된다. 19세기 초 필리핀에서 시작되어 미국 식민지 시대까지 지속된 시민권의 다양한 형태와 특권에 대한 주장들은 그 범위라는 측면에서 세계적인 현상의 일부였다. 이 글이 제국주의 현대성과 이성의 세계적 행진의 일부였던 제국적 구성체가 그 섬들에 자신의 영향을 미쳤던 방식을 포괄적으로 탐구할 수는 없다. 그러나 확실히 인도네시아에서 식민주의에 대한 반작용으로 종교는 더 강해졌고 이슬람과 기독교 모두가 여성들의 행동에 새로운 제약을 부과하게 되었다. 영적 신념, 마술, 신비주의는 식민지 관리들뿐만 아니라 식민주의에 영감을 받은 종교적 변화에 의해서도 억제되었다. 종교 지도자들은 이슬람, 개신교 종파, 또는 가톨릭의 '순수한' 형태를 찾기를 원했다. 필리핀에서 미국의 제국적 통치성은 가톨릭교회와 투쟁했고, 주로 종교의 범주를 활용하던 지배에서 문명발전의 서사를 따르는 인종과 종족의 범주를 활용한 지배로 이동했다. 또한 이 소설들은 남성과 여성이 디아스포라 공간에 들어가 다른 사회적 장에서 다르게 상황 지워짐에 따라 그들의 주체성이 지워지는 방식을 보여준다. 이 소설에서 등장인물이 더 이상 지역문화에 뿌리를 두지 않게 되면서, 주체 위치가 흐려지기 시작한다. 결국, 이들 등장인물은 주디스 버틀러Judith Butler가 우리 자신의 예속화 양식에 대한 열정적 애착이라고 불렀던 것으로부터 분리된다.[22] 열정적 애착이라는 버틀러의 관념은 문학에서 라플랑슈의 사후성afterwardsness, *Naträglichkeit*이라는 관념과 교차하며, 지역연구는 그 둘 내에서 개인 및 집단이 그들의 다양한 과거 속에서 얻고 들었던 애착 또는 관입적 내밀성을 변화시키기 위해 노력하는 미래의 잠재성을 본다. 라플랑슈는 한 걸음 더 나아가 정신분석적 담론의 안팎에서 현재의 대화 속에 과거와 미래를 담는다. 유아기의 메시지는 미래를 변화시키기 위해 번역되지 않고 재번역·재해석될 수 있다. 과거의 메시지가 무엇인지 이해하고 그 메시지를 보낸 사람들의 서발턴 상황구속성을 이해하면, 개인과 집단이 자신에 대해 느끼는

---

22 버틀러는 수수께끼 같은 기표가 남긴 상처의 재번역 가능성에 대해 라플랑슈와 동일한 지점을 지적한다. 이에 대해서는 버틀러(Butler, 1997)를 참고하시오. "이것은 그러한 정체성이 하나의 정체성으로 남아 있는 한 그것의 상처에 항상 그리고 영원히 상처에 뿌리를 둔 채로 남아 있을 것이라고 말하는 것이 아니다. 이는 재의미화 가능성이 예속화—이것이 없으면 주체 형성과 재형성은 성공할 수 없다—에 대한 열정적 애착을 재가공하고 동요시킬 것이라는 점을 함의한다"(Butler, 1997: 105).

방식을 바꿀 수 있다. 지역연구와 미국의 종족연구 학자들은 인종, 성별, 성적 취향 또는 장애 등을 초월하기보다는 자신들과 자신의 다양한 연구 주제 및 대상들이 어떻게 환태평양이라는 활동적인 공간에서 젠더, 인종, 성별, 차별적 활동능력 등이 의미하는 바를 재번역·재서술하고 있는가를 이해하려고 할 수 있다. 우리는 환태평양이라는 시각을 취함으로써 지역연구와 종족연구가 제공하는 장소와 상황에 대한 선입견을 포기하는 데 따르는 상실에 직면할 수 있지만 구조, 국경, 경계 내에서 고정성을 뛰어넘는 흐름과 이동에 대한 인식을 얻을 수도 있다. 이를 통해 우리는 좁게 정의된 지역연구와 종족연구가 단독으로 탐색할 수 없고 오직 협업을 통해서만 탐색할 수 있는 것들을 알게 될 것이다.

참고 문헌

Abraham, Nicolas, and Maria Torok. 1994. *The Shell and the Kernel: Renewals of Psychoanalysis. Vol. I*. Chicago: University of Chicago Press.

Anderson, Benedict. 1998. *The Spectre of Comparisons: Nationalism, Southeast Asia and the World*. London: Verso.

Bandel, Katrin. 2005. "Heteronormalitas dan Falosentrisme Ayu Utami." *Kompas*, 1 June.

Basch, Linda, Nina Glick Schiller, and Cristina Szanton-Blanc. 2000 [1994]. *Nations Unbound: Transnational Projects, Postcolonial Predicaments, and Deterritorialized Nation-States*. London: Routledge.

Baudrillard, Jean. 1994. *Simulacra and Simulation*. Ann Arbor: University of Michigan Press.

Bourdieu, Pierre, and Loïc Wacquant. 1999. "On the Cunning of Imperialist Reason." *Theory, Culture, and Society* 16 (1): 41 – 57.

Butler, Judith. 1997. *The Psychic Life of Power: Theories in Subjection*. Stanford, CA: Stanford University Press.

Cheng, Anne Anlin. 2000. *The Melancholy of Race: Psychoanalysis, Assimilation, and Hidden Grief*. New York: Oxford University Press.

Chow, Rey. 2006. *The Age of the World Target: Self-Referentiality in War, Theory, and Comparative Work*. Durham, NC: Duke University Press.

Chuh, Kandice. 2003. *Imagine Otherwise: On Asian Americanist Critique*. Durham, NC: Duke University Press.

Clifford, James. 1997. "Diasporas." *Routes: Travel and Translation in the Late Twentieth Century*. Cambridge, MA: Harvard University Press.

Crenshaw, Kimberlé. 1989. "Demarginalizing the Intersection of Race and Sex: A Black Feminist Critique of Antidiscrimination Doctrine, Feminist Theory and Antiracist Politics." *University of Chicago Legal Forum*: 139 – 167.

Deleuze, Gilles. 1989 [1967]. *Coldness and Cruelty*. In *Masochism* by Gilles Deleuze and Leopold von Sacher-Masoch, 9 – 142. New York: Urzone.

Deleuze, Gilles, and Leopold von Sacher-Masoch. 1989 [1967]. *Masochism*. New York: Urzone.

Dumont, Jean-Paul. 1988. "The Tasaday, Which and Whose? Toward the Political Economy of an Ethnographic Sign." *Cultural Anthropology* 3 (3): 261 – 275.

Hagedorn, Jessica. 1990. *Dogeaters*. New York: Pantheon Books.

_____. 2003. *Dream Jungle*. New York: Penguin Books.

Haraway, Donna. 1988. "Situated Knowledges: The Science Question in Feminism and the Privilege of Partial Perspective." *Feminist Studies* 14 (3): 575 - 599.

Hemley, Robin. 2003. *Invented Eden: The Elusive, Disputed History of the Tasaday*. New York: Farrar, Straus and Giroux.

Hong, Grace Kyungwon. 2006. *Ruptures of American Capital: Women of Color Feminism and the Culture of Immigrant Labor*. St. Paul: University of Minnesota Press.

Khanna, Ranjana. 2003. *Dark Continents: Psychoanalysis and Colonialism*. Durham, NC: Duke University Press.

Laplanche, Jean. 1999. *Essays on Otherness*, ed. John Fletcher. New York: Routledge.

Lim, Shirley Geok-lin, et al., eds. 2006. *Transnational Asian American Literature: Sites and Transits*. Philadelphia: Temple University Press.

Lowe, Lisa. 1996. *Immigrant Acts: On Asian American Cultural Politics*. Durham, NC: Duke University Press.

Mandal, Sumit. 2004. "Transethnic Solidarities, Racialisation and Social Equality." In *The State of Malaysia: Ethnicity, Equity and Reform*, ed. Edmund Terence Gomez, 49 - 78. London: Routledge Curzon.

Miyoshi, Masao. 1996. "A Borderless World? From Colonialism to Transnationalism and the Decline of the Nation-State." In *Global/Local*, ed. Rob Wilson and Wimal Dissanayake, 78 - 106. Durham, NC: Duke University Press.

_____. 1998. "'Globalization', Culture, and the University." In *The Cultures of Global-ization*, ed. Frederic Jameson and Masao Miyoshi, 247 - 270. Durham, NC: Duke University Press.

Sandoval, Chela. 2000. *Methodology of the Oppressed*. Minneapolis: University of Minnesota Press.

Scott, James. 1998. *Seeing Like a State*. New Haven, CT: Yale University Press.

Sears, Laurie J. 2007. "Reading Ayu Utami: Notes Toward a Study of Trauma and the Archive in Indonesia." *Indonesia* 83: 17 - 40.

_____. 2010. "Modernity and Decadence in Fin-de-Siècle Fiction of the Dutch Empire." *Indonesia* 90: 97 - 124.

_____. 2013. *Situated Testimonies: Dread and Enchantment in an Indonesian Literary Archive*.

Honolulu: University of Hawai'i Press.

Sears, Laurie J., ed. 2007. *Knowing Southeast Asian Subjects*. Seattle: University of Washington Press.

See, Sarita. 2002. "An Open Wound: Colonial Melancholia and Contemporary Filipino/American Texts." In *Vestiges of War 1899–1999: The Philippine-American War and the Aftermath of an Imperial Dream*, ed. Angel Shaw and Luis Francia, 376 – 400. New York: New York University Press.

Soekarno. 1955, 17 August. Speech. In *Asia-Africa Speaks from Bandung*. Djakarta: Ministry of Foreign Affairs, 19 – 29. http://www.ena.lu/discours_soekarno_bandoeng_17_24_avril_1955 – 1 -7389 (accessed 29 June 2010).

Stoler, Ann, and Carole McGranahan. 2007. "Introduction: Refiguring Imperial Terrains." In *Imperial Formations*, ed. Ann L. Stoler, Carole McGranahan, and Peter C. Perdue, 3 – 44. Santa Fe, NM: School for Advanced Research Press.

Tadiar, Neferti. 2009. *Things Fall Away: Philippine Historical Experience and the Makings of Globalization*. Durham, NC: Duke University Press.

Utami, Ayu. 1998. *Saman*. Jakarta: Kepustakaan Populer Gramedia.

_____. 2001. *Larung*. Jakarta: Kepustakaan Populer Gramedia.

_____. 2005a [1998]. *Saman: A Novel*. Trans. Pamela Allen. Jakarta: Equinox Publishing.

_____. 2005b. "Writing as Negation." *Why I Write*. International Writing Program Panel. Iowa City Public Library, Iowa City, IA. 26 October. http://iwp.uiowa.edu/archives/event-docs/Utami_Why_I_write.pdf (accessed 4 July 2010).

_____. 2010. *Manjali dan Cakrabirawa*. Jakarta: Kepustakaan Populer Gramedia. von Sacher-Masoch, Leopold. 1870. Venus in Furs. In Masochism by Gilles Deleuze and Leopold von Sacher-Masoch, 143 – 272. New York: Urzone.

Yuval-Davis, Nira. 2002. "Imagined Boundaries and Borders: A Gendered Gaze." *European Journal of Women's Studies* 9 (3): 329 – 344.

3부
—

환태평양
사람들

07

번역 중인 가상의 언어들, 상상된 민족 영화

아키라 미주타 리피트Akira Mizuta Lippit

동아시아에서 새롭게 재조명되는 민족적 영화에 대한 열띤 수사에도 불구하고 20세기 말과 21세기 초는 아시아 전역에 걸쳐 민족적 영화의 해체, 그 자리를 대체한 초민족적 아시아 영화들의 출현—이는 아시아 역내 공동 제작에 의해 추동된 현상이다—, 복수의 아시아 문화들을 횡단하는 재인オ人의 더 큰 유동성, 그리고 민족적인 것과 민족주의적 정치의 혼동 등을 특징으로 한다. 증대되는 트랜스-아시아 영화를 추동하는 물질적 영향력이 가시화되는 한편, 비물질적이거나 가상적인 영향력도 강화되고 있다. 민족적 언어의 와해는 다른 경우였다면 명확히 민족적이라고 칭해졌을 영화를 초민족적이고 역사적인 작품, 또는 더 정확하게는 반민족적·몰역사적 작품으로 탈바꿈시키고 있다. 우리는 이러한 사유를 한 단계 더 진전시켜야 할지 모른다. 이런 영화들은 때때로 다성성polyvocity을 통해 언어 그 자체의 부

재를 양산한다. 언어 없는 민족적 영화, 그리고 이러한 구조적인 부재로부터 출현하는 무민족적anational 영화가 문제가 된다.

잡종적 언어를 특색으로 하는 영화의 사례는 매우 많다. 아시아 전역에서 대중적 인기를 누리고 있는 일본 배우 키무라 타쿠야가 출현하여 일본어로 대사를 구사한 중국-언어영화인 왕가위의 『2046』(2004), 다국적으로 캐스팅된 배우의 모국어 위치를 바꿔놓은 이와이 순지의 『스왈로테일 버터플라이(スワロウテイル, Swallowtail)』(1996), 일본의 의미심장한 자금지원과 2개 언어의 사용으로 주목을 받은 이시명의 반일 한국 액션영화 『2009 로스트메모리즈』(2002), 이나영과 오다기리 조가 동시에 등장할 때는 2개 언어로 연기하고, 오다기리 조가 단독으로 등장할 때는 일본어로 말하는 김기덕의 『비몽(悲夢, dream)』(2008), 태국·일본 잡종의 갱스터영화인 펜엑 라타나루앙Pen-Ek Ratanaruang의 『라스트 라이프 라스트 러브(Last Life in the Universe, Ruang rak noi nid mahasan)』(2003), 그리고 한국의 여배우 배두나가 살아 움직이는 공기주입식 섹스돌 역할로 주연한 고레에다 히로카즈의 『공기인형(空気人形, Air Doll)』(2009) 등이 모두 거기에 속한다. 아시아의 초민족적 영화가 낳은 또 다른 스타는 대만 어머니와 일본 아버지 사이에서 태어난 배우 타케시 카네시로Kaneshiro Takeshi, 금성무金城武, Jincheng Wu를 들 수 있다. 그는 개별 영화 또는 프로그램의 필요에 따라, 중국(본토 또는 홍콩)인이나 일본인으로 분하여 중국·일본 영화에 등장하는 국제적인 다형적(다종족적) 인기배우다. 또 다른 사례는 허우 샤오시엔侯孝賢, Hou Hsiao-hsien의 대만 역사영화다. 이 영화들은 식민지와 뒤이은 탈식민지 시기의 다중언어적 현실을 반영하고 있다.[1] 영어로 연기하는 일본인이 등장하는 미이케 다카시みぃけたかし, 三池崇史, Miike Takashi의 『스키야키 웨스턴: 장고(スキヤキウエスタン ジャンゴ, Sukiyaki Western: Django)』(2007) 또는 미국인(아이콘)이 미국에서 제작했지만 일본인이 등장하는 미국영화 혹은 일본영화인 클린트 이스트우드의 『이오지마에서 온 편지(Letters from Iwo Jima)』 등은 민족적 영화에서 민족적 언어의 와해를 더 잘 보여준다. 이런 영화 그리고 초언어적 영화의 다른 예들은 민족적 영화에서 초민족적 영화로 이동하는 트랜스-아시아적 스펙트럼을 드러낸다. 다중적 민족주의의 토대가 되는 민족문화라는 개념 그 자체를 생산하는 한편 이러한 다중적 민족주의를 수용할 수도 있는 영화들, 즉 새롭게 형상화된 아시아 영화의 함의는 무엇인가? 민족 없는 그런 민족주의는 어떤 외양을 띠고 있는가?

혼합 또는 혼종 언어의 사례들이 아시아 전역에 걸쳐 그리고 세계 각지

---

1 이 원고의 초기 발표에 대한 반응으로 더들리 앤드류Duddley Andrew는 다음과 같은 점을 지적하였다. 민족적 영화 내 언어들의 이질성은 예를 들어 서아프리카 전역의 많은 탈식민 나라들에서는 전혀 드문 일이 아니라는 것이다. 그러한 사례들에서 탈식민 국가들은 그 자체로 다중언어주의의 지시항이 된다. 이런 경우에 언어의 복수성에 의해 민족이 규정된다. 허우 샤오시엔의 대만 3부작-『비정성시(悲情城市, A City Of Sadness)』(1989), 『희몽인생(戱夢人生, The Puppetmaster)』(1993), 그리고 『호남호녀(好男好女, Good Men, Good Women)』(1995)-은 대만에서의 다수의 식민점령의 효과로서 언어의 복수성을 반영한다. 등장인물들은 서로 다른 억양을 지닌 상이한 언어들로 서로 대화하고 때로는 통역을 거쳐서 말한다. 허우의 이 영화들에는 단일한 민족적 언어가 존재하지 않으며, 대신 항상 모든 것이 유동적이고 번역 중인 민족적 언어들만이 존재한다. 여하튼 허우가 기입하는 언어적 유동성은 역사상 지시대상을 가지고 있다. 허우의 대만 3부작과 대조적으로 고레에다의 『공기인형』은 한국어의 소리를 침묵시킨다. 반면 김기덕의 『비몽』은 어떤 매개도 없이 뚜렷하게 구분되는 두 개의 언어를 나란히 놓는다. 양자의 사례에서 언어는 결코 일본과 남한의 탈식민적 상태를 지시하지 않는다. 그럼에도 불구하고 두 영화 모두에서 제국의 유령들이 배회하고 있는 것처럼 보인다.

에서 등장하고 있음에도 불구하고, 혼종 일본어 영화의 사례는 제국을 추구하는 것이 민족 그 자체의 가능성을 보여주는 조건, 즉 민족의 중심을 이루는 상상된 언어가 얼마나 위태로운지를 보여준다. 아래의 세 가지의 사례는 현대 동아시아의 가상민족적imaginational 영화에서 작동하는 언어의 '탈구'를 드러낸다.

가까운 허구적 미래를 배경으로 하는 이와이 순지의 『스왈로테일 버터플라이』는 트랜스-아시아적 도쿄를 '엔-타운'Yen-Town, 円都으로 재명명한다. 여기서는 다국적 이주노동자가 도시를 형성하고 거주민을 구성한다. 이 사람들은 도시명과 유사하게 엔타운円盗이라고 칭해진다. 장소와 그곳의 사람이 동일한 명칭을 공유하는데, 이는 지리와 인구 사이의 연결통로, 다시 말해 살아 있는 지리 또는 체화된 위치를 창출한다. 이와이는 『스왈로테일 버터플라이』에서 언어학적 전위displacement의 건축물을 구축한다. 코카서스인은 일본어로만 말하는 반면 중국인과 여타 아시아 배역을 맡은 일본의 대중적 인기배우들은 중국어 억양의 일본어로부터 일본어 억양의 영어에 이르는 광범위한 언어로 말한다. 뮤지컬 오디션을 보는 한 장면에서 백인 배우(이 배우는 일본에서는 널리 알려진 코믹배우인데, 그의 통상적 활동에는 무엇보다 일본 유명연예인에 대한 일련의 모방연기가 포함되어 있다)는 선정위원회에 대해 불평을 늘어놓는데, 선정위원회가 자신이 흰둥이라서 영어로 말할 것이라는 편견에 젖어 있다는 것이다.

사투리가 없고 유창하면서도 자연스러운 일본어로 전달되는 그의 불평('아이 돈또 스피꾸 인구리슈'Ay donto speeku ingurisshu)은 언어와 인종이 하나의 유대감을 형성한다고 가정되는 일본에서도 낯설지만은 않다. 그는 식민주의의 효과로서 민족적 정체성에서 풀려난 언어의 벗어남을 보여주면서, 언어가 생물학뿐 아니라 민족 이데올로기로부터도 풀려난 현실을 보여준다. 그의 밴드, '제3문화의 아이들'Third Culture Kids은 일본어를 구사하는 하얀 얼굴을 통해 탈민족화한 민족, 탈영토화한 민족을 손쉽게 시각화한다. 이렇게 말해 볼 수도 있을 것이다. 그런 민족에서는 민족적 언어가 소수언어로 취급된다고. 『스왈로테일 버터플라이』에 등장하는 '일본어'는 일본어 억양으로 말해지는 언어인 반면 제3문화 아이들의 일본어는 일본-언어의 이미지를 유지하는 언어다. 이 장면에서 언어는 시각화되고 더 이상 엔타운 거주자들과 구별되지 않는 탈영토화된 일본인의 몸과 탈영토화된 일본으로 가상된다.

고레에다 히로카즈의 『공기인형』에서도 언어는 유사한 방식으로 방향성을 잃게 만드는 역할을 한다. 심장 또는 영혼을 획득한("こころ を もって しまった") 섹스돌에 관한 영화의 주연을 한국인 여배우 배두나에게 맡긴 고로에다의 결정은 일본의 식민주의와 성노예 유산의 유령들을 상기시킨다.[2] 최영민(Choe, 2010)이 지적했던 것처럼 코로에다는 "그 함의를 결코

---

2 한국 영화의 베테랑 배우 배두나-봉준호의 『플란다스의 개(Barking Dogs Never Bite)』(2000), 『괴물(The Host)』(2006), 정재은의 『고양이를 부탁해(Take Care of My Cat)』(2001), 박찬욱의 『복수는 나의 것(Sympathy for Mr. Vengeance)』(2002) 등등에 출연했다-는 일본-언어 영화에도 출연해 왔다. 가장 유명한 작품은 야마시타 노부히로의 『린다 린다 린다(リンダリンダリンダ, Linda Linda Linda)』(2005)다. 극중에서 그녀는 일본어가 짧은 한국교환학생이지만 소녀 록 밴드의 리드보컬 역을 맡았다. 한 장면에서 한 일본인 구혼자가 손(배두나)에게 한국어로 말하는 반면 그녀는 일본어로 대답한다. 또 다른 장면인 꿈 시퀀스에서 동료 밴드 멤버인 케이Kashii Yu는 손의 일본어 대사에 대해 일본어로 적절하게 응답하는데, 이는 상이한 언어들 사이에서 대화적 교환을 생산한다는 점에서 김기덕의 『비몽』에서 나타난 효과들과 그리 다르지 않다.

눈치 채지 않을 수 없지만, 결국 그의 영화에서 이러한 것들을 주제로 삼지 않기로 선택한다." 일본의 전쟁범죄를 폭로하는 동시에 배제하는 영화인『공기인형』은 마찬가지로 일본, 일본국가, (극도로 고독한) 일본인다움에 대한 영화이기도 한데, 일본을 초월하거나 보편화하는 것을 인간적 조건의 영역, 그리고 인간이 되는 과제로 옮겨놓는다.

　『공기인형』 초반부는 새로운 동적動的 육체를 획득하게 된 노조미('소망/욕망'이란 뜻)가 페티쉬한 하녀복장을 차려입고서 일상의 인간 인사와 관습을 배우기 시작하는 것을 보여준다. 배두나의 국적에 대한 영화서사의 외부적 지식이 익히 알려진 상황에서 이 장면의 불명확한 점은, 인간이 되는 것을 배우는 것과 대조적으로 그녀가 일본어를 어느 정도까지 배워야 하느냐는 것이다. 노조미는 아이들을 학교에 배웅하는 방식을 익히고, '가연성' 쓰레기와 '불가연성' 쓰레기(궁극적으로 그녀의 플라스틱 신체를 인간 존재의 육체와 구분해 주는 물질적 분할)를 분리하는 법을 배운다. 그리고 이웃의 괴짜 여인을 따라가면서 인근 노동자들에게 고마움을 표시하는 법을 배운다(사실 여기서 그녀는 잘못 인도되고 있는데, 왜냐하면 이러한 인사들이 과도하고 일상에서 벗어난 것처럼 보이기 때문이다). 영화 내내 노조미의 언어는 한국식 억양보다는 뻣뻣하고 머뭇머뭇 거리는 것이 더 두드러진다. 만약 그녀의 언어가 부자연스럽게 들린다면, 이는 그녀가 모국어 사용자가 아니어서 그런 것이 아니라 인간다움과 맺고 있는 그녀의 취약한 관계로부터 비롯되는 효과다(후반부의 한 장면에서 그녀의 '소유자'가 이전에 내뱉은 문구를 노조미가 모방한 직후에 그녀의 유사-남자 친구인 준이치는 그녀에게 오사카 사투리로 말하는 법을 어디에서 배웠냐고 묻는다). 그녀의 신체와 마찬가지로 노조미의 언어도 탄력적이다. 깡충깡충 뛰는 듯한 그녀의 걸음걸이는 그와 마찬가지로 자신의 신체·이동성과 맺고 있는 모호하고 임시적인 관계를 시사한다. 이는 이번 생에서 그녀가 가지게 된 신체의 섬세함을 강조한다.

또 하나의 피노키오풍 이야기를 복잡하게 만드는 것은 고레에다가 이 영화의 성적 차원을 간과하기를 거부하기 때문이다. 이는 특히 다수의 남성 등장인물, 다수의 일본인 남성 등장인물들이 노조미의 신체에 성적 쾌락을 부여하게 하고 이를 이용하기를 강제하는 방식에서 잘 드러난다. 노조미 자신은 영화 내내 반복적으로 내뱉는다. "나는 공기인형, 다른 이들의 성적 욕망을 채워주기 위한 대용품인 공기인형이다." 노조미의 신체가 인간 육체the body를 본뜬 형상—타인의 육체뿐만 아니라 그녀 자신의 육체를 위한 대용품ふようひん, fuyôhin이자 형상을 위한 형상—임에도 불구하고 그녀의 언어는 은유적이지 않고 축자적이다. 타인이 자신들을 '텅 비어' 있다고 표현할 때, 그녀는 그들이 자신과 마찬가지로 공기로 채워진 존재라고 여긴다. 그녀의 언어는 그녀의 육체—그 언어가 원초적 대용물로서 그녀의 육체에 준거를 두는 한도 내에서만 형식적·육체적·형상적인—의 연장延長이다. 노조미는 그녀의 존재 이유·존재론을 수용하고 심지어 이를 포용한다. 이는 그녀로 하여금 자신의 실존이 타인의 성적 욕망, 타인의 섹스(행위)에 상응하는 것에 기초한 것이라고 간주하게 한다. 『공기인형』에서 노조미의 언어를 그녀의 신체로부터 분리시키는 선, 그녀의 이웃과 민족을 공장 속 그녀의 원산지로부터 분리시키는 선, 그녀의 유사-일본인다움을 그녀의 유사-인간다움으로부터 분리시키는 선, 그리고 불가연성 쓰레기와 함께하는 그녀의

운명을 인간존재의 가연성 육체로부터 분리시키는 선, 이 모두는 일본 없는 일본이라는 장소의 이미지를 환기시키면서 희미해져 간다.『스왈로테일 버터플라이』의 오디션 장면과 유사하게 그녀의 언어와 육체에 대한 노조미의 박약한 관계는 민족적 육체와 민족적 언어 사이에 존재할 것으로 가정되는 자연적 관계들을 해체시킨다. 그리고 그런 박약한 관계는 한국 여성이 일본 영화에서 비인간 배역을 연기하고 있다는 사실에 의해 강화된다. 영화에서 배두나의 현존은 그녀를 둘러싼 모든 육체들의 자연스러움에 대해, 그들이 말하는 언어들의 자연스러움에 대해, 그리고 아마도 궁극적으로는 개별 일본인의 일본인다움에 대해 의문을 제기한다. 노조미 역役에 단 한 번도 일본 여배우를 고려한 적이 없다고 주장하는 고레에다는『공기인형』에서 더 이상 일본적인 것으로 보이지 않는 영화라는 효과를 산출한다. 또한 그 영화의 언어는 제거 가능하고 교환 가능하며 처분 가능한 일련의 육체 부분들로 탈영토화 · 탈접합 · 해체된다.

육체, 정동 그리고 언어의 전위轉位라는 측면에서 볼 때 김기덕의『비몽』은 아마도 가장 멀리 나아갔을 것이다. 이 영화는 민족적 언어를 민족적 육체와 그들이 거주하는 민족적 영화로부터 분리시킨다. 이 영화는 어떤 남자의 꿈이 한 번도 만난 적이 없는 완전한 이방인인 어떤 여자에 의해 실현되는 것을 다루고 있다. 이 영화에는 두 명의 아시아 스타, 한국 여배우 이나영과 일본 남자배우 오다기리 조가 출연한다(오다기리는『공기인형』에서도 조연으로 등장하는데, 노조미가 영화의 어느 지점에서 되돌아가는 노조미의 창조자 제페토Geppetto로 분했다. 오다기리가 맡은 역은 노조미에게 '어서와'welcome home, おかえり, okaeri라고 인사한다. 이에 대해 노조미는 '다녀왔어요.'I'm home, ただいま, tadaima라고 답한다. 여기서 인형제작자가 언급하는 '집'home은 노조미가 만들어진 공장을 의미한다. 그러나 집은 또한 제국 일본에서 상실된 고향과 인간존재에 대한 감각을 모호하게 연상시킨다).『비몽』에서 오다기리가 연기한 진Jin(진은 한국어로 들리기도 하고 일본어로도 들릴 수 있으며 일본어에서는 사람 '人'과 동음이의어이기도 하다)이라 칭해진 인물은 그의 대사를 모두 일본어로 전달한다. 이나영이 연기한 란은 『비몽』의 다른 인물들과 마찬가지로 영화 내내 한국어로 말한다. 종종 내밀한 것처럼 보이는 그들의 의사소통은 일면 텔레파시처럼 이루어지고 다른 한편으로는 초월적인 바벨-이전의 '순수언어'를 통해 이루어진다. 김기덕 감독의 초자연적 스릴러의 다중언어주의multilingualism는 식민지 시대를 환기시켜 준다. 그러나『공기인형』과 마찬가지로, 하나의 준거점으로 기능하는 것처럼 보이는 어떠한 명시적 준거도 부재하다. 허구적인 영화적 서사 diegesis 내에서 진은 한국인이다. 오직 관객만이 그의 차이를 알 수 있다. 일본인을 한국인으로 자연화naturalization하는 것─그리고 마치 개별 언어들이 하나의 중앙집권적 언어와 연관된 방언인 것처럼 두 가지 언어를 하나의 언어로 통합하는 것─은 식민지 시기로 회귀하는 동시에 이를 역전한다. 이것은 단순히 권력의 전도일 뿐 아니라, 언어의 탈영토화이자 한국어와 일본어라는 언어들의 논리의 도착화이기도 하다. 진은 부지불식간에 일본어를 말하는 한국인이다. 일본어로 말하지 않는 한국인 관객은 자막을 읽어가며 일본어 대사를 말하는 한국 인물을 따라가기를 요구받는다. 언어(차이)는 자막의 중얼거림으로 사라져 가고, 그런 중얼거림은 제3의 언어 또는 언어의 공간을 개방한다.

김기덕 감독은 한때 권력과 정체성의 위계를 표상했던 두 개의 언어를 함께 직조하는 것을 통해 하나의 가상적 언어를 생산한다. 그 언어는 자신의 의사소통의 유령적 공간을 시각화한다. 『비몽』에서 의사소통은 두 이방인의 꿈속에서, 꿈들의 유사-시각적 공간에서 발생한다. 프로이트에 따르면, 꿈속에서는 언어와 단어가 상징적으로 작용할 뿐 아니라 물질적이고 시각적으로도 작용한다. 꿈속에서 단어는 기호와 기호의 이미지가 될 뿐만 아니라 대상도 된다. 『비몽』에서 두 가지 언어가 하나로 융합된다는 사실은 진과 란의 무의식 사이를 오가는 환상적 의사소통과 대조를 이루면서 작동한다. 그들을 결속시키는 언어는 상상된, 가상의 구성된 이미지다. 그들은 한 사람의 정신에서 다른 정신에게, 하나의 육체에서 다른 육체에게, 내부세계에서 외부세계로 이미지들을 전위시킨다.

상상된 공동체 또는 민족의 상상된 언어는 그것들이 거짓이기 때문에 가상적인 것은 아니다. 그것들은 어쩌면 환영적 투사일 수도 있다. 그렇지만 그것들이 가상적인 것은 그것이 이미지를 발생시키기 때문이며, 민족적 언어들과 민족들 사이의 관계를 해체하는 일련의 기호 또는 이미지로 언어를

---

3 프로이트 작품의 주요한 오역의 효과에 대한 독해인 『오역의 역사와 정신분석운동에 대하여』에서 알랭 바스Alan Bass는 프로이트가 자신을 번역가와 동일시했으며 자신의 정신분석적 통찰을 번역행위와 비교했다는 사실을 강조한다. 바스는 "프로이트가 종종 자신의 최초의 발견들을 번역의 승리에 유비했다"고 적고 있다. "1890년대 동안 그는 빈번하게 히스테리 증상과 꿈을 일상적 언어로 번역할 수단을 발견했다고 주장했고 이를 통해 이전에는 이해할 수 없거나 사소하게 여겨졌던 것들에 대한 과학을 주장했다"(Bass, 1985: 102). 김기덕의 『비몽』과 관련하여 말하자면, 여기서 꿈은 이산적인 언어들의 전달수단 또는 매개로서 일종의 번역 기계일 수도 있다. 그것은 일본어와 한국어를 꿈의 2차 수정의 형태인 단일한 한국인 언어로 종합한다. 이 같은 2차 수정(꿈작업)은 김기덕이 묘사하는 인물들과 마찬가지로 관객을 영화 속에서 잠든 채로 있게 한다.

변환시키기 때문이다. 그리고 이러한 관계가 와해될 때, 민족적 육체의 전체적 기관은 일련의 혼종적 육체들로, 국제적 또는 초민족적인 일련의 사이보그 · 인형 · 환영들로 흩어지게 된다. 어떤 주어진 순간에 그것들은 오직 부분적으로 인간이거나 부분적으로 민족적일 뿐이다. 우리는 그런 지속적 해체 상태의 아시아 민족영화를 상상할 수도 있다. 현대 아시아 영화는 베네딕트 앤더슨이 인쇄자본주의의 성장을 통해 상상했던 세속어 문해력으로부터 데리다가 시청각 매체의 효과라고 명명했던 '유사-문해력'으로 이동하고 있다.[4] 데리다는 텔레비전에 대한 버나드 스티글러Bernard Stiegler와의 대담을 통해 기술적 매체가 유발하는 문해력의 쇠퇴에 대해 말한다.

4　앤더슨은 지방일상어vernacular language가 민족어로 성장하는 과정과 그 속에서 번역의 중요성에 대해 이야기한다. "이 시점[18세기]부터 오랜 신성언어들-라틴어, 그리스어 그리고 히브리어-은 동등한 존재론적 지위에서 세속어의 잡다한 평민 대중과 뒤섞여야만 했는데, 이런 경향은 신성언어들이 일찍이 인쇄자본주의에 의해 시장에서 지위가 격하된 것을 보완했다. 만약 이제 모든 언어가 공통의 (내부적인) 세속적 지위를 공유한다면 원칙적으로 이들 모두는 동등하게 찬미와 연구의 대상이 될 가치를 갖는다. 그런데 누구에 의해서? 논리적으로 이제 어떤 언어도 신에게 속한 것이 아니므로 그들의 새로운 주인들에 의해 이루어질 것이다. 개별 언어를 모국어로 하는 화자-그리고 독자-가 바로 그들이다."(1983: 70-71). 세속 언어는 다른 세속 언어들뿐 아니라 신성언어들과도 상호교환이 가능해졌다. 어떤 특정 지방 일상어의 총체성은 그것이 생산할 수 있는 고전텍스트의 번역에 의해 측정되었다. 그 숫자가 더 클수록 그 언어는 더 널리 확대되었고, 그리고 그것을 확립한 민족의 외연도 확대되었다. 앤더슨에 따르면, '18세기 중반까지' "독일어 · 프랑스어 · 영어 학자들의 막대한 노동의 결과로 현존하는 그리스 고전의 거의 전체 작품이 필수적인 언어학적 · 사전적 부록과 함께 간편한 인쇄본의 형태로 이용가능하게 되었다. 뿐만 아니라 수십 권의 책들에서 화려하면서도 두말할 나위 없이 이교도적인 고대 그리스문명이 재탄생되었다"(1983: 72). 앤더슨의 설명에 따르면, 지방일상 언어의 민족적 언어로의 표준화는 번역의 행위를 필요로 했다. 그런 번역은 다른 세계들, 즉 어딘가 다른 곳에 있는 대안적 세계들뿐 아니라 과거의 세계들이 민족의 독자들 내에서, 그리고 그 민족의 언어 내에서 개방될 수 있게 했다. 이제 그 민족의 언어는 세계 그 자체의 출현을 위한 일종의 그릇이 되었다. 그리고 그런 연유로, 민족주의의 가능성의 바로 그 조건이 되었다.

이미지와 관련하여 우리는 대체로 유사-문해력 상태에 놓여 있다. 구어 또는 문어 담화에 대한 문해력과 언어에 대한 숙달과 마찬가지로, 한 번도 이 사실이 보편적으로 공유된 바가 없다(읽을 수 있는 사람과 없는 사람뿐 아니라, 읽을 수 있는 사람들 사이에서도 능숙함, 능력 등등에서 거대한 다양성이 항상 존재해 왔다는 것은 말할 나위도 없다). 그래서 오늘날 이미지와 관련하여 일어나는 일에 대해 말하자면, 우리는 다음과 같이 유추하여 말할 수 있다. 광범위한 소비자 다수가 상대적 문해력의 이 같은 다양성에 유비될 수 있는 상태에 놓여 있다(Derrida and Stiegler, 2002: 59).

유추해 말하자면 비유적 혹은 아날로그적 문해력에 대한 데리다의 제사題詞는 이미지들, 이미지들의 역사 그리고 그것들의 소비에 대한 질문을 언어의 역사, 그리고 그것이 발생시킨 '상대적 문해력의 다양한 양식'과 병행시킨다. 유사-문해력 또는 부분적 문해력으로서의 이미지 문해력에 대해 일종의 자격을 부여하는 것을 통해 데리다는 흥미로운 사실을 보여준다. 그는 미디어 문해력의 현 상황을 언어적 능숙함 또는 문맹 어느 쪽에도 위치시키지 않고 이를 문해력의 간극, 半문해력에 위치시킨다. 이는 이미지의 소비자를 완전한 이해나 이해능력을 지니지 않은 채 전달되는 이미지들의 부분만을 이해하고 있는 식자인 동시에 문맹자로 간주한다. '유사-문해력'이 현대의 역사적 현상만은 아닐지도 모른다. 말하자면 데리다가 위치 짓는 부분적 문해력은 오늘날 여전히 미성숙 상태인 새로운 문해력 진화의 효과는 아닐 것이다. 차라리 미디어 문해력은 기본적으로 유사-문해력이며, 이미지 문화의 잡종적 문해력의 일부로서 항상 잔존하는 문해력의 조건일 것이다. 왜냐하면 시청각 미디어는 본질적으로 단지 유사-문해quasi-literate이고 부분적 언어part linguistic이자 유사-언어quasi-lingual이기 때문일 것이다. 만일 그렇다면 미디어 문해력은 항상 완전한 문해력이 아닌 유사-문해력, 달리 말해 언어들 사이뿐 아니라 미디어들 사이, 미디어와 언어 사이를 횡단하는 문해력transliteracy을 요구한다. 미디어에 대한 유창함과 흐름은 유사-문해력의 조건이고, 유사-문해력은 보충적 번역을 요구하며, 유사-번역은 두 언어, 두 미디어, 두 가지 상태의 표현을 유예시킨 상태로 내버려 둔다.

이러한 유사-문해 상태에 기초하여 어떤 종류의 민족 혹은 민족주의가 만들어질 수 있을까? 시청각미디어는 앤더슨이 상상하였던 18세기 말-19세기의 계보를 따라 새로운 민족주의를 형성할 수 있을까? 그리고 과거에 대한 미디어 아카이브 제작은 비유하자면 앤더슨이 묘사한 18-19세기의 번역을 하고자 한 추동력과 유사할 것인가? 책의 시대와 시청각 시대 사이의 민족과 민족주의의 토대에 번역과 아카이브 제작 사이의 관계는 어떤 의미를 지니겠는가? 알렝 르네와 마르그리트 뒤라스의 1959년 콜라보 작품(뒤라스가 시나리오 집필, 알렝 르네가 감독)『히로시마 내 사랑(Hiroshima, Mon Amour)』은 민족정체성, 민족적 트라우마 그리고 양자에 대한 문해력에 초점을 맞추어 질문을 던진다. 당초 히로시마 원폭투하 15주년을 추모하기 위해 기획된 프랑스-일본 다큐멘터리에서 시작된 이 작품은 일찌감치 홀로코스트 와중에 프랑스의 공모를 폭로하고 추적하는 르네의『밤과 안개(Nuit et brouillard)』(1955)의 번역판으로 예견되었다. 이 작품은 또한 미국이라는 주요 민족적 형상의 배제를 포함하고 있다(미국이라는 기표는 영화의 주요한 순간에 정말로 등장하는데, 아마도 그것은 '카사블랑카'[5]라고 이름 붙여진 카페로 장면이 이동할 때 가장 적나라할 것이다). 마르그리트 뒤라스가 필요하다는 르네의 요청에 따라 그의 프랑스인 프로듀서가 저자인 뒤라스에게 스크립트를 쓰도록 설득하기 이전까지 르네는 거의 이 기획을 포기할 뻔하였다. 뒤라스가 개입함에 따라 이 영화는 다큐멘터리에서 픽션으로 변화하였다. 픽션 속으로 접혀 들어간 다큐멘터리, 기록에 의해 프레임이 짜인 픽션, 기록된 픽션으로 탈바꿈하게 된 것이다. 이 영화는 프랑스 여배우(엠마누엘 리바Emmanuel Riva)와 일본인 건축가(오카다 에이지Okada Eiji) 사이의 짧은 정사를 추적한다. 여배우는 히로시마에 대한 반전영화를 촬영하기 위해 일본에 왔으며 일본 체류기간 동안 어떤 일본인 건축가를 만나게 된다. 그들의 짧은 만남에서 그녀는 그녀 인생의 어릴 적 에피소드를 상기하게 되는데 이는 전쟁 동안 그녀의 마을 느베르Nevers에서 일어난 유사-트라우마와 관련된다. 젊은 여성으로서 그녀는 점령된 프랑스에서 독일 병사와 사랑에 빠졌다. 그는 살해당했으며 그녀는 배척당하여 지하실에

---

5 미국과 영어에 대한 또 다른 참조점은 영화를 촬영하는 동안 보이는 시위대의 팻말에서 나타나는데, 그때 종업원 또는 주인이 에마뉴엘 리바가 분한 인물에게 다가와서 영어로 말을 건넨다. 그리고 그녀가 태어난 그녀 마을의 이름에서도 이를 알 수 있는데, 그것은 그녀에게 이름을 부여한다: 느베르Nevers. 이 단어는 영어로는 'never'로 들릴 수도 있다. 프랑스어가 사용되고, 프랑스가 존재하는 유일한 장소는 그 둘 사이, '그'와 '그녀' 사이에 위치한다. 그것은 마치 이 세상에서 오직 두 사람 사이에만 사적이고 친밀한 프랑스어가 공유되는 양 말이다. 크리스 마르케Chris Marker가 『태양 없이(Sans Soleil)』(1982)에서 일본어 텔레비전 방송을 이해하고 있는 자신을 상상하는 것은 일본어를 연상시키는 가상의 프랑스어 때문인데, 그 방송은 프랑스 시인 제라르 드 네르발Gérard de Nerval이나 롤랑 바르트가 『기호의 제국(The Empire of Signs)』(1970)에서 꿈꾸었던 수많은 일본 언어들에 대한 방송임이 드러난다.

감금당했다가 종전 이후 파리로 도망치듯 달아났다. 그녀는 일본인 연인에게 이 과거 사건을 현재 시제로 말하며 고통에서 벗어나려고 한다. 일본인 연인은 종전 이래 그녀에게 단어의 상실을 가져왔고 그 상실 속에서 유예되었던 그녀의 말할 수 없는 상실에 대해 물꼬를 터주며 전이시키고 번역하는 역할을 담당하게 된다.

르네 그리고 뒤라스에 의해 변형된 영화는 작품 전체에 걸쳐 지속적인 변증법적 차이가 있다. '그' 그리고 '그녀', 남자들과 여자들, 이름 붙여진 자들과 이름 없는 자들(명명하는 자들과 명명된 자들), '히로시마'와 '느베르', 일본과 프랑스, 건축학과 연기, 다큐멘터리와 픽션. 두 주인공이 히로시마와 느베르라는 그들 각자의 도시의 이름을 서로에게 부여함에도 불구하고, 그들은 결코 적절한 이름(고유명사proper name)을 부여받지 못한다. 고유명사와 그것의 번역 불가능성에 대해 데리다는 다음과 같이 말한다. "고유명사 그 자체는 영원히 번역될 수 없는 채로 남겨진다. 이 사실은 우리로 하여금 다음과 같은 결론으로 인도할지 모른다. 즉 여타의 말들과 동일한 이유로 고유명사는 그것이 번역되거나 번역 중이라도 엄밀한 의미에서 언어, 언어의 체계에 속하지 않는다"(1985a, 171).[6] 데리다가 말한 것처럼, '히로시

---

6 만일 고유명사가 언어 그리고 그 체계의 바깥에서 시작된다면, 그것은 번역을 통해서 언어 내로 진입하는 작동방식을 취한다: 언어에서 다른 언어로의 번역이 아니라 언어 그 자체로의 번역을 통해서 작동한다고 데리다는 말한다. "혹자는 진정한 의미에서 고유명사가 언어에 제대로 속하지 않는다고 우선 말하고 싶은 유혹을 느낄지도 모른다; 그것은 거기에 속하지 않는데, 그럼에도 불구하고 그렇기 때문에 그 호명은 언어를 가능하게 한다(고유명사를 호명할 가능성이 없는 언어라는 건 도대체 무엇이겠는가?); 결과적으로 그것은 자신을 거기에 번역시키는 것을 허용할 때에만 언어 속에서 그 자신을 적절히 기입시킬 수 있다. 다시 말해 그것의 의미론적 등가를 해석할 때에 말이다: 이 순간부

마' 그리고 '느베르' 그 자체는 언어의 외부에, 언어체계의 외부에 번역될 수 없는 채로 남겨진다. 그들의 이름은 그들이 이름 붙인 장소의 번역 불가능성에 상응한다. 이 영화의 번역될 수 없는 차원이 이러한 변증법을 추동한다. 그리고 이 변증법은 영화의 가시적인 모든 측면에서, 언어 없이 영화 전체에 걸쳐 실질적으로 작동한다. 영화는 성적 차이와 개인의 가상적 언어들 그리고 민족적 트라우마의 문제 주변을 맴돈다. 히로시마에 대한 르네의 상상된 다큐멘터리는 트라우마의 다른 장소로 대체되고 전치되는데, 이는 '그녀'(엠마누엘 리바)가 묘사하는 느베르의 장소이다. 점령된 프랑스의 젊은 여성으로서 '그녀'는 비밀스럽고 금지된 사랑에 빠져들었다(또 다른 변증법이 독일과 프랑스 사이, 유럽인들 사이에서 개방된다). 그녀의 독일 연인은 결국 프랑스 저격수에게 살해당한다. 그리고 그녀는 조국을 배신한 자신의 수치를 숨기고 이를 가슴속에 새기며 조용히 은둔한 채 살아갔다. '그녀'는 상실, 즉 그녀의 독일인 연인의 상실로 인해 고통받는 한편, "나는 당신을 잊는 것을 시작하는 중이에요"라고 그를 잊기로 매일 다짐할 때마다 곱절의 상실을 경험한다. '그'(오카다 에이지)와 조우하면서 그녀의 망각은 히로시마에서 방해를 받는다. '히로시마'에 그와 함께 있을 때 아침에 당기는 그의 손은 그녀의 기억을 갑자기 자극하며 그녀의 트라우마를 감추어온 신경증적 망각을 재활성화한다. 히로시마에서 느베르로 그리고 다시 느베르에서 히로시마로, 『히로시마 내 사랑』의 변증법적 경제가 작동한다. 그것

터 그것은 결코 더 이상 고유명사로 취급될 수 없다"(Derrida, 1985a: 172, 강조는 원문). 언어에 진입하는 것을 통해, 고유명사는 자신의 단독성을 상실하고 고유명사임을 그친다.

은 전이에 의해, 그리고 정념의 대체, 정념을 위한 이름들과 고유명사들을 통해 작동한다. 이 정념들은 언어에서의 어떤 파열도 없이 한 나라에서 다른 나라로, 하나의 신체에서 다른 신체로 이동한다. 지연된 경제 내에서 하나의 상황은 또 다른 상황을 대리한다. 이러한 대리는 두 주인공 사이의 의사소통의 주된 양식이 된다. 궁극적으로 『히로시마 내 사랑』의 전이적 경제는 번역의 가능성을 대체하게 되는데, 번역의 가능성은 영화 내에서는 결코 발생한 적이 없다. 『히로시마 내 사랑』 영화 전체에 걸쳐, 번역을 위한 공간은 존재하지 않으며, 이를 위한 기회도 없다. 단지 기차역에서의 유사-희극적 장면을 제외한다면 말이다. 기차역에서 한 나이 든 여인이 둘에 대해 캐물을 때, '그'는 영화에서 최초로 일본어로 말하기를 강제당한다. 여기서 일본어는 더 이상 그에게 모국어처럼 들리지 않으며 그저 또 다른 일본어, 타자의 일본어, 프랑스인의 유사-일본어처럼 느껴진다.

그래서 『히로시마 내 사랑』의 상호적 경제를 추동하는 성적·정치적·문화적·민족적 차이의 복잡한 유희에도 불구하고 결정적인 한 가지는 차이의 목록에 결코 기입되지 않는다. 언어적 차이가 바로 그것이다. '그'와 '그녀'는 프랑스어, 관용적 표현의 프랑스어, 뒤라스의 프랑스어로 말한다. '그'뿐 아니라 '그녀'도 프랑스어로 말하며, 그들은 같은 프랑스어로 말한다. "당신은 히로시마에서 아무것도 보지 못했습니다"Tu n'as vu rien a Hiroshima. 언어의 회로 속에서 차이들의 모든 것, 모든 차이 그 자체는 사랑, 공감, 에스페란토와 같은 보편적 언어 속으로 무너져 내린다. 이는 발터 벤야민이 '순수한 언어'reine Sprache라고 부르는 것의 환영인가? 그는 말한다. "언어들의 모든 초역사적 친족관계는 하나의 총체로서 개별 언어의 기저에 놓여 있는 의도에 기반하고 있다. 그러나 이 의도는 어떠한 단일 언어도 스스로는 획득할 수 없으며, 단지 서로를 보충하는 그들 지향의 총체성을 통해서만 실현 가능하다: 순수언어"(Benjamin, 1968: 74). 벤야민은 특정한 종합적 언어가 번역 내에서 또는 '번역 가능성' 내에서 성취되거나 또는 차라리 상상된다고 주장한다. 르네와 뒤라스의 프랑스어는 그러한 언어, 즉 어떤 언어도 공유하지 않는 두 사람 사이에서 말해지는 '순수언어'로서 가상되는 보충되고 보충적인 언어인가? 번역의 궁극적 목적지인 번역과 번역 가능성의 너머에 있는 하나의 언어로서 프랑스어인가? 그것은 일본어를 통합하는 하나의 프랑스어, 일본어의 흔적을 지닌 화자들이 말하는 하나의 프랑스어, 프랑스어와 일본어의 끝에 있는 초역사적 언어인가? 그러나 만약 여기의 프랑스어 역시 프랑스어가 아니라 또 다른 상이한 프랑스어라면 어찌할 것인가? (데리다는 다음과 같이 말한다. "번역은 언어 안에 새겨진 언어학적 차이, 다시 말해 단일한 개별 언어에 기입된 언어체계의 차이를 표시하는 일은 결코 할 수 없다. 기껏해야 그것은 모든 것을 횡단할 수 있을 뿐이다. 그렇지만 다음만은 예외다. 하나의 언어학적 체계 내에 아마도 여러 개의 언어들 혹은 말이 있다는 사실"(Derrida, 1985b: 100).[7]) 두 사람 사이에서 사용된 유사 프랑스어는 오직 하나의 언어로서 정신적 외상을 지워내는 언어로 상상되었는가? 그의 프랑스어 음은 유사-프랑스어 음, 즉 환상과 같이 그들 사이에 공유된 프랑스어 음인가? 이 영화적 사례에서는 르네와 뒤라

---

7 데리다는 더 나아가 단일한 언어학적 체계 내에 다수의 언어들이 등장하는 빈도성에 권리를 부여한다. "때때로-심지어 나는 항상 말하는데-몇몇의 말들"(1985b: 100).

스의 우회로에서 이름 없는 두 등장인물 사이의 있을 법하지 않은 해후의 공간에서, 오직 여기서만 가상의 프랑스어가 말해진다. 만약 이 프랑스어가 생략되고, 번역이 필요 없는 세계와 통역이 필요 없는 사랑처럼 번역의 필요성이 부정된다면, 프랑스어 그 자체로 번역이 필요한가? 만약 프랑스어가 이미 번역이 된 것이고 동시에 벤야민의 말처럼 번역이 될 것으로 예견된 프랑스어라면 어땠을까?

이러한 사실의 전후에 그와 같은 번역이 실제로 존재한다. 『히로시마 내 사랑』의 실패한 리메이크를 다룬 장편 극영화, 스와 노부히로의 『H 스토리(H Story)』(2002)는 르네와 뒤라스 영화의 실패한 리메이크를 다룬 다큐멘터리처럼 보인다. 혹은 영화의 전개 도중에 그런 다큐멘터리로 바뀌어간다. 그것은 원작의 최초 몇 분의 장면 속에서 사라진 것, 즉 르네가 결코 완성하지 못했던 다큐멘터리를 위해 찍어두었던 장면들을 가시화하면서 원작에 내재한 실패를 실패에 대한 서사로 번역한다. 『H 스토리』는 실패한 극영화에 대한 다큐멘터리, 르네의 실패한 다큐멘터리의 전도물이 된다. 스와의 영화는 원작에 의지하여 원작으로 회귀한다. 그리고 원작의 보편적이고 보편화하는 언어를 언어 없는 전이적 언어에서 궁극적으로는 실패한 번역 가능성 속에서만 존재하는 언어로 변형한다. 스와의 '리메이크'에는 원작의 에마뉴엘 리바Emmanuelle Riva가 연기한 역할에 베아트리체 달Béatrice Dalle이 등장한다. 그리고 스와의 목적을 추정해 보면 그는 원작을 대사 하나하나, 샷 하나하나, 장면 하나하나를 재촬영하고자 한다. 리메이크를 촬영하는 동안 달은 대사를 그대로 따라 하거나 흉내 내는 일에 저항하며 촬영을 강행하는 것을 거부한다. 이 지점에서 영화는 파탄 나고, 달은 영화의 또 다른 배우, 마치

다 코우Machida Kou와 함께 사라진다. 그들은 결국 원작에서 에마뉘엘 리바와 오카다 에이지가 배회하던 동일한 쇼핑 아케이드에 모습을 드러낸다. 그리고 그 둘이 밤을 보낸 원폭돔 안에서 그 영화는 실패로 끝을 맺는다. 『H 스토리』는 『히로시마 내 사랑』의 번역일 뿐 아니라, 번역에 대한 영화이자 언어와 언어들의 통약불가능성incommensurability에 대한 영화다. 벤야민이 말했던 것처럼, '모든 번역은' "어떤 면에서는 단지 언어들의 이질성과 타협하는 임시방편적 방법일 뿐이다"(1968: 75). 특정 언어들이 번역 불가능할 때 언어에는, 민족적 언어들에는 그리고 이들을 가능하게 했던 민족주의에는 무슨 일이 발생할까? 언어, 나의 언어, 우리 언어의 이질성은 언제 대처 불가능한 것으로 남아 있게 되는가? 스와 자신이 히로시마 출신임에도 불구하고 이 영화는 『히로시마 내 사랑』보다도 훨씬 덜 민족주의적이다. 그의 영화는 르네와 뒤라의 원작과는 대조적으로 히로시마를 언어의 장소로부터 떼어놓는다. 그 대신 히로시마를 많은 언어 내에 일련의 흔적들로서 내버려 둔다. 반면 르네와 뒤라스의 언어 속의 '히로시마'는 일본인 남자와 그의 신체 또는 민족적 신체こくたい, 国休에 이름을 부여한다. 스와는 결코 히로시마를 자신의 영화의 장소나 단어 또는 이니셜로 내세우지 않는다. 이런 의미에서 『H 스토리』에 나타나는 민족주의에 대한 스와의 거부를 통해 우리는 스와를 벤야민적 의미에서의 이상적 번역가로 간주할 수 있다. 벤야민이 말한 것처럼, '우리 번역가들은' "외국어 작품의 정신보다는 그 작품 고유의 언어 사용에 대해 훨씬 더 큰 숭배감을 가진다. … 번역가의 기본적인 실수는 자신의 언어가 외국어에 의해 강력하게 영향 받는 것을 용납하는 대신에 그 자신의 언어를 그 상태 그대로 보존한다는 것이다"(1968: 80-81). 스와의 언

어는 외국어에 거의 완전히 굴복한 듯 보인다. 트린 T. 민하Trinh T. Minh-ha가 말한 것처럼, 스와는 '고정된 경계' 없이 이러한 번역 속에서 길을 잃는다. "정체성과 의미 구축의 정치학에서 번역으로서의 언어는 필연적으로 자아가 그 고정된 경계를 상실하게 되는 하나의 과정이다"(Trinh and McDonald, 1992: 133).[8] 이런 의미에서 볼 때 번역 속에서 상실되는 것은 의미가 아니라, 주체, 즉 타자의 낯선 언어foreign tongue에 항복한 번역가 자신이다. 그리고 이 순간 주체 그 자신의 인간성을 포함한 모든 것이 상실된다.

나오키 사카이가 발전시킨 번역의 논리를 따르자면, 『H 스토리』에서 스와의 퇴각, 그의 담론의 역사로의 퇴각, 주체성 없는 하나의 역사, '나(I)' 없는 역사는 그를 한 사람의 번역가로 간주하게 만든다. 에밀 방브니스트Émile Benveniste의 '담화'discourse와 '역사/그의 이야기'history의 구분을 따라서 사카이는 번역 행위 중의 주체인 번역가의 이인화離人化, depersonalization에 대해 묘사한다. 방브니스트가 말하는 담화는 (언명의) 단독적 주체singular subject를 생산하고 단독적 주체에 의해 생산된다. '역사'는 담화 주체의 퇴각을 통해 그 효과가 발생하는 서사다. 사카이는 다음과 같이 말한다.

> 번역가는 '나' 혹은 '너'로 단도직입적으로 지정될 수 없다: 발신인과 수신인의 관계를 1인칭에 대한 2인칭의 '*인격적*'(*personal*) 관계로 전유하려는 시도에 있어 그녀는 방해가 된다. 에밀 방브니스트가 옹호한 '인칭'의 결정요인을 따라가 보자. 다시 말해 '이야기'story 또는 '역사'history와 구분되는 '담화'에서 직접적으로 발화하

---

8 그녀는 여기에 "불안하지만 잠재적으로 차이의 실천에 역량을 부여하는"이라고 덧붙인다(Trinh and McDonald, 1992: 133).

는 사람과 수신하는 사람만이 인칭들로 불릴 수 있다. 그리고 '이야기' 혹은 '역사'
속에서 '그', '그녀' 혹은 '그들'의 지위에서 언급되거나 말해지는 이들은 결코 '인
칭들'이 될 수 없다(Sakai, 1997: 12-13, 강조는 원문).[9]

역사적 언명에서 '그' 또는 '그녀'는 인칭이 될 수 없으며 반면 어떤 번역
가도 1인칭 또는 2인칭 대명사로 발화하거나 발화될 수 없다. 역사에서 주
체는 3인칭으로 대체되는 반면 1인칭 번역가는 번역 속에서 희미해져 가는
'나', 언명의 주체로부터 사라지는 '나'다. 역사의 두 가지 측면(담화와 이
야기)은 『내 사랑 히로시마』와 『H 스토리』 사이에서 작동하는 번역의 변증
법을 나타낸다. 전자의 가상의 '동질언어주의'homoligualism는 후자의 저항적
번역 불가능성에 의해 대체된다.

사카이의 '동질언어주의'란 용어는 심지어 그들의 언어가 상이할지라도
두 화자 사이에 공유되는 관용적 언어idiom를 지칭하는데, 마치 『히로시마
내 사랑』에서 달리 보면 이름 없는 '그'와 '그녀'의 사례처럼 말이다.[10] 역사

---

9 사카이는 번역가의 1인칭 주체성의 이러한 생략을 설명한다: "추정컨대 수신인에게 말하거나 글을
   쓰는 사람은 번역 중에 있는 번역가가 아니다. 번역가에 의해 언급된 '나(I)'는 번역가 그 자신을 지
   정하지 않는다. 그것은 원래 언명의 주체로서 원래의 발신인이다. 그리고 만일 '나(I)'를 통해 번역
   가가 2차적인 번역의 언명의 주체를 지시한다면, 그녀는 '그' 또는 '그녀'로서의 원래 발신인을 지정
   해야만 할 것이다"(Sakai, 1997: 12).
10 사카이는 동질언어주의Homolingualism를 "언명에 있어 어떤 이가 그녀 자신 또는 그 자신을 타자에
   게 관계시키는 체제이다. 그것에 의해 발신인은 동질적 언어사회라고 가정되는 것을 대리하는 지
   위를 수용하며 일반적 수신인과 관계한다. 수신인은 또한 동일하게 동질적인 언어 공동체를 대리
   한다. 동질언어적 발화homolingual address를 얘기함으로써 나는 대화의 사회적 조건을 의미하지 않
   는다는 것에 주목하자. 대화의 사회적 조건 내에서 발신인과 수신인 모두 동일한 언어공동체에 속
   해 있다; 그들은 자신들이 다른 언어들에 속해 있지만 여전히 동질언어적으로 자신을 말할 수 있

의 또 다른 측면에서 번역 스스로가 번역 불가능성을 야기한다. 사카이는 "번역 불가능성을 낳는 것은 번역이다"(1997: 14)라고 말하며 첨언하는데, "번역 가능성과 번역 불가능성 양자 모두 반복으로서의 번역 뒤에 도사리고 있다. 번역 불가능성은 번역 이전에 존재할 수 없다. 번역은 번역 불가능성의 선험적 조건a priori이다"(Sakai, 1997: 5, 강조는 원문). 사카이에 따르면, 번역 불가능성 그 자체는 번역의 효과로 존재한다. 번역은 일종의 사후효과aftereffect로서 그리고 번역의 조건으로서 번역 불가능성을 창출한다. 『히로시마 내사랑』과 『H 스토리』 사이에서 작동하는 언어의 변증법에는 역사의 주체들―『히로시마 내 사랑』의 '그'와 '그녀'―이 이야기 속으로, 역사 그 자체 속으로 사라지는 것이 포함된다. 한편 번역의 주체인 번역가는 역사로부터, 역사의 이름 또는 제목으로부터 사라져 간다(『H 스토리』). 이것은 또한 실제로 1945년 8월 6일 히로시마에 있었던 수십만 명에게 일어났던 일이다. 이들은 섬광과 함께 역사의 그늘 속으로 사라져 갔다. 그들 자신의 흔적만을, 그들을 기억할 언어의 흔적만을 남겨둔 채 말이다. 한편으로 상상된 가상의 동일민족주의와 다른 한편으로 언어와 번역의 아포리아 사이에 남겨진 것은 표상, 이미지, 상상된 언어 그리고 그것들이 명명한 민족들이다.

사카이는 번역의 다음과 같은 측면, 즉 번역들은 언어들 사이에서 통일성을 생산하지 않는다는 것을 강조한다. 오히려 번역은 언어들의 '재현'과 번역 가능성을 부여하면서, 마치 언어들이 '자율적이고도 폐쇄된 실체들'인 것

다고 믿는다"(1997: 3-4). 상이한 언어로 말하는 두 화자는, 사카이에 따르면, 여전히 동질언어적으로 상호 관련되어 있다. 이런 의미에서 사카이의 동질언어주의는 하나의 가상적 언어, 공유된 가상의 언어이다.

처럼 두 종류(혹은 더 많은)의 언어를 '명확하게 표현'한다. 언어가 생산하는 것은 재현이다. 사카이는 다음과 같이 말한다.

> 엄격히 말해, 우리가 하나의 텍스트를 다른 것으로 번역(해석)해야만 하는 이유는 두 가지 상이한 언어의 통일성이 주어지기 때문이 아니라 번역이 언어들을 절합하기 때문이다. 그래서 우리는 특정한 '*번역의 재현*'을 통해 번역하는 언어와 번역되는 언어를 자율적이고 폐쇄된 실체인 양 전제하는 것이다(Sakai, 1997: 2, 강조는 원문).

번역은 두 가지 언어를 언어의 재현, 의사소통의 재현, 번역 가능성과 불가능성의 재현, 민족과 민족들의 이미지 재현 속으로 절합한다. 이런 면에서 스와가 민족적 언어를 거부하고, 민족적이거나 민족주의적 기표로서 히로시마를 절합하는 것을 거부할 때 그는 민족적 언어라는 이상을 표상으로, 폴 드망Paul de Man이 번역에 있어 '원어'original language의 '탈구'disarticulation라고 칭한 것으로 대체한다. 『H 스토리』는 언어 그 자체의 파괴적 힘, 즉 '순수 언어'의 원자력을 해방시킨다. 드망에 따르면, "번역은 그것이 '원작을 탈구시키는 한에 있어', 그것이 순수 언어이고 오로지 언어와 관련되는 한에 있어, 벤야민이 바닥 없는 깊이라고 부른 것, 본질적으로 파괴적인 어떤 것으로 끌려 들어간다. 그런 파괴적인 어떤 것은 언어 자체에 내재한다"(de Man, 1986: 84, 강조는 저자). 스와가 『H 스토리』에서 성취한 것은 민족적 언어로서의 일본어의 탈구축deconstruction―탈구―인데, 일본인 언어가 표상되는 바로 그 장소에서 민족적 신체에 소원한 가상적 일본인의 언어를 창출한다. 이는 또한 질 들뢰즈와 펠릭스 가타리가 다른 맥락에서 동일한 효과

에 대해 지칭한 것, 즉 언어의 '탈영토화'다.[11]

『H 스토리』는 하나의 민족적 언어를 생산하는 데 실패함으로써, 그것을 탈구 혹은 탈영토화함으로써, 번역 속에서 일본어를 상실함으로써 민족주의를 무화시킨다. 스와는 히로시마라는 일본어 단어의 진정성authenticity을 대체하기 위해 그것을 위한 프랑스어 단어를 허용한다. 일본어의 '히로시마'는 프랑스어 또는 유사 프랑스어의 '히로시마'로 번역된다. 스와 영화의 기표 '히로시마'는 장소나 역사적 사건을 지시하지 않으며 기호인 히로시마의 어떠한 기의적 차원도 지시하지 않는다. 그것은 영화의 맥락에서 그리고 그것의 영화서사diegesis 내에서 오로지 또 다른 영화를 지시하기 위한 소원한 기표일 뿐이다. 스와의 기표는 단지 의미화의 한계를 보여주는 기호만을 지시할 뿐이다. 그의 히로시마, 그의 일본어는 번역 중에 사라지고 타

---

11 질 들뢰즈와 펠릭스 가타리는 카프카에 대한 그들의 연구에서 '소수 문학'이라는 개념을 발전시킨다. 그런데 그것은 "소수 언어로부터 생겨나는 것이 아니다. 그것은 차라리 다수 언어 내에서 소수성을 구축하는 것을 의미한다"(Gilles Deleuze and Félix Guattari, *Franz Kafka: Toward a Minor Literature,* trans. Dana Polan, Minneapolis: University of Minnesota Press, 1986: 16). 들뢰즈와 가타리에게 '언어의 탈영토화'는 소수 문학을 규정하는데, 소수문학은 (다수) 언어 내에서 새로운 언어를 생성하는 것으로부터 출현한다. 그들이 말한 바에 따르면 이는 작가로 하여금 그 자신의 언어 속에서 '이방인이 되도록' 강제한다. 이러한 소수 문학은 일군의 노마드를 양산하면서 민족과 국가언어를 탈영토화 한다. "오늘날 얼마나 많은 이들이 자신의 것이 아닌 언어로 생활하고 있는가?(1986: 26) 또는 더 이상 혹은 아직도 (얼마나 많은 이들이) 그들 자신의 언어를 알고 있으며, 그들이 봉사하도록 강요받는 언어를 빈약하게 알고 있는가? 이것은 이민자 특히 그들 자녀의 문제이고, 소수자의 문제이며, 소수 문학의 문제인 동시에 우리 모두의 문제이다. 어떻게 하면 소수 문학을 자신의 언어로부터 떼어놓을 수 있을까? 어떻게 소수 문학으로 하여금 언어에 도전하게 만들고 있는 그대로의 혁명적 경로를 따르게 할 것인가? 어떻게 그 자신의 언어와의 관계에서 노마드, 이민자, 집시가 될 수 있는가?"(1986: 19).

자의 유사-일본어 속에서 다시 등장한다. 주체로서, 번역가로서 스와는 다른 이의 언어에서, 그 자신의 것이 아닌 언어 속에서, 타자와 또 다른 이들이 말하는 일본어 속에서 그 자신을 상실한다. 번역이 낳는 고통, 다시 말해 그 또는 그녀 자신의 언어로부터 주체가 소원화되는 것에 대해 드망은 다음과 같이 말한다.

> 의미의 부담이 없는 순수언어라는 허구 또는 가설에 의지하여 번역이 하는 일은 원어의 고통―벤야민이 '자기 고유의 산통'産痛, die Wehen des eigenen이라고 부른 것을 조명하면서―을 내비치는 것이다. 우리는 우리 고유의 언어를 사용할 때 편하다고 생각하고, 우리가 우리 자신의 것이라 칭하는 언어에서 아늑함, 친밀감, 피난처를 느끼며, 그 속에서 우리는 소외되지 않았다고 생각한다. 번역이 들춰내는 것은 이러한 소외가 우리 자신의 원어와 맺고 있는 우리의 관계에서 가장 강력하다는 것이다. 즉 우리가 그 속에 연루된 원어는 우리에게 특수한 소외, 특수한 고통을 부과하는 방식으로 탈구되어 있다(de Man, 1986: 84).

사람들이 언어, 그 자신의 언어에서 느끼는 고통은 근원적이다. 번역은 그 고통을 가시적인 것으로 만들고 그 자신에게 언어의 소외를 가시화한다. 사카이가 말한 것처럼, "번역 불가능성을 낳는 것은 번역이다." 번역 속에서 원어originary language 그리고 본연의 자신originary self의 번역 불가능성의 고통이 존재를 획득하고 탄생한다. 이 같은 고통은 번역 속에서 번역 불가능한 기원에서 '번역 불가능성의 재현'으로 전환된다. 벤야민, 데리다, 사카이 그리고 드망에 따르면 모든 번역들은 심원하게 탈구되어 있으며 강력하게 소외된 자아의 재현들이다. 시원적 언어이든 민족적 언어이든 어떠한 언어도 모든 이에게 적합할 수는 없다. 번역은 이러한 조건을 명확히 한다. 스와는 이를 이해하고 있다.

만약 히로시마의 번역될 수 없는 트라우마가 르네의 영화에서 느베르로 대체된다면(그 밖의 다른 가상적 지형으로 재가상되거나 전치된다면), 스와는 히로시마로 되돌아가기 위해 번역을 통해 느베르의 트라우마를 영화 그 자체, 즉 『히로시마 내 사랑』으로 대체한다. 스와의 히로시마가 지시하는 것은 히로시마의 현실태가 아니며 한 장소의 진정성 또는 그것이 명명하는 장소에서 일어나는 일들의 진정성이 아니다. 차라리 그것은 히로시마라는 이름을 취한 영화, 히로시마라는 이름의 장소를 취한 영화, 그리고 히로시마라는 이름의 장소를 명명하고 있는 영화다. 히로시마를 특정한 영화의 이름으로 추적하는 것을 통해 스와는 그 영화('그녀들의 것'이자 그의 것)를 무화시키고, 원작의 우회로(그것은 사실 언제나 단 한 번의 전환이었다)를 무화시킨다. 그리고 그는 마지막 장면에서 히로시마, 즉 원작에 대한 준거점으로 히로시마라고 명명된 것의 바로 그 내부, 돔 내부에 도착한다. 스와는 내부에서 외부로 뒤집어진 히로시마의 조망, 히로시마를 어딘가 다른 장소로 위치시키는 외부 조망으로 영화를 끝맺는다. 영화를 순백의 방사선에 노출시키고 또한 과다 노출시키는 섬광 속에서 말이다. 스와의 '히로시마'는 사실 르네와 뒤라스의 '히로시마'의 번역이다. 그것은 음운내적intraphonic 또는 동음이의적homophonic 번역을 표상한다.

『H 스토리』는 번역을 함축하는 타이틀과 함께, 히로시마(내 사랑)에서 삭제되었던 언어로의 회귀를 함축하는 타이틀과 함께 시작한다. 그것은 그 자체로 삭제의 언어다. 'H 스토리'는 글자 H로 히로시마가 축소되었음을 암

시한다. 그것은 또한 잃어버린 글자인 'I'를 가리키고 있다. 'I'는 두 단어를 하나의 단어로 봉하여 '역사'history로서* 그 타이틀을 완성시킬 수 있는 글자인 것이다. 잃어버린 주체 또는 '나(I)', 그것은 이야기story를 그의 이야기his story로, 그녀의 것에 반하는 것으로서 그의 것으로, 나-소설I-novel 또는 사소설ししょうせつ, 私小説로 만드는데, 이는 특정한 관점 또는 '눈'eye의 지점을 통해서 이루어진다. 잃어버린 '나(I, 아이)'는 또한 일본어에서는 잃어버린 'あい(愛) ai', 즉 '사랑'으로 들릴 수도 있다: '나(I)', 'ai', 즉 '사랑' 없는 역사(あいがない, hisutorî[사랑 없는 역사])인 것이다. 스와의 영어 타이틀과 잃어버린 글자의 모호성은 원작과 리메이크 영화 전체에 걸쳐 퍼져 있는 프랑스-일본어 번역에 더하여 영어와 일본어 사이의 번역을 암시한다. 'H 스토리'H Story는 또한 'H 이야기'The Story H로도 읽힐 수 있는데, 이는 폴린 레아주Pauline Réage의 1954년 성애소설 『O양 이야기(Histoire d'O, The Story of O)』에 대한 스와의 유희이다. 일본어에서 성적 도착 그리고 성행위를 의미하는 'H'는 일본에서 일상적으로 널리 사용되는 말이다. 그것은 유사-두문자어(へんたい, 変態를 뜻하는 H)인 동시에 자연화된 외국 단어 또는 '가이라이고'がいらいご, 外来語(로마자 'H')다. 동사 H오 수루(Hを する)는 'H'를 하다를 의미한다. 그리고 명사 H는 '변태'를 의미한다. 'H'는 아마도 번역 중에 있는 일본어 단어로서 번역 불가능한 단어일 것이다. 벤야민에 대한 독해에서 폴 드망은 번역 가능성과 번역 불가능성은 하나이고 동일한 것이

---

* H story 사이에 I가 들어가면 History, 즉 역사가 된다. 또한 이 문단에서, I-eye-ai(あい)는 발음이 동일한 단어로서 일종의 정신분석학적인 언어유희이다. (역자 주)

라고 말하는데, 그것은 H와 번역의 경제학, 그리고 그것의 번역을 낯선 친숙함uncanny으로 만든다.[12] 그리하여 『H 스토리』는 또한 섹스 또는 도착에 대한 이야기로도 읽힌다. 일본어 'H'는 기괴한 단어인데, 왜냐하면 그것은 하나의 사물(성적 교제)이자 그 반대(성적 도착)를 의미하기 때문이다. 그것은 명백하면서도 불투명한 용어로 기능하며 또 이름 짓는 대상을 과잉 노출하는 동시에 과소 노출한다. 'H'가 되는 것은 성적 정체성의 뒤엉킨 경제를 드러내는 동시에 덮어두는 일이다. 이 환유적 단어/글자의 이상한 동역학은 정상적·비정상적, 일상적·강박적인 섹슈얼리티를 표시한다(그 H는 원작에서 이미 작동 중이다: 『히로시마 내 사랑』의 일본어 타이틀은 『にじゅうよじかんのじょうじ(二十四時間の情事)』인데, 비뚤어졌음(도착적임)에도

---

12 벤야민의 『번역가의 책무』에 대한 드망의 세미나에서 그는 번역에 대한 이야기를 벤야민 자신의 텍스트의 오역에 연관시킨다. 드망은 벤야민의 에세이에 대한 데리다의 프랑스어 세미나를 상술한다. 그 세미나에서 데리다는 독일 원작에 대한 모리스 드 강디약Maurice de Gandillac의 프랑스어 번역본을 사용한다. 그 번역본은 '번역할 수 있는'schlechthin이라는 단어를 '번역할 수 없는'intraduisable으로 오역한 것을 포함했다. 드망은 강디약의 실수를 언급하면서 이야기를 이어간다. "이 특별한 경우에 무언가 추가된 소극笑劇은 이런 점이다. 자크 데리다는 파리에서 이 특별한 텍스트를 가지고 프랑스어를 사용하여 세미나를 하고 있었다-데리다의 독일어는 매우 훌륭하지만 그는 프랑스어를 사용하기를 선호하며, 그리고 프랑스에서 당신이 철학자일 때는 강디약을 다소 진지하게 다루어야 한다. 그래서 데리다는 'intraduisable', 번역불가능성에 대한 그의 독해 일부에 기반하여 논의를 진행하고 있었다. 그런데 그의 세미나에서 누군가가(내가 들은 얘기이다) 그에게 올바른 단어는 '번역할 수 있는'이라고 지적했다. 나는 데리다가 그것은 동일한 것이라고 설명할 수 있었으리라고 확신한다. … 무슨 말인고 하니, 하나의 적극적 의미에서 그것은 동일한 것이지만, 여전히 어떤 부가적인 설명 없이는 동일한 것이 아니다"(de Man, 1986: 80, 강조는 원문). 데리다는 이를 확인한다. 번역의 한계에 관한 저서 『바벨탑』(Des Tours de Babel)에서 데리다는 다음과 같이 말한다. "여기서 우리는-의심할 나위 없이 한없이 작은 지점에서- 번역의 한계를 감지할 수 있다. 여기서 순수한 번역가능성과 순수한 번역불가능은 서로를 보증한다. 그리고 이것이 진리다"(Derrida, 1985a: 190).

불구하고 완전히 틀렸다고 할 수는 없는 프랑스 타이틀에 대한 번역이다).

히로시마에서 스와 영화의 H로의 전환, 히로시마의 하나의 문자 또는 아마도 어떤 다른 기호(예를 들자면 수소hydrogen폭탄 또는 H폭탄)로의 모호한 축소는 젠더들 사이에서, 에로스와 성적 해후의 공간들 내에서, 문화와 언어 사이에서, 영화와 문학 사이에서, 영화와 언어 사이에서, 그리고 영화들과 영화제작자 사이에서 발생하는 일련의 전환들을 상징한다. 이 영화 내에서 프랑스로부터 일본으로의 이동과 그 이동이 기입되는 방식은 히로시마, 히로시마에 대한 재현, 그리고 히로시마와 재현 양자의 한계들 등에 관한 사유를 위한 수많은 가능성을 암시한다. 각각의 샷을 정확히 리메이크하려는 시도는 실패로 끝나고 마는데 이는 예정된 일이다. 자신의 실패한 영화에 대한 르네의 시점에서 말하자면, 그것은 아직 실패가 도래하지 않았음에도 실패가 예정된 시도라고 여겨질 수 있다. 리메이크에 실패했을 때—촬영은 와해되고 영화는 어느 순간 다큐멘터리가 되어 버리는데, 그 다큐멘터리는 역으로 르네의 출발점을 구성하는 실패를 재생산한다— 스와는 리메이크를, 르네와 뒤라스 영화의 반복과 번역을 완성한다. 만일 영화가 상상한 것처럼 성공했다면 그것은 무엇을 성취하려 했던 것일까? 아마도 그것은 보르헤스의 이야기에 등장하는 하나의 기획, 마치 피에르 메나르가 세르반테스의 『돈키호테』를 단어 하나하나 급진적으로 재서술하려고 한 것과 흡사할 것이다. 그것은 재기입도 해석도 아니고, 번역도 아닌, 원작 그 자체인 것이다.[13]

13　보르헤스는 피에르 메나르의 기획을 다음과 같이 묘사한다. "그는 또 다른 『돈키호테(Quixote)』가

우리는 『히로시마 내사랑』과 『H 스토리』 사이—재진술, 정정, 번역 그리고 변형—, 전이와 번역 사이, 번역의 부재와 번역된 번역 불가능성의 마비 상태 또는 사후 번역 가능성posttranslatability 사이에서 뒤집어진 에크프라시스ekphrasis(역자 주: 시각적 표상의 언어적 재현)의 효과를 느낄 수 있다. 시각적 재료를 언어로 묘사하는 것이 아니라 언어의 요소들로부터 가시성을 생산하는 것이다. 이미지 또는 상상하는 언어는 전이도 아니고 번역도 아니다. 그렇지만 사카이가 말한 것처럼 그것은 '번역의 재현'이다. 왜냐하면 데리다가 말한 것처럼, '번역'은 '이미지도 복사본도 아니기' 때문에 그것은 '재현적이지도' 않고 '재생산적이지도' 않다.[14] 번역들은 그들 자신도 아니다. 그러나 번역의 재현, 하나의 언어에서 다른 언어로의 위치 바꿈轉位의 재현은 표상, 언어의 이미지, 그리고 두 개 언어 사이에서 발생하는 아마도 규정하기 어렵고 환상에 불과한 순수언어의 이미지를 생산한다. 이러한 이미지는 또한 둘 또는 그 이상의 언어들 사이에서 발현되며 다른 언어 속의 한 언어의 재현이 아닌 한 언어에서 또 다른 언어로의 이동의 재현으로 등장한다.

아니라—이는 쉬운 것이다—『돈키호테』그 자체를 구성하고 싶었다. 말할 필요 없이 그는 결코 원작의 기계적 필사에 대해 고민하지 않았다. 그는 그것을 베끼려고도 하지 않았다. 그의 감탄할 만한 의도는 미구엘 드 세르반테스Miguel de Cervantes의 작품과 일치하는—단어 하나하나, 대사 하나하나— 단 몇 쪽을 쓰는 것이었다"(Borges, 1964: 39, 원문 강조). 스와가 계획한 리메이크도 적어도 그 출발은 『돈키호테』에 대한 메나르의 상상의 번역과 닮아 있다. 양자의 기획 모두는 그 자체로 돈키호테적이다. 메나르의 다시쓰기의 결과는 세르반테스의 또 다른 번역을 창출하는데 이는 벤야민이 상상했던 것과는 다른 것이다. "세르반테스의 텍스트와 메나르의 것은 말로는 동일하지만, 그러나 메나르의 것이 거의 무한대로 더 풍부하다. (그를 비방하는 사람들은 그것을 더 모호하다고 말할 수도 있겠으나 모호성은 풍부함이다)"(Borges, 1964: 42).

14 Derrida, 1985a: 180.

베아트리체 달의 반란, 즉 그녀가 뒤라스의 '그녀'의 번역 불가능한 대사를 그대로 되새김질하기를 거부한 이후 『H 스토리』는 스스로를 되풀이하며 자신에 반하여 변화하는데, 이제 그것은 실패한 픽션에 대한 다큐멘터리인 양 자신을 드러낸다. 다시 말해 『히로시마 내 사랑』이 자신의 다큐멘터리적 기원으로 회귀하는 것에 대한 영화로서 말이다. 영화는 영화를 종결지으려는 스와의 투쟁을 다룬 장면, 달의 상황에 대해 배우들과 인터뷰하는 장면, 그리고 궁극적으로 스와가 제작 중단을 결정하는 장면 등을 포함한다. 스와의 영화에 대한 한 의미심장한 특별편집본feature은 히로시마 원폭투하 직후에 대한 컬러 다큐필름documentary footage을 포함하고 있다. 미국과 일본 영화촬영기사들이 8월 6일에 뒤이은 나날을 촬영한 16미리 컬러 필름이 존재한다. 영화에 포함된 이 필름들을 통해 우리는 르네와 뒤라스 영화의 흑백의 시간적 교차편집anachrony에 주목하게 된다. 1945년부터의 영화장면은 컬러인 반면 1959년부터는 흑백으로 나오는데,[15] 이는 마치 시간이 역전되거나 두 영화, 즉 최근의 과거보다 더 먼 최근의 과거 사이에서 시간 자신의 매듭을 풀어버리는 것처럼 보인다. 영화의 끝을 향해 가면서 달과 마치다 코우는 지붕이 딸린 쇼핑 골목으로 돌아간다. 이들은 영화 세트와 스와의 실패한 리메이크로부터 달아난 상태다. 이들이 돌아간 쇼핑 골목은 『히로시마 내 사랑』이 종결부로 향해 갈 때 오카다와 리바가 있었던 곳과 동일한 골목이다. 원작에 나타난 그들 대화의 강도는 『H 스토리』에서는 달과 마치

---

15 1950년대 중반 이후부터 미국에서는 컬러필름이 광범위하게 사용되었다. 컬러필름은 전 세계에서 이용 가능하였지만, 재정적·미학적 이유로 인해 컬러영화가 다른 곳, 예를 들어 유럽과 아시아 등지에서 표준이 되는 1960년대까지 몇 년의 시간이 더 필요했다.

다 사이의 완전한 소통 불능에 대한 유사-희극적 힘에 의해 대체된다. 만일 원작에서 오카다와 리바가 자신들의 결합 불가능성으로 인해 고통받고 있었다면 달과 마치다는 다소 뒤로 물러난 것처럼 보인다. 심지어 이들은 리메이크 작품에서 기본적인 의사소통의 불가능성에 대해서도 마음 편히 있는 것처럼 보인다.

『히로시마 내 사랑』에서 '그'와 '그녀'가 말하는 유사-프랑스어 혹은 보편적인 프랑스 관용어인 가상 프랑스어는 『H 스토리』에서는 일관성 없는 일련의 독백으로 분해된다. 이 독백들은 때때로 달과 마치다 사이에서 말해지기도 하고 다른 이들에게 다시 언급되기도 하며 그리고 또 다른 때에는 완전히 잘못 발화되기도 했다. 원작에서의 탈구는 리메이크작에서 절대적인 의사소통 불가능성이라는 결과를 만들었다. 쇼핑 골목에서 마치다는 배회하는 개에게 말한다, "나는 너를 결코 다시 못 볼 것 같구나." 달은 그곳에 있지만 달은 이것을 이해할 수 없다. 그리고 개에게 건넨 마치다의 말은 관객에게 원작의 대사에 대한 유사-번역처럼 다가온다. 굴절된 대사와 마찬가지로 그것은 실패한 정념을 통해 하나의 우회로에 다가가는데, 이 우회로는 가상의 언어와 그것들의 번역에 대한 질문을 인간 세계의 바로 그 한계 끝으로 가져간다. 개에게 건넨 마치다의 말, 그것은 원작의 '그'와 '그녀' 사이의 대사에 대한 유사-번역인데, 이는 언어의 본질적인 비인간성inhumanity에 대한 드망의 지적을 강조한다. 드망에 따르면 "언어에 비-인간적non-human 측면이 있다는 사실은 영원히 반복되는 인식인데, 우리는 그로부터 벗어날 수 없다. 왜냐하면 언어는 근본적으로 우리의 통제를 벗어나기에 결코 인간적인 것으로 동화될 수 없는 일들을 수행하기 때문이다"(de Man, 1986:

101). 번역 과정에서 분명하게 드러나는 언어의 준거점은 모든 인간생활을 둘러싸는 비인간적nonhuman 공간이다. 번역은 항상 그곳에 존재하고 있는 이러한 비인간적nonhuman 혹은 몰인간적inhuman 존재의 숨겨진 차원을 드러낸다. 그 장면은 카메라의 시선이 계속 개에게 머물고 있는 상황에서 마치다와 달이 카메라 쪽으로 걸어왔다가 프레임 밖으로 사라지는 것으로 끝난다. 여기서 개는 스와 리메이크의 비인간적 요소이자 실패한 번역가다.

드망이 시사한 것처럼, 만일 언어가 재현의 비인간적 영역에서 기원한다면, 그렇다면 시원적 번역, 즉 최초의 원시적 번역은 한 언어에서 다른 언어로의 이동이 아니고 더욱이 신성언어scared language에서 세속언어vernacular로의 이동도 아니며 차라리 언어 그 자체로의 진입, 즉 비언어에서 언어로, 비인간적 언어에서 인간적 언어로의 진입이다. 최초의 번역은 근본적 단독성 또는 고독, 즉 완전한 소외로부터 반복과 언어로의 이행을 특징으로 한다. 개별자가 존재를 획득하는 것은 오직 언어로의 진입, 번역 가능성으로의 진입과 고유성으로서 고유명사의 상실이라는 사태 이후에만 사후적으로 가능하다. 번역에 대한 벤야민의 에세이에서 드망이 주목하는 고통은 이러한 시원적 번역의 흔적, 언어와 인간 조건으로의 이동이다. 『공기인형』의 노조미는 이것을 완전히 이해하고 있다. 그녀는 그것을 육화한다. 그리고 『비몽』의 진과 란은 영혼에서 신체로, 무의식에서 의식으로, 일본어에서 한국어로 이 같은 정념적·텔레파시적 번역을 수행한다. 특히 비가시적이고 비밀스러운 번역의 형태를 띠는 일본어에서 한국어로의 번역은 민족적 언어들을 더 이상 어느 곳에도 존재하지 않는 언어들의 흔적에 기반해서 주조된 근본적으로 가상적인 언어들로 대체하면서 민족적 언어들의 상호작용을 지워낸다. 여기저기에서 민족적 언어들과 영화들은 그것들이 생산하는 민족주의적 상상력nationalist imaginations과 더불어 가상적·가상민족적imaginational·가상민족주의적 환영들imainationalist fantasies로 번역될 운명이다.

참고 문헌

Anderson, Benedict. 1983. *Imagined Communities: Reflections on the Origin and Spread of Nationalism*. London: Verso.

Barthes, Roland. 1982 [1970]. *The Empire of Signs*. Trans. Richard Howard. New York: Hill and Wang.

Bass, Alan. 1985. "On the History of a Mistranslation and the Psychoanalytic Movement." In *Difference in Translation,* ed. and trans. Joseph F. Graham, 102 – 141. Ithaca, NY: Cornell University Press.

Benjamin, Walter. 1968. "The Task of the Translator." In Illuminations: *Essays and Reflections*, ed. Hannah Arendt, trans. Harry Zohn, 69 – 82. New York: Schocken.

Borges, Jorge Luis. 1964. "Pierre Menard, Author of the Quixote." In *Labyrinths: Selected Stories and Other Writings*, trans. James E. Irby, 36 – 44. New York: New Directions.

Choe, Youngmin. 2010. Panel discussion. "Contemporary Japanese Cinema: Outside, Elsewhere, In the World …" University of Southern California, Los Angeles, CA, 20 February.

de Man, Paul. 1986. "'Conclusions': Walter Benjamin's 'The Task of the Translator.'" In *The Resistance to Theory,* 73 – 105. Minneapolis: University of Minnesota Press.

Deleuze, Gilles, and Felix Guattari. 1986. Franz Kafka: *Toward a Minor Literature*. Trans. Dana Polan. Minneapolis: University of Minnesota Press.

Derrida, Jacques. 1985a. "Des Tours de Babel." In *Difference in Translation*, ed. Joseph F. Graham, 165 – 248. Ithaca, NY: Cornell University Press.

_____. 1985b. "Roundtable on Autobiography." In *The Ear of the Other: Otobiography, Transference*, Translation, ed. Christie V. McDonald, trans. Peggy Kamuf, 39 – 90. New York: Schocken.

Derrida, Jacques, and Bernard Stiegler. 2002. *Echographies of Television*. Trans Jennifer Bajorek. Cambridge, UK: Polity.

Réage, Pauline. 1954. *Histoire d'O* (The Story of O). Paris: Chez Jean–Jacques Pauvert.

Sakai, Naoki. 1997. T*ranslation and Subjectivity: On "Japan" and Cultural Nationalism*. Minneapolis: University of Minnesota Press.

Trinh, T. Minh-ha, with Scott McDonald. 1992. "Film as Translation: A Net with No Fisherman." In *Framer Framed*, 111 – 136. New York: Routledge.

08

군사화된 피난소:
미국을 향한 베트남인의 탈출에 대한 비판적 재독해

옌 레 에스피리투Yến Lê Espiritu

1975년 봄 북베트남군이 사이공을 포위함에 따라 미국의 항공모함은 약 125,000명의 베트남 시민들을 도시 밖으로 공수했다. 이러한 공수과정에서 가장 많이 이용되었던 경로는 베트남에서 필리핀 클라크 공군기지Clark Air Force Base(AFB)와 괌의 앤더슨 공군기지Anderse AFB를 거쳐 캘리포니아의 미 해병 1사단 캠프 펜들턴Marine Corps Base Camp Pendleton에 이르는 것이었다. 이 경로는 전체 이동 경로 중 대략 41%를 차지했다(Liu et al., 1979: 80). 그 외 이동 경로 중 약 19%는 베트남에서 괌을 거쳐 캠프 펜들턴에 도착하는 경로였으며, 나머지 32%는 필리핀, 괌, 그리고 웨이크섬Wake Island을 거쳐 캠프 펜들턴에 도달하는 경로였다. 비록 이러한 난민의 피난 과정이 언론과 학자들에 의해 포괄적으로 다루어졌지만, 피난 경로의 식민적·군사적 특성을 분석한 연구는 매우 드물다. 미 국방부가 수송을 조율하고 합동참모본

부와 태평양 사령부가 대피에 필요한 군사작전을 총괄하는 가운데 베트남인들은 미군기를 타고 사이공에서 공수된 뒤 필리핀, 괌, 태국, 웨이크섬 및 하와이의 미군기지뿐만 아니라 캘리포니아의 캠프 펜들턴, 아칸소의 포트 채피Fort Chaffee, 플로리다의 에글린 공군기지Eglin AFB, 그리고 펜실베이니아의 포트 인디안타운 갭Fort Indiantown Gap 등 미국 전역의 또 다른 군사기지로 인도되었다. 베트남인의 미국 피난 과정을 군사화적 맥락에서 파악한 연구가 거의 드물다는 사실은 미국의 '구조와 해방' 신화가 피난의 군사화적 본질을 은폐하는 강력한 힘으로 작용했다는 것을 잘 보여준다.

본 장은 미국의 난민 정착 노력의 군사화된 성격을 드러냄으로써 '역사상 최대 규모의 인도주의적 공수'(Jolly, 2010)로 불리어온 '구조와 해방' 서사에 도전하고자 한다. 1975년 4월 미국이 과거 및 현재의 식민영토였던 필리핀과 괌에 각각 군대를 계속 주둔시키고 있었기에 이들 섬을 난민 수용시설로 신속하게 전환할 수 있었다. 본 연구는 아시아 태평양 지역으로의 미국의 식민적·군사적 팽창 전통에 의해 야기된 환태평양 강제이주 과정에 대한 담론적·물질적 지도를 제작할 수 있는 비판적 시각을 바탕으로 베트남에서 필리핀, 괌, 그리고 캘리포니아에 이르기까지 군용기를 통해 가장 많이 이용되었던 난민의 이동 경로를 추적한다. 이러한 맥락에서 나는 상호 연관된 두 가지의 주장을 전개한다. 첫 번째 주장은 군사식민주의에 관한 것으로서 미국에 대한 이 지역의 (신)식민적 의존이 필리핀과 괌을 미국 구조 프로젝트의 '이상적' 수용센터로 전환시켰다는 것이다. 두 번째 주장은 '난민'refugees과 '피난소'refuge라는 개념의 상호 구성적 성격을 강조하는 군사화된 피난소에 관한 것인데, 그것은 각각의 두 개념이 어떻게 미국의 군사주의로부터 파생되었으며 동시에 이를 강화하는지를 보여줄 것이다.

환태평양 강제이주와 비판적 난민연구

미국 학계는 베트남 전쟁과 베트남 난민을 상호 독자적인 영역으로 분리시켜 연구해 오고 있다. 이러한 탈동조화decoupling는 미국 정부, 군부 및 기업이 베트남인들의 탈출 과정에서 보인 공격적인 역할을 희석시킨다. 또한 그것은 베트남인들의 탈출의 특수성을 자발적 이주와 종족적 동화라는 전통적인 이야기로 축소시킨다. 대부분의 난민연구는 난민의 성공적 적응을 경제적 자급자족의 달성으로 정의하면서 난민의 적응에 초점을 맞추고 있다(Espiritu, 2006: 341). 이처럼 난민들의 필요와 성취에 대한 과대집중 양상은 세계의 역사적 조건과 환경보다는 난민들의 몸과 마음속으로 문제를 전위시켰다. 적어도 제2차 세계대전 이후 미국으로의 환태평양 강제 이주/이동은 "전쟁뿐만 아니라 미국과 타 국가 간 경제적·식민적·정치적·군사적·이념적 관계의 산물이었다"(Ngai, 2005: 10). 실제로, 미국 내에 가장 많은 수의 난민 출신지인 엘살바도르, 쿠바, 과테말라, 베트남, 라오스, 캄보디아 및 소말리아 등의 모든 민족국가는 미국의 대항봉기 전략, 반공反共 봉기, 대테러 대응 및 평화유지 작전으로 인한 심각한 혼란을 겪고 있었다. 그럼에도 불구하고, 미국의 학계, 대중매체, 그리고 출간된 자서전과 회고록 등에서 베트남인의 미국 피난은 여전히 정치적 박해와 경제적 위기, 그리고 '공산주의'로부터 탈출을 시도한 절박한 개인적 문제로 묘사되고 있는데, 이는 베트남인의 탈출과정에서 드러난 미국 정부, 군부 및 기업의 공격적 역할을 전적으로 간과하는 것이다. '강제이주의 특수성과 미국/베트남 전쟁의 유산에 대한 미국의 이 같은 상상계의 고의적 망각'(Palumbo-Liu, 1999: 235)은 미국인들이 자기 자신을 군사적 침략자에서 관대한 구조자로 재형성할 수 있도록 했다.

나는 다른 논의의 장에서도 성공한 반공주의자로 구성된 '좋은 난민'에 대한 서사가 미국이 베트남 전쟁을 '좋은 전쟁'으로 만들 수 있도록 하는 데 핵심적인 요소라고 주장해 왔다. 즉 인적 피해 및 비용과 관계없이 전쟁은 궁극적으로 필요했고 도덕적이었으며 성공적이었다는 것이 좋은 전쟁의 서사를 구성하는 근간이라는 것이다(Espiritu, 2006: 340). 그러나 좋은 전쟁에 대한 서사는 좋은 난민뿐만 아니라 '좋은 피난소'를 필요로 한다. '좋은 피난소'의 서사는 1975년 4월에 시작되었다. 당시에 미국 언론은 미국의 패배를 의미하는 사이공 함락을 격찬하고 선정적으로 묘사하면서 두려움과 걱정으로 제정신이 아닌 베트남인들을 사이공에서 대피시켜 여러 군사기지에 정착시키려는 미국의 마지막 노력을 영웅적 위업으로 전환시켰다. 내가 아래에서 주장할 것처럼, '좋은 피난소' 서사는 아시아에 있는 다양한 난민 수용소에서 포탄에 맞은 베트남인들을 보살피는 미국인이라는 이미지를 통해 공고화되었다.

연구자들은 난민을 강제 이동이라는 트라우마뿐만 아니라 수용소 생활이 초래한 지루함, 불확실성, 절망, 무기력함 등으로 고통을 받는 수동적인 동정의 대상으로 반복적으로 묘사했고, 이에 따라 베트남 난민에 관한 초기 연구는 난민 수용소에 관한 것이 주를 이루었다(Harding and Looney, 1977; Chan and Loveridge, 1987). 비록 악의는 없었겠지만, 난민들의 취약한 사회심리적 · 감정적 상태에 천착한 이러한 위기 모델은 베트남인들이 "수동적이고, 오도 가도 못 하며, 연민의 정을 자아낸다"고 담론화한다(Dubois, 1993: 5). 난민들의 이동을 특징짓는 선전문구인 '무인 지대', '외딴곳', '외딴곳으로의 이행', '공백 상태'와 같은 표현들은 난민들의 학습된 무기력과 사기가 떨어진 정신상태를 더더욱 강조하고 있다. 난민들의 트라우마적인 탈출과 난민 수용소에서의 장기 체류를 설명하는 유명한 구술사 연구물들은 난민들이 '그들만의 방식으로' 표현하도록 돕는다는 명분으로 만들어졌으며, 난민을 미국의 상상 속에 유일한 피해자로 한층 더 깊이 재각인시켰다(Freeman, 1989: 10, 291–352).

중요한 것은 난민 수용소에 관한 연구가 종종 베트남 난민을 소극적인 동정의 대상으로 구성하는 것과 쌍을 이루면서 서방이 "보살피고, 조언하며, 개입하는 적극적 역할을 맡아 달라"고 호소하고 있다는 점이다. 그러한 것의 전형적인 예는 다음과 같다:

> 홍콩에 있는 수천 명의 인도차이나 난민의 경유 수용소뿐만 아니라 동남아의 첫 번째 주요 망명 국가의 고통의 강도를 완화해야 하는 서방세계의 즉각적인 도덕적 책임은 아무리 강조해도 지나치지 않다. 서방 국가들에서의 더 이상의 지연은 분명히 이들이 피난 도중에 '출구의 부재'로 타락하는 것을 경험케 할 것이다(Chan and Loveridge, 1987: 757).

이러한 작전 개시에 대한 요구는 난민들을 '출구가 없는' 삭막한 삶에서 무한한 가능성을 펼칠 수 있는 삶으로 신속하게 인도할 것을 약속하는 구원자로 자처하는 미국의 역할을 뒷받침해 준다. 이는 그러한 관대함을 수동적으로 수용하는 베트남인들을 인종화 · 여성화시킬 뿐만 아니라 난민 '위기'를 만들고 유지하는 데 미국이 어떤 역할을 했는지에 대한 비판적 검토 또한 배제시킨다. 전반적으로 볼 때, 미국이 베트남에서의 난민 위기 해결에 역할을 했다는 주장이 제기됨에 따라 미국은 베트남의 폭력적인 침략자에서 자비로운 구원자로 탈바꿈할 수 있게 되었으며, 이는 베트남에서의 패배에도 불구하고 미국이 아시아 태평양 지역의 강력하고 도덕적인 지도자로서의 위상을 회복하는 데 이바지하였다.

군사 식민주의: 섬에 대하여

앞서 언급한 바와 같이, 1975년에 미국을 향한 베트남인의 1차 탈출 행렬의 약 92%가 중요한 미군 기지를 보유하고 있었던 필리핀, 괌 또는 웨이크섬을 경유했다(Liu et al., 1979: 80). 이러한 경로는 단순한 우연이 아니다. 그것은 이들 섬에서 과거의 식민적 층화와 지속되는 군사화 관행을 반영하고 드러내는 '군사화된 조직 논리'(Shigematsu and Camacho, 2010: xvii)를 수반하였다. 1898년 미국-스페인 전쟁 이후 미국은 카리브해의 쿠바와 푸에르토리코, 태평양의 괌, 아메리칸 사모아, 웨이크섬, 하와이, 필리핀 등의 섬을 식민지화하여 미국의 경제적 · 군사적 이익을 증진하기 위한 전략적 장소로 변모시켰다. 이 섬들 전체에 걸쳐 미국은 석탄기지, 통신라인 및 해군 기지를 설립했고 그 과정에서 현지 인구, 경제 및 생태에 큰 피해를 입혔다(Shigematsu and Camacho, 2010: xvii). 로버트 하커비Robert Harkavy는 식민주의와 군사화 사이의 연관성을 강조하며, 19세기부터 제2차 세계대전 이후까지 전 세계 대부분의 해외 기지는 '식민지 통제에 의해 자동적으로 제공되었고 제국 지배의 중요한 측면이자 목적'이었다고 밝힌다(Harkavy, 1982: 17).

필리핀: 미국의 '첫 번째 베트남'

1898년 미국은 스페인-미국 전쟁 이후 원주민의 반대와 봉기를 잔혹하게 물리치고 필리핀을 점령하면서 자신의 '명백한 운명'Manifest Destiny을 태평양으로 확장했다. 루스비민다 프란시스코Luzviminda Francisco는 필리핀에서의 미국의 전쟁을 베트남에서의 전쟁과 연계시키며, 베트남에서 미국의 폭력적 전쟁이 미국 외교정책으로부터의 '일탈'이라는 주장에 이의를 제기하기 위해 필리핀에 대한 미국의 제국적 침략을 '최초의 베트남'이라고 일컫는다(Francisco, 1973: 2). 미국이 필리핀에 첫 군사기지를 세운 것은 필리핀-미국 전쟁(1899-1902년) 때였는데, 그 결과 약 백만 명의 필리핀인들이 죽었고, 민족주의 세력의 폭력적인 파괴와 미국의 필리핀 영토 합병이 일어났다. 그 결과 20세기에 걸쳐 필리핀은 마지못해 미국의 가장 큰 해외 공군 및 해군 기지 중 일부를 유치하게 되었다. 이에 따라 필리핀은 태평양 연안에서 미국의 전력 투사 능력의 핵심적 역할을 담당하며 중국과 아시아 본토로 가는 디딤돌 역할을 해왔다(Kimlick, 1990).

미국의 필리핀 식민지 점령의 직접적인 결과로 설립된 클라크 공군기지는 애초에 1947년 공군이 창설될 때까지는 미 육군기지인 포트 스토센버그Fort Stotsenberg였다. 1903년부터 1979년까지, 클라크 공군기지는 '태평양 지역에 안보와 감시의 우산'을 제공하며 '미국의 가상적 영토'[1]로 남아 있었다. 1946년 필리핀의 공식 독립 이후 1년 뒤에 체결된 군사기지협정 Military Base Agreement은 필리핀 전략 지역에 23개의 공군 및 해군 기지를 공식화했는데 그중 가장 중요한 것은 클라크 공군기지와 수빅 해군기지Subic Naval Base였다(Padlan, 2005). 1947년에 군사기지협정이 체결되었지만, 이 협정의 예비적 조건은 이미 제2차 세계대전 이전에 마련되어 있었고 그 결과 협정은 사실상 두 주권 국가가 아니라 미국과 식민지 간의 협정의 성격을 띠었다. 볼테르 가르시아 2세Voltaire Garcia II는 이 군사기지협정을 미국과 다른 나라 사이의 유사한 전후 군사 협정들과 비교하면서 "필리핀 조약이 가장 부담스럽다"고 언급했고 이러한 조약은 "군사기지들을 미국의 가상적 영토로 만들었다"라고 결론 내렸다. 1951년 미국과 필리핀은 양국이 태평양 지역의 외부 무력공격에 대비해 공동방어를 의무화하는 상호방위조약Mutual Defense Treaty을 체결해 필리핀에 대한 미군의 통제권을 더욱 공고히 했다(Padlan, 2005). 상호방위조약은 알려진 바와 같이 양국의 이익을 위한 군사협력이었지만, '젠더화·인종화된 백인남성으로서 미국이 여성화된 갈인褐人으로서 태평양'을 보호하는 사실상의 식민지 프로젝트였다(Gonzalez, 2010: 67).

클라크 공군기지는 냉전 시기에 걸쳐 미국의 주요 군사기지 중 하나로 성장했다. 최대 만 오천 명의 주둔 인구가 거주했는데, 이는 미국의 해외 기지

---

1   1978년 양국 정부는 1970년대 초부터 계속되어 온 협상에 따라 구舊 미군기지에 대한 필리핀의 주권을 확립하기로 합의하였다. 이에 1979년 1월 7일 개정된 군사기지협정에 의거하여 필리핀 클라크 공군기지사령부Clark Air Base Command of the Philippines가 창설되었다.

중 최대 규모였다(Vasquez, 2001). 1979년 미군 주둔에 반대하는 필리핀 지식인과 민족주의자로부터 압박을 받은 필리핀과 미국은 필리핀의 기지에 대한 주권을 확립하면서도 여전히 미국이 기지를 '방해받지 않고' 군사적으로 사용할 수 있도록 보장하는 새로운 군사기지협정에 서명했다. 1991년 필리핀 상원에서 국민 주권을 위한 투표를 시행한 이후에야 미 공군은 미군이 처음 필리핀에 상륙한 지 90여 년 만에 클라크 공군기지를 필리핀 정부로 이양했다.

괌: '미국의 날이 시작되는 곳'

제2차 세계대전 이후 태평양에서는 식민주의와 군사주의가 융합되었다. 미크로네시아의 탈식민화 운동을 고의적으로 중단시킨 미군 지도자들은 이 지역의 섬들을 공산주의 봉쇄의 일환으로 아시아 연합국에 미군의 배치를 지원하는 태평양 '기지 네트워크'로 탈바꿈시켰다(Rogers, 1995: 206). 태평양 패권을 장악한 군 수뇌부는 미크로네시아의 주요 섬인 괌과 콰잘레인 환초에 영구적인 시설을 건설했다. 하와이와 필리핀 사이에 흩어져 있는 2천여 개 섬 가운데 가장 큰 섬인 괌은 전쟁 전에 적대적인 일본 열도에 둘러싸인 외로운 미국의 전초기지였으나, 이후 미국이 지배하는 서태평양을 아우르는 거대한 호수의 중심지로 거듭났다. 이로 인해 괌은 태평양 내에서 하와이 다음으로 중요한 지정학적 역할을 담당해 왔다(Rogers, 1995: 207). 1956년 괌 북단에 위치한 2만 에이커의 면적을 보유했던 앤더슨 공군기지는 중-소 블록을 에워싼 38개 해외 기지 중 하나인 태평양 전략공군사령부의 주요 기지가 되었다.

곰의 군사화는 빠르고 광범위했다. 니미츠 제독Admiral Nimitz은 1945년 8월 11일 괌을 '태평양의 지브롤터'로 전환시키려면 괌의 전체 면적의 55%인 75,000에이커가 필요하다고 미 해군참모총장에게 전언했다(Rogers, 1995: 215). 그로부터 약 1년 뒤 괌의 영구 군사시설에 필요한 사유지를 미 해군본부가 취득할 수 있도록 하는 토지취득법이 통과되었다(Rogers, 1995: 214). 1950년대 초까지 연방정부는 섬의 약 60%를 통제했다. 오늘날 미군은 괌 전체 면적의 3분의 1에 해당하는 약 39,000에이커를 관할하고 있다(Bevacqua, 2010: 34). 13,000여 명에 달하는 미군 병력과 그 가족은 현재 괌 인구의 거의 9%를 차지하고 있다(Broyhill, 2003).

군사화된 *피난소*: 난민 위기의 해결

필리핀과 괌—태평양의 경유지

본 절에서는 필리핀과 괌의 식민 역사를 베트남 전쟁의 역사에 접목하여, 지속적이며 잔존하는 식민적 종속의 영향이 어떻게 '진행 중인 형태의 군사화의 가능성의 조건들을 구성'하는지를 조망한다(Shigematsu and Camacho, 2010: xv). 내가 '군사화된 피난소'라고 부르는 것의 핵심이 바로 여기에 있다. 그것은 대규모 난민 구조 작전을 처리하기 위해 그곳에 유일하게 미군 기지가 갖추어지게 된 것은 바로 태평양에서의 엄청난 군사력 확장에 기인한다는 점이다. 펠릭스 무스와 모리슨(Felix Moos and C. S. Morrison, 2005: 34)은 태평양에서의 군사 기반시설을 사용하기로 한 미국의 결정을 '필연적인' 것이라고 설명한다. "즉각적인 실행이 요구되는 이 정도 규모의 작전을 통해 가능한 모든 대안을 제거할 수 있었다"(Moos and Morrison, 2005: 34). 요컨대, 미국의 난민 대피 노력은 1975년 베트남에서 발생한 비상사태에 대한 갑작스러운 대응이 아니라 1898년까지 거슬러 올라가는 베트남, 필리핀, 괌을 잇는 오랜 군사화된 역사의 일부였다는 것이다.

미국이 클라크 공군기지를 난민 대기 거점지로 지정한 것은 겉보기에 인도주의적인 제스처로 보이지만, 실상 미국의 식민 지배 및 필리핀의 군사화와 밀접한 관련이 있으며, 그것의 직접적 결과인 것이다. 클라크 공군기지의 우수성과 사이공과의 지리적 근접성으로 인해 미국 정부는 즉각 이곳을 첫 번째 난민 '대기 구역'으로 지정했으며, 베트남인들은 이곳에서 임시로 머물며 미국 본토로 수송되기 전에 필요한 각종 검역 및 서류작업을 완료할 수 있었다(Moos and Morrison, 2005: 33). 1975년 봄에 C-141과 C-130 같은 군용기는 1,500명 이상의 고아를 포함하여 30,000명 이상의 난민을 클라크 공군기지를 거쳐 미국 본토로 수송했다(Vasquez, 2001; Tobin et al., 1978). 4월과 5월에 난민의 수가 정점에 도달하였을 때 클라크 공군기지의 뱀부 보울Bamboo Bowl 스포츠 경기장에 인접한 '텐트 도시'에는 한 번에 2,000명 이상의 난민이 수용되기도 했다(Vasquez, 2001). 그러나 필리핀 내 난민의 유입이 급증하자 4월 23일 페르디난드 마르코스 대통령은 미국 대사에게 필리핀은 베트남 난민을 더 이상 받아들이지 않을 것이라고 통보하면서 "실용적인 목적을 위해 난민 대기 기지를 봉쇄한다"고 밝혔다(Moos and Morrison, 2005: 33). 이에 대한 대응으로 바로 같은 날 미국 정부는 난민 대기 구역을 필리핀에서 괌으로 옮기고, 괌에 있는 현지 태평양사령부 대표와 마리아나 해군 사령관에게 남베트남에서 대피하는 난민의 수용과 피난처 및 각종 처리를 위한 준비태세를 갖추도록 명령했다(Tobin, 1975).

미국이 클라크 공군기지를 난민수용구역으로 지정하기로 신속히 결정한 것과 필리핀이 더 이상 난민을 수용하지 않겠다고 밝힌 신속한 거절은 군사 기지협정의 애매한 본질을 반영하고 있다. 즉, 미국은 기지를 통제하고 있었던 반면, 필리핀은 그에 대한 주권을 보유하고 있었던 것이다. 반면 괌의 경우에는 그러한 모호함이 없었다. 1950년 미 의회가 괌을 미국의 영토로 규정하며 내무부의 관할 아래 두게 한 괌 기본법Organic Act을 통과시킨 이후 연방정부는 괌에 대한 전권을 가지고 있었다(Bevacqua, 2010: 34). 괌은 미군이 영토의 3분의 1을 장악한 섬으로서, 특히 괌의 공군 및 해군 기지는 피난민 처리를 위해 '적절한' 수송 캠프로 변모했다.

괌은 국토 면적이 약 200평방 마일에 달하고 현지의 자원이 빈약해서 대규모 난민 작전을 위한 이상적 장소가 아니었다. 괌이 태평양의 주요 난민 대기 거점으로 거듭난 것은 미국의 인도주의보다는 괌의 군사화와 더 많이 관련되어 있다. 태평양 합참의 현지 사령관이 지휘한 '새로운 삶' 작전Operation New Life은 괌의 모든 군부대는 물론이고 인근 태평양 및 본토 기지의 자원과 인력을 필요로 했던 대규모 작전이었다(Moos and Morrison, 2005: 34). 괌 난민작전에 직접 참여한 인원은 방문한 군함과 전투기에 탑승하는 군인을 포함해서 모두 2만 명에 이르렀다. 괌에서 가장 크고 가장 많은 자원을 가진 기관이었던 군사기지는 난민 보호소로서 그 수가 두 배로 증가하였다. 처음에는 난민들이 앤더슨 공군기지의 임시 막사, 아가나 해군항공기지Naval Air Station Agana, 그리고 아산 포인트Asan Point의 미 해병대 캠프에 수용되었다가 5만 명이 머무를 수 있는 급조되었지만 거대했던 '텐트 도시'에 수용되었다(Tobin, 1975: 38).

괌 태평양 사령부 대표들은 난민 유입 초기 괌의 군사시설과 민간임대시설을 모두 사용하더라도 단기간 최대 13,000명을 수용할 수 있을 것으로 추산했다(Tobin, 1975: 33). 하지만 괌을 거쳐 간 난민은 모두 115,000여 명으로서 당시 괌의 민간인 인구수를 적어도 25,000명 이상 초과했다(GlobalSecurity.org, 2011c). 유입이 최고조에 달했을 때에는 하루에 앤더슨 공군기지를 거쳐 공수된 피난민의 수가 3,700명에 이르렀다(Knickrehm, 2010). 순수한 난민의 수만으로도 괌의 한정된 자원을 압도했다. 현지 주민들은 석호潟湖와 해변으로의 접근이 제한되었고, 물은 배급되었으며, 군용 차량이 혼잡한 도로를 점유하기 시작하며 여행 또한 제약을 받게 되었다. 181대의 통학버스가 각종 항공 및 선박 터미널에서 임시 군용 주택과 야영지로 난민들을 이송하는 데 사용되었기 때문에 아이들은 학교에 갈 수 없었다. 모기와 하수로 인한 질병이 확산되면서 괌 주민들의 전반적인 보건 상태도 악화되었다(Mackie, 1998: 57).

생각보다 많은 난민이 유입되었을 뿐만 아니라 그들이 예상보다 오래 머물렀기 때문에 괌의 실제 난민 수는 허용한도를 넘어섰다. 4월 23일에 시작된 새로운 삶 작전은 1975년 10월 16일에야 공식적으로 종결되었고 1976년 1월 15일에야 마지막 피난민이 괌을 떠났다. 난민들은 괌에서 계속 머물러서는 안 되었으며, 거의 즉시 관련 절차를 마무리하여 미국 본토로 이송되어야만 했다. 하지만 미국의 몇몇 주들은 당시 난민 수용을 거부하거나 입국 날짜를 연기했는데, 이는 부분적으로 수용계획 및 적절한 시설의 부족에 기인하기도 했지만, 난민 유입에 대한 공중의 부정적 반응과 주 당국자들의 강력한 반발 때문이기도 했다. 괌은 이류 시민권 지위를 가진 '미국의 비법인非法人영토'로서 난민들이 다른 곳에서 '적절하게' 수용될 때까지 난민들을 계속 받아들이는 것 외에는 선택의 여지가 거의 없었다(Moos and Morrison, 2005: 34). 괌이 이처럼 많은 난민을 수용해야 했던 것은 괌에서의 미군 식민주의와 동남아시아에서 미국의 전쟁 사이의 뒤얽힌 역사를 말해 준다. 즉 괌을 베트남에서 미국의 전쟁의 폐기물로서 원치 않는 베트남 난민을 유기할 수 있는 '이상적인' 장소로 변형시킨 것은 바로 식민화된 섬들의 군사화였던 것이다.

캘리포니아의 캠프 펜들턴—난민의 '첫 번째 미국 내 거처'

많은 베트남 난민들이 괌에서 태평양의 반대편에 위치한 남부 캘리포니아 해안으로 향했다. 구체적으로 그들은 샌디에이고 카운티에 위치한 125,000에이커에 이르는 상륙 훈련기지인 미 해병 1사단 캠프 펜들턴으로 이동했다. 바로 이곳 미군기지에서 베트남 외부의 가장 많은 수의 베트남 인구가 미국 생활을 시작했다. 클라크 공군기지와 앤더슨 공군기지처럼, 캠프 펜들턴도 정복의 역사 속에 탄생했다. 캠프 펜들턴은 18세기 후반에 남부 캘리포니아를 여행한 스페인 신부와 항해자들에 의해 '발견된' 후아네뇨Juaneno, 루이세뇨Luiseno, 쿠메야이Kumeyaay 부족의 전통적 영토 내에 위치해 있으며, 약 1세기 동안 캘리포니아주 의회가 원주민 공동체와의 조약에 대한 연방의 비준을 계속해서 방해함에 따라, 비양심적인 영국계 미국인 정착민들에 의해 '소유'되었다. 그 이후 결국 1942년에 미 해군이 해병대의 전투 훈련을 위한 서부 해안기지를 설립하기 위해 그곳을 '획득'했다(Berryman,

2001: 17).[2] 캠프 펜들턴이 위치한 자리는 숨 막힐 정도로 아름다운 17마일에 달하는 해안선과 '광범위하고 다양한 내륙 기동 지역'을 갖춘 전투훈련 환경의 최적지이며(Denger n.d.; Berryman, 2001: 17) 다양한 지형을 가진 축복받은 땅으로 괌과 같은 점령지, 즉 '도난지'이다(Carrico, 1987). 그럼에도 불구하고 이러한 사실은 아직 인정되지 않고 있다. 미 해군 1사단 캠프 펜들턴의 공식 웹사이트에 따르면 "스페인 탐험가, 다채로운 정치인, 우레 같은 소 떼, 솜씨 좋은 카우보이, 강인한 해병들이 모두 이 땅의 역사에 기여했다"라고 밝히고 있다(Marine Corps Base Camp Pendleton n.d.). 공식적인 기원에 관한 이 같은 이야기에서 눈에 띄게 언급되지 않는 것은 도난당한 땅과 그 결과 소유지가 사라지고 빈곤해진 샌디에이고 원주민들에 대한 설명이다. 그럼에도 불구하고, 묻힌 과거는 계속 수면 위로 드러났다. 2001년 기사에 따르면, '안장된 유해, 사람의 뼛조각, 장례용품'과 같은 캠프 펜들턴의 3대 군사 프로젝트와 관련해서 예기치 않은 17건의 원주민 유해와 유물이 발견되었다(Berryman, 2001: 17).

미국 본토에서 최초로 베트남 난민들에게 거처를 제공한 캠프 펜들턴은 1975년 4월부터 8월까지 임시로 50,000명 이상의 난민들을 수용했다. 태평양의 다른 난민시설과 마찬가지로, 난민들을 수용하기 위해 '텐트 도시'를 세우는 것은 거대한 사업이었다. 거의 900명에 달하는 해병과 민간인들이 6일 동안 958개의 텐트와 140개의 반원형 막사를 지었다(Jolly, 2010). 국내외 언론에 크게 보도된 가운데, 캠프 펜들턴의 '새로운 도착 작전'Operation

---

2　실제로 미국의 인디언 보호구역은 다른 카운티보다 샌디에이고 카운티에 더 많이 존재한다.

New Arrivals이라 불리는 1975년 미군 재배치 노력은 베트남전 패배 이후의 스스로 회복하려는 미국의 노력 가운데 핵심이었으며, 베티 포드Betty Ford 영부인이 5월 21일 새롭게 도착한 베트남 어린이들을 환대하기 위한 캠프 방문에서 그 중요성이 부각되었다(Jolly, 2010). 아직도 패배의 충격과 깊게 분열된 전쟁의 고통으로 휘청거리고 있었던 민족에게는, 바로 그 전쟁의 중심에 있던 해병대가 "8개의 텐트 도시를 건설하고 최초의 18,000명에 달하는 난민에게 물, 식량, 의복, 의약품, 전기, 전력, 보안을 제공하기 위해 24시간"(Wandering Chopsticks, 2010) 일함으로써 미국의 선함에 대한 믿음을 회복하고 극도로 인기 없는 전쟁을 넘어서는 카타르시스를 제공했음이 틀림없다. '텐트 설치, 화장실 짓기, 옷과 기저귀 나르는 일을 돕는 등' 베트남을 두 번 방문했던 캠프 펜들턴 해병 루이스 비티Lewis Beatty와 같은 미국 군인들에게는 난민을 돕는 것에서 구원의식을 얻었다. 35년 뒤 베트남에서의 전쟁 경험을 돌이켜보며 비티는 "우리는 누구도 보아서는 안 되는 것들을 보고야 말았다"라고 털어놓았다. 그러나 베트남인들의 도착과 미국에의 동화는 그의 슬픔을 기쁨으로 바꾸어 놓았으며, 전쟁을 뒤로하고 부모로서의 공유된 경험을 즐길 수 있게 했다. "그곳에 기쁨이 있었다. 나는 그들의 아이들 속에서 내 아이들을 볼 수 있었다"라고 말했다(Jolly, 2010).

'사이공의 함락' 기념일마다 재연되는 이 같은 따뜻한 이미지—베트남 피난민을 돌보는 병사들과 미국의 관대함에 감사를 표하는 베트남인들—는 반은 맞고 반은 틀린 이야기다. 즉 그것은 대다수의 미국인이 난민들의 도착을 반기지 않았다는 사실을 효과적으로 은폐한다. 1975년 5월에 실시된 갤럽 여론 조사에 따르면, 응답자의 54%가 베트남인들의 미국 정착에 반대했다. 많은 미국인은 공무원들에게 수많은 편지와 전화로 정부가 난민들에게 지원을 제공해서는 안 된다고 불만을 표현했다('Refugees', 1975). 이러한 반대파들은 인종차별적이었다. 캘리포니아에서는 제리 브라운Jerry Brown 당시 주지사가 베트남인들의 정착을 적극적으로 반대하였고, 심지어 베트남인들이 캘리포니아 내 이미 충분히 많은 소수인구를 더욱 증가시킬 것이라고 주장하며 새크라멘토 인근 트래비스 공군기지Travis AFB에 난민들을 태운 비행기가 착륙하는 것을 막으려고 시도했다(Chapman, 2010). 캘리포니아의 공화당 대표 버트 탈코트Burt Talcott는 "빌어먹을, 우리는 동양인이 너무 많아"라고 그의 유권자들에게 소리치기도 했다('Refugees', 1975). 높은 실업률과 싸우고 있던 캠프 펜들턴(그리고 다른 3개의 난민 수용센터) 인근 지역사회 주민들은 자신들의 이웃 지역에 난민이 정착하는 것에 강하게 반대했고, 재정부담 최소화를 위해 국무부가 난민들을 최대한 전국으로 분산시킬 것을 요청했다('Refugees', 1975).

이 따뜻한 이미지들은 또한 난민 회복 임무와 그에 앞서 일어난 군사적 폭력 사이의 연관성을 감추는 연막 역할을 했다. 캠프 펜들턴 제1해병사단이 똑같은 군복을 입고 이러한 두 가지 대비되는 일을 수행했다는 사실을 상기할 필요가 있다. 실제로 같은 인물인 폴 그레이엄Paul Graham 장군이 전투와 구조 작업을 동시에 지휘하기도 했다. 1967년 그레이엄 장군은 남베트남 제1해병사단 참모차장으로, 이후에는 제5해병연대 지휘관으로 근무했다. 그레이엄 장군은 1975년 4월 준장 직급인 미 서부 해병대 조정관으로 진급해서 캠프 펜들턴에서 5만 명이 넘는 베트남 및 태국 난민을 담당했다. 그레이엄은 이러한 업무를 수행하며 복무하는 동안 골드 스타상을 수여받

왔다. 또한 그는 퇴임하자마자 제럴드 포드Gerald R. Ford 대통령으로부터 '인도차이나 난민들의 미국 내 재정착에 이바지한 공로 및 공로훈장'을 수여받았다('Brigadier General', 2013). 그레이엄이 난민정착에 기여한 '공훈'은 '텐트 도시'에 삼엄한 보안체계를 구축해 '어디나 헌병대가 배치'되도록 했고, '모든 분쟁의 즉각 진압'을 확실히 하는 것이었으며, '상황을 완전히 통제'하는 것이었다(Cavanaugh and Finn, 2010). 그레이엄의 빛나는 경력, 승진, 인지도는 그가 베트남인 신체에 대한 폭력과 회복 둘 다를 수행했던 것에 바탕을 두고 있다.

군사화된 피난소: 난민 위기의 생산

미군 기지를 *피난소*로 탈바꿈하게끔 한 미국의 물질적·이념적 전환은 난민 위기를 *해결*하고 평화와 보호를 약속함으로써 미국이 담론적 수준에서 베트남에 대한 폭력적 침략자에서 베트남인의 자비로운 구조자로 변모하도록 했다. 본 절에서 나는 베트남 전쟁이 야기한 베트남인들의 강제이동을 설명하기 위해 전쟁 당시 이들 군사기지가 수행한 폭력적 역할을 상세히 밝힘으로써 이러한 '전환'의 논리에 도전하고자 한다. 본 연구의 '군사화된 피난소'라는 용어는 의도된 병치 관계를 상정하며 이러한 맥락에서 이 글은 인도주의적 용어인 '난민' 뒤에 숨겨진 폭력성을 드러낸다. 따라서 베트남의 '피난민'을 구출하고 돌봄으로써 애초에 '난민 위기'를 촉발한 미국의 외교정책과 전쟁의 역할을 지워버리게끔 만든 미국(미국인)의 강력한 서사에 이의를 제기한다.

필리핀의 클라크 공군기지는 미국의 동남아시아 개입을 위한 물류 지원의 중추였다. 1940년대 말 미국이 '공산주의 봉쇄'를 선언한 직후 클라크 공군기지는 제13공군사령부가 되어서 한국전쟁(1950-1953년)에서 미군을 지원하는 데 핵심적인 역할을 했다. 1965년부터 1975년까지 세계 최대 해외 미군기지로서 클라크 공군기지는 베트남 전쟁에 대한 핵심적인 물류 지원을 제공하면서 동남아시아에 대한 미국의 개입을 위한 주요 집결 기지가 되었다. 클라크의 항공 교통량은 하루에 40대까지 치솟았고, 모두 베트남으로 향했다. 동시에 필리핀은 신생 주권을 행사하면서 미국이 클라크 공군기지에서 B-52 폭격기에 무기를 탑재하는 것을 허용하지 않았다. 이 전투기는 괌에서부터 비행해야 했지만 클라크 공군기지에서 급유를 받았다. 클라크 공군기지의 미군 병력은 상당 부분 '임시근무' 인원으로서 베트남에서의 임무에 투입되어 전쟁 수행에 필수적인 지원을 제공했다. 태평양의 다른 미군기지뿐만 아니라 클라크 공군기지에서 베트남으로 파병된 많은 임시근무병력은 미국 국방부가 베트남 전투지역에 공식적으로 배정된 병력 수에 대해 미 의회를 오도하기 위한 불법적인 계획의 일부였다(Utts, 2012).

미국은 주권국인 필리핀에 군사적 의지를 강요할 수 없었지만, 비법인영토인 괌에 군사적 의지를 강요할 수 있었고, 또 실제로 그렇게 했다. 미국이 클라크 공군기지로부터 B-52 폭격 작전을 허가받지 못하자 베트남전에서 '전설적인' 역할을 했던 앤더슨 공군기지는 10년 가까이 북베트남과 남베트남을 대상으로 한 파괴적인 폭격 임무를 수행했다(Rogers, 1995: 252). 이런 식으로 태평양 기지 네트워크에서 미군의 군사적 결정이 종종 이 두 개의 핵심 연결점을 중심으로 삼각관계를 형성하며 괌의 운명은 필리핀의 운명과 연결됐다. 두 공군기지는 베트남 전쟁 당시 미군에 대한 중요한 의료 지원을 위해 함께 노력하기도 했다. 1965년 11월부터 매주 4차례 C-141기가 클라크 공군기지에서 다낭으로 날아와 사상자들을 싣고 클라크 공군기지에 2시간 정도 머문 후 괌으로 날아갔다. 태평양에서 미국 군사주의를 통해 연결된 베트남, 필리핀, 괌 이 세 곳의 근접성은 다낭과 클라크 공군기지 사이의 비행시간이 2시간에서 2시간 30분 이내, 클라크와 괌 사이의 비행시간이 3시간 30분에서 4시간 정도였기 때문에 부상당한 군인들이 적어도 2-3일 이내에 괌으로 이송되는 것을 의미했다(U.S. Naval Hospital, 2013).

앤더슨 공군기지는 1945년 북쪽 활주로로 운용되기 시작한 이후 태평양에서 미군의 전투에 중요한 역할을 담당해 왔으며, 제2차 세계대전 당시 일본에 대한 폭격임무 수행을 위한 기지 역할을 했다. 그곳은 또한 한국전쟁 당시 항공기와 물자를 수송하는 중심지 역할을 했으며, 이후 본국 기지로부터의 순환 폭격기 배치를 지원했다. 처음에는 B-29기가 들어왔고, 이후 B-36, B-47, B-50, B-52, KC-97기와 KC-135기가 배치되었다. 이후 6년간 전략 공군사령부는 동남아시아에 계속 배치될 예정이었다(Broyhill, 2003).

괌이 베트남전에 개입하게 된 것은 케네디 대통령이 남베트남에 파견한 미국 참모들의 지원기지로 괌을 처음 활용하기 시작한 1962년으로 거슬러 갈 수 있다. 1965년 중반 미국이 남베트남에 지상 전투부대를 배치한 후에 전쟁에서 괌의 역할은 앤더슨 공군기지 소속 B-52기의 직접적인 전투작전으로 확대되었다. 맹렬한 활동의 중심지였던 앤더슨 공군기지는 '베트남 공산주의자들을 굴복시키려 했던 8개의 엔진을 가진 거대한 폭격기'인 B-52

의 미국 최대기지로 변모하였다(Thompson, 2010: 62; Rogers, 1995: 242). 괌이 베트남에 근접해 있는 점을 감안하면, 500파운드의 무게가 나가는 108개의 폭탄을 싣고 비행할 수 있었던 B-52기는 괌에서 베트남까지 날아갔다가 재급유 없이 괌으로 돌아올 수 있었다(Thompson, 2010: 62). 1965년 6월 18일 앤더슨 공군기지는 베트콩의 작전 기지와 전투물자 공급망으로 의심되는 지역에 B-52기 27대를 출격시켰는데, 이는 북베트남, 남베트남, 그리고 캄보디아 및 라오스에 걸쳐 '호광등 작전'Operation Arc Light으로 불리는 수천 건의 재래식 '무유도 폭탄'iron bomb 타격 중 첫 번째 타격이었다. 1969년 7월 25일 괌에서 발표된 닉슨 독트린Nixon Doctrine을 시작으로 베트남 주둔 미 지상군 철수가 단행되었지만, B-52의 괌 주둔 폭격 임무의 빈도와 포악성이 증가하는 등 미군의 공중전은 즉각 확대되었다(Rogers, 1995: 243). 1972년 앤더슨 공군기지는 15,000명 이상의 병력과 150대 이상의 B-52가 약 5마일 길이의 모든 비행공간에 배치되어 역사상 가장 대규모의 공군력 증강이 이루어진 곳이었다. 앤더슨 공군기지는 최대 약 165대의 B-52기를 보유한 적도 있었다(Rogers, 1995: 252). 1972년 12월 하노이와 하이퐁에 24시간 '크리스마스 폭격'을 벌인 라인배커2 작전(닉슨이 가장 좋아하는 스포츠 이름을 딴 작전)에서는 앤더슨 공군기지에 배치된 폭격기들이 11일 만에 729번 출격하였다. 12월 18일에 87대의 B-52가 2시간도 안되어 앤더슨 공군기지에서 모두 출격하기도 했다. '11일 전쟁'으로 불리는 라인배커2 작전은 북베트남인을 교착상태에 빠진 파리 평화 회담에 복귀시키고 1973년 1월 휴전협정을 체결하게 한 공로를 인정받고 있다. 따라서 닉슨 독트린은 인종적 프로젝트였다. 미국은 미군을 철수시키되 공습을 강화함으로써 베트남인의 삶보다 자국민의 생명을 우선시하였다. 미국은 융단 폭격을 통해 전자를 보존하면서 후자를 극단적으로 불필요한 것으로 인종화하여 말살하려 했다.

괌에서 개시된 미국의 공중전이 섬의 생활에 결정적인 지장을 주었다. 공공보건국 직원인 리차드 매키Richard Mackie는 공중전이 일상생활에 미치는 커다란 충격에 대해 다음과 같이 설명한다.

안내방송은 없었다. 경고도 없었다. 갑자기 시작되었다. 매시간, 매일, 모든 집에서 B-52기가 내는 귀청이 터질 것 같은 굉음에 휘청거렸고 우리 머리 위 수백 피트 상공에서 급유기가 지나갔다. 삶은 지루해졌고, 수면은 거의 불가능했다. 대화가 계속 중단되었다. 우리는 전투기가 머리 위를 지나갈 때마다 끊임없이 이를 악물고 화가 나서 천장을 쳐다보고 있는 우리 자신을 발견했다. 괌의 주요 고속도로는 항구에서 공군기지로 무기를 운반하는 트럭들로 밤낮으로 심각한 교통체증을 겪었다(Thompson, 2010: 62-63).

미국 국방부의 가장 바쁜 훈련 시설이자 난민들의 첫 번째 미국 내 거처였던 캘리포니아의 캠프 펜들턴은 매년 4만 명 이상의 현역과 2만 6천 명의 예비군을 훈련시켰다(Denger n.d.). 베트남 전쟁 당시 캠프 펜들턴에 도착한 해병들은 치명적인 부비트랩이 설치된 가상의 베트남 정글 마을에서 15일간의 모의 집중훈련을 완료한 후 베트남으로 파병되었다. 앞서 언급한 것처럼, 캠프 펜들턴은 1965년 8월에 베트남에 도착하기 시작한 그야말로 유명한 해병 제1연대의 본거지이기도 했다. 이 연대는 1965년 12월 하비스트 문Harvest Moon 작전을 시작으로, 이어지는 몇 개월간 유타Utah, 아이오와Iowa,

샤이엔1, 2Cheyenne I, II, 더블 이글Double Eagle 작전에 참여했으며, 1966년 7월에는 헤이스팅스Hastings 작전 등 가장 흉포한 전장에 투입되었다. 해병 제1연대는 1968년 1월과 3월 사이에 다른 미 해병대 및 남베트남 부대와 함께 옛 제국 수도 후에Hue에 대한 지배권을 되찾기 위해 싸웠으며, 이 과정에서 거의 1,900여 명의 '적'이 사망했다. 이 연대는 그해 남은 기간 동안 치열한 전투를 벌였으며, 결국 미드 리버Meade River 작전으로 '거의 850명의 적을 죽였다.' 1971년에 이 연대는 캠프 펜들턴으로 복귀하라는 명령을 받았다. 그들은 베트남을 떠나는 마지막 해병대였다(GlobalSecurity.org, 2011a).

베트남 전쟁 기간 미국은 위성 군사기지를 통해 제2차 세계대전의 총 폭발물 총량보다 더 많은 양을 베트남에 투하했는데, 구체적으로 그 규모는 북베트남에 100만 톤, 남베트남에 400만 톤에 이르렀다(Turley, 1987: 87). 미국의 목표는 남베트남을 비공산주의 친미국가로 유지하기 위해 남베트남의 '베트콩'을 소멸시키는 것이었기 때문에 북베트남에 비해 남베트남에 4배나 많은 폭탄을 투하했다(Young, 1991). 캠프 펜들턴의 해병 제1연대와 같은 해병대 부대의 지상전과 함께 대규모 폭탄 투하도 이어지며 당시 전체 인구의 거의 절반에 해당하는 1,200만 명의 남베트남인들이 강제이주를 당했다. 북베트남이 가차 없는 미국의 공중전에 대처하며 사람들을 시골로 대피시켰기 때문에 얼마나 많은 북베트남인들이 피난을 갔는지에 대한 통계는 존재하지 않지만, 피난민의 비율은 오히려 더 높았을 것으로 추정된다(Chan, 1991: 56).

이처럼 1975년에 베트남 난민을 재정착시킨 공로를 인정받은 태평양 군사기지인 클라크와 앤더슨 공군기지, 그리고 캘리포니아의 캠프 펜들턴이

야말로 베트남 전쟁 과정에서 수백만 명의 베트남인을 본거지에서 몰아낸 가장 큰 원인이었다. 미국은 1975년 이후 베트남을 탈출한 난민만을 인정함으로써 베트남에 머물렀던 수백만 명의 장기 난민들에 대한 '조직적 망각'에 관여하는데, 이들은 군부의 '첨단적 잔혹성'의 직접적 결과였다(Chan, 1991: 51). 1975년 이후 베트남을 떠난 난민들의 초가시성hypervisibility 그리고 전쟁 기간 동안 강제이주를 겪은 베트남 내부 난민의 비가시성은 미국을 난민 생산국이 아닌 피난소 제공국으로 자처할 수 있게 만들었다.

'베이비리프트 작전': 쉴 새 없는 폭력과 복구

사이공 함락 35주년을 맞은 2010년 4월에 캠프 펜들턴 역사학회는 1975년에 찰스 워터하우스Charles Waterhouse 대령이 '텐트 도시' 난민 수용소 생활을 담은 흑백사진과 그림을 전시한 '전쟁의 끝에서의 이미지'를 공개했다. 1975년 5월 5일 자 사진에는 두 명의 베트남 어린이들이 맨발로 난민 수용소 주변을 걸어 다니는 모습이 담겨 있는데, 그들의 몸은 아주 긴 *군용* 재킷에 완전히 둘러싸여 있다. 의심할 여지 없이 그 몸짓은 친절함을 의미했으며 재킷은 아침의 추위에 대비해 그들의 작은 몸을 따뜻하게 하기 위한 것이었다. 그럼에도 불구하고, 이 사진은 *군사화된 피난소*의 개념을 생생하게 담고 있다. 어린 베트남인의 몸은 말 그대로 미군의 보호장비에 싸여 있었으며, 베트남에서 맹렬한 전투를 벌이며 수많은 전사자를 남긴 해병 제1 연대가 수용되었던 미군 기지인 미국의 새 보금자리를 방황하는 모습도 담겨있다. 이 사진은 복구가 중첩되고 때로는 폭력의 기억이 사라지는 등과 같은 군사적 폭력과 복구 사이의 불안정한 얽힘을 상징한다. 앞서 논의한 바와 같이 클라크 공군기지, 앤더슨 공군기지, 캠프 펜들턴은 모두 베트남 전쟁에 필수 불가결한 존재로, 난민 수용소로서 그 규모가 두 배로 증가했다.

이 사진은 1975년 4월 2,500여 명의 베트남 영유아를 전쟁으로 고통받고 있던 베트남에서 공수해 온 미국의 비상작전인 '베이비리프트 작전'도 떠오르게 한다(Sachs, 2010: xi). 이 사진은 그야말로 폭력행위에서 복구행위로의 전환을 상징한다. 1975년 4월 4일 *전쟁물자 전달*을 마치고 필리핀으로 돌아가던' 미 공군 C-5기가 곧바로 사이공으로 날아가 클라크 공군기지로 베트남 고아들을 공수하며 베이비리프트 작전을 개시했다 (GlobalSecurity.org, 2011b). 즉 C-5기는 전쟁과 구조라는 상반되는 두 가지 임무를 번갈아가며 겉보기에는 모순 없이 수행하였다. 구조 임무의 혼란스러운 날들 그리고 심지어 그 훨씬 후에도, 그 누구도 베트남 난민 어린이들을 수송한 그 전투기가 전쟁물자 또한 수송했다는 사실의 모순성에 대해 언급하지 않았다.

몇몇에 의해 '역사상 가장 인도주의적인 노력 중의 하나'라고 불렸던 베이비리프트 작전은 성급하게 준비되고 실행되었다. 1975년 4월 3일에 제럴드 포드 대통령은 베트남에서 미국을 선한 나라로 재위치시키기 위한 노력의 일환으로 아이들을 고아원에서 미국의 새 가정으로 공수하기 위해 200만 달러 지원을 약속하고, 모두에게 가입국자$_{parolee}$ 지위를 부여하기로 했다. 비행기의 대다수는 군용 화물기로 승객들, 특히 영아와 유아를 태우기에는 적합하지 않았다. 일부 비행에서는 아기들을 임시 침대, 빈 상자, 마분지 상자에 넣어 공군기 화물칸의 구석진 곳에 배치했다(Manney, 2006). 베이비리프트 작전의 최초 임무는 재앙으로 판명되었다. 이륙 몇 분 만에 C-5기가 추락하여 138명이 사망했는데, 그 대부분이 베트남 아이들이었다. 그러나 이 비극적인 사고에도 불구하고, 복구 임무의 정당성은 너무나 자명해서 거의 즉시 베이비리프트 작전이 재개되었다.

베이비리프트 작전은 잠시의 쉴 새도 없이 수행되었다. 해당 작전에 대한 의회 조사 결과 "연방 및 민간기관의 계획이 완전히 부족하다"는 결론이 도출되었다(KPBS, 2002). 긴급 대피의 성격은 무슨 수를 써서라도 아이들을 베트남에서 구출해야 한다는 절박감에서 비롯되었고, 어린 피난민들의 수송뿐 아니라 그들이 진정한 고아인지 확인하기 위한 안전점검도 서둘러 했다. 아이들의 출생기록은 비행을 위해 보관되었다. 그러나 베트남에서의 성급한 피난에 휩쓸린 많은 아이들에게는 가족 관계에 대한 서류가 부족하거나 불완전하기 그지없었다. 사이공에 있었던 미국국제개발처U.S. Agency for International Development 소속 바비 노플릿Bobby Nofflet은 베이비리프트 작전의 소란스러웠던 날들에 대해 자세히 설명했다. "그곳에는 커다란 서류뭉치와 아기들이 있었다. 어느 것이 어느 것인지 누가 알았을까?"(KPBS, 2002). 거의 모든 단계에서 "어떤 아이들을 공수할 것인지에 대한 결정부터 입양절차를 완료하기 위한 프로토콜에 이르기까지, 베이비리프트 작전은 극심한 혼란과 완전한 감독 부족에 시달렸다"고 한다(Sachs, 2010: 190). 심지어 가족 신분이 불확실한 아이들의 성급하고 경솔한 대피는 미국이 베트남보다 확실히 더 안전하고 좋은 고향이라는 인종 차별화된 신념을 반영하며, 이러한 믿음은 이 지역에서 행해진 수년간의 전쟁과 전쟁 선전으로 강화되었다. 당시 샌프란시스코에 살고 있던 소수의 베트남계 미국인 기자 쩐 뜨엉 누

Tran Tuong Nhu가 베트남 아이들의 도착을 지원하면서 "우리 민족이 아이들을 집어삼킬 것이라고 생각하는 미국인들이 느끼는 이 공포는 대체 무엇인가"라고 의구심을 가졌다(KPBS, 2002).

그들이 미국에 도착한 지 1년이 지났는데도, 베이비리프트 작전을 통해 미국에 들어온 수백 명의 아이들의 법적 지위는 여전히 암울했다. 1975년 4월 29일에 쩐 뜨엉 누의 권유로, 그리고 세 명의 베이비리프트 형제를 대신하여, 캘리포니아의 변호인단은 베이비리프트 입양을 중단시키려는 집단소송을 제기하였다. 그들은 많은 아이들이 부모의 의지에 반해서 남베트남에서 미국으로 건너왔고, 이에 따라 미국 정부는 이 어린이들을 가족에게 돌려줄 의무가 있다고 주장했다(Sachs, 2010: 190). 원고 측 변호인단은 서류의 상당 부분이 누락되거나 위변조된 것들이며, 미국에 입국한 2,242명의 아이들 중 1,511명이 입양 부적격이라고 주장했다. 미국의 이민귀화국 Immigration and Naturalization Service은 이러한 주장에 대해 이의를 제기했지만, 자체 조사 결과 피난민 중 10% 이상에 해당하는 263명은 입양 자격이 없는 것으로 드러났다(Sachs, 2010: 207-208). 스펜서 윌리엄스 판사는 10개월간의 재판과정 끝에 아무런 추가적인 서류가 제출되지 않자 공소를 기각하고 기록을 봉인했다(Sachs, 2010: 208). 결국 오랜 세월과 긴 소송전 끝에 12명의 아이만이 베트남 부모와 재회할 수 있었다(KPBS, 2002).

아이들이 한쪽 손목의 팔찌에 베트남 이름을 새기고 다른 쪽 손목에 입양된 미국 부모의 이름과 주소가 새겨진 팔찌를 찬 채 미국에 도착했을 때, 그들을 고아로 만들었던—그리고 많은 미군 군속이 아버지가 되고 아이를 버림으로써 그들의 출생을 낳기도 했던— 폭력은 거의 잊혔다. 대신 그들은 미국에서 새로운 삶을 맞이할 행운의 존재로 찬양되었다(Manney, 2006).
전쟁에 지친 나라를 위한 베이비리프트 작전의 이념적 중요성에 대한 증거
로, 제럴드 포드 대통령은 샌프란시스코 국제공항의 활주로에 모습을 드러
냈고 수많은 텔레비전 카메라들 앞에 베트남 영아와 유아로 가득 찬 비행
기를 미국으로 맞이하며 환영했다. 포드가 비행기 밖으로 아이를 안고 내
린 직후 공군 버스에 타고 있는 사진(그의 갈색 아기를 보호하는 백인 아버
지)은 널리 퍼졌고, 결국 지금은 미시간주 그랜드 래피즈Grand Rapids에 위치
한 제럴드 포드 대통령 박물관President Gerald R. Ford Museum이 소장하고 있
는 그림으로 후세에 널리 알려지게 되었다.[3] 베이비리프트 작전을 통한 아
이들의 도착과 함께 미국은 그들의 갈색 아이들을 환영하는 사랑스러운 백
인 부모가 되었으며, 이로써 전쟁 국가에서 인도주의 국가로의 이행이 중
단 없이 완료되었다.

프리퀀트 윈드 작전: 감사와 양가감정에 대하여

2010년 4월 30일 정오에 샌디에이고에 위치한 USS 미드웨이 박물관은
프리퀀트 윈드 작전ㅡ사이공 함락에서 탈출한 3,000명 이상의 베트남 난민
들을 USS 미드웨이 항공모함을 통해 구출했던 것으로 널리 알려진ㅡ의 35

---

3 닥 버니 더프Doc Bernie Duff는 베이비리프트 작전의 옹호론자로 본 연구에서 자신의 그림이 사용되
   는 것을 거절했다. 더프(Duff, 2013)는 이메일 서신을 통해 자신이 '작전 기간 동안 이루어진 일이
   인도주의적이었다고 생각하며, 나쁜 일보다는 좋은 일이 더 많다고 믿는 사람들 중 하나'라며, '나는
   미국과 해외에서 살고 있는 수많은 고아들과 이야기를 나누었고, 그 작전에 동의한다'라고 말했다.

주년을 기념하기 위해 항공모함 갑판에서 특별한 기념식을 열었다. '막대한 수의 생명을 구한', '놀라운 구조 임무'[4]로 명명된 이 기념식은 북베트남과 남베트남의 군사 및 군수 시설을 타격한 수만 번의 전투 임무를 수행했던 바로 그 배의 갑판에서 기념하는 군사화된 피난소에 대한 또 다른 경의였다. 이 항공모함은 다수의 미그(MiG)기를 격추하고 북베트남에게 중요하다고 여겨지는 항구에 어뢰밭을 설치하기도 했다(Naval Historical Center, 2009).[5] 실제로 당시 함장이었던 래리 챔버스Larry Chambers 제독은 기념식으로 인해 사람들로 가득 찬 그 갑판 위에서 자신의 영웅적인 행적이 재조명되자 목이 메기도 했으며, 당시 추모식을 취재하던 신문 기자가 "USS 미드웨이호는 철강으로 만들어졌지만 깊은 곳에는 '진심 어린 마음'이 있었다"라는 첫 문구로 시작하는 기사를 쓰기도 했다(Bharath, 2010).

'미국의 자유를 기리기'로 명명된 이 행사에는 'USS 미드웨이호의 젊은 용사들'[6]뿐만 아니라 수천 명의 베트남계 미국인들이 참가했는데, 이들 중 수백 명은 프리퀀트 윈드 작전을 통해 베트남으로부터 탈출했던 사람들이었다(Bharath, 2010). 미국의 용맹함과 베트남인의 감사가 이날의 핵심 주제였다. '모든 것을 가능하게 한' 용감한 미군과 '안전하게 끌려간' 은혜를 입은 베트남 난민들(Bharath, 2010). 실제로 미드웨이 행사 등지에서 많은 베트남인들이 미국 구조대원들에게 열렬히 감사를 표하며, 내가 여기서 비판하고 있는 군사화된 피난소에 대한 찬사를 아끼지 않았다. 예를 들어 한

---

4 인용의 출처는 USS 미드웨이 박물관(2010)의 35주년 기념행사 비디오다.

5 이들의 작전은 베트남 전쟁의 최초이자 마지막 공대공 살상air-to-air kill이라는 특징도 갖고 있다.

6 인용의 출처는 USS 미드웨이 박물관(2010)이다.

라디오 토크쇼 진행자가 1975년 미드웨이호에 온 가족이 탑승했던 정 레 Dzung Le에게 '이 미군 헬리콥터를 타고 미드웨이호 비행갑판으로 이동했던 것이 어땠는지'에 대해 이야기해 달라고 요청했을 때, 그는 미드웨이의 병사들의 신사다움과 부드러움에 대해 감사의 말을 전했다.

> 내 기억으로는, 혼란스러웠지만, 이상하게도 안심이 되기도 했다. 왜냐하면 그때 착륙하면서 나와 우리 가족이 구조되었다는 걸 알았기 때문이다. 제 여동생 중 한 명이 탈수증으로 인해 꽤 아팠던 것으로 기억한다. 그래서 군인이 그녀를 옮기는 걸 도와주었다. 그들은 매우 부드러웠다. 당시 우리의 몸무게는 약 100파운드였고, 그 병사들은 200파운드 정도였다. 그들은 그 당시 점잖은 거인 같았으며 매우매우 부드러웠다(Cavanaugh and Walsh, 2010).

1975년 베트남 난민 다수의 군사적 배경과 베트남 내 미군의 장기 주둔을 고려해 본다면, 군사화된 피난소를 위한 미국의 군사적 기구와 인력에 대한 이 같은 주입된 감사는 놀라운 일이 아니다. 그러나 이러한 감사의 수행성은 베트남 난민 생활의 물질적 현실에도 뿌리를 두고 있다. 베트남인들이 견뎌온 엄청난 손실과 베트남에서 날아온 비행의 참혹한 성격에 비추어 볼 때, '우리를 도왔던 이곳 미국인 친구들로부터의 좋은 따뜻한 기억들'(Cavanaugh and Walsh, 2010)을 떠올리게 했던 이러한 감사의 몸짓은 예상된 일이었다. 그러나 동시에 이러한 감사 행위는 군사적 폭력 행위의 망각을 가능케 하고, 군에 의해 유발된 난민 이동의 역사를 자발적인 이주의 온화한 이야기로 전환시킬 위험이 있다. 이로 인해 아베 슈라게Abe Shragge 같은 역사가들이 미드웨이 기념식에 대해 논평해 달라는 요청을 받앉을 때 1975년 프리퀀트 윈드 작전을 1886년 자유의 여신상 공개와 연결 시킬 수 있었다.

> 1886년 자유의 여신상을 대중에게 공개했을 때 이 나라가 이민자들이 만든 나라 라는 것을 기억할 수 있는 침울함, 진지함, 약간의 기쁨이 떠오른다. 우리는 이민 자들을 지원하고 양육하고 환영해야 하는 국가였다. 그리고 이런 상황에서 이런 특별한 방식으로 바로 그 1975년을 되새기는 것은 오랜 역사적 과정과 오랜 유산 및 전통에 대한 매우 적절한 기념이라고 생각한다(Cavanaugh and Crook, 2010).

슈라게의 논평은 '이민자의 나라 미국'의 신화를 요약한 것인데, 그와 같은 자발적 이민의 서사는 '세계 권력으로서 미국이 세계 이주의 구조에서 수행해 온 역할'을 무시한다(Ngai, 2005: 11).

전쟁과 그 여파에 대해 진지하게 베트남인의 관점을 취하는 것은 역사와 기억의 관계를 사실이 아니라 서사로서 비판적으로 검토하는 것이다. 다른 망명 공동체처럼, 미국 내 베트남인들도 통일된 역사, 정체성, 기억을 서술할 필요성을 절실히 느끼고 있다. 그것들은 대부분 베트남의 공산주의를 공개적으로 비난하고 미국의 자유를 찬양하는 형태를 취하고 있다(Espiritu, 2006). 내가 다른 곳(Espiritu, 2006)에서 밝혔던 것처럼, 남캘리포니아의 일간지인 『오렌지 카운티 레지스터』(*Orange County Register*)에는 베트남인 지역사회 기고자들이 정기적으로 "미국은 자유가 망각되지 않는 자유 국가 다. 베트남은 자유가 망각되는 공산주의 국가다"라고 읊조리는 논평을 기고 하고 있다(Dao, 2000).

그러나 이러한 감사의 반복들 사이에서 다른 서사들이 기다리고, 연기되고, 보관되며, 때로는 공개되기도 한다(McGranahan, 2006: 580). 예를 들어, 프리퀀트 윈드 작전 35주년 기념일에 난민들은 구조 임무에 대한 찬사를 보냈으나, 다른 한편으로 미국의 대피 계획을 전혀 알지 못한 상황에서 사랑하는 사람들과의 생이별을 경험한 것에 대한 애통함과 경우에 따라서는 미국인 구조대원들에 의해 낙오된 것에 대한 안타까움을 내비쳤다. 이 모든 이야기들은 비록 묵살되었지만, 미국 구조대원들에 대한 비판의 주요 서사를 구성한다(Cavanaugh and Walsh, 2010). 중요한 것은 대부분의 난민이 미국에서의 삶에 대한 감사를 표하면서도 사랑하는 베트남의 처참한 상태, 그리고 35년이 지난 지금도 "수백만 명의 베트남 국민들이 여전히 고통받고 있다"는 사실에 애석해하고 있다는 것이다(Cavanaugh and Walsh, 2010). 이러한 정서는 무엇보다도 베트남의 공산주의를 가장 먼저 비난하고 미국에서의 삶을 정당화하지만, 그럼에도 불구하고 미국인들이 반복적으로 주장하는 것처럼 베트남 전쟁이 여전히 *끝나지 않았으며* 베트남인과 베트남 디아스포라에 지속적으로 막대한 피해를 주고 있다는 것을 대중에게 상기시킨다. 적어도 이러한 대중적 상기는 많은 베트남계 미국인들이 베트남에서 미군의 역할에 대해 품고 있는 양가감정을 강조하고 있다. 어떤 1.5세 베트남계 미국인은 이런 양가감정을 다음과 같이 묘사했다. 그는 한편으로는 베트남에 있는 미국인들을 '남베트남을 도우며 가끔 실수를 저질렀던 매우 중요한 동맹국'으로 간주했고, 다른 한편으로는 미국의 행동에 '환멸을 느끼게 되었다'고 말했다.

그들은 자유를 이야기했다. 그러나 그들은 적을 파괴하려고 시도하면서 많은 마을을 폭격해서 '지옥'으로 만들었다. 그들은 종종 남베트남 군인들의 공중 지원 요청에 응하지 않았고, 이로 인해 그들이 '동맹'이라고 부르는 사람들 중 다수가 목숨을 잃었다. 그런 위선은 베트남인들의 삶에 대한 미국의 무례함을 반영했다(Chan, 1991: 113).

이러한 비판적 형태의 기억은 비록 감사의 정치와 혼합되어 모호한 양상을 보이고 있지만 베트남 전쟁에 대한 대항서사counternarratives의 잠재적 형성에서, 그리고 '[베트남의] 정치적 주체성, 집단성, 그리고 실천의 새로운 형태에 대한 가상과 재현'에서 핵심적 역할을 한다.

결론

이 장에서는 필리핀에서의 미국 식민주의, 괌에서의 미국 군사주의, 캘리포니아의 정착민 식민주의, 베트남 전쟁 등 겉으로 보기에는 서로 무관해 보이는 주제를 다루었다. 하지만 나는 군용기를 통해 가장 많이 이용되었던 난민의 이동경로를 추적하면서 이러한 사건들을 '군사화된 피난소'의 층화된 이야기로 엮어냈다. 그 이야기는 미국의 식민주의와 군사적 확장, 그리고 환태평양 강제이주를 연결시킨다. 나는 이 같은 *비판적 병치* 작업을 수행하면서 베트남 난민들을 하나의 연구대상이 아니라 하나의 패러다임으로 다루었다. 그러한 패러다임의 기능은 '더 광범위한 일련의 문제들을 설정하여 그것을 가시적인 것으로 만드는' 것이다(Agamben, 2002). 나는 베트남인의 강제이주를 필리핀인, 차모로인Chamorros, 아메리카 원주민의 그것과 연결하고 이들의 공간을 집어삼킨 군사적 식민주의를 '가시적인 것으로 만듦'으로써 폭력과 복구를 동시에 말하고 있는 '구원과 해방'이라는 미국의 신화를 교란시키고(Yoneyama, 2005: 910) '피난소'라는 인도주의적 용어 뒤에 숨겨진 폭력성을 폭로했다. 이를 통해 나는 애초에 '난민 위기'를 유발했던 미국의 전시 역할을 지워버리는 효과를 갖는 서사, 즉 베트남인을 구조하고 보살피는 미국(인)이라는 강력한 서사에 도전했다.

참고 문헌

Agamben, Giorgio. 2002. "What Is a Paradigm?" Paper presented during a lecture at the Euro pean Graduate School, Saas-Fee, Switzerland, August.

Berryman, Stan. 2001. "NAGPRA Issues at Camp Pendleton." *Cultural Resources Magazine* 3: 17-18.

Bevacqua, Michael L. 2010. "The Exceptional Life and Death of a Chamorro Solider." In *Militarized Currents: Toward a Decolonized Future in Asia and in the Pacific*, ed. Setsu Shigematsu and Keith L. Camacho, 33 - 62. Minneapolis: University of Minnesota Press.

Bharath, Deepa. 2010. 'Refugees 'Come Home' to the Midway after 35 Years.' *Orange County Register*, 30 April. http://www.ocregister.com/articles/midway-246797-leechambers.html (accessed May 23, 2010).

"Brigadier General Paul G. Graham—Deceased." 2013. https://slsp.manpower.usmc.mil/gosa/ biographies/rptBiography.asp?PERSON ID=705&PERSON YPE=General (accessed August 31, 2008).

Broyhill, Marvin T. 2003. 'SAC Bases: Andersen Air Force Base.' http://www.strategic-air-command.com /bases /Andersen AFB.htm (accessed May 10, 2010).

Carrico, Richard. 1987. *Strangers in a Stolen Land: Indians of San Diego County from Prehistory to the New Deal*. Newcastle, CA: Sierra Oaks Publishing.

Cavanaugh, Maureen, and Hank Crook. 2010. 'USS *Midway* Played Significant Role in Vietnam War.' KPBS, 29 April. http://www./kbps.org/news/2010/apr/29/uss-midway-played-significant-role-vietnam-war/ (accessed May 10, 2010).

Cavanaugh, Maureen, and Pat Finn. 2010. 'Camp Pendleton's Tent City Housed 50,000 Vietnamese Refugees.' *KPBS*, 29 April. http://www.kpbs.org/news/2010/apr/29/camp-pendletons-tent-city-housed-50000-vietnamese/-(accessed May 10, 2010).

Cavanaugh, Maureen, and Natalie Walsh. 2010. 'Fall of Saigon Bittersweet for V i e t n a m e s e Refugee.' *KPBS*, 29 April. http://www/kbps.org/news/2010/apr/29/fall-saigon-bittersweet-vietnamese-refugee/ (accessed May 10, 2010).

Chan, Kwok B., and David Loveridge. 1987. "Refugees 'in Transit': Vietnamese in Refugee Camp in Hong Kong." *International Migration Review* 21 (3): 745 - 759.

Chan, Sucheng. 1991. *Asian Americans: An Interpretive History*. Woodbridge, CT: Twayne.

Chapman, Bruce. 2010. "As Governor, Jerry Brown was Vociferous Foe of Vietnamese Immigration." Discovery News, October 2. http://www.discoverynews.org/2010/10/as_governor_jerry_brown_was_voo038831.php (accessed December 10, 2010).

Dao, Ken. 2000. "Teaching Freedom to Children Raised in a Free Country." *Orange County Register*, April 28.

Denger, Mark. n.d. "A Brief History of the U.S. Marine Corps in San Diego." http://www.militarymuseum.org/SDMarines.html (accessed March 15, 2011).

DuBois, Th omas A. 1993. "Constructions Construed: The Representation of Southeast Asian Refugees in Academic, Popular, and Adolescent Discourse." *Amerasia Journal* 19 (3): 1–26.

Duff, Doc Bernie. 2013. E-mail correspondence with the author, April 23.

Espiritu, Yến Le. 2006. "The 'We-Win-Even-When-We-Lose' Syndrome: U.S. Press Coverage of the Twenty-Fifth Anniversary of the 'Fall of Saigon.'" *American Quarterly* 58 (2): 329–352.

Francisco, Luzviminda. 1973. "The First Vietnam: The U.S.-Philippine War of 1899." *Bulletin of Concerned Asian Scholars* 5: 2–15.

Freeman, James. 1989. *Hearts of Sorrow: Vietnamese-American Lives*. Stanford, CA: Stanford University Press.

GlobalSecurity.org. 2011a. '1st Marine Regiment.' May 7. http:// www.globalsecurity.org/military/agency/usmc/1mar.htm (accessed January 28, 2014).

———. 2011b. 'Clark Air Base.' September 7. http://www.globalsecurity.org/military/world/philippines/clark.htm (accessed January 28, 2014).

———. 2011c. 'Operation New Life.' May 7. http://www.globalsecurity.org/military/ops/newlife.htm (accessed January 28, 2014).

Gonzalez, Vernadette V. 2010. "Touring Military Masculinities: U.S.-Philippines Circuits of Sacrifice and Gratitude in Corregidor and Bataan." In *Militarized Currents: Toward a Decolonized Future in Asia and in the Pacific*, ed. Setsu Shigematsu and Keith L. Camacho, 63–90. Minneapolis: University of Minnesota Press.

Harding, Richard, and John Looney. 1977. "Problems of Southeast Asian Children in a Refugee Camp." *American Journal of Psychiatry* 134: 407–411.

Harkavy, Robert E. 1982. *Great Power Competition for Overseas Bases: The Geopolitics of Access Di-*

plomacy. New York: Pergamon Press.

Haulman, Daniel L. 2003. *One Hundred Years of Flight: USAF Chronology of Significant Air and Space Events, 1903–2002*. Maxwell, AL: Air University Press.

Jolly, Vik. 2010. "Pendleton Once Home for 50,000 War Refugees." *Orange County Register*, 8 April. http://www.ocregister.com/news/vietnamese-243238-pendleton-family.html (accessed May 20, 2010).

Kelly, Gail Paradise. 1977. *From Vietnam to America: A Chronicle of the Vietnamese Immigration to the United States*. Boulder, CO: Westview Press.

Kimlick, Michael F. 1990. "U.S. Bases in the Philippines." http://www.globalsecurity.org/military/library/report/1990/KMF.htm (accessed January 28, 2014).

Knickrehm, Dan. 2010. "The 43rd and Operation New Life." June 4. http:// www.pope.af.mil/news/story.asp?id=123207835 (accessed January 28, 2014).

KPBS. 2002. "People and Events: Operation Babylift (1975)." http://www.pbs.org/wgbh/amex/daughter/peopleevents/ebabylift.html (accessed May 20, 2010).

Kunz, E. F. 1983. "The Refugee in Flight: Kinetic Models and Forms of Displacement." *International Migration Review* 17: 125 – 146.

Liu, William T., Mary Ann Lamanna, and Alice K. Murata. 1979. *Transition to Nowhere: Vietnamese Refugees in America*. Nashville: Charter House.

Lockwood, Kathleen. 2006 [1999]. "The Philippines: Allies during the Vietnam War." 12 June http://www.historynet.com/the-philippines-allies-during-the-vietnam-war.htm/5 (accessed May 20, 2010).

Lowe, Lisa. 1996. *Immigrant Acts: On Asian American Cultural Politics*. Durham, NC: Duke University Press.

Mackie, Richard. 1998. *Operation Newlife: The Untold Story*. Concord, MA: Solution.

Manney, Kathy. 2006. "Operation Babylift: Evacuating Children Orphaned by the Vietnam War." September 13. http://www.historynet.com/operation-babylift-evacuating-children-orphaned-by-the-vietnam-war.htm (accessed May 20, 2010).

"Marine Corps Base Camp Pendleton." n.d. http://www.pendleton.marines.mil/About/HistoryandMuseums.aspx (accessed May 20, 2010).

McGranahan, Carole. 2006. "Truth, Fear, and Lies: Exile Politics and Arrested Histories of the Tibetan Resistance." *Cultural Anthropology* 20 (4): 570 – 600.

Moos, Feliz, and C. S. Morrison. 2005. "The Vietnamese Refugees at Our Doorstop: Political Ambiguity and Successful Improvisation." *Review of Policy Research* 1: 28 – 46.

Morrison, G. S., and Felix Moos. 1982. "Halfway to Nowhere: Vietnamese Refugees on Guam" In *Involuntary Migration and Resettlement: The Problems and Responses of Dislocated People*, ed. Art Hansen and Anthony Oliver-Smith. Boulder, CO: Westview Press.

Naval Historical Center. 2009. "USS Midway (CVB 41)." June 15. http://www.navy.mil/navy-data/ships/carriers/histories/cv41-midway/cv41-midway.html (accessed June 12, 2009).

Ngai, Mae M. 2005. *Impossible Subjects: Illegal Aliens and the Making of Modern America*. Princeton, NJ: Princeton University Press.

Padlan, Mark. 2005. "US Militarism in the Philippines." Peacemaking, November 28. http://www.peacemaking.co.kr/english/news/view.php?papercode+ENGLISH&newsno=134&pubno=142 (accessed June 12, 2009).

Palumbo-Liu, David. 1999. *Asian/American: Historical Crossings of a Racial Frontier*. Stanford, CA: Stanford University Press.

"Refugees: A Cool and Wary Reception." 1975. *Time*, May 12. http://www.time.com/time/magazine/article/0,9171,917419 – 3,00.html (accessed June 12, 2009).

Rogers, Robert F. 1995. *Destiny's Landfall: A History of Guam*. Honolulu: University of Hawai'i Press.

Sachs, Dana. 2010. *The Life We Were Given: Operation Babylift, International Adoption, and the Children of War in Vietnam*. Boston: Beacon Press.

Shigematsu, Setsu, and Keith L. Camacho. 2010. "Introduction: Militarized Currents, Decolonizing Futures." In *Militarized Currents: Toward a Decolonized Future in Asia and the Pacific*, ed. Setsu Shigematsu and Keith L. Camacho, xv – 3. Minneapolis: University of Minnesota Press.

Thompson, Larry C. 2010. *Refugee Workers in the Indochina Exodus, 1975 – 1982*. Jefferson, NC: McFarland.

Tobin, Thomas G. 1975. "Indo-China: Now on to Camp Fortuitous." *Time*, May 12.http://www.time.com/time/magazine/article/0,9171,917414,00.html (accessed June 12, 2009).

Tobin, Thomas G., Arthur E. Laehr, and John F. Hilgenberg. 1978. "Last Flight from Saigon" In *USAF Southeast Asia Monograph Series*, ed. Lt. Col. A. J. C. Lavalle. Vol. 4, no. 6. Washington, DC: U.S. Government Printing Office.

Turley, William S. 1987. *The Second Indochina War: A Short Political and Military History*, 1954 – 1975. New York: Signet.

U.S. Naval Hospital. 2013. "Command History." http://www.med.navy.mil/sites/usnhguam/in-formation/Pages/CommandHistory.aspx (accessed March 27, 2010).

USS Midway Museum. 2010. "Operation Frequent Wind—April 30th 2010." YouTube. Posted March 29. http://www.youtube.com/watch?v=J87rgk33X84&feature=player embedded (accessed May 20, 2010).

Utts, Thomas C. 2012. "Gateway." http://zcap.freeyellow.com/pix3.htm (accessed September 9, 2010).

Vasquez, Tim. 2001. "Clark Air Base: History and Significant Events." http://www.clarkab.org/history/ (accessed August 31, 2010).

Vo Dang, Thanh T. 2008. "Anticommunism as Cultural Praxis: South Vietnam, War, and Refugee Memories in the Vietnamese American Community." PhD diss., University of California.

Wandering Chopsticks. 2010. "Images at War's End: Refugee and Marine Images from Col Water house Collection and Marine Staff Photographs from Camp Pendleton Archives—Camp Pendleton." September 12. http://wanderingchopsticks.blogspot.com 2010/09/images-at-wars-end-camp-pendleton.html (accessed October 21, 2010).

Yoneyama, Lisa. 2005. "Liberation under Siege: U.S. Military Occupation and Japanese Women's Enfranchisement." *American Quarterly* 57 (3): 885–910.

Young, Marilyn Blatt. 1991. *The Vietnam Wars, 1945–1990.* New York: HarperCollins.

09

베트남 디아스포라의 특별한 돈

홍캄타이Hung Cam Thai

이 장에서 나는 초민족적 가족의 금전적 교류에 대한 사회적 평가에 대해 알아보고자 한다. 즉 나는 여기서 국경을 가로질러서 돈을 보내고 받는 사람들 사이의 금전 거래를 둘러싼 문화적·도덕적 의미를 다룬다. 디아스포라적 또는 초민족적 연구 내에서 영향력 있는 연구들이 초민족적 가족 내부의 금융적·사회적 송금의 본성에 주목했지만(Adams, 1998; Adams and Page, 2005; Agarwal 및 Horowitz, 2002; Nguyen, V. C., 2009; Gamburd, 2000; Hondagneu-Sotelo, 2001; McKay, 2003; Parreñas, R. S., 2001b; Parreñas, R. S., 2005; Wucker, 2004), 금전 자체의 문화적 의미, 그리고 보내지고 받아지는 돈의 의미에 대한 논의는 거의 없다. 이것은 일반적으로 화폐의 용도와 의미가 보편적이라고 추정되기 때문이다. 간단히 말해서, 화폐는 상품과 서비스를 구매하기 위한 교환수단으로 간주된다. 하지만 문화와 사회에 따라서 화폐의 구조와 의미가 다양하다는 것에는 의심의 여지가 없다. 젤리저(Zelizer, 1989)가 화폐에 관한 자신의 독창적인 작업에서 간명하게 지적했던 것처럼, "모든 달러가 평등하지는 않다." 그녀는 "문화와 사회구조가 화폐의 흐름과 유동성에 심대한 통제와 제한을 도입함으로써 화폐화 과정에 피할 수 없는 한계를 설정한다"고 주장했다(Zelizer, 1989: 343). 실제로 화폐의 사용을 형태 짓고 제약하는 비경제적 요소는 화폐의 배분, 통제, 사용자, 출처 등을 모두 포괄한다. 따라서 화폐는 시장에서 교환수단으로 기능하지만, 화폐 자체가 전적으로 시장현상인 것은 아니다. 그리고 그것이 언제나 교환 가능한 것도 아니다. 게다가 "화폐는 동질적이지 않다. 서로 다른 맥락에 존재하는 여러 화폐가 있으며, 그 모든 것들이 동일한 것은 아니다"(Zelizer, 1989: 351). 화폐는 본성상 사회적이고 문화적으로 종별적이며 권력관계 속에 배태되어 있고 젠더, 계급, 세대의 차이와 상호작용한다. 화폐가 쉽게 대체될 수 없을 때, 그것은 오직 특정한 용도에 적합한 것이 된다. 상속이나 결혼으로부터 받은 돈은 '특별한 돈'의 범주에 든다. 즉 그것은 사용에 있어 사회적·문화적 의미와 중요성을 지닌 돈이다(Zelizer, 1989: 351). 나는 베트남의 맥락에서 송금은 특정한 목적이 지정된 '특별한 돈'이고 보내는 사람과 받는 사람에게 서로 다른 의미를 가진다고 제시한다. 대부분의 경우 그것은 가족 구성원들을 돌보기 위해 배정된 돈이다. 어떤 경우에는 돈을 주는 행위가 돌봄의 한 형태이며, 다른 경우에는 돈 자체가 돌봄을 구입하는 데 사용된다. 따라서 이 특별한 돈이 그 목적의 경계를 넘어 사용될 때, 종종 초민족적 가족관계에 긴장이 존재하게 된다. 이 장은 그런 쟁점에 주목한다.

본 연구는 기존의 연구에 기초해서 베트남 디아스포라의 사례를 살펴보고 종족성, 사회계급, 세대, 가족적 연계의 구성 등에 따라 차별적인 초민족적 가족의 현재적 변종들이 존재한다고 제안한다. 또한 나는 나의 분석을 최근 본국과 초민족적 연계를 구축한 저임금 베트남 이민자들의 상황으로 제한하고, 특히 성인 형제자매들과 여타의 잡다한 확대친족 구성원들의 연계에 초점을 맞춘다. 베트남의 저임금 초민족적 가족은 세계 자본주의 내부의 가족적 연계의 구조적·개인적 조직화에서 하나의 변종을 이룬다. 베트남은 필리핀, 멕시코 등 여타 고액 송금수취 국가들과 비교할 때 독특한 국가인데, 이런 고유성은 현재 송금 흐름을 주도하는 베트남 이민의 역사적 맥락과 관련이 있다. 송금의 원천이 노동이주(Fajnzylber and Lopez, 2007)—이는 목적지 국가에 영주권을 획득할 가능성이 거의 없는 임시고용 또는 계약고용을 위한 개인의 초민족적 이동으로 정의된다—에서 오는 경향이 있는 라틴 아메리카와 아시아의 대다수 국가들과 달리, 베트남인의 송금 대부분은 해외에 상주하고 있는 300만 명에 가까운 비엣끼우(*Viet Kieu*), 즉 해외에 영구적으로 거주하는 해외 베트남인으로부터 발송된다(Committee for Overseas Vietnamese, 2005).[1] 이들 비엣끼우의 40% 이상이 미국에 거주하며, 베트남 송금의 50% 이상을 차지한다(Pham, L. T., 2008). 자신의 자녀와 배우자로부터 분리되는 경향이 있는 노동이민과 달리 1975년 4월 사이공 함락 이후 베트남 디아스포라는 다수의 초민족적 확대가족 구성원들로 구

---

1 비엣끼우(*Viet Kieu*)라는 용어는 주로 '국외거주 베트남인'을 의미한다. 하지만 문자 그대로의 해석은 '베트남인 임시체류자'다.

성되었다. 이 시기부터 베트남이 세계경제에 자신의 문호를 재개방한 1980년대 중반까지 시간과 공간의 분리는 비엣끼우(*Viet Kieu*)와 본국 사이의 소통이 거의 이루어지지 않았다는 것을 의미했다(Thai, 2008).

이 장은 디아스포라 전역을 아우르는 비엣끼우의 역이주逆移住와 소비에 관한 더 포괄적인 연구에 기초해서 저임금 이민자들의 귀환방문과 송금행태 사이의 관계에 초점을 맞춘다. 비록 나는 저임금 이민자들에 초점을 맞추고 있지만, 확실히 베트남 디아스포라의 사회경제적 구성은 매우 다양하다. 그런 다양성은 지난 40년 동안의 이주 흐름의 파동들을 반영하고 있을 뿐만 아니라 이민자들이 다양한 지리적 공간에서 직면했던 수용의 맥락들도 반영하고 있다. 내가 처음부터 송금을 주고받는 사람들 사이의 확대가족 연계를 연구하려는 의도를 가졌던 것은 아니다. 오히려 나는 귀환 활동—이주자 공동체의 구성원이 자신의 고국에 산발적 또는 주기적으로 체류하는 활동—에 관한 연구를 수행하는 과정에서 뜻밖에도 이런 유형을 발견하게 되었다. 나는 비엣끼우의 사회적 딜레마에 초점을 맞추어서 이민자들과 그들의 남겨진 가족들의 분기하는 사회·경제적 현실을 탐구했다(Smith, 2006). 비엣끼우의 사회적 딜레마는 로버트 코트니 스미스Robert Courtney Smith가 '본국 송금 부르주아지'homeland remittance bourgeoise라고 불렀던 명제를 지지했다. 나는 스미스Smith를 따라서 하나의 해석적 도구로 송금 부르주아지라는 용어를 사용한다. 그것은 특정한 사회계급의 명칭이 아니다. 그것은 대체로 해외의 돈에 접근할 수 있기 때문에 편안한 생활방식을 영위하고 있는 고국의 가족 구성원들을 지칭한다. 송금은 고국에 있는 가족 구성원들의 일상생활을 개선하는 데 중요한 역할을 한다. 베트남에서는 전체 송금액의 73%가 상품과 서비스의 직접적 소비에 할당되는 반면, 14%만이 가옥 건축을 위해 저축되고 6%는 투자를 위해 저축되는 것으로 조사되었다 (Pfau and Long, 2010).

초민족적 가족의 베트남 저임금 이민자들은 세계화의 힘들이 관통하는 모순된 사회적 위치에서 생활하고 있다. 한편으로 그들은 저임금 장시간 노동을 필요로 하는 일에 종사하고 있다. 그러나 다른 한편으로 그들은 고국의 가족 구성원을 지원할 수 있는데, 그 구성원들은 송금 덕택으로 일상적 가계지출을 충당할 뿐만 아니라 빈번하게 그들의 사회적 맥락에서는 사치스러운 상품을 살 수도 있다. 시공간이 분리된 가운데 본국에 친척과 성인 형제자매를 둔 베트남 이민자들은 세계적 상황으로 인해 가난에 처한 제3세계 사이공의 가족들에게 돈을 보낸다. 이렇게 송금을 보내는 이민자 중 상당수는 가계의 생계지출을 유지시킨다는 목적으로 자금을 보내지만, 소비주의나 의사소통 부족과 같은 사회적 요인으로 인해 송금인과 수취인이 기대하는 송금액의 사용용도가 불일치하는 경우가 발생한다. 다시 자세히 설명하겠지만, 비엣끼우는 고국 귀환방문을 할 때 송금 딜레마에 직면하는 경우가 많으며, 이로 인해 많은 이들이 시간이 지남에 따라 자신의 송금 행태를 조정한다.

초민족적 가족 관계는 여러 공간과 시간에 걸쳐 빈번하게 논쟁되거나 오해를 빚어 왔다(Mahler, 2001; Parreñas, R. S., 2001a; Parreñas, R. S., 2005; Schmalzbauer, 2008). 그러나 이민자들 내부의 귀환활동의 결과로 사회적 관계들이 잠재적으로 민족적 경계를 넘어서 재협상될 수 있게 되었다. 비록 최근 몇 년 동안 초민족적 문화의 출현에 상당한 관심을 기울이는 연구들이 활발히 이루어졌지만, 이러한 일군의 연구들 내에서 고국 귀환방문의 역할, 특히 해외 이민자들의 귀환 활동이 어떻게 그리고 왜 송금 행태를 생산하고 변용시킬 수 있는지에 대한 관심은 현재까지 크지 않았다(Åkesson, 2009; Schmalzbauer, 2008). 나는 특히 이주자 가족 구성원들의 귀환방문을 했을 때 남아 있던 가족 구성원들의 사회적 이동성이 시간의 흐름에 따른 송금 행태의 변화를 설명하는 데 중요한 고려사항이 되어야 한다고 주장한다. 이는 우리가 송금 이동성에 대해 알고 있는 많은 부분이 일반적으로 본국에서 해외 이민자들이 경험하는 것을 무시하고 송금 행태의 관점에서 그들의 귀환방문에 뒤따를 수도 있는 결정들을 무시하기 때문이다. 여기서 나는 다음과 같은 질문을 제기한다. 이주자 인구의 구성원들이 고국에 귀환방문을 했을 때 그들은 송금 행태를 어떻게 수정하는가? 송금은 많은 개발도상국들의 경제성장에서 중요한 부분을 차지하고 있고 저임금 부문에서 일하는 이민자들에게 특히 중요한 의미를 갖기 때문에, 이러한 연구의 초점은 특별한 의미를 갖는다. 경제학자 미셸 우커(Wucker, 2004)가 밝힌 바와 같이 오늘날의 송금인들은 일반적으로 저임금 노동자들이다. 예를 들어, 미국의 이민자 중 일 년에 5만 달러 이상을 버는 이민자의 19%만이 본국 공동체에 있는 가족들에게 송금을 보내는 반면, 3만 달러 미만의 수입을 얻는 사람들 중 46%는 송금을 한다. 따라서 일반적으로 송금을 하는 사람은 송금할 능력이 가장 낮다. 우커가 간결하게 표현한 것처럼, 그들은 '개발도상국의 영웅들'이다.

아래에서는 중요한 분석범주로서 귀환 방문의 특성을 강조한다. 나는 얼마나 많은 이민자들이 서방세계에서 어려움을 겪고 있음에도 불구하고 베트남과 서방세계 사이의 엄청난 경제적 격차 때문에 고향으로 돌아가 확대가족과 성인 형제자매를 부양해야 한다고 느끼고 있는가를 보여줄 것이다. 그다음에 나는 돈을 보내는 몇몇 가족 구성원들이 직면하는 다양한 딜레마를 드러내 보이고, 귀환방문이 어떻게 송금을 보내는 가족 구성원에게 고향의 소비적 행동들이 폭로되는 순간이 되는가를 보여줄 것이다. 마지막으로 나는 몇몇 베트남인들이 귀국 후 송금 행동을 어떻게 조정하는지 묘사한다. 나의 연구자료에 따르면, 비엣끼우는 고국 귀환방문을 했을 때에만 자신이 보낸 돈이 어떻게 지출되는지를 더 명확하게 알 수 있다. 일단 그들이 송금에 의존하는 가족 구성원들 사이의 소비 및 여가 활동을 이해하면 그들은 좋든 나쁘든 더 쉽게 송금 행위를 조정할 수 있다. 여기서 초점을 맞추는 장소는 공식적으로 호찌민시라고 알려진 사이공인데, 베트남으로 보내는 전체 이민자 송금의 50% 이상이 그곳을 향한다(Nguyen D. A., 2005).[2]

초민족적 가족 내 이민자들의 귀환활동

이 절에서는 원래 산업화된 나라로 이주했다가 상대적으로 저개발된 지역에 속하는 자신의 고국으로 귀환하는 개인들의 국제적 귀환방문을 강조하면서 국제적 귀환방문에 대한 연구를 수행한다. 미국과 캐나다 내 귀환방문의 다양한 이면을 포함해서 내부적 이주 유형에 관한 별도의 문헌들이 존

---

2 비록 사이공이라는 이름은 1975년 북베트남군에 항복하면서 호찌민Ho Chi Minh으로 바뀌었지만, 내가 만난 동시대 베트남인들은 여전히 이 도시를 '사이공'Saigon 또는 단순히 '탄포'Thanh Pho(도시)라고 부른다. 나는 그들의 준거틀을 수용해서 그곳 현지를 지칭하기 위해 '사이공'과 '사이공인'이라는 명칭을 사용한다.

재한다(Alexander, 1998, 2005; Alexander, 2006; Lee, 1974; Stone, 1974). 그리고 특히 정치적 난민과 이주 막노동자들과 관련하여 저소득 지역들 사이의, 그리고 그들 내부의 귀환 이주에 관한 문헌도 새롭게 출현하고 있다 (Oxfeld and Long, 2004). 국제적 귀환에 대한 연구는 초민족적 연구가 등장하기 전까지 상대적으로 제한적이었는데, 왜냐하면 학자들이 오랫동안 이주를 '빈국에서 부국으로'라는 이론적인 렌즈로 바라보면서 그것을 주로 '농촌에서 도시로'라는 분석틀을 통해 발생한 일방향적인 과정이라고 가정해 왔기 때문이다. 귀환 이주 연구의 한 가지 중요한 통찰은 "고국에 머물려는 의도 없이 휴가차 또는 연장된 방문기간 동안 귀환하는 이민자들은 일반적으로 귀환 이민자로 정의되지 않는다"는 사실이다(Oxfeld and Long, 2004: 136). 실제로 *귀환방문*return visits은 역이주return migrants와 구별된다. 왜냐하면, 역이주는 재정착을 위해 영구적으로 자신의 고향으로 되돌아가는 현상인 반면, 귀환방문은 이주민들이 "현재의 거주지와 그들의 외부적 고향 양쪽에서 사회적으로 의미 있는 복수의 정체성을 유지할 수 있게 하기" 때문이다(Duval, 2004: 51). 전후戰後 비엣끼우 디아스포라에게 역이주는 매우 도전적인 일이기 때문에 나는 이러한 사실을 강조하고자 한다. 필리핀(Espiritu, 2003) 같은 다른 아시아계 이민자들에 비해, 비엣끼우는 토지와 부동산을 사고 장기적인 정착을 위한 서류를 얻는 것이 어렵기 때문에 본국으로 다시 통합되기가 상대적으로 어렵다. 따라서 역이주는 현재 전후 비엣끼우들에게 어렵고 드문 일이며, 그 결과 귀환방문은 이주자들이 초민족적 가족 연계를 지속할 수 있도록 해주는 중요한 사회적 관행이 된다.

귀환방문은 현재의 이민자들—그중 일부는 합법적으로 자신의 고국으로 돌아가서 다시 정착할 수 없다— 사이에서 초민족성의 척도가 되기 때문에 고려해야 하는 중요한 사안이다. 사실 초민족주의에 관한 문헌은 초민족적 행동의 본성을 충분히 조작적으로 정의하지 못했고 초민족주의의 정도에 대한 논쟁이 계속되고 있다(Levitt, 2001; Levitt et al., 2003; Maller, 1998; Portes, 2001). 예컨대, 피에렛 혼다그뉴-소텔로와 에르네스틴 아빌라(Hondagneu-Sotelo and Ernestine Avila, 1997)는 "초민족주의가 순환과 정착의 비결정성을 강조하는 것에 반대한다"고 진술했다. 그들은 많은 이민자들이 연례적 방문을 위해 고국으로 귀환하지만, "대부분의 이민자들은 초기 이민 의도와 상관없이 여기에 머무르려고 한다"고 주장한다. 이와 마찬가지로 에스피리투(Espiritu, 2003: 3)는 "미국에서 대부분의 이민자는 초기의 의도나 출신국가의 정치·사회·경제생활에 대한 그들의 지속적 관여와 무관하게 이곳에 머무르려고 한다"고 주장한다. 따라서 귀환방문은 초민족주의 연구자들이 만들고 있는 다소 추상적인 주장들에 대한 약간의 현실성을 제공할 수 있다. 귀환방문이 초민족적 연계의 역사적 유형과 구별되는 동시대 초민족주의의 특징을 띠게 되는 방식을 살펴봄으로써 초민족주의의 현실과 정도에 대한 우리의 이해가 강화될 수 있다. 궁극적으로 귀환방문은 만약 그것에 대한 고려가 없다면 사변적이지는 않더라도 모호한 상태에 머물렀을 초국가적 관행에 관한 논의를 구체적인 이해로 이끈다.

베트남 디아스포라로부터의 귀환

전후 베트남 디아스포라 내에서 귀환은 비교적 최근 전개된 것으로 베트남 정부의 국가 정책 변화와 민족국가들 사이, 특히 미국과 베트남 사이의 국제적 외교관계 형성 때문에 가능해진 것이다. 1986년에 베트남 정부가 경제개혁을 시작한 지 20년 이상 시간이 흐른 오늘날 비엣끼우들이 가족방문, 관광, 그리고 여타 사회·경제 활동을 위해 고향으로 돌아가는 것은 일반적인 현상이다. 그러나 일부 피상적인 언론의 관심(Vietnam News, 2002; Nhat, 1999; Nguyen, H., 2002; Larmer, 2000; Lamb, 1997)과 한 학자의 연구(Long, 2004)를 제외하면, 비엣끼우 인구의 역이민이나 귀환방문에 관한 연구는 사실상 이루어지지 않았다. 이는 주로 베트남 이민의 역사에서 망명이라는 차원에 주된 초점이 맞추어져 있었기 때문이다. 1970년대 중반부터 1990년대 초반까지 난민 서사narratives가 베트남인의 이민경험을 규정했고, 결과적으로 이들 비엣끼우가 본국과 맺은 관계도 규정했다. 실제로 전후戰後 베트남 귀환자들이 언급될 때에 그들은 1970년대 중반부터 시작된 동남아시아의 정치적 혼란의 특정 시기의 대규모 난민 이주라는 맥락에서 이해되어야 한다. 이 시기 이전에도 베트남으로부터의 산발적인 이주가 있었지만(Pham, V., 2003), 최초의 대규모 이주와 베트남 디아스포라의 형성은 1975년 4월 30일 사이공 함락 및 미군철수와 함께 시작되었다. 이들 전후 베트남 국제 이주자는 13만 명 이상의 사이공 사람들을 피난시킨 공수 노력의 일환으로 미국에 직접 난민으로 왔는데, 이들은 대부분 도시 중산계급 출신이었다(Freeman, 1995). 그 이후 난민과 이주자의 파동은 베트남의 다양한 지역 출신의 수많은 '보트 피플'을 포함했다. 그들은 서방 국가의 후원을 받기 전에 다른 아시아 국가(특히 홍콩, 태국, 필리핀)의 난민촌에서 일정한 시간을 보내야만 했다. 더 최근의 시기 동안 베트남 이민자들은 주로 가족의 후원을 통해 고국을 탈출해서 다양한 지역의 디아스포라로 향했다(Thai, 2008).

10년 넘게 외부 세계의 대다수 국가들과 접촉하지 않던 베트남 정부는 1986년에 도이머이(*Doi Moi*, 혁신)라고 불린 새로운 사회경제 정책을 채택했다.[3] 그 정책은 국가소유나 중앙계획을 종결시키지 않았지만 나라를 완전한 국가-후원 사회주의에서 부분적인 자유시장 자본주의로 이동시켰다(Morley and Nishara, 1997; Ebashi, 1997). 베트남은 1993년에 동남아시아 국가연합Association of Southeast Asian Nations(ASEAN)에 가입했지만, 1995년 8월이 되어서야 미국의 빌 클린턴 전 대통령이 베트남과 완전한 외교관계를 수립했다. 1995년 이후 경제적·사회적 연계가 정상화되면서 베트남에 돌아와 가족을 찾거나 휴가를 보내는 베트남 디아스포라의 개인들이 점차 늘어났다. 일부 학자들이 지적한 것처럼, 최근에 국가는 해외 디아스포라에게 토지를 임대하고 투자를 할 수 있는 것과 같은 인센티브를 제공했는데, 그런 인센티브는 비록 느리게 실행되었지만 엄청나게 중요한 비엣끼우 경제를 창조했다(Thai, 2008; Morley and Nishihara, 1997). 베트남으로의 송금은 1991년 불과 3,500만 달러에서 2006년 대략 50억 달러로 극적으로 증가하여 베트남 국내총생산의 약 8%를 차지하게 되었다. 사이공에서는 송금

---

3 이는 문자 그대로 '새로운 것을 위해 변화하다'를 의미한다.

이 해외직접투자 유입액을 추월했다. 2008년 베트남 정부는 약 30만 명 이상의 비엣끼우가 본국을 방문한 것으로 추산했는데, 이는 1992년 87,000명이나 1988년 8,000명과 비교하면 극적으로 증가한 수치다. 방문 이민자들은 자신이 직접 가져오는 '호주머니 이체'를 실행할 가능성이 높은데, 이는 전체 공식 송금액 규모를 크게 증가시켰다.

연구방법론

본 연구는 약 40년 전에 끝난 식민주의와 전쟁의 상처와 화해하는 한 나라라는 수사학을 넘어서 세계 사이공global Saigon의 최근의 초민족적 사회적 관계에 내재된 지위, 권력, 차별성, 책임성 등의 차원을 조명한다. 자료 분석은 2003년에서 2009년까지 5년 동안 일정한 간격을 두로 실행된 31개월의 현지조사에 근거를 둔다. 여기에는 2003년에서 2008년 사이에 여름 동안 실행된 9번의 현지조사와 2004년 5월에서 2005년 3월 사이에 수행된 10개월의 집중 현지조사가 포함된다. 마지막 후속 현지조사와 인터뷰는 2009년 1월과 6월 사이에 이루어졌다. 나는 사이공에서 비엣끼우 귀환자들을 대상으로 개방형 심층인터뷰 녹음을 진행하여 자료를 수집했다. 초민족적 가족들에 속한 사람들에 대한 명단이 없었기 때문에 나는 10개월간의 현지조사 기간 동안 4명의 전임 연구보조원의 도움을 얻어 여러 이유로 사이공으로 돌아온 324명의 비엣끼우들을 알게 되었다. 우리는 개인적 사회연결망을 통해 응답자들을 모집하기 시작했고 눈덩이 표집법snowball sampling을 이용해서 총 324명의 비엣끼우를 모집했다. 나는 자기 선택과 체계적 편향성의 문제를 피하기 위해 무작위 숫자표를 사용하여 324명의 잠재적 응답자 중 100명을 선택함으로써 응답자의 단순무작위 표본을 생성했다. 이런 단순무작위 절차를 통해 나는 83개의 비엣끼우를 만나게 되었다. 우리는 비엣끼우 외에도, 사이공에서 그들과 사회적 연결망을 형성하는 65명의 현지 가족구성원과 44명의 베트남인 및 비베트남 서구인과 인터뷰를 수행했다.

본 장에서 나는 하위표본 집단에 속하는 83명의 비엣끼우와의 인터뷰만을 활용하며, 그들의 베트남인 가족구성원의 관점과 서구인들의 사회적 연결망은 다른 곳에서 분석될 것이다. 또한 나는 정보제공자의 익명성을 보호하기 위해 가명을 사용할 것이다. 비엣끼우와의 인터뷰는 남겨진 가족구성원과의 초민족적 연계의 형성, 베트남 귀환과 재연계 활동의 경험, 소비 유형, 송금 행태, 초민족적 가구를 지속시키기 위한 미래계획 등에 초점을 맞추었다. 인터뷰한 베트남인 중에서 39명은 여자였고 44명은 남자였다. 연령대는 26세에서 58세 사이였고 평균연령은 38.6세였다. 그들의 88%는 미국, 캐나다, 프랑스, 호주 등 중심부 국가에서 귀환한 사람들이었다. 61%는 미국 비엣끼우였고 프랑스, 캐나다, 호주의 비엣끼우는 각각 6%, 7%, 13%를 차지했다. 나머지 13%는 다양한 나라의 디아스포라에서 왔다.

당대 사이공에서 송금의 제도화

송금은 초민족적인 가족적 연계를 조직하는 데 중심적인 역할을 한다. 이러한 세계적 현실에서 베트남도 예외는 아니어서, 베트남 국민 4명 중 1명은 송금에 생계를 의존하고 있다는 사실이 밝혀졌다. 사이공에서는 송금에 의존하는 개인의 비중이 더 높을 것으로 추정되는데, 왜냐하면 베트남을 향한 송금의 50% 이상이 사이공에서 유통되고 있기 때문이다(Nguyen, D. A., 2005). 본국에서 제한된 고용기회와 침체된 국내경제 상황으로 인해 다수의 이주 가족 구성원들, 심지어 저임금 노동시장의 일부였던 이 연구의 이민자들처럼 해외 취업상황이 불안정한 이들도 본국으로 돈을 보내지 않을 수 없다. 비록 대부분의 연구는 이주 노동자들이 본국에 남겨진 배우자와 자녀에게 보내는 송금에 초점을 맞추고 있지만(Schmalzbauer, 2004; Parreñas, R. S., 2001b; Hondagneu-Sotelo and Avila, 1997; Gamburd, 2000; Åkesson, 2009), 이 연구에서의 응답자 중 그런 상황에 처한 사람은 거의 없었다. 베트남 이주 노동자들은 최근에서야 전 세계 노동력에 합류했기 때문에 노동 이주와 송금을 보내는 베트남 공동체 사이에는 밀접한 관계가 없다. 그래서 이 연구에서 대부분의 송금자들은 성인 형제자매와 친척들에게 돈을 보내고 있었다. 연구 결과 부모나 배우자가 보내는 송금은 10%에 불과하고, 성인 형제자매가 보내는 송금이 70%에 육박하며, 고모나 삼촌, 사촌 같은 친척들이 나머지 20%를 송금하는 것으로 나타났다. 이 절에서 나는 정보제공자들이 성인 형제자매와 친척들에게 돈을 보내는 몇 가지 이유를 자세히 설명하면서, 시간이 지남에 따라 송금이 동시대 베트남의 일상생활로 제도화되는 양상을 띠고 있다는 점을 강조한다. 초기에는 일상적인 가계지출 생활비를 지원하기 위해 송금하는 경우가 많았으며 일반적으로 일단 가족 구성원들이 서구사회에 다소 안정적으로 정착한 이후에 송금이 발생했다. 플로리다에서 온 42세의 놀이공원 직원 뜨윗Tuyet은 다음과 같이 말했다.

1980년대 초에 우리가 플로리다에 처음 도착했을 때, 우리는 다른 모든 사람처럼 재정적으로 어려움을 겪고 있었습니다. 그 당시 우리가 알고 있는 모든 베트남인은 살아남기 위해 노력하고 있었습니다. 대다수 사람들이 식권과 복지혜택을 받고 있어서 아무도 베트남에 남은 가족들에 대해 진정으로 생각하지 않았습니다. 베트남에 있는 가족들과 소통할 수 없었기 때문에 집으로 돈을 보내는 것도 어려웠습니다. 남편과 저는 베트남에 가족이 있었고 여전히 상황은 마찬가지인데, 왜냐하면 우리가 형제자매들이 미국으로 오도록 후원할 수 없었기 때문입니다. 우리가 돈을 보내는 서비스에 대해 들었을 때나, 베트남으로 돌아간 친구가 처음 있었을 때, 우리는 형제자매들에게 돈을 보냈습니다. 때때로 누군가 아프면 즉시 돈을 보내곤 했지만, 대부분의 경우 우리는 그저 사람들이 하루하루 생활할 돈을 보냈습니다.

연구자들은 국제적 송금이 세 가지 주요형태의 '이전 유형'transfer types을 취한다는 데 주목했다. 첫 번째 유형은 이민자들이 고향에 있는 친척들에게 직접 보내는 돈이나 선물과 관련된다. 두 번째 유형은 '개인투자 이전'과 관련되는데, 이는 송금인이 본국에 대한 개인 투자금을 저축하기 위해 정기적으로 송금하는 것이다. 세 번째 유형은 일반적으로 마을이나 고향협회 같은 공동체를 위한 송금과 관련된다. 요시 샤인과 아론 바스(Shain and Barth, 2003)는 특정 디아스포라의 성숙도가 본국으로 송금되는 이전의 종류와 밀접히 관련되어 있다고 제시한다. 이 연구에서 나는 인터뷰한 사람 중 누구도 마을이나 본국의 협회조직에 돈을 보내고 있지 않다는 사실을 발견했다. 거의 95%는 가족에게 돈과 선물(대부분은 돈)을 보내고 있었고, 나머지 5%는 미래의 역이주나 장기 귀환방문을 위한 주택 투자 계획을 세우고 있었다. 데이비드 피츠제럴드(Fitzgerald, 2013)가 지적한 것처럼, 멕시코 이민자들의 경우는 상황이 매우 다르다. 그는 많은 멕시코 귀환자들이 해외에서 벌어들인 수입으로 토지에 투자하고 전체 지역사회를 건설한다고 지적했다. 게다가 민 예(Ye, 2013)가 지적한 것처럼, 중국의 사례와 달리 베트남 디아스포라 자본은 베트남의 발전을 돕는 데 여전히 매우 제한적인 역할을 하고 있다. 비엣끼우는 아직 귀환의 초기 단계에 있고, 그들이 집을 사고 지을 수 있는 법적 기반시설이 충분히 개발되어 있지 않기 때문에 개인과 디아스포라의 투자가 제한적일 수밖에 없다. 베트남 학자 응우옌 당 안(Nguyen Dang Anh, 2005)은 베트남의 가난한 가정들에서 송금은 대부분 투자가 아니라 가계소비에 사용된다고 설명한다. 그는 베트남에서 송금이 일반적으로 수령 가족의 가계소득을 50% 이상 증가시킨다는 것을 발견했다. 2005년 사이공의 월평균 소득은 베트남화로 1.1동Vietnamese Dong(VND) 또는 61달러였기 때문에 대부분의 비엣끼우에게 그것은 어려운 일이 아니었다.

오데드 스타크와 로버트 루카스(Stark and Lucas, 1988)는 송금이 일반적으로 '순수한 이타주의', 즉 남겨진 친척들을 위한 이주민들의 보살핌에 기초해서 이루어진다는 것을 발견했다. 실제로 호주 시드니로 이주한 37세의 공장 직원인 또 다른 응답자 빈Binh은 뜨윗Tuyet과 마찬가지로 고향에 있는 가족들의 가계지출을 지원하기 위해 성인 사촌에게 돈을 보냈다고 설명했다. 뜨윗Tuyet처럼 빈Binh도 사촌의 월수입이 어느 정도인지 어림잡아 계산한 후 송금할 액수를 결정한다.

사람들은 호주에서의 삶이 매우 편안할 것이라고 생각하기 때문에 우리들의 삶이 힘들 수 있다고 상상하기 어려울 것입니다. 그들은 제가 충분한 돈을 벌지 못하면

호주 정부가 나를 지원할 것이라고 생각합니다. 그래서 비록 내가 호주에 살고 있고 가족들보다 훨씬 더 많은 돈을 벌고 있지만, 호주 생활도 많은 비용이 들기 때문에 가족들에게 그 정도의 돈만을 보낼 수밖에 없다는 사실을 설명하기가 어렵습니다. 그래서 제가 하려고 하는 것은 매일매일의 비용을 충당할 수 있는 충분한 돈을 주려고 노력하는 것입니다. 저는 그들이 일해서 얼마나 돈을 버는지 가늠해 보고, 대략 그 금액의 절반 정도를 그들에게 줍니다.

빈Binh의 이야기는 또한 송금이 어떻게 발신자에게 초민족적 가족 연계와 고국에 대한 정체성을 유지하기 위한 견고한 기반을 제공해 주는지를 보여준다.

베트남에 있는 우리의 가족과 친구가 그들 스스로 괜찮은 생계를 꾸릴 수 있으려면 몇십 년이 더 걸리리라고 생각합니다. 그래서 저는 고향으로 돌아가 가족을 돕는 것이 베트남을 떠날 수 있었던 우리 같은 사람들의 책임이라고 생각합니다. 저는 사촌 중 한 명에게 매달 300달러 정도만 송금하기 때문에 힘들지 않습니다. 그 300달러를 그녀가 원하는 방식으로 나누어 쓰겠지만, 저에게는 300달러가 그리 큰돈이 아닙니다. 하지만 그녀가 매달 최소한 12명 정도를 부양해야 한다는 걸 알고 있습니다. 제 사촌은 베트남에 남은 유일한 가족이기 때문에 사촌을 부양하고 싶고 미래에 내 아이들이 베트남으로 돌아가 그곳에 가족이 있다는 것을 알았으면 좋겠습니다. 아마도 제 아내와 저는 나이가 들면 다시 고향에 갈 것이기 때문에, 우리는 사촌과 계속 연락해야 할 필요가 있습니다.

빈Binh의 말처럼 송금은 그의 가족이 베트남과 초민족적 가족 관계를 유지하는 데 잠재적으로 도움이 될 수 있지만, 송금에 의존하는 사람들이 서양에서의 삶에 대해 부정확한 인식을 가질 때에는 이러한 관계를 유지하는 것이 때로는 어려울 수 있다. 거의 모든 응답자들은 그들의 가족 구성원들이 그들의 직업의 세부사항을 거의 알지 못하며 서구에서 많은 노동자 계층의 이민자들이 직면하고 있는 가혹한 노동조건에 대해 거의 알지 못한다고 지적했다. 형제자매와 함께 토론토로 이주한 38세의 네일 숍 여종업원 떰 Tam은 이렇게 말했다.

> 1994년 제가 베트남에 처음 갔을 때, 사람들은 여전히 서양에서의 삶에 대해 상당 부분 제대로 알지 못했습니다. 몇몇 사람들은 실제로 제 삶이 어땠는지, 제가 얼마나 벌었는지 등에 대해 질문을 했습니다. 그들은 그것을 어림짐작하려고 노력하고 있었습니다. 하지만 최근에는 점점 더 많은 사람이 TV와 라디오를 접할 수 있게 됨에 따라, 그들은 모든 사람의 삶에 대해 하나의 이미지만 가지고 있는 경향이 있고, 모든 사람이 편안한 삶을 살고 있다고 생각합니다. 제 생각에 그것은 모두 상대적이고 누구에게 말하느냐에 따라 다르다고 생각하지만, 저는 베트남에 사는 사람들보다 베트남에 살지 않는 사람들이 더 편안히 살고 있는지는 잘 모르겠습니다. 저는 베트남 사람들이 생각하는 많은 것들이 부정확하다고 생각합니다. 그들 중 대부분은 우리 모두가 사무직을 가지고 있고, 에어컨이 작동되는 방에 앉아 있으며, 멋진 차를 몰고 출근한다고 생각하고 있습니다. 또한 직장을 잃거나 어린 자녀가 있다면 정부가 전적으로 지원할 것으로 생각하기 때문에 아무도 경제적으로 고통받지 않는다고 생각합니다.

서양의 생활방식에 대한 대중적 이미지와 서양에서의 생활에 대한 비엣 끼우의 표상 사이의 관계는 역설적인 것이다. 한편으로 떰Tam과 같은 일부 비엣끼우들은 매체들의 표상 때문에 가족 구성원들이 서양의 생활에 대한 부정확한 이미지를 가지고 있다고 말했다. 그러나 다른 한편으로 많은 비엣끼우는 가족을 걱정시키고 싶지 않기 때문에 그들의 직장 생활에 대해 가족 구성원들에게 말하지 않는다고 밝혔다. 다른 이들은 서양에서 그들의 가혹한 노동환경을 드러내서 가족들을 당황하게 하고 싶지 않다거나 자신도 당혹감을 느끼고 있다고 말했다. 이민자들이 긴 노동시간 저임금을 특징으로 하는 일자리와 씨름을 하고 있을 때에도 일반적으로 해외 거주지에서의 그들의 삶의 냉혹한 현실을 가족들에게 드러내지 않는다는 것은 많은 연구들이 보여주고 있다(Thai, 2006; Schmalzbauer, 2004; Goldring, 1998). 몬트리올에서 온 33세의 호텔 직원 쭝Trung은 다음과 같이 설명한다.

저는 베트남에 있는 여동생들에게 호텔에서 일하는 것이 힘들지만 학교에서 공부를 잘하지 못했고 그래서 이것이 내가 얻을 수 있는 최고의 일자리였기 때문에 이것을 해야만 한다고 말하려고 합니다. 나는 늦게까지 일해야 하고, 하루 종일 무거운 짐을 많이 들어 올려야 합니다. 그리고 휴일도 많지 않습니다. 동생들에게 그것을 설명할 수 있지만, 그들은 여전히 제 삶이 그들의 삶보다 훨씬 낫다고 생각합니다. 글쎄요, 아마 그럴 수도 있겠죠. 그렇지만 제가 방문을 위해 다시 돌아갔을 때, 저는 그들의 삶이 저보다 낫다고 생각했습니다. 제 말은 동생들은 오후에 긴 낮잠을 자고, 내가 보낸 돈만 있으면 아마 일하지 않고도 살 수 있을 거라는 것입니다. 또 다른 문제는 많은 베트남인이 고향에 돌아왔을 때, 그들이 가지고 있는 직업의 종류에 대해 가족들에게 말하지 않는다는 것입니다. 그들은 그것에 대해 정말 얘기하지 않습니다. 내가 생각하기에, 2주나 3주 정도 방문할 때 그냥 둘러앉아서 캐나다에서의 생활에 대해 가족에게 불평만 하는 일은 없을 것 같습니다. 아마도 사람들은 이해하지 못할 것입니다. 왜냐하면 만약 캐나다의 삶이 그렇게 힘들다면 왜 베트남에 있는 모든 사람은 떠나고 싶어 하는지 알지 못하기 때문입니다.

떰Tam과 쭝Trung이 시사하는 것처럼, 베트남의 가족들이 해외생활에 대해 가진 오해는 부분적으로는 의사소통의 부족과 언론의 부정확한 표현에서 기인한다. 그러나 그것은 또한 부분적으로 많은 이민자가 해외 공동체에서의 그들의 경제적 조건의 현실을 부정하도록 강요하는 이민문화에서 비롯되었다는 점에 주목해야 한다. 이것은 때때로 초민족적인 사회적 장들에 걸친 이민자들의 상대적 비교의식에서 기인한다. 뉴욕에서 온 52세의 식당 종업원인 찌Chi는 다음과 같이 설명한다.

사이공으로 돌아가면, 나는 내 형제나 두 여동생 같은 많은 가난한 사람들을 봅니다. 제 여동생 중 한 명은 호텔에서 청소부로 일하면서 한 달에 40달러 정도 벌고, 제 남동생은 경비원으로 한 달에 70달러밖에 벌지 못합니다. 그래서 매달 저는 동생들에게 그들의 월수입의 약 두 배를 보내는데, 동생들은 이것이 그들에게 많은 도움이 된다고 말합니다. 가끔 큰일이 생기면, 예를 들어 누군가가 정말 아플 때에는, 제가 더 많이 돕습니다. 예를 들어, 작년에 제 조카[여동생의 딸]는 학교에 입학해서 영어를 배우기 위해 약간의 돈이 필요했고, 저는 동생에게 등록금으로 약 800달러를 주었습니다. 그들은 한 달에 40달러나 70달러밖에 벌지 않는데 우리가 어떻게 불평을 할 수 있을까요? 비록 식당에서 일하면서 한 달에 1,600달러 정도밖에 벌지 못하지만, 그것은 여전히 동생들이 베트남에서 벌 수 있는 돈보다 훨씬 더 많습니다. 그리고 아시다시피, 우리 모두는 일을 해야 합니다. 일을 해 본 적이 없다면, 아무도 다른 사람의 일이 얼마나 힘든지 모릅니다. 그래서 저는 베트남에 있는 동생들에게 불평하지 않을 뿐입니다.

돈을 보내는 것의 딜레마

월 소득의 근사치를 계산하고 소득의 일부를 보내는 것은 많은 비엣끼우가 송금액을 결정하는 데 사용하는 단순한 전략이었지만, 대다수 비엣끼우는 송금에 의존하는 가족 구성원과 관련된 딜레마를 경험했다. 그런 딜레마는 그들이 본국으로 귀환방문을 하기 전까지는 그들에게 거의 드러나지 않았던 것이다. 이민 후 최소한 3번 이상 베트남에 다녀온 응답자 중 대부분은 일단 귀국하면 송금과 관련해서 가족과 다양한 딜레마에 직면했다고 답했다. 이 절에서는 송금분배와 지출할당의 문제를 포함해서 서로 관련된 두 가지 주요 딜레마를 설명한다. 분배는 다수의 가족 구성원들에게 돈을 분배하는 것과 관련된다. 반면에 할당은 특정 상품과 서비스에 돈이 사용되는 방식을 가리킨다.

분배

가족 구성원들은 초민족적 분리 속에서 주로 호아팟송금서비스Hoa Phat Remittance Service와 미국여행사US Tours Inc. 같은 방문 송금 서비스를 통해 자금을 송금한다. 두 회사는 모두 미국 전역에 지사를 두고 있으며 호주, 캐나다, 프랑스 등을 비롯한 여러 지역에 자회사를 두고 있다. 이들 서비스는 4시간 만에 사이공으로 돈을 보낼 수 있으며 베트남 어디든 24시간 내에 돈을 보낼 수 있다. 나의 정보제공자에 따르면, 가족 구성원이 전화기, 특히 휴대전화기를 가지고 있으면 그들 개개인에게 직접 돈을 보내는 것은 쉽다고 한다. 왜냐하면 송금 회사들은 수취인에게 연락할 수만 있다면 시내 어디든 집집마다 돈을 전달할 수 있기 때문이다. 하지만 대부분의 송금인들은 돈을 다른 가족 구성원들에게 배분하는 송금 담당자를 한 명 두는 것을 선호한다. 39세의 쭝Dung처럼 보통은 송금인들이 자금을 담당할 가족구성원 한 명을 지정한다. 쭝Dung은 토론토에서 재봉사로 일하며 여동생 한 명, 오빠 한 명, 삼촌 세 명을 부양하기 위해 2년 넘게 사이공으로 매달 1,800달러 가까이 보내고 있다.[4]

> 처음 송금할 때는 은행과 송금 센터에서 각각 수수료를 청구해서 개인 몫으로 보내기가 어려워서 그냥 한 명이 받기로 했어요. 모든 돈을 받은 다음 나누게 하기는 쉬웠어요. 제가 보내는 편지에 지시했었죠. 돈을 보낼 때 송금 서비스 센터에서 베트남에 있는 우리 가족에게 편지를 쓸 기회를 줘서 그렇게 했어요. 베트남에 오빠와 여동생이 있지만, 저는 세 명의 삼촌들, 그리고 가끔 조카들이 편지를 쓰고 뭔가를 요구할 때도 돈을 보냈어요. 하지만 저를 위해 여동생 한 명이 모든 돈을 관리할 수 있어서 편리했어요.

쭝Dung이 묘사한 것처럼 송금하는 것의 중요한 특징은 한 사람이 돈을 분배하는 것이다. 송금을 받는 쪽에서 지정된 수신인은 보통 기술적 접근이 가장 용이한 사람이 되는 경향이 있다. 이는 휴대전화 같은 통신 수단에 접근을 할 수 없는 사람은 일반적으로 지정 수신자가 되지 않는다는 것을 의미한다. 이것은 또한 노인과 아주 어린 사람들이 일반적으로 수신자로 지정되

---

4 여기서 주목해야 할 것은 그녀는 저임금 노동자이지만, 지난 2년 동안 지속적으로 매달 1,800달러를 보내기 위해 친구들과 신용카드 회사들로부터 돈을 빌려 왔다는 것이다.

지 못한다는 것을 의미한다. 나는 일반적으로 그 두 집단이 휴대폰을 소유하거나 인터넷에 접속할 가능성이 낮다는 사실을 발견했다. 캘리포니아 북부에서 온 28세의 정비사 다이Dai는 다음과 같이 말했다.

저는 가끔 한 달에 두세 번 돈을 보내기도 합니다. 왜냐하면 돈을 보내기가 쉬워졌기 때문입니다. 집 근처 쇼핑몰에 있는 송금 센터에 가서 양식을 작성하면 가족들이 4시간 안에 돈을 받을 수 있습니다. 휴대폰을 가지고 있는 누군가에게 내가 문자를 보내면 그들은 제때 돈을 받을 수 있게 됩니다. 돈을 보낼 때 가끔 금액이 크면 가족들이 돈을 받지 못할까 봐 불안하기도 합니다. 아니면 그들이 제시간에 돈을 받지 못할까 봐 불안하기도 합니다. 그래서 저는 제가 아는 누군가를 두려고 합니다. 제 경우에는 동생이 그런 역할을 합니다. 동생은 저 대신 돈을 추적하고 돈을 분배합니다.

중Dung과 다이Dai 둘 다 사이공에 있는 한 사람을 송금을 받는 사람으로 지정하는 것이 편리하다고 생각한다. 문자나 이메일을 보낼 수 있는 능력 같은 선진기술에 대한 접근성과 비엣끼우가 송금 센터에서 돈을 보낼 수 있는 신속성은 비엣끼우가 베트남에 있는 그들의 가족과 쉽게 소통할 수 있다는 것을 반영한다. 그러나 응답자들 사이에서 가장 큰 문제는 그들이 보낸 자금을 정확하고 시기적절하게 분배하는 문제였다. 제보자의 40% 이상이 지정된 수취인이 송신자가 지시한 방식으로 자금을 분배하지 않는 문제에 직면했다고 말했다. 플로리다에서 온 47세의 헤어 디자이너 꾹Cuc은 35세의 남동생을 수신인으로 지정했다.

알다시피 당신은 당신의 가족 구성원 모두를 믿고, 특히 모든 사람에게 공평하게 돈을 처리할 수 있다고 생각하는 사람을 믿기를 원할 것입니다. 하지만 내가 돈을 보낼 때마다 매번 동생에게 "아, 모두에게 돈을 나눠줬니?"라고 물어볼 수 없기 때문에 이것은 매우 민감한 문제입니다. 실제로 저는 돈을 보낼 때 가족 내에서 모두가 받아야 할 모든 금액을 열거합니다. 저는 송금 센터의 팩스에 "이 이모에게 이만큼, 저 삼촌에게 저만큼, 이 조카에게 이만큼 주세요"라고 씁니다. 그리고 저는 동생이 돈을 받아야 한다고 생각될 때 동생에게 전화를 걸어 "돈을 받았니?"라고 묻습니다. 그게 다입니다. 제가 더 묻지 않는 것은 제가 더 물어보면 동생이 자신을 믿지 못하는 거냐고 말할까 봐 두렵기 때문입니다. 알다시피 이것은 매우 민감한 사안입니다. 그리고 생각해 보면 때때로 돈이 그렇게 많지 않고, 그들은 이미 너무 가난합니다. 동생이 매달 내가 보내는 돈을 기다리는 것은 이미 힘든 일입니다.

몇몇 정보 제공자들은 신뢰와 민감성 문제 외에도 거리와 시간의 분리로 인해 일반적으로 그들이 베트남을 방문하기 위해 귀환하기 전까지는 알지 못했던 문제들이 수년간 존재했었다고 말했다. 시카고에서 온 36세의 주유소 주인 빈Vinh은 베트남을 방문했을 때 그가 4개의 분리된 가족들을 지원하기 위해 보내온 자금을 사실은 지정 수령인이 보관하고 있었다는 것을 알게 되었다.[5]

2003년에 처음 베트남으로 돌아오기 전에 대략 8년 동안 저는 큰오빠에게 돈을 보내고 있었고 큰오빠는 돈을 네 사람에게 나눌 수 있었습니다. 저에게는 제가 부

---

5 나의 많은 응답자들처럼 빈은 종종 그가 실제로 번 것보다 더 많은 돈을 보냈다. 그는 자신의 사업을 했지만, 종종 수입이 불안정했고, 많은 달 동안 그는 돈을 빌려서 가족들에게 보내곤 했다.

양하고 있는 오빠, 사촌, 할머니가 있었습니다. 이 네 사람은 각각 제가 보낸 돈으로 자기 가족을 부양하고 있었습니다. 2년 전쯤 미국에서 사업이 잘되고 있을 때 한 달에 약 1,000달러를 송금하기 시작한 것 같습니다. 저는 매달 보내는 1,000달러가 약 24명의 사람들에게 도움이 된다고 계산했습니다. 제가 2003년에 돌아왔을 때, 저는 다른 사람들에게 제가 큰오빠에게 보내는 돈을 받고 있는지 물었습니다. 그들 중 몇몇은 조금 받았지만, 다른 형제와 제 할머니는 4년이 넘도록 아무것도 받지 못했습니다. 제 큰오빠는 4년 넘게 그 돈을 혼자만 사용했습니다. 그래서 그 후 나는 그에게 돈을 보내는 것을 중단했습니다. 그리고 내가 보통은 각 개인들에게 돈을 보낸다는 것을 분명히 했습니다. 하지만 모든 것을 계산하는 것이 복잡하고 피곤해서 3년 전부터 매년 돌아와서 그들에게 방문할 때마다 모두에게 큰 몫을 주기로 결정했습니다.

할당

앞서 제시한 것처럼, 초민족적 확대가족의 베트남 송금자들은 복수의 개인들이나 복수의 가구들에게 돈을 분배하는 역할을 언제나 제대로 수행하지는 않는 지정 수취인과 관련된 문제에 직면해 있다. 송금 발송인이 직면하는 또 다른 주요한 딜레마는 내가 할당이라고 부른 것과 관련된다. 그것은 송금된 돈이 어떻게 지출되는가에 관한 오해, 불일치 또는 불승인 등을 지칭한다. 다시 말해 멀리 떨어져 있는 대부분의 송금인들은 그들의 자금의 할당에 대해 거의 알지 못한다. 비엣끼우 가족구성원이 방문을 위해 귀환했을 때, 이것은 종종 문제가 되었다. 일부 송금인들은 그들이 보낸 돈이 그들이 승인하지 않은 상품과 서비스에 사용되었다는 사실을 발견했다. 송금인들은 일반적으로 송금에 의존하는 가족 구성원들의 과시적 소비에 반대했다. 왜냐하면 그들은 빈번하게 수취인들이 식품과 건강관리와 같은 일상적 필요에 자금을 지출하도록 요구했었기 때문이다. 그러나 분배의 문제와 마찬가지로, 돈을 보내는 사람들은 보통 그들이 보내는 돈으로 어떤 상품과 서비스가 구매되는지 알지 못한다. 응답자 중 80%는 고향에 방문했을 때 가족들이 구매하고 있던 물건에 대해 탐탁지 않게 여겼다. 시드니에서 온 36세의 비서인 뜨원Tuyen은 고향에 방문했을 때 그녀의 동생이 그녀가 승인하지 않는 사치품에 돈을 쓰고 있다는 것을 알고 얼마나 실망했는지를 설명했다.

> 베트남에 미혼인 남동생이 있는데 3년 정도 돈을 보내고 있었습니다. 베트남의 임금이 매우 낮다는 것을 알았기 때문에 저는 동생이 일하는 것을 원치 않았고 학교에 가서 식품과 다른 필수품에 돈을 쓸 수 있도록 돈을 보냈습니다. 저는 동생에게 호주로 갈 수 없을 때를 대비해서 미래를 위해 돈을 모아야 한다고 말했고, 나중에 사업을 시작하거나 무언가를 할 수 있을 거라고 생각했습니다. 하지만 작년에 돌아왔을 때, 저는 동생에게 보낸 3,000달러가 멋진 오토바이를 사는 데 쓰였다는 것을 알게 되었습니다. 저는 동생에게 어떻게 생활비로 먹고 쓸 돈을 마련했냐고 물었고, 동생이 여자 친구와 멋진 오토바이를 타고 다니면서 굶거나 그녀의 집에서 식사하고 있다는 사실을 알게 되었습니다.

대다수―거의 90%―의 응답자는 일반적으로 남겨진 자신의 가족 구성원의 월수입을 전략적으로 계산하여 일상적 지출을 위한 돈을 보낸다고 주장했지만, 그들 중 절반 가까이는 자신들이 오토바이, 텔레비전, 에어컨 및 기타 사치품 같은 값비싼 물품을 위해 때때로 거액을 보냈다고 말했다. 그러나 값비싼 물품 구매를 위해 거액을 송금한 사람들 다수는 자신들이 송금에 의존하는 가족 구성원들에게 한 사람이 아닌 가구 전체에 혜택을 주는 물건을 사라고 빈번하게 요청했다고 말했다. 이는 종종 문제가 되었다. 왜냐하면 어떤 품목이 가구 전체에 혜택을 주는지, 그리고 어떤 품목이 오직 한 개인에 의해서만 향유되는지는 분명하지가 않기 때문이다. 부모와 성인 형제자매가 아직 베트남에 있고 지난 3년 동안 매년 최소 두 번씩은 그들을 찾아갔던 37세의 소매업 노동자 상Sang은 다음과 같이 말했다.

> 4년 전 직장에서 큰 보너스를 받았을 때, 저는 남동생에게 돈을 보내면서 부모님 집에 둘 TV를 사달라고 부탁했습니다. 그때가 사이공에서 대형 평면 TV를 팔고 있을 때였는데, 저는 부모님이 그것을 정말 원하신다는 것을 알았습니다. 왜냐하면 제가 방문을 했을 때 부모님께서는 다음에 올 때는 그들에게 그것을 가져오라고 하셨기 때문입니다. 저는 동생한테 그분들을 위해 그것을 살 돈만 주면 되겠다고 생각했어요. 오빠와 언니들이 부모님과 함께 살고 있고 모두 TV를 볼 수 있기 때문에 저는 그것을 사는 것이 좋다고 생각했습니다. 이듬해 제가 고향에 돌아왔을 때, 저는 제 동생이 자신의 오래된 오토바이를 팔고 더 멋진 오토바이로 업그레이드하기 위해 제가 보낸 1,500달러를 사용했다는 사실을 알게 되었습니다. 동생은 오토바이가 가족 모두에게 더 낫다고 저를 설득하려고 했습니다! [웃음]

세계 사이공에서 귀환방문과 소비

많은 학자들이 세계화의 기술적 진보가 초민족적 가족들에게 많은 혜택을 주지만 언제나 지속적이고 정직한 의사소통을 보장하는 것은 아니라는 사실을 발견했다(Schmalzbauer, 2008). 이것이 베트남인 초민족적 가족 내에서 송금을 주고받는 사람들의 현실이다. 앞에서 보았던 것처럼, 이주한 가족 구성원의 경제적 현실은 본국에 있는 사람들에게 알려지지 않고, 송금에 의존하는 가족 구성원들은 종종 해외의 친척들에게 그들이 받은 돈을 어떻게 지출하는지 밝히지 않는다. 베트남인 초민족적 가족의 송금은 송금을 보내는 개인이 방문을 위해 베트남으로 돌아가기 전까지는 드러나지 않는 여러 가지 문제를 야기할 수 있음이 분명하다. 이 절에서는 귀환방문이 비엣끼우의 본국 송금에 대한 인식에 어떤 영향을 미치는지를 자세히 설명한다. 그다음으로 나는 몇몇 비엣끼우 가족 구성원들이 사이공으로 귀환방문을 하면서 직면했던 다양한 문제들을 어떻게 해결했는지를 간략하게 서술할 것이다. 그 단적인 사례로 캘리포니아 남부 출신의 36세의 백화점 직원 따이Tai는 그가 처음으로 베트남에 귀환방문을 갔을 때의 놀라움과 실망감을 다음과 같이 묘사했다.

나는 가족 중에서 미국으로 이주한 유일한 사람이었기 때문에 내가 베트남에 있는 나의 두 여동생을 도와야 한다는 것은 의심의 여지가 없습니다. 동생들이 스물한 살이 넘어서 미국으로 오도록 후견을 할 수 없었기 때문에 동생들에게 미안한 마음이 들어서 매달 비용을 보내기만 합니다. 몇 년 전에 저는 부모님이 미국으로 오는 것을 후원했을 때 부모님이 그녀들에게 남겨준 집의 침실 두 개를 개조할 수 있도록 각각에게 2,500달러씩을 보냈습니다. 2005년에 처음으로 돌아왔을 때, 저는 제 여동생 중 한 명이 사이공의 부유한 아이들이 사는 옷과 물건에 돈을 사용하고 있다는 것을 알게 되었습니다. 동생은 그 돈을 집을 개조하는 데 쓰지 않았고 심지어 필수품을 사는 용도로도 쓰지 않았습니다. 돌아온 이후 저는 미국에서 더 이상 동생에게 돈을 보내지 않기로 결심했습니다. 분명히 나는 그녀에게 많은 액수의 돈을 보내지 않을 겁니다.

연구자들은 현재 베트남에 소비자 문화가 존재하며 주로 사이공에 집중되어 있다고 지적했다(Taylor, 2004; Earl, 2004). 실제로 응답자들이 공통으로 관찰한 것은 외국의 영향과 비엣끼우 송금으로 인해 사이공은 소비의 도시로 변형되었고 그 결과 사이공에 있는 그들 가족의 일부는 비현실적인 기대를 하고 있다는 것이었다. 저임금 비엣끼우 응답자들은 그들 가족 구성원 중 일부가 서구에서 살고 있는 그들 자신은 절대 구매하지 않을 상품들에 돈을 쓰고 있다고 말했다. 노스캐롤라이나에서 온 43세의 네일 숍 직원인 히엔Hien은 내가 그녀를 만났을 때 6년 연속으로 베트남을 매년 방문해 왔다고 말했다.

제가 매년 고향에 갈 때, 사이공의 사람들이 훨씬 더 많은 돈을 쓰고 더 많은 물건을 사는 것을 보게 됩니다. 저는 사이공에 조카들이 너무 많아서 그들이 물건을 사는 데 얼마나 많은 돈을 썼는지 믿을 수 없었습니다. 나는 그들이 한 달에 100달러밖에 벌지 못하면서 어떻게 500달러짜리 휴대전화를 살 수 있는지 이해가 되지 않습니다. 사이공에 있는 많은 사람이 비엣끼우 돈을 가지고 있다는 건 알지만, 나는 가족을 그렇게 많이 지원할 여력이 없어요! 제가 2년 전에 왔을 때, 동생이 제게 큰 평면 텔레비전을 사달라고 부탁했던 것을 기억합니다. 저는 동생에게 "말도 안돼! 미국에서는 나 자신을 위한 텔레비전을 가질 여유조차 없어!"라고 말했습니다.

히엔Hien이 말한 것처럼, 많은 응답자는 베트남에서 물질문화의 상승의 원천으로 비엣끼우 돈, 즉 송금을 지적했다. 플로리다에서 온 37세의 정비사인 롱Long은 다음과 같이 말했다.

물론 그것은 모두 비엣끼우 돈 때문입니다. 그렇게 가난한 도시가 어떻게 구찌나 베르사체 같은 유명 브랜드 가게를 열 수 있었을까요? 저는 비엣끼우 돈을 명품을 사는 데 사용하는 많은 현지인들을 알고 있습니다. 제가 고향에 돌아왔을 때 사촌이 구찌 가방을 들고 있는 것을 보고 저는 이것이 나쁜 방법이라는 것을 알았습니다. 사촌은 제가 미국에 있을 때 5성급 호텔에 취업하기 위해 영어 수업을 들을 수 있도록 돈을 달라고 편지를 보냈고, 저는 그것이 사촌에게 좋은 직업이라고 생각했습니다. 심지어 사촌이 호텔에 취업하는 것을 도와줄 친구도 있었습니다. 하지만 고향에 돌아왔을 때, 저는 사촌의 영어를 시험해 보았고, 그녀가 영어 수업을 듣지 않았다는 것을 즉시 알아챘습니다. 그래서 사촌에게 그 돈을 어디에 썼는지 물었고 사촌은 저에게 받은 돈을 계속해서 모았고 영어 수업을 들을 적절한 때를 기다리고 있다고 말했습니다. 제가 사촌에게 돈을 준 것은 18개월 전이었습니다. 그런데 어느 날 저는 사촌이 구찌 가방을 들고 있는 것을 보았고, 그것이 진짜라는 것을 알았습니다. 저는 "제길, 그 가방 좀 보자"고 했고 그건 분명히 진짜였습니다. 저는 사촌이 그 가방을 사기 위해 내 돈을 사용했다는 것을 알고 정말 화가 났습니다.

대부분의 응답자가 성인 형제자매와 친척들에게 보내는 송금과 관련하여 시간이 지남에 따라 직면하게 되는 문제점들을 고려할 때, 많은 응답자는 돈을 보내는 새로운 전략을 고안해 냈다. 응답자들 사이에서 가장 흔한 전략은 공식적인 송금 서비스에 의존하지 않고 '호주머니 이체'를 통해 돈을 보내는 것이었다. 하와이에서 온 42세의 택시 운전사 꽁Cong은 지난 4년 동안 매년 다시 고향을 방문했다고 말하면서 이 같은 전략을 상세하게 설명했다.

과거에 베트남으로 돌아가는 것이 더 힘들고 비쌀 때 저는 항상 송금 서비스를 이용하여 돈을 보냈지만, 항공편이 저렴해지면서 저는 더 많이 돌아올 수 있었습니다. 제가 쓴 돈에 대해 우리 가족에게 큰 혼란을 야기한 나쁜 경험이 있었기 때문에 그때 돈을 보내는 것을 그만두기로 결심했던 것 같습니다. 그것은 긴 이야기지만, 기본적으로 그것은 한 사촌이 돈을 제대로 나누지 않아서 사람들이 제가 여러 사람들에게 돈을 불공평하게 주었다고 생각하게 된 사건이었습니다.

지난 10년간 베트남으로의 여행이 쉬워져서 비엣끼우의 가족 구성원들이 정기적으로 귀환방문을 하는 것이 가능해졌지만, 일부 정보제공자들에게는 매년 다녀오는 것이 항상 가능한 것은 아니다. 46세의 슈퍼마켓 출납원 화Hoa는 베트남에서 지정 수신자에게 의존하는 것이 문제가 되어서 미국에 있는 친구들과 가족 구성원들에게 의존하기 시작했다고 설명했다. 따라서 호주머니 이체를 제공할 의도로 정기적으로 귀환하는 것이 비용이 많이 든다는 것을 알게 된 사람들 사이의 또 다른 대안은 신뢰할 수 있는 비엣끼우 가족 구성원과 친구들에게 부탁하여 특정 개인에게 돈을 전달하는 것이었다.

2년 전 사촌이 받아야 할 돈보다 더 많은 돈을 가지고 있는 나쁜 경험을 했을 때, 저는 사이공으로 돌아가는 내가 아는 다른 사람을 통해 돈을 보내기로 결심했습니다. 그런 방식으로 미국에 있는 제 친구들이 제가 부탁하는 특정한 사람들에게 돈을 건네줄 수 있습니다. 제가 매년 베트남으로 갈 수는 없기 때문에 그렇게 하는 편이 더 낫습니다.

신뢰할 수 있는 친구와 가족에게 의지해서 송금을 전달하는 꽁Cong과 화Hoa의 새로운 전략은 나의 정보제공자들이 귀환방문을 시작한 이후에 돈을 보내는 방식의 거의 70%를 차지했다. 이들은 처음에는 송금 서비스를 이용해서 돈을 보냈지만, 송금 의존도가 높은 가족들과 관련하여 베트남에서 경험했던 문제에 익숙해지자 호주머니 이체에 의존하기 시작했다.

가장 극단적이고 불행한 사례로, 나는 송금에 대해 무리한 기대를 하거나 해결할 수 없는 문제의 원인을 제공했던 친족과의 관계를 완전히 끊은 몇몇 응답자를 만날 수 있었다. 그것의 분명한 사례로, 토론토에서 온 48세의 판매원 사우Sau는 다음과 같이 말했다.

아내와 제가 베트남으로 돌아오기 전에, 우리는 사이공에 있는 사촌들과 이모, 삼촌들에게 정기적으로 소액의 돈을 보내고 있었습니다. 처음에 그들은 우리에게 매우 친절했고 항상 우리를 잘 대해 주었습니다. 그러나 얼마 후 그들은 점점 더 많은 돈을 요구했습니다. 모든 사람이 점점 더 자주 아프고 우리는 점점 더 많은 돈을 제공해야 했습니다. 우리가 정기적으로 방문을 위해 귀환했을 때, 우리는 실제로는 아무도 아프지 않았으며 그들은 단지 집에 물건을 사기 위해 더 많은 돈을 요청하고 있었다는 사실을 깨달았습니다. 그들은 에어컨도 사고 TV도 사고 오토바이도 샀습니다. 그들은 우리의 돈으로 호화로운 삶을 살려고 하고 있었습니다. 그리고 제 아내는 화가 났습니다. 왜냐하면, 우리는 캐나다에서 열심히 일하고 있고 돈도 많이 모으지 못했지만, 사촌들은 이런 편안한 삶을 살고 있었으니까요. 우리는 그들이 돈을 요구할 때마다 그것이 누군가가 병에 걸린 것 같은 위기 때문이라고 생각했기 때문에 반드시 돈을 보내야 한다고 생각하고 있었습니다. 우리는 그들에게 돈을 보내는 것을 중단할 수밖에 없다고 말했습니다. 물론 우리가 송금을 중단하자 그들은 우리를 알지도 못하는 것처럼 대했습니다. 그래서 이제는 제 아내와 아이들은 그냥 베트남으로 휴가를 떠납니다. 우리는 베트남에 더 이상 가족이 없다고 생각합니다.

결론

송금이 본국에 미치는 영향을 설명하는 데 도움이 되는 두 가지 지배적인 모델이 있다(Thai, 2006). 한편으로 '종속' 모델을 고수하는 사람들은 송금이 일상생활에 필요하지 않은 사치품에 대한 소비를 촉진할 수 있다고 주장한다. 한마디로 송금은 과시소비를 부추길 수 있다. 다른 한편으로 '발전' 모델을 고수하는 사람들은 송금이 본국에서 달리 수입이 없는 가계에 소득을 제공함으로써 개발도상국의 경제성장을 돕는다고 주장한다. 제프리 코헨(Cohen, 2001)은 송금을 분석하는 초민족적 접근법을 통해 "종속과 발전의 모순을 타파하고, 이주와 송금활용의 결과들을 지방성과 민족적 경계를 초월하는 생산과 소비, 계급과 종족성, 그리고 개인과 공동체 등을 강조하는 일련의 상호 의존성에 뿌리를 둔 것으로 정의할 수 있다"고 제안한다. 나는 송금에 대한 이 같은 접근방식에 기초해서 디아스포라 각지에서 생활하는 저임금 베트남 이민자들의 송금과 귀환방문 사이의 관계를 다루는 데 초점을 맞추었다. 송금은 동시대 베트남 사회, 특히 베트남에서 송금과 소비의 수준이 가장 높은 사이공에서 하나의 제도적 차원이 되었다(Taylor, 2004; Pfau and Long, 2010).

포르테스(Portes, 2001)가 지적한 것처럼, 최근 이민과 송출국의 사회·경제적 발전 사이의 관계를 둘러싸고 최근 상반된 입장들이 제기되고 있다. 송금은 표면적으로는 개발도상국들이 얻을 수 있는 하나의 이득으로 간주될 수 있다. 그러나 그것은 또한 개발도상국들로부터의 인적 자본의 유출을 포함해서 초민족적인 사회적 장들을 가로지르는 여러 가지 문제를 야기하고 있다. 본 장은 송금이 일상적인 필수 소비재를 제공하는 데 중요한 역할을 하지만 동시에 문제를 일으키기도 한다는 것을 보여준다. 베트남 디아스포라가 성숙함에 따라, 송금은 베트남의 발전에서 계속 중요한 역할을 할 것으로 보인다. 분명히 비엣끼우가 고국에서 수행하는 경제적 역할은 중요하고, 그들의 고국의 미래 발전에 대한 사회적 함의도 많고 다양할 것이다. 여기서 내가 강조하는 한 가지 사실은 이주와 발전의 관계에 대해 포르테스가 지적했던 것처럼 베트남, 특히 사이공과 같은 도시 중심에서 송금에 의존하는 가족들은 계속해서 비▮송금 가족들은 접근할 수 없는 소비와 가계소득을 누릴 가능성이 높다는 것이다. 이것은 그 나라 내에서 소득 불평등을 증가시킬 것이다. 또 다른 수준에서 송금은 초민족적 가족 연계를 유지시키는 핵심적 측면이 되고 있기 때문에, 송금에 의존적인 가족 구성원의 요구를 지탱해야 한다는 비엣끼우의 사회적·심리적 압박은 계속될 것이다. 이 장은 귀환방문이 초민족적 가족, 특히 저임금 이민자들의 가족 형태를 어떻게 크게 변화시킬 수 있으며, 어떻게 잠재적으로 초민족적인 사회적 장들을 가로질러 심대한 변화를 가져올 수 있는지를 보여주었다. 나는 형제자매를 포함한 확대가족 구성원들 사이에서 송금의 중요성을 보여주었다. 이는 돈을 보내는 사람들이 그렇게 하도록 강요당하지 않을 수도 있는 상황에서 왜 그리고 어떻게 돈을 송금하는지에 대한 중요한 질문을 제기한다. 다시 말해, 다수의 연구가 노동 이민자들이 가정의 안녕을 유지하기 위해 자녀와 배우자에게 돈을 보낸다는 것을 보여주었지만, 이 연구는 형제자매와 여타 확대친족이 여러 가지 이유로 돈을 보낸다는 것을 보여주었다. 여기서 나는 국제적 송금이 받는 사람과 보내는 사람에게 서로 다른 사회적·경제적 의미를 갖는다는 것을 밝혀냈다. 내가 보여준 것처럼, 돈을 보낸 사람의 관점에서 보내진 돈의 가치와 그것이 표상하는 희생이 돈을 받는 사람이 그 돈에 부여하는 가치와 항상 등가적인 것은 아니다. 나는 이런 차이가 초민족적인 가족 구성원들에게 긴장의 중심이 될 것이라고 주장한다. 송금 행태와 귀환 방문 사이의 관계에 초점을 맞추면, 초민족적 관행, 국경을 횡단하는 가족들 사이의 계급적 변이, 그리고 세계적 자본주의 속에서 초민족적 가족들이 직면하는 사회적 모순과 문제 등에 관한 중요한 통찰을 얻을 수 있을 것이다.

참고 문헌

Adams, Richard. 1998. "Remittances, Investment, and Rural Asset Accumulation in Pakistan." *Economic Development and Cultural Change* 47 (1): 155 – 173.

Adams, Richard H., and John Page. 2005. "Do International Migration and Remittances Reduce Poverty in Developing Countries?" *World Development* 33 (10): 1645 – 1669.

Agarwal, Reena, and Andrew W. Horowitz. 2002. "Are International Remittances Altruism or Insurance? Evidence from Guyana Using Multiple–Migrant Households." *World Development* 30: 2033 – 2044.

Åkesson, Lisa. 2009. "Remittances and In equal ity in Cape Verde: The Impact of Changing Family Organization." *Global Networks* 9: 381 – 398.

Alexander, Trent. 1998. "The Great Migration in Comparative Perspective: Interpreting the Urban Origins of Southern Black Migrants to Pittsburg." *Social Science History* 22: 349 – 376.

_____. 2005. "'They're Never Here More Than a Year': Return Migration in the Southern Exodus, 1940 – 1980." *Journal of Social History* 38: 653 – 671.

_____. 2006. "Defining the Diaspora: Appalachians in the Great Migration." *Journal of Interdisplinary History* 37: 219 – 247.

Carruthers, Ashley. 2008. "Saigon from the Diaspora." *Singapore Journal of Tropical Geography* 29: 68 – 86.

Cheal, David. 1991. *Family and the State of Theory*. Toronto: University of Toronto Press.

Cohen, Jeffrey. 2001. "Transnational Migration in Rural Oaxaca, Mexico: Dependency, Development, and the Household." *American Anthropologist* 103 (4): 954 – 967.

Committee for Overseas Vietnamese. 2005. *Overseas Vietnamese Community: Questions and Answers*. Hanoi: Gioi Publishing House.

Du Quang Nam. 2005. "Ho Chi Minh City Main Statistics, 1976 – 2005." Ho Chi Minh City: Ho Chi Minh City Statistical Office.

Duval, David Timothy. 2004. "Linking Return Visits and Return Migration among Commonwealth Eastern Ca rib be an Migrants in Toronto." *Global Networks* 4 (1): 51 – 67.

Earl, Catherine. 2004. "Leisure and Social Mobility in Ho Chi Minh City." In *Social Inequality in Vietnam and the Challenges to Reform*, ed. Taylor, 351 – 379.

Ebashi, Masahiko. 1997. "The Economic Take-Off." In *Vietnam Joins the World*, ed. Morley and

Nishihara, 37 – 65.

Espiritu, Yến Lê. 2003. *Home Bound: Filipino American Lives across Cultures, Communities, and Countries*. Berkeley: University of California Press.

Fajnzylber, Pablo, and J. Humberto Lopez. 2007. "Close to Home: Th e Development Impact of Remittances in Latin America." Washington, DC: World Bank.

Fitzgerald, David Scott. 2013. "Immigrant Impacts in Mexico." In *How Immigrants Impace Their Homelands*, edited by Susan Eckstein and Adil Najam, 114 – 137. Durham, NC: Duke University Press.

Freeman, James M. 1995. *Changing Identities: Vietnamese Americans, 1975–1995*. Boston: Allyn and Bacon.

Gamburd, Michele Ruth. 2000. *The Kitchen Spoon's Handle: Transnationalism and Sri Lanka's Migrant Housemaids*. Ithaca, NY: Cornell University Press.

Gmelch, George. 1980. "Return Migration." *Annual Review of Anthropology* 9: 135 – 159.

Goldring, Luin. 1998. "The Power of Status in Transnational Social Fields." In *Trans-nationalism from Below*, ed. Michael Peter Smith and Luis Eduardo Guarnizo, 165 – 195. New Brunswick, NJ: Transaction.

Hondagneu–Sotelo, Pierrette. 2001. *Domestica: Immigrant Workers Cleaning and Caring in the Shadows of Affluence*. Los Angeles: University of California Press.

Hondagneu–Sotelo, Pierrette, and Ernestine Avila. 1997. "'I'm Here, but I'm There': The Meanings of Latina Transnational Motherhood." *Gender & Society* 11 (5): 548 – 571.

Lamb, David. 1997. "Viet Kieu: A Bridge between Two Worlds." *Los Angeles Times*, November 4, A1, A8 – A9.

Larmer, Brook. 2000. "You Can Go Home Again: Returning 'Viet Kieu' Add a Strong Dash of America." *Newsweek*, November 27, 52.

Lee, Anne S. 1974. "Return Migration in the United States." *International Migration Review* 8 (2): 283 – 300.

Levitt, Peggy. 1998. "Social Remittances: Migration Driven Local–Level Forms of Cultural Diffusion." *International Migration Review* 32 (4): 926 – 948.

————. 2001. "Transnational Migration: Taking Stock and Future Directions." *Global Networks* 1 (3): 195 – 216.

Levitt, Peggy, Josh DeWind, and Steven Vertovec. 2003. "International Perspectives on Transnational Migration: An Introduction." *International Migration Review* 37: 565 – 575.

Levitt, Peggy, and Nina Glick Schiller. 2004. "Conceptualizing Simultaneity: A Transnational Social Field Perspective on Society." *International Migration Review* 38 (3): 1002 – 1039.

Long, Lynellyn D. 2004. "Viet Kieu on a Fast Track Back." In *Coming Home?: Refugees, Migrants, and Those Who Stayed Behind*, ed. Oxfeld and Long, 65 – 89.

Mahler, Sarah J. 1998. "Theoretical and Empirical Contributions toward a Research Agenda for Transnationalism." In *Transnationalism from Below*, ed. Michael Peter Smith and Luis Eduardo Guarnizo, 64 – 102. New Brunswick, NJ: Transaction.

_____. 2001. "Transnational Relationships: The Struggle to Communicate across Borders." *Identities* 7 (4): 583 – 619.

McKay, Deirdre. 2003. "Cultivating New Local Futures: Remittance Economies and Land–Use Patterns in Ifugao, Phillipines." *Journal of Southeast Asian Studies* 34 (2): 285 – 306.

Morley, James W., and Masashi Nishihara. 1997. "Vietnam Joins the World." In *Vietnam Joins the World*, ed. Morley and Nishihara, 3 – 14.

Morley, James W., and Masashi Nishihara, eds. 1997. *Vietnam Joins the World*. Armonk, NY: M. E. Sharpe Press.

Nguyen Dang Anh. 2005. "Enhancing the Development Impact of Migrant Remittances and Diaspora: The Case of Vietnam." *Asia-Pacific Population Journal* 20 (3): 111 – 122.

Nguyen, Hong. 2002. "*Viet Kieu* Remittances Set to Top $2 Billion Target." *Vietnam Investment Review*, December 2.

Nguyen Viet Cuong. 2009. "The Impact of International and Internal Remittances on House hold Welfare: Evidence from Vietnam." *Asia-Pacific Development Journal* 16 (1): 59 – 92.

Nhat Hong. 1999. "Hankering for 'Viet Kieu' Money." In Vietnam Economic News, 12.

Oxfeld, Ellen, and Lynellyn D. Long. 2004. "Introduction: An Ethnography of Return." In *Coming Home?: Refugees, Migrants, and Those Who Stayed Behind*, 1 – 18.

Oxfeld, Ellen, and Lynellyn D. Long, eds. 2004. *Coming Home?: Refugees, Migrants, and Those Who Stayed Behind*. Philadelphia: University of Pennsylvania Press, 2004.

Parreñas, Rhacel. (See also Parreñas, Rhacel Salazar.) 2005. "Long Distance Intimacy: Class, Gender and Intergenerational Relations between Mothers and Children in Filipino Transnational Families." *Global Networks* 5 (4): 317 – 336.

Parreñas, Rhacel Salazar. 2001a. "Mothering from a Distance: Emotions, Gender, and Inter–Generational Relations in Filipino Transnational Families." *Feminist Studies* 27 (2): 361–390.

_____. 2001b. *Servants of Globalization: Women, Migration, and Domestic Work.* Stanford, CA: Stanford University Press.

_____. 2005. *Children of Global Migration.* Stanford, CA: Stanford University Press.

Pfau, D. Wade, and Giang Thanh Long. 2010. "The Growing Role of International Remittances in the Vietnamese Economy: Evidence from the Vietnam House hold Living Standard Surveys." In *Global Movements in the Asia Pacific,* ed. Pookong Kee and Hidetaka Yoshimatsu, 225–247. Singapore: World Scientific.

Pham, Lan Thi Thanh. 2008. "Access to Credit, Remittances, and House hold Welfare: The Case of Vietnam." PhD diss., University of Minnesota.

Pham, Vu. 2003. "Antedating and Anchoring Vietnamese America: Toward a Vietnamese American Historiography." *Amerasia* 29 (1): 137–152.

Pham, Vu Hong. 2002. "Beyond and before Boat People: Vietnamese American History before 1975." PhD diss., Cornell University.

Portes, Alejandro. 2001. "Introduction: The Debates and Significance of Immigrant Transnationalism." *Global Networks* 1 (3): 181–193.

Schmalzbauer, Leah. 2004. "Searching for Wages and Mothering from A far: The Case of Honduran Transnational Families." *Journal of Marriage and Family* 66: 1317–1331.

_____. 2008. "Family Divided: The Class Formation of Honduran Transnational Families." *Global Networks* 8: 329–346.

Shain, Yossi, and Aharon Barth. 2003. "Diasporas and International Relations Theory." *International Organizations* 57: 449–479.

Singh, Supriya. 2006. "Towards a Sociology of Money and Family in the India Diaspora." *Contributions to Indian Sociology* 40 (3): 375–398.

Smith, Robert Courtney. 2006. *Mexican New York: Transnational Lives of New Immigrants.* Berkeley: University of California Press.

Stark, Oded, and Robert E. B. Lucas. 1988. "Migration, Remittances, and the Family." *Economic Development and Cultural Change* 36 (3): 465–481.

Stone, Leroy O. 1974. "What We Know about Migration within Canada: A Selective Review and Agenda for Future Research." *International Migration Review* 8 (2): 267–281.

Taylor, Philip. 2004. "Introduction: Social Inequality in a Socialist State." In *Social Inequality in*

Vietnam and the Challenges to Reform, 1 – 40.

Taylor, Philip, ed. 2004. *Social Inequality in Vietnam and the Challenges to Reform*. Singapore: Institute of Southeast Asian Studies.

Thai, Hung Cam. 2006. "Money and Masculinity among Low Wage Vietnamese Immigrants in Transnational Families." *International Journal of Sociology of the Family* 32: 247 – 271.

_____. 2008. *For Better or for Worse: Vietnamese International Marriages in the New Global Economy*. Rutgers, NJ: Rutgers University Press.

_____. 2009. "The Legacy of Doi Moi, the Legacy of Immigration: Overseas Vietnamese Grooms Come Home to Vietnam." In *Vietnamese Families in Transition*, ed. Daniele Belanger and Magali Barbieri, 237 – 262. Stanford, CA: Stanford University Press.

Thomas, Mandy. 1997. "Crossing Over: The Relationship between Overseas Vietnamese and Their Homeland." *Journal of Intercultural Studies* 18 (2): 153 – 176.

Tran, Tini. 2000. "Business Opportunities Draw Viet Kieu Back to Vietnam." *AsianWeek* 21 (36).

Vietnam News. 2002. "First Viet Kieu to Receive Property Certificate." Vietnam News, 2.

Wah, Chan Yuk. 2005. "Vietnamese or Chinese: Viet Kieu in the Vietnam–China Borderlands." *Journal of Chinese Overseas* 1 (2): 217 – 232.

World Bank. 2006. "World Development Indicators." Washington, DC: World Bank.

Wucker, Michele. 2004. "Remittances: The Perpetual Migration Machine." *World Policy Journal* 21 (2): 37 – 46.

Ye, Min. 2013. "How Overseas Chinese Spurred the Economic "Miracle" in Their Homeland." In *How Immigrants Impace Their Homelands*, edited by Susan Eckstein and Adil Najam, 52–74. Durham: Duke University Press.

Zelizer, Viviana. 1989. "The Social Meaning of Money: 'Special Monies.'" *American Journal of Sociology* 95 (2): 342 – 377.

결론:

태평양을 횡단하여 살아가며

후앙윤태Huang Yunte

1991년 7월 25일. 하얀 구름의 바다 아래에 잠겨 있는 북경시市를 내려다
보는 것이 나에게는 어떤 특별한 감정도 불러일으키지 않았다. 그러나 나는
그런 무관심에 놀랐다. 나는 종종 이 순간을 꿈꾸었다. 비행기에 앉아서 내
가 떠나온 도시, 아니 나라를 내려다보는 순간을. 그 나라에서 나는 2년 전
학생시위 동안의 발포와 유혈이 모든 희망을 사라지게 만들었다고 느꼈다.
나도 그 시위에 참여했었다.

1989년 6월 정부의 진압에 뒤이은 가장 암울했던 나날들 중 하루에 나는
우리가 늘 만나던 장소인 캠퍼스 연못 근처 나무벤치에 S와 함께 앉아 있었
다. 고개 숙인 버드나무, 키가 큰 풀, 그리고 야생의 꽃이 그곳에 그늘을 드리
우고 있었다. 긴 침묵—그것은 우리가 별다른 규칙이나 선언된 승자도 없이
매일 재미로 (또는 고통스럽게) 벌였던 정신적 보드게임처럼 비언어적이고
정신감응적인 연인의 담론의 일종으로 우리가 선호했던 의사소통 방식이었

다. 그러나 당시 우리의 침묵 속에는 공기 중을 떠돌던 공포의 분위기가 섞여 있었다— 이후에 그녀는 갑자기 나라를 떠나겠다고 말했다.

그녀는 단순하지만 강력한 희망—나는 알았다— 외에는 어떤 설명도 없었다. 나는 영어를 공부했고 미국의 시를 전공할 계획을 가졌으며 나라가 나에게 어떤 미래도 보여주지 못한다고 느꼈지만 나에게 해외로 나간다는 생각은 결코 생긴 적이 없었다.

그때까지 나의 인생은 시야의 끊임없는 확장의 연속이었다. 나는 남부의 농촌 마을에서 성장했다. 그곳은 너무 작고 고립된 곳이어서 타고난 몽상가가 아니면 또는 나의 경우처럼 지방색이라는 고립된 벽에 구멍을 내는 사건을 접하지 않으면, 사람들은 영원히 움직이지 않았다.

나의 소위 '사건'은 내가 11살이었을 때 일어났다. 어느 날 밤 나는 낡아빠진 트랜지스터라디오를 가지고 놀고 있었다. 그 라디오는 나의 할아버지 것이었지만 이제는 우리 집 한쪽 구석에 내버려져 있었다. 나는 할아버지가 종종 그랬던 것처럼 녹슬고 비뚤어진 안테나를 뽑아 올렸고 단파 채널로 스위치를 돌렸다. 나는 견딜 수 있는 가청대의 채널—기계가 너무 낡았기 때문에, 아니면 냉전 시기에 빈번하게 벌어졌던 것처럼 신호가 정부에 의해 차단되었기 때문에 대다수 채널은 윙윙거리기만 할 뿐이었다—을 찾아서 다이얼을 조정하다가 갑자기 어떤 지점에 도달했다. 거기서 몇 초의 정적이 흐른 후 맑고 느린 남자 목소리가 영어로 흘러나왔다. "여기는 VOA, 미국의 소리 특별영어 방송입니다. …"

이 해후는 내 인생의 전환점이 되었다. 계속되는 고등학교 시기 동안 나는 매일 30분의 방송을 규칙적으로 청취했다. 그 방송은 10분 동안의 최신 뉴스로 시작해서 미국의 문화, 역사, 과학 또는 단편소설 등에 관한 20분 동안의 특집 프로그램으로 이어졌다. 내가 가장 좋아했던 것은 '단어와 그들의 이야기'Words and Their Stories라고 불렸던 짧은 프로그램이었다. 그 프로그램은 미국의 숙어와 그것의 다양한 어원을 소개했다. 그 방송은 특별영어 프로그램으로 불렸는데, 왜냐하면 그 어휘가 1,500 단어로 제한되었고 아마 오직 한 가지 아이디어만을 포함했을 뿐인 짧고 단순한 문장들로 각본이 쓰였으며 대략 표준영어 2/3 수준의 느린 속도로 말해졌기 때문이다.

냉전 시기 미국 국무부가 통제하던 선전기구로서 미국의 소리 방송의 이데올로기적 의제는 명백했지만 (그리고 또한 당시에 '정치적으로 전복적인' 외국의 라디오 방송을 듣는 것은 불법이었고 미성년 자녀가 저지른 정치적 '범죄'는 부모가 책임지기 때문에 나는 내 부모가 감옥에 갈 수도 있다는 위험을 깨달았지만) 나는 그 방송으로부터 엄청나게 많은 영어를 배웠고 이후에 나라의 일등 대학에 진학할 수 있었다.

S가 외국으로 갈 것이라고 말했던 그 날 그녀의 목소리는 그 낡은 트랜지스터라디오의 마법을 갖고 있었다. 그것은 즉각 나의 세계를 개방했다. 호수 표면의 조용한 잔물결. 나는 나의 뺨을 스치던 여름 산들바람이 아니라 그녀가 부드럽게 말한 단어들이 그 물결을 일으켰다고 느꼈다. 그녀의 말은 한때 매일 밤 나를 만나기 위해 수천 마일을 여행해서 처음에는 거의 이해할 수 없었지만 그럼에도 불구하고 더할 나위 없이 나를 애타게 하는 신호들을 전달했던 보이지 않는 단파파동을 상기시켰다.

사람들은 종종 그런 계기들을 '각성'으로 생각하지만, 실제로는 아니면 적어도 나에게는 그 반대가 사실이다. 그것은 선잠 속으로, 현실의 진흙탕 속에서 꽃필 수 없는 꿈속으로 빠져드는 것과 같았다.

마음을 먹은 뒤—우리는 그 자리에서 함께 미국으로 가는 데 합의했다—우리는 영어시험을 준비하고 시험을 친 후 미국대학을 접촉하고 나라를 떠나는 허가를 얻기 위해 층층의 정부 관료들을 만나는 데 이후 2년을 보냈다. 이 과정은 불가피하게 뇌물과 위조를 수반했다.

그러나 이제 나의 오래된 세계를 뒤에 남겨두고 구름 위를 나르면서 나는 안도감도 흥분감도 느끼지 않는다. 그런 이상한 정신상태—그것은 이와 유사한 상황에 대해 내가 책에서 읽었던 어떤 묘사에도 부합하지 않았고 내 자신의 예상에도 부합하지 않았기 때문에 이상했다—는 앞으로의 여정에 대한 나의 억압된 불안의 결과일 수 있다. 나는 내 자신에게 그렇게 말했다.

비록 이것이 나의 첫 번째 해외여행이지만 여러 측면에서 나는 이 여행 경로가 낯설다고 느끼지 않는다. 날개 달린 천사들처럼 그 라디오 신호들은 태평양 상공의 이 항공로를 따라 역의 방향으로 여행을 했었다. 그리고 나의 여정은 하나의 원을 완성할 뿐이거나 더 큰 원을 그릴 뿐이다.

에머슨은 한때 원이 '세계의 부호符號 내에서 가장 고귀한 상징'이라고 말한 적이 있다. "눈은 첫 번째 원이다. 그것이 형성하는 지평이 두 번째 원이다. 그리고 자연을 통해서 이런 근원적 형상이 끝없이 반복된다." 그러나 뉴잉글랜드의 현자는 또한 우리에게 영원히 팽창하는 원들의 아름다운 기하학 이면에는 야만적인 파괴의 논리가 존재한다는 점을 상기시킨다. "새로운 대륙은 낡은 행성의 파산 위에서 건설된다. 새로운 인종들은 앞선 것들의 해체를 먹고 자란다. 새로운 예술은 낡은 예술을 파괴한다."

4년 동안 나의 사랑을 받은 도시가 구름 아래에 펼쳐지고 그것과 함께 나라 전체가 사라지는 시점에 내가 마비되는 느낌을 가지도록 만든 것은 아마도 새로운 것에 대한 흥분보다는 이 같은 파괴의 공포였을 것이다.

> 잔디가 닿지 않는
> 붉은 진흙 위
> 사초의 가장자리는
> 수직으로
> 표식된
> 수평선을 만들었네
> 표준시간대가
> 혼란스레
> 여행했던

하루가 지나고 나는 앨라배마주의 터수컬루사Tuscaloosa에 착륙한다. 나는 비교를 하고 싶지만 그럴 수가 없다. 그곳과 유사한 어떤 것도 중화인민공화국에는 존재하지 않는다. 예를 들어, 맨해튼을 떠나서 캔자스주의 맨해튼에 도착했다고, 아니면 모스크바를 떠나서 아이다호주의 모스크바에 도착했다고 상상해 보라. 이는 그 경험이 필연적으로 불쾌할 것이라고 말하는 것이 아니라 누군가의 정신이 멈칫거리고 감각들이 새로운 변화의 분위기를 감지한다고 말하는 것이다.

그러나 미국의 최남동부지역The Deep South은 그 자신의 매력을 지니고 있다. 칼 카르머Carl Carmer가 말한 것처럼, "앨라배마는 주문이 걸린 땅이다. 물론 그것이 언제나 좋은 주문은 아니지만. 메마른 언덕의 먼지와 뒤섞여 붉은 빛을 띠는 달들, 지평선을 가리는 야윈 소나무 줄기, 썩은 늪, 쉬지 않고 흐르는 누런 강물 등은 모두 하나의 느낌─그것들 위에 그리고 그것들 주변에 매혹이 맴돌고 있다는 이상한 확실성─, 그 자신의 어두운 측면을 통해 인간을 파괴하려고 위협하는 악의의 발산의 일부다." 카르머는 KKKKu Klux Klan의 인종적 테러와 폭력의 치세가 절정에 달했던 1920년대에 앨라배마 대학에서 영어를 가르쳤던 양키 작가였다. 내가 도착했을 시점에 터수컬루사는 카르머가 묘사했던 고약한 영예의 상당 부분을 이미 상실한 상태였다. 그럼에도 불구하고 '딕시Dixie의 심장'은 나에게는 충격이다. 나는 중국의 동질적인 사회에서 성장했기 때문에, 조심스럽게 말해, 인종이 문제가 되는 환경에 갑작스럽게 던져진 후 혼란스러움을 느낀다.

나는 종종 대학 도서관에 숨어서 책 더미 사이에 자신을 파묻고 책등 위의 제목을 읽으며 페이지를 넘기고 무엇인가를 알고 있는 누군가를 찾는다. 하지만 도서관에 처음 갈 때 나는 특별한 어떤 것을 염두에 두고 있었다. 나는 고전 중국 포르노 소설을 찾고 있었다. 중국에서 그것들은 금지된 책으로서 고위 공무원과 중국 문학 종신교수에게만 제공된다. 외설물은 사회적 특권인 것처럼 보인다. 그러나 항상 그런 것은 아니다. 아마도 오직 고전 중국 포르노만 가족의 보석처럼 보호될 필요가 있다. 대조적으로 서양 언어로부터 번역된 포르노 소설은 시장에 넘쳐나도록 허용되어 왔다.

대학에서 나의 룸메이트와 나는 영어 포르노 소설을 번역하면서 버젓한 생활을 꾸려가고 있었다. 그 일은 이런 식으로 진행된다. 중간 브로커가 영어 전공인 우리에게 접근해서 번역할 책을 주고 이후에 번역본을 국가가 운영하는 공식 출판사에 판매한다. 우리는 각자 한두 장을 맡아서 우리의 기숙사 방에서 야간소등 이후 촛불을 켜고 밤새 작업한다. 우리는 열광적으로 읽으면서 우리의 심장을 뛰게 하고 손에 땀을 쥐게 만드는 '컨트'cunt, '바기나'vagina, '오르가슴'orgasm, '컴'cum처럼 익숙지 않은 단어들을 영중英中사전에서 찾았다. 애타게 하는 단어들이 어둠 속에서 나방을 끌어들이는 촛불처럼 언어의 장벽을 넘어서 싹트고 있는 청춘의 감각을 자극했다.

돈을 받고 나면 우리는 밖으로 나가 향연을 열면서 서로에게 대학 영어 교육과정에 포함되지 않았지만 우리의 향연을 위한 돈을 벌게 해준 그 아름다운 단어 중 하나로 서로에게 건배한다. "바기나vagina에 대해 건배, 만세!" "BJ'에게 경례, 건배!" 번역자로서 우리의 이름은 물론 그 책이나 우리의 이력서에 결코 등장하지 않을 것이다. 어리석은 불나방과 달리 우리는 적어도 아직까지는 불타지 않았다. 우리는 변태했다.

도서관은 이들 책의 중국 원판을 보유하고 있지 않다는 것이 밝혀진다. 오직 영어 번역판만 존재한다. 나는 도서관에서 조용한 곳을 발견하고 앉아서 읽는다. 나는 금방 실망한다. 이야기가 외설적인 부분에 도달할 때마다 번역이 영어에서 라틴어로 바뀌었다! 나는 정이 떨어져서 책을 던져버리고 가식적인 번역자들을 저주했다. 도서관에서 섹스가 막다른 길에 접어들자 내 관심은 곧 정치로 바뀐다. 나는 중국에서도 금지된 다른 종류의 자료, 즉 1989년 천안문 학살과 관련된 문서들을 찾기 시작한다. 그 사건은 내가 지금 여기에 있는 것과도 관련이 있다. 이 주제에 관해 도서관은 수백 권의 책, 수천 장의 이미지, 심지어 6편의 다큐멘터리 비디오 등 꽤 괜찮은 소장품을 보유하고 있다.

방대한 아카이브를 검색하면서 나는 연결성에 대한 특별한 굶주림을 느낀다. 나는 그 내에서 나 자신을 발견할 수 있을지 알고 싶어 하고 있다. 학생들이 광장에서 단식투쟁을 계속하고 시위대가 사방에 몰려들어 베이징 시가 완전히 혼란에 빠졌던 그 격동의 두 달 동안 나와 S도 매일 거리에 있었다. 하지만 이상하게도 우리는 우리 자신이나 주변의 어떤 장면도 사진을 찍지 않았다. 이후에 시각적 자료에서 식별될 수 있는 모든 참가자를 추적하려고 노력할 기관원들에게 증거를 남기지 않을까 하는 두려움이 어느 정도 작용했다. 사실 그 당시에는 보안 카메라, 개인적 스냅샷, 그리고 해외매체의 렌즈가 사방에 널려 있었다.

전자적으로든 육체적으로든 포획되지 않은 우리의 행운은 이제 불행이 된 것처럼 보인다. 이미지의 바다에서 나 자신을 발견할 수 없는 나는 역사의 망각에 던져진 것 같은 느낌이 든다. 증거상의 공백은 나에게 특히 고통스러운데, 왜냐하면 우리의 관계가 무너지고 있기 때문이다. 한때 우리를 더 가깝게 만들었던 역사적 사건에서 우리의 얼굴을 함께 보는 것은 적어도 조금은 효과적인 위로를 제공할 것이다.

어느 날 도서관에서 아카이브 여기저기를 둘러보고 있을 때 나의 관심은 어떤 책의 다음과 같은 문장에 이끌린다.

"1989년 5월 말 중국의 학생, 노동자, 시민 수천 명에 의한 천안문 점거는 세계 각지에서 수백만 명의 상상력을 자극했다. 그러나 미국 정부가 거기에 대응하는 것보다는 당시에 진행 중이던 지적재산권 보호에 관한 중국공산당과의 논의를 성공적으로 마무리할 가능성이 더 높았다. 중국의 내정에 간섭하는 것에 대한 부시 행정부의 공공연한 우려로 인해 미국은 광장 점거의 평화적 해결을 공적으로든 사적으로든 적극적으로 추진할 수 없었던 것으로 보이지만, 그런 우려가 지적재산권에 대한 협상에는 적용되지 않았다. 대신 광장의 단식 농성자들과 중국공산당의 원로들 사이에서 긴장이 고조되더라도, 미국 정부는 만약 중국이 미국의 선호에 맞게 컴퓨터 소프트웨어에 대한 법적 보호조치를 고안하겠다고 약속하지 않으면 대규모의 전례 없는 무역 제재조치를 취할 것이라고 중국을 반복적으로 위협했다. 그래서 5월 19일에 중국 정부가 1989년 베이징의 봄의 비극적 종말을 알리기 위해 계엄령 선포를 마무리하는 데 시간을 쓰고 있을 때 미국 협상가들은 컴퓨터 소프트웨어 보호 관련 각서에 대한 자신들의 마무리 작업을 진행하느라 바빴다.

미국 정부가 1989년 6월 4일에 절정에 달하는 획기적인 사건에 충분히 주의를 기울이지 않고 대신 소프트웨어에 대한 약속을 확보하는 데 가용한 외교적 지렛대의 상당 부분을 투여하게 만든 결정은 결코 부주의하거나 우발적인 전술적 오류가 아니다.ˮ

나는 나의 운명이 나의 희망을 좌절시킨 나라와 모든 희망의 충족을 약속한 나라 사이에서 협상된 몇몇 그늘진 사업이익들과 어떻게 해도 풀리지 않게 연결되어 있다고 믿고 싶지 않다. 그러나 이 책에서 제시되는 증거는 부인할 수 없는 것처럼 보인다.

만약 그 저자의 고발이 사실이라면―1989년에 부시 행정부가 지적재산권 보호에 대한 미국 기업의 요구를 중국 정부가 수용한다는 조건으로 임박한 천안문 학살에 눈을 감겠다고 약속했다면― 회고적으로 볼 때, 내 자신의 운명을 봉인했던 것으로 보이는 이 같은 더 큰 사건들에서 내 자신이 본의 아니게 작은 일부의 역할을 했을 수도 있다.

북경에서 생활하던 4년 동안 나는 수많은 시간을 서점들에서 보냈다. 당시 중국의 수많은 서점들에는 언제나 보석상점의 내실처럼 보이는 방이 있었다. 서점주는 자신의 최고 고객들만 보고 만질 수 있는 출처가 의심스러운 희귀 품목들을 그곳에 숨겨 놓았다. 그 방의 입구에는 '외국인 입장금지'라는 작은 간판이 걸려 있었다. 소위 외국인의 도달범위를 넘어선 그 방의 내부에서는 비밀의 세계가 주마등처럼 펼쳐졌다. 그곳은 서양어 서적의 해적판들이 판매되는 곳이었다. 수세기 동안 진보, 종교, 심지어 인류의 이름으로 세계를 약탈해 온 서양 나라의 관점에서 볼 때, 이 방은 난잡하게 모방되고 값싸게 복제되어 은밀하게 거래된 해적판들이 쌓여 있는 용서받지 못할 무법과 제3세계의 후진성을 상징한다. 그러나 제3세계 나라들의 관점에서 보면 해적판은 잃어버린 결백의 복수 또는 적어도 상대방의 칼날을 약간 깎아내어 그 조각들을 자기 자신의 칼날을 벼리는 데 사용하려는 시도와도 같다.

나에게 있어서 세계적·환태평양적 문화자본의 불균등한 흐름 속의 작은 반점이었던 그 답답한 방들은 내가 찾을 수 있는 가장 풍부한 지적 자원을 저렴한 가격에 제공했다. 나는 배고픔을 참으면서 마크 트웨인Mark Twain의 『허클베리 핀의 모험』(*Adventures of Huckleberry Finn*)에서 마르틴 하이데거 Martin Heidegger의 『존재와 시간』(*Being and Time*)까지, 그리고 허먼 멜빌Herman Melville의 『모비딕』(*Moby Dick*)에서 테어도어 아도르노Theodore Adorno 의 『미학이론』(*Aesthetic Theory*)에 이르기까지 서양 문학과 철학의 고전을 모두 사고 읽었다. 노턴 영미문학선집 같은 영어수업 교재조차 나의 대학에서 구입하여 학생들에게 빌려준 해적판이었다.

어느 해 노턴 선집Norton Anthology의 미국인 편집자가 우리의 수업을 참관하러 왔을 때, 우리는 영어과로부터 우리의 정규 교과서를 강의실로 가져오지 말라는 사전 경고를 받았다. 그리고 초청강연이 시작되기 몇 분 전에 기적적으로 선집의 원판본 몇 권이 등장했다.

영예로운 방문객은 6권 정도 되는 자신의 책 주변으로 옹기종기 모여 있는 50명의 학생들을 보았을 때 거의 눈물을 흘릴 뻔했다. 그의 눈에 우리는 마치 한 권의 교과서를 소중히 간직하고 있는 아프리카 마을의 굶주린 한 무리의 아이들과 같았다. 그는 우리의 외양에서 드러나는 갈망의 모습이 원판의 아름다운 표지, 디자인, 고급종이에 대한 감탄의 표현일 뿐이라는 사실을 거의 알지 못했다. 우리들 중 다수는 원판의 싸구려 복사판으로부터 책의 내용을 성심껏 배웠지만 원판은 거의 본 적이 없었다.

강의가 끝난 이후 원판본은 등장했을 때처럼 신비롭게 사라졌다.

천안문 대학살의 시점까지 지적재산권을 더 잘 보호하라는 서양의 요구에 대한 중국의 비공식적이고 일상적인 대응은 다음과 같은 조롱조의 반론이었다. "지적재산권이 뭐죠? 우리 중국인은 종이, 화약, 컴퍼스, 인쇄술 그리고 이것저것을 발명했습니다. 그러나 우리는 그것으로 1페니도 얻지 못했습니다." 확실히 1989년에 해적판의 수혜자로서 서양에 대해 배우기를 열망했던 중국 학생들은 그들의 젊은 피라는 비싼 값을 지불했다.

내가 마침내 그런 잔혹한 아이러니를 떠올렸을 때, 나는 언젠가 밀란 쿤데라가 말했던 것을 생각할 수밖에 없었다. "여기서 역사적 상황은 배경, 그러니까 인간적 상황이 전개되는 무대장치가 아니다. 그것 자체가 인간적 상황, 점증하는 실존적 상황인 것이다." 내가 나와 함께 물질적·정신적으로 태평양을 가로질러 가져온 그 해적판 책들은 북경 서점의 그 비밀 안쪽 방에서 나의 손이 그것들에 닿은 바로 그 순간에 나의 운명을 봉인했던 것처럼 보인다.

프란시스코 베니테즈 J. Francisco Benitez

프란시스코 베니테즈는 최근 마닐라의 필리핀여자대학의 9대 총장이 되었다. 그는 과거에 워싱턴대학의 비교문학과 조교수였다. 현재 그는 20세기 초 식민지 필리핀에서 자아의 테크놀로지로서 문학적 주체성을 탐색하기 위해 타갈로그어, 스페인어, 영어 문헌들을 활용했던 필리핀 문학에 관한 원고를 마무리하고 있다. 그는 워싱턴대학의 비교문학과와 동남아시아 프로그램의 겸임교수직을 유지하고 있으며, 그의 연구 작업은 디아스포라와 초민족주의, 민족주의와 서사, 탈식민주의 문학과 이론, 필리핀과 필리핀계 미국 문학, 필리핀 영화 등에 초점을 맞추고 있다.

옌 레 에스피리투 Yến Lê Espiritu

옌 레 에스피리투는 현재 캘리포니아대학교 샌디에이고(UCSD)의 종족연구학과 교수를 역임 중이다. 그녀의 저서로는 『아시아계 미국인의 범종족성: 제도와 정체성의 연계』(*Asian American Panethnicity: Bridging Institutions and Identities*)(Temple University Press, 1992), 『필리핀계 미국인의 삶』(*Filipino American Lives*)(Temple University Press, 1995), 『아시아계 미국인 여성과 남성: 노동, 법률, 사랑』(*Asian American Women and Men: Labor, Laws, and Love*)(Sage, 1997), 『홈 바운드: 문화, 지역사회, 국가를 횡단하는 필리핀계 미국인의 생활』(*Home Bound: Filipino American Lives Across Cultures, Communities, and Countries*)(University of California Press, 2003) 등이 있다. 그녀의 최근 저서 『베트남 전쟁과 군사화된 피난처』(*The Vietnam War and Militarized Refuge(es)*)는 2014년 가을에 출판되었다.

자넷 호스킨스 Janet Hoskins

자넷 호스킨스는 남캘리포니아대학(USC) 로스앤젤레스의 인류학과 종교학 전공 교수다. 그녀는 1996년에 동남아시아 연구를 위한 브랜다상Benda Prize을 받은 『시간의 장난: 달력, 역사, 교환에 관한 코디의 관점들』(*The Play of Time: Kodi Perspectives on Calendars, History and Exchange*)(University of California Press, 1994)과 『전기적 물건들: 어떻게 사물이 사람들의 인생의 이야기를 말하는가』(*Biographical Objects: How Things Tell the Story of People's Lives*)(Routledge, 1998)의 저자다. 또 그녀는 『동남아시아의 헤드헌팅과 사회적 상상력』(*Headhunting and the Social Imagination in Southeast Asia*)(Stanford University Press, 1996), 『주체에 대한 탐색으로서 인류학: 자아와 타자 사이의 공간』(*Anthropology as a Search for the Subject: The Space Between One Self and Another*)(Donizelli, 1999), 『숲과 도서관의 파편들』(*Fragments from Forests and Libraries*)(Carolina Academic Press, 2000) 등을 공동 편집했다. 그녀는 인도네시아 동부에서 20년 동안 민족지적 연구를 수행한 이후 초민족적인 베트남의 종교에 관한 연구로 이동했고 최근에는 『신성한 눈과 디아스포라: 베트남의 제설혼합주의가 환태평양 까오다이교가 되다』(*The Divine Eye and the Diaspora: Vietnamese Syncretism Becomes Transpacific Caodaism*)(University of Hawaii Press, 2015)를 완성했다. 그녀는 2011년부터 2013년까지 미국인류학협회American Antrophological Association의 공식 부문인 종교인류학회 회장을 역임했다.

후앙윤태 Yunte Huang

후앙윤태는 캘리포니아대학 산타바바라(UCSB)의 영문학과 교수이며『환태평양 상상력: 역사, 문학, 대항시학』(*Transpacific Imaginations: History, Literature, Counter Poetics*)(Harvard University Press, 2008)과『환태평양적 전위: 20세기 미국문학의 민족학, 번역, 텍스트간 여행』(*Transpacific Displacement: Ethnography, Translation, and Intertextual Travel in Twentieth Century American Literature*)(University of California Press, 2002)의 저자다. 그의 최근 저서『찰리 찬: 명예로운 탐정 그리고 미국사와 그의 만남에 관한 숨겨진 이야기』(*Charlie Chan: The Untold Story of the Honorable Detective and His Rendezvous with American History*)(W. W. Norton, 2010)는 에드거상Edgar Award을 수상하였으며 전국도서비평가회상National Book Critics Circle Award의 최종 후보에도 올랐다.

권현익 Heonik Kwon

권현익 교수는 영국 케임브리지대학 트리니티칼리지의 교수급 선임연구원으로 재직하고 있으며 그 이전에는 런던정경대학에서 사회인류학을 가르쳤다. 그는 토착 시베리아indigenous Siberia와 중부 베트남, 그리고 최근에는 한국 등지에서 현지조사를 수행했다. 그는 수상작『대학살 이후』(*After the Massacre*)(University of California Press, 2006)와『베트남 전쟁의 유령들』(*Ghosts of War in Vietnam*)(Cambridge University Press, 2008)의 저자다. 다른 저서로는『또 다른 냉전』(*The Other Cold War*)(Columbia University Press, 2010),『북한: 카리스마 정치를 넘어서』(*North Korea: Beyond Charismatic Politics*)(Rowman and Littlefield, 2012, 공저)가 있다. 곧 출판될 저서는 한국전쟁의 역사에 관한 내용을 담고 있다.

웨이캉 린 Weiqiang Lin

웨이캉 린은 런던대학교 로열 홀로웨이Royal Holloway의 박사과정을 수료하고 학계와 행정에서 경력을 쌓았다. 그의 연구관심은 이동성과 관련된 쟁점들, 특히 아시아적 맥락에서 항공운송, 도시교통, 이주, 그리고 초민족주의 등을 포괄한다. 그는 2010년에 싱가포르국립대학의 왕중유 메달Wang Gungwu Medal과 최우수 석사논문상을 수상했다. 그는 최근 몇 년 동안 광범위한 편저서에 참여했고 『문화지리』(*Cultural Geographies*), 『지오포럼』(*Geoforum*), 『정치지리학』(*Political Geography*), 『모빌리티』(*Mobilities*) 같은 우수 저널에 논문을 기고했다. 최근 진행 중인 연구는 동남아시아 영공 형성과 그것이 야기한 초민족적 이동성의 사회문화적 측면에 관한 것이다.

아키라 미주타 리피트 Akira Mizuta Lippit

아키라 미주타 리피트는 남캘리포니아대학(USC)에서 영화와 문학을 가르치고 있다. 그의 교육과 연구는 영화의 역사와 이론, 세계문학, 비평이론, 일본의 영화와 문화, 그리고 시각문화연구 등에 초점을 맞추고 있다. 그의 출판 저작은 이들 영역을 반영하며 세 권의 저서를 포함한다. 『엑스–시네마: 실험 영화와 비디오 이론의 관점에서』(*Ex-Cinema: From a Theory of Experimental Film and Video*)(University of California Press, 2012), 『원자 광선(그림자 광학)』(*Atomic Light (Shadow Optics)*)(University of Minnesota Press, 2005)과 『전기 동물: 야생의 수사학을 향하여』(*Electric Animal: Toward a Rhetoric of Wildlife*)(University of Minnesota Press, 2000). 리피트는 현재 20세기 말과 21세기 초 일본문화와 세계라는 개념의 관계를 살펴보는 현대 일본영화에 대한 한 권 분량의 연구를 마무리하고 있다.

낸시 루트케하우스 Nancy C. Lutkehaus

낸시 루트케하우스의 연구관심 분야는 젠더와 정치경제, 예술과 인류학, 인류학의 역사, 시각 인류학 등을 포괄한다. 그녀의 민족지학적 연구는 태평양 도서 문화에 초점을 맞추었다. 그녀는 『자리아의 불: 마남 민속지의 젠더화된 계기들』(*Zaria's Fire: Engendered Moments in Manam Ethnography*)(Carolina Academic Press, 1995)와 『마거릿 미드: 미국적 아이콘의 형성』(*Margaret Mead: The Making of American Icon*)(Princeton University Press, 2008)의 저자이며, 『세픽 유산: 파푸아뉴기니의 전통과 변용』(Carolina Academic Press, 1990)과 『젠더 의례: 멜라네시아의 여성 성년식』(*Gender Rituals:*

Female Initiation in Melanesia)(Routledge, 1995) 그리고『젠더화된 선교: 선교 담론과 실천에서 여성과 남성』(*Gendered Missions: Women and Men in Missionary Discourse and Practice*)(University of Michigan Press, 1999) 등의 공동저자다. 그녀는 게티연구소 Getty Research Insititue의 초빙연구원으로 현재의 프로젝트, "메트로폴리탄이 원시적이게 되다: 인공물의 '원시예술'로의 변형"을 시작했다. 그 연구 성과는 2013년 독일 프랑크푸르트의 프로베니우스 연구소에서 엔센Jensen 기념강의로 발표되었다.

비엣 탄 응우옌 Viet Thanh Nguyen

비엣 탄 응우옌은 남캘리포니아대학(USC)의 영미연구와 민족학 부교수다. 그는『인종과 저항: 아시아계 미국인의 문학과 정치』(*Race and Resistance: Literature and Politics in Asian America*)(Oxford University Press, 2002)의 저자다. 그는 순수예술작업센터 Fine Arts Work Center, 제라시레지전트예술가프로그램Djerassi Resident Artists Program, 브레드로프작가회의Bread Loaf Writers' Conference, 레드클리프고등연구소Radcliffe Institute for Advanced Study, 미국학회협의회American Council of Learned Societies 등에서 전속작가지위, 공동연구원, 연구기금 등을 받았다. 그는 현재 문학과 시각예술에 초점을 맞추어서 미국의 베트남 전쟁에 대한 미국인과 베트남인의 기억과 재현에 관한 비교연구를 수행하고 있다. 그로브/아틀란틱Grove/Atlantic은 2015년에 그의 소설『동조자』(*The Sympathizer*)를 출판했다.

존 카를로스 로우 John Carlos Rowe

존 카를로스 로우는 남캘리포니아대학(USC)의 인문학 부교수를 역임하고 있다. 그는『문필문화와 미국 제국주의: 혁명에서 2차 세계대전까지』(*Literary Culture and U.S. Imperialism: From the Revolution to World War II*)(Oxford University Press, 2000),『모더니즘의 사후: 자유주의, 초민족주의, 그리고 정치비평』(*Afterlives of Modernism: Liberalism, Transnationalism, and Political Critique*)(University Press of New England, 2011),『새로운 미국학의 문화정치』(*The Cultural Politics of the New American Studies*)(Open

Humanities Press, 2012)를 포함해서 9권의 저서를 집필했고, 『미국학 개론』(*A Concise Companion to American Studies*)(Wiley-Blackwells, 2010)을 포함해서 9권의 저서를 편집했다. 그의 저서는 www.openhumanitiespress.org에서 접근 가능하다. 그의 전문 분야는 미국 제국주의의 문화사다.

라우리 시어스 Laurie J. Sears

라우리 시어스는 20세기 인도네시아의 역사, 문학, 제국의 정치에 관한 책과 기사의 저자이자 편집자이다. 그녀의 저서로는 『제국의 그림자: 식민담론과 자바의 설화』(*Shadows of Empire: Colonial Discourse and Javanese Tales*)(Duke University Press, 1996)가 포함되어 있으며, 이는 1999년 아시아 연구 협회의 헤리 벤다 도서상Harry Benda Book Award을 수상했다. 또 그녀는 『인도네시아 여성성의 환상화를 위하여』(*Fantasizing the Feminine in Indonesia*)(Duke University Press, 1996)와 『동남아시아적 주체를 알기 위하여』(*Knowing Southeast Asian Subjects*)(University of Washington Press, 2007)의 편집자이기도 하다. 그녀는 워싱턴대학 역사학과 교수로서 거기서 비판 역사편찬학, 페미니스트 방법론, 인도네시아 역사 등을 가르치고 있다. 그녀의 최근 저서인 『상황 지워진 증언: 인도네시아 문학 아카이브의 경외와 매혹』(*Situated Testimonies: Dread and Enchantment in an Indonesian Literary Archive*)(University of Hawaii Press, 2013)에서는 식민지 및 식민지 이후 인도네시아에서 욕망에 관한 초민족적 담론으로서 정신분석에 주목하고 있다.

훙캄타이 Hung Cam Thai

훙캄타이는 클레어몬트대학교 컨소시엄(CUC)의 포모나 칼리지Pomona College에서 사회학과 아시아계 미국인 연구 부교수로 재직하고 있으며, 태평양연안연구소Pacific Basin Institute 소장과 사회학과 학과장을 겸하고 있다. 그의 첫 번째 저서인 『차선인가, 차악인가: 새로운 세계경제에서 베트남 국제결혼』(*For Better or for Worse: Vietnamese International Marriages in the New Global Economy*)(Rutgers University Press, 2008)은 베트남 여성과 디아스포라에 거주하는 베트남 남성을 연결하는 국제결혼에 관한 연구다. 그의 두 번째 저서 『불충분한 자금: 저임금 초민족적 가족의 돈』(*Insufficient Funds: Money in Low Wage Transnational Families*)(Stanford University Press, 2013)은 베트남 디아스포라의 초민족적 가족이 어떻게 그리고 왜 돈을 쓰며 주고받는지를 검토한다. 수상 경력이 있는 교육자로서 홍캄타이는 헤인즈재단Haynes Foundation, 휴렛재단 Hewlett Foundation, 싱가포르국립대학, 그리고 버클리대학의 동아시아 연구소 등에서 펠로우십을 받았다. 그는 당대의 베트남에서 사람들이 어떤 재정적·도덕적 가치의 노선을 따라 서로를 평가하는지에 대한 책을 집필하고 있다.

비아오 시앙 Biao Xiang

비아오 시앙은 옥스퍼드대학의 사회인류학 강사다. 그는 『중개의 덫』(*The Intermediary Trap*)(Princeton University Press, 출간 예정), 『세계적 '육체쇼핑'』(*Global 'Body Shopping'*)(Princeton University Press, 2007)의 저자다. 『세계적 '육체쇼핑'』은 2008년 앤서니 리즈상 수상작으로서 2012년 북경대학교출판부에서 중국어판이 출판되었다. 또한 그는 『초월하는 경계들』(*Transcending Boundaries*)(중국어판 三聯書店, 2000, 영어판 Brill Academic Publisher, 2005)의 저자이고 『귀환: 아시아에서 초민족적 이동성의 민족화』(*Return: Nationalizing Transnational Mobility in Asia*)(Duke University Press, 2013)의 공동저자이며 영어와 중국어로 40편 이상의 논문을 발표했다. 그는 『태평양문제』(*Pacific Affairs*)에 실린 뛰어난 논문으로 2012년에 윌리엄 홀랜드상William L. Holland Award을 수상했다.

브랜다 여 Brenda S. A. Yeoh

브랜다 여는 싱가포르국립대학교(NUS)의 지리학과 학장 석좌교수이자 예술 및 사회과학학부 학장이다. 또한 그녀는 싱가포르국립대학교 아시아 연구소의 아시아 이민 클러스터의 소장이기도 하다. 그녀의 연구 관심은 이주의 지리학에 초점을 맞추며, 코스모폴리타니즘과 고숙련 인재 이주, 젠더·사회적 재생산·돌봄이주, 이주·민족정체성·시민권 문제, 세계화하는 대학과 국제적 학생이주, 그리고 문화정치·가족동학·국제결혼이주 등과 같은 핵심주제를 포함한다. 그녀는 이들 분야에서 광범위한 저서를 출판했다. 그녀의 최신 저서로는 『동아시아 인재이주의 문화정치』(*The Cultural Politics of Talent Migration in East Asia*)(Routledge, 2012, 공저), 『아시아적 맥락에서 이주와 다양성』(*Migration and Diversity in Asian Contexts*)(ISEAS Press, 2012, 공저), 『귀환: 아시아의 초민족적 이동성의 민족화』(*Return: Nationalizing Transnational Mobility in Asia*)(Duke University Press, 2013, 공저) 등이 있다.